JN449942

# 국제 무역계약

International Trade Contract

## INCOTERMS 2020

김영락 전동한

도서출판 청람

# 머리말

우리 경제를 둘러싸고 있는 국제무역의 환경은 끊임없이 변화하고 그 속도 또한 더욱 가속화되고 있으며 세계경제는 자유무역을 표방하면서 하나의 지구촌 경제로 단일화하는 국가 간 무한경쟁이 지속되고 있는 상황이다. 특히 우리나라는 일찍이 세계 10대 무역교역국으로 성장하였고 대외 교역량의 증대에 따라 거래대상국뿐만 아니라 거래대상품목 또한 증가하였다.

21세기 국가 간 경제전쟁의 선봉에 서 있는 것이 바로 국제무역의 현장이다. 국제무역에서 승리한 국가만이 국제경쟁력을 확보할 수 있고 이를 바탕으로 새로운 국부(國富)를 창출할 수 있는 것이다.

국제무역거래에서 제일 먼저 생각해야 하는 것은 바로 무역계약이다. 클레임이 없는 원활한 무역거래를 위해서는 무역계약 체결을 정확하게 잘해야 한다. "첫 단추를 잘 끼워야 마지막 단추까지 끼울 수 있다"는 속담이 있듯이 아무리 급하더라도 시작 단계부터 정확하게 구체적으로 계약서를 잘 작성해야 한다는 의미이다. 무역분쟁을 원만하게 해결할 수 있는 방안을 세계무역기구(WTO) 및 국제상업회의소(ICC) 등을 비롯한 각종 국제기구에서 오랜 시간 동안 연구하고 협의하여 왔지만, 국가 간 무역거래는 일단 분쟁이 발생하게 되면, 원만한 해결을 위해서는 아직도 많은 어려움이 있는 것이 현실이다. 그러므로 무역거래 당사자는 혹시 발생할지도 모를 무역 분쟁을 사전에 방지하면서, 무역거래를 성공적으로 마무리 할 수 있는 비결은 바로 무역계약 체결을 잘하는 것이다.

무역계약은 국제상거래에 있어서 가장 기본이 되며 계약체결 이후 계약의 이행 및 종료에 이르기까지 상거래 전반에 절대적인 영향을 미치게 된다.

무역계약을 잘 체결하기 위해서는 먼저 거래물품에 대한 전문지식, 해외시장조사, 수출입 절차별 각 단계에서 필요한 업무지식 등 무역실무 지식을 정확하게 잘 알아야만 한다.

이러한 필요성의 인식에서 출발하여 본 교재는 저자가 다년간 무역실무 현장에서 경험하였던 실무지식과 대학 강단에서 강의를 통하여 축적된 강의노트 자료 등을 토대로 저술하게 되었다. 따라서 이 책은 다음과 같은 특징에 주안점을 두어 구성하였다.

제1부에서는 무역계약의 예비과정으로 수출마케팅 및 수입마케팅에 필요한 준비사항,

목표시장의 선정과 해외시장조사, 원가분석, 무역협상실무 그리고 수출입 각 절차별 단계에서 필요로 하는 기본적인 무역실무 내용을 쉽게 정리하였다.

제2부에서는 무역계약의 의의, 무역계약인 주계약과 종속계약, 국제계약의 당사자, 무역계약의 적용 규범 등 무역계약의 개념과 무역계약의 성립절차, 무역계약의 체결방법, 무역계약의 성립요건 그리고 청약과 승낙의 법적 효력 등 무역계약 성립을 중심으로 무역계약의 핵심내용을 쉽게 이해할 수 있도록 용어설명 및 이론에 중점을 두어 정리하였다.

제3부에서는 국제무역시장 환경에서 가장 큰 문제가 되고 있는 국제상관습의 개념을 이해한 후 문제점을 분석하고 이러한 각 국가별 상이한 국제상관습을 극복하기 위하여 제정된 국제물품매매계약관련 주요 법규를 요약하여 정리하였다. 그리고 2020년 1월 1일부터 시행되고 있는 INCOTERMS 제 8차 개정인 "INCOTERMS 2020"의 주요 특징 그리고 11개 각 조건별 "사용자를 위한 설명문(Explanatory Notes for Users)"을 상세하게 정리하였다.

제4부에서는 국제물품매매거래의 기본조건인 품질조건, 수량조건, 가격조건, 선적조건, 대금결제조건, 보험조건, 포장조건 그리고 분쟁해결에 관한 조건 등 주요거래조건 등을 계약서 작성에 직접 적용할 수 있도록 예시를 들어 설명하였다.

그리고 제5부에서는 무역계약의 당사자인 매도인과 매수인의 의무사항 이행, 무역계약의 위반과 구제방법, 무역계약의 종료 그리고 무역클레임의 발생과 무역클레임의 해결방법 등 무역계약의 실행을 중심으로 상세하게 정리하였다.

부록에는 "Introduction to Incoterms 2020"의 원문과 번역본 및 "국제물품매매계약에 관한 UN협약, 1980"의 원문과 번역본을 첨부하였다.

저자의 역부족으로 내용상에 미흡한 점이 많을 것이다. 이에 대하여 앞으로 저자는 더욱 노력하고 계속적인 연구와 여러 교수님의 조언 그리고 독자들의 의견을 수용하여 개선하고자 한다. 아무쪼록 본서가 무역학을 전공하는 무역학도뿐만 아니라 무역현장에서 무역계약을 담당하고 있는 무역업계 실무자들에게도 무역계약의 지침서로 활용되어 우리나라 무역발전에 조금이나마 도움이 되기를 기원한다.

끝으로 미흡한 원고를 기꺼이 출간하여 주신 도서출판 청람의 이수영 사장님께 감사의 마음을 표한다.

2020년 8월

배화동산 연구실에서

# 차 례

## | 제1부 | 무역계약의 준비

### CHAPTER 01 수출계약의 준비

## CHAPTER 02 수입계약의 준비



## CHAPTER 03 목표시장의 선정과 해외시장조사

# | 제2부 | 무역계약의 개요

## CHAPTER 01 무역계약의 개요



## CHAPTER 02 무역계약의 성립

## | 제3부 | 국제상관습과 정형거래조건

### CHAPTER 01 국제상관습의 개요



### CHAPTER 02 정형거래조건

## CHAPTER 03 INCOTERMS 2020의 해설



# | 제4부 | 무역계약과 주요 거래조건

## CHAPTER 01 품질조건(terms of quality)

## CHAPTER 02 수량조건(terms of quantity)



## CHAPTER 03 가격조건(terms of price)



## CHAPTER 04 선적조건(terms of shipment)

## CHAPTER 07 포장조건(terms of packing)



## CHAPTER 08 분쟁해결에 관한 조건

# | 제5부 | 무역계약의 실행

## CHAPTER 01 무역계약의 이행



## CHAPTER 02 무역계약의 위반과 구제



## CHAPTER 03 무역계약의 종료

# 제 1 부

# 무역계약의 준비

# CHAPTER 01 수출계약의 준비



## 제1절 수출마케팅의 수립

수출마케팅(export marketing)은 수출업자가 행하는 해외영업에 관한 활동으로서, 수출물품을 국내 또는 해외에서 조달하여 이를 해외에 판매하기 위한 여러 가지 제반 활동을 의미한다. 수출마케팅을 보다 효과적으로 적용하기 위해서는 목적시장에 있는 현지 고객의 욕구(Needs)가 무엇인지를 정확히 파악하여 기존 제품의 수정이나 신제품 개발을 통하여 현지 고객들의 욕구를 최대한 만족시켜 줄 수 있는 수출마케팅의 전략을 수립하여야 한다.

### 1. 수출마케팅의 전략수립

수출계약을 위해서는 효율적으로 마케팅전략을 준비하고 실행함으로써 기존 거래선의 지속적인 거래유지와 새로운 거래선을 창출시킴으로써 이익을 극대화시키는 것이 수출마케팅의 목적이라고 할 수 있다. 따라서 수출업자는 본국시장 중심의 사고방식에서 탈피하여 해외시장의 특성을 중요시 여기는 글로벌 마인드와 급변하는 세계시장에 적응할 수 있는 유연한 사고방식을 가져야 한다.

즉 수출제품은 현지고객의 욕구와 기호 그리고 현지시장의 법적·기술적 요구에 맞게 수정되어야 한다. 또한 수출제품의 가격도 현지시장의 경쟁상황과 국민소득수준, 운송, 환율, 보험요율 그리고 관세 등의 제반 요인을 고려하여 결정해야 한다.

이러한 제반 사항을 정확하게 파악하기 위해서는 해외시장조사 활동과 수출상담 활동이 반드시 필요하다. 보다 구체적으로 살펴보면 다음과 같다.

### 1) 해외시장조사활동

해외시장조사활동은 다양한 방법과 경로를 통하여 해당 물품의 수출을 위하여 적합한 시장을 물색한 후 거래가 가능한 상대방에 대한 신용조사를 거쳐 거래상대방을 선정하는 일련의 시장조사과정을 의미한다.

### 2) 수출상담활동

수출상담활동은 무역거래에서 유리한 무역계약을 체결하기 위해 거래상대방과 진행하는 일련의 협상과정을 의미한다.

## 2. 수출마케팅의 목표

수출마케팅(export marketing)의 목표는 수출업체의 해외영업활동의 행태(behavior)와 전략(strategy)에 따라 다음과 같이 크게 두 가지로 나눌 수 있다.

### 1) 시장점유율(market share)의 확보

새로운 시장의 개척인 경우에는 우선적으로 높은 시장점유율(market share)을 목표로 하는 것으로 이는 진입하려는 목표시장에서 높은 시장점유율을 확보함으로써 제품의 경쟁력을 확대시키려는 목적으로 주로 새로운 시장의 개척이나 신상품의 시장진입 초기단계에 이루어진다.

### 2) 이익률(profit rate)의 확보

시장점유율보다는 내실을 기하는 이익률(profit rate) 확보를 목표로 하는 것으로서, 시장점유율에 크게 영향을 받지 않는 고가품 등에 적합한 방법이다.

어떤 수출마케팅전략을 선택할지는 수출업체의 경영전략과 경영방침에 따라 결정되겠지만, 수출 초기단계이며 중·저가품인 경우에는 시장점유율의 확보가 이익률의 확보보다는 우선하는 것이 일반적인 추세이다.

## 3. 수출마케팅의 4P 믹스(Mix)전략

수출시장의 확대와 판매실적 증대를 위한 수출마케팅의 4P 믹스전략에 대하여 알아보자.

**표 1-1 수출마케팅의 4P 믹스(Mix)전략**

| 구성요소 | 전략의 선택 |
|---|---|
| 제품 (Product) | 제품의 다양화를 통한 제품의 확장전략과 제품의 차별화를 통한 제품의 적응전략 중 선택 |
| 가격 (Price) | 원가중심, 목표가격중심, 수요중심 또는 경쟁중심전략 중 선택 |
| 유통경로 (Placing by channel) | 수출업체의 해외시장 진입방식 및 유통경로에 대한 선택에 따라 직접수출, 간접수출 또는 해외 현지생산 중 선택 |
| 광고 및 판매촉진 (Promotion) | 표준화전략 또는 현지적응화전략 중 선택 |

### 1) 제품(Product) 믹스전략

제품(Product) 믹스전략은 기존제품을 새로운 시장에 도입하여 제품의 품목 수를 넓히는 제품다양화(product diversification)전략인 제품확장전략과 새로운 시장에 차별화된 신제품을 도입하는 제품차별화(product differentiation)전략인 제품적응전략으로 나누어 선택할 수 있다.

### 2) 가격(Price) 믹스전략

가격(Price) 믹스전략은 원가중심, 목표가격중심, 수요중심 및 경쟁중심전략 중 어느 것에 비중을 두느냐에 따라 다양한 전략을 결정할 수 있으며, 일반적으로 수출자는 제조원가에 요소비용과 예상이익을 포함하여 수출단가를 결정한다.

### 3) 유통경로(Placing by Channel) 믹스전략

유통경로(Placing by Channel) 믹스전략은 수출업체의 해외시장 진입방식 및 유통경로에 대한 선택에 따라 직접수출, 간접수출 그리고 해외현지생산으로 분류한다.

### 4) 광고 및 판매촉진(Promotion) 믹스전략

광고 및 판매촉진(Promotion) 믹스전략은 각 시장이 가지는 고유한 특성에 따라 표준화전략과 현지적응화전략 중 하나를 선택하여 실행할 수 있다.

결과적으로 수출마케팅전략은 해외시장 조사활동의 결과에 따라 제품별 특성에 적합한 제품전략, 가격전략, 광고 및 판매촉진전략 그리고 유통경로를 채택하여 수출상담 과정에서부터 이를 실행하고 계약서를 체결할 때까지의 전반적인 활동으로 파악할 수 있다.

지금 수출을 생각한다면 인터넷 정보검색과 기타 다양한 경로를 통하여 입수한 각종 정보와 자료를 근거로 판단하여 수출시장의 환경과 제품의 특성에 최적인 수출마케팅전략을 수립하는 것이 최우선 과제이다.

## 제2절 수출상품의 선정

국내시장에서 인기가 있는 상품이라고 해서 그 상품이 국제무역에서도 모두 성공할 수 있는 것은 아니다. 무역거래에서는 국제재화의 요건으로 운송비 및 보험비용, 관세의 문제, 상품의 부패성 그리고 수입국가 국민의 기호 등을 고려하여 수출상품을 선정하여야 한다.

### 1. 수출아이템(Item)의 선정

무역시장에서는 거래하는 상품에 대한 소비자들의 반응 또는 인기도에 따라서 수출상품을 다음과 같이 네 가지로 분류하고 있다. 가장 인기가 없어서 소매상들이 잘 안 가져가는 품목을 'Slow Item', 항상 꾸준히 사가는 것을 'Steady Item'이라 하며, 비교적 잘 팔리는 것을 'Hot Item'이라고 한다. 그리고 무서운 열기로 엄청나게 잘 팔리는 새로운 품목을 'Hit Item'이라고 부른다.

수출거래에서 가장 중요한 것은 바로 수출상품, 즉 수출 '아이템(Item)'의 선정이다. 처음부터 고유 품목을 가지고 생산하는 제조업체를 제외하고는 수출거래를 시작하고자 하는 경우에 가장 큰 문제가 되는 것은 바로 수출상품인 아이템의 선정 작업이다. 수천수만 가지로 세분화되어 있는 많은 수출품목 중에서 어떠한 것을 선정할 것인가 하는 문제는 각자의 주어진 환경이나 상황에 따라 달라지는 것은 당연한 일이다. 만약 무역을 하기 이전에 정밀기계 부문에 종사하였다면 당연히 관련 기계 및 부품을 취급할 것이고, 섬유분야의 비즈니스 경력자라면 당연히 섬유류 상품 수출에 주력해야 할 것이다. 그러나 이것도 저것도 아닌 상태에서 확실한 품목이 선정되지 않았다면, 향후 엄청난 개발의 여지가 있고 노력의 여하에 따라서 많은 수출실적을 올릴 수 있는, 즉 경쟁력이 있는 아이템 중에서 하나를 선택하는 것이 현명할 것이다.

## 2. 수출상품의 시장조사

수출상품은 국재재화로써의 적합성과 시장의 확보가능성 등 상품고유의 특성뿐만 아니라 다음과 같은 관점에서 현실적인 거래가능성을 갖추고 있는가를 파악해야 한다.

### 1) 수출상품의 수출입규제 여부 조사

먼저 수출상품의 수출입 규제 여부를 파악하기 위해서는 취급상품의 HS(The Harmonized Commodity Description and Coding System)번호를 정확히 알아야 한다. 상품의 품목분류기준인 HS, 즉 조화제도는 1988년 1월 1일부터 시행되었으며, 우리나라의 HS품목분류는 세계공통인 6단위에다 국내의 제반사정을 감안한 자체분류 4단위를 추가하여 모두 10단위(HSK)로 분류하고 있다.

현재 모든 국가는 그 나라의 경제상황 또는 무역정책에 따라 품목별로 수출입을 규제하고 있다. 따라서 물품의 수출과 관련하여 중요한 것은 수입국의 수입규제 사항을 사전에 파악하는 것이 중요하다. 경우에 따라서는 수입자가 파악하여 수출자에게 그 정보를 제공하여야 할 것이지만, 수출자의 입장에서도 보다 능동적으로 자체 채널을 활용하여 사전에 수입국의 상관습, 거래관행 그리고 수입국의 무역정책과 관련된 제반 규제사항을 미리 파악하여야 한다.

### 2) 수출상품 관련 수출동향 파악

다음으로 수출상품과 관련하여 품목별 국가별 수출동향을 파악하여야 한다.

수출하고자 하는 상품과 관련하여 품목별 수출실적(국가별, 지역별) 통계, 수입국가, 수입업체 등 수출상품의 기본적인 수출동향을 파악하여야 한다. 그러나 상품별 수출단가는 영업을 위한 핵심사항일 뿐만 아니라 품목별로 규격과 품질수준에 따라 천차만별이므로 이를 HS번호로만 파악하는 것은 무의미하다. 따라서 이는 당해 상품을 취급하는 과정에서 파악할 수 있는 Know-How의 일종이라 할 수 있다. 수출상품에 대한 수입국의 수입동향은 반드시 향후 수출마케팅에 반영시켜 전략을 수립하여야 한다.

## 제3절 수출상품의 원가분석

국제무역에서 수출입 상담에 임하는 담당자는 필수적으로 당해 물품의 제조공정은 물론 수출원가를 구성하는 모든 요소를 정확하게 파악하여야 한다. 즉, 수출원가와 관련하여 공정의 사소한 변경에 따른 원가의 변경내용을 제대로 파악하고 있어야 한다. 물론 수출입절차 흐름에 따른 제반 부대비용에 대하여도 상당한 지식을 갖추고 있어야 한다. 그래야만 수출입 상담 및 협상과정에서 생산공정의 변화와 거래조건의 변경에 따른 가격협상에 신속하게 대처할 수 있다.

### 1. 수출상품의 원가요소

무역거래의 협상과정에서 거래당사자는 일반적으로 FOB가격을 기본으로 하여 가격조건을 결정하게 된다. 여기에 운송비 또는 보험료의 부담 여부에 따라 CFR 또는 CIF가격으로 가격조건이 변경될 수 있다. 이러한 경우 특히 운임(Freight)에 있어서는, 운송수단의 종류 그리고 운송회사별로 운임이 천차만별이므로 제시할 수 있는 다양한 유형과 조건으로 원가를 세분화하여 파악하는 것이 중요하다. 특히, 중계무역의 경우에는 단 1~2%의 이익을 획득하기 위하여 어려운 상담을 진행하는 경우가 많다. 이러한 상황에서 거래상담자가 수출입절차별 전반에 대한 이해와 사소한 조건 변경에 따른 원가변동을 제대로 파악하지 못한다면 자칫 손해를 감수하는 상황에 처할 수도 있다. 그러므로 수출입 담당자는 반드시 수출입 상품의 원가를 정확하게 분석할 수 있어야 한다. 수출가격을 결정하기 위해서는 먼저 수출상품의 원가를 구성하는 항목을 세분화하여 정확하게 파악하여야 한다.

수출상품의 가격을 구성하는 주요 원가요소는 다음과 같다.

① 수출상품의 기본원가

② 수출지에서 수입지까지의 운송비 및 보험료

③ 수출계약의 성립 및 그 계약을 이행하는 데 소요되는 제 경비

④ 예상이익 및 예상손비 등 네 가지로 분류된다.

여기에서 수출가격의 산출에 기본이 되는 요소는 수출품의 매입원가이고, 기타 조건은 모두 부가적 요소로서 수출상담 협상과정에서 조정될 수 있는 수출관리 비용의 요소이다.

**표 1-2 수출가격의 구성요소**

| 가격조건 | 가격의 구성요소 | 비 고 |
|---|---|---|
| FOB조건 원가 | 1. 제조원가(manufacturing cost)<br>2. 수출포장비(export packing charge)<br>3. 물품검사비(inspection fees)<br>4. 수출허가 등 제세공과금<br>5. 통신비 및 잡비(communication charge) | 생산원가 |
| | 6. 국내운송비(inland transport charge)<br>7. 국내운송보험료(inland transport insurance)<br>8. 선적비용(shipping charge)<br>부두사용료(wharfage)<br>창고료(storage)<br>9. 수출통관비용(export clearance fees)<br>10. 검수 · 검량비(measuring and/or weighing charge) | 내륙운송비 |
| | 11. 금리(interest)<br>12. 은행수수료(banking charge and commission) | 금융비용 |
| | 13. 예상이익(expected profit) | 예상이익(margin) |
| CFR조건 원가 | 14. 해상운임(ocean freight) | 해상운송비 추가 |
| CIF조건 원가 | 15. 해상보험료(marine insurance premium) | 해상보험료 추가 |

## 2. 수출가격의 산출방법

수입자가 상품을 수입하느냐의 결정 여부는 최종적으로 상품의 품질과 가격이 그 수입자를 만족시킬 수 있느냐에 달려 있다. 수입을 희망하는 수량의 보유, 인도방법 그리고 결제조건 등도 문제가 되지만 이들 문제는 상품매매의 핵심을 이루는 품질과 가격조건에 흡수되어진다. 특히, 우리나라의 경우 독창적인 신제품이 적어 상층흡수가격정책(skimming pricing policy)을 채택하는 것이 어렵고, 처음부터 가격경쟁을 무기로 하여 세계시장에 진출할 수밖

에 없다. 따라서 저렴한 수출가격의 제시 여부가 거래의 성립 여부를 좌우한다고 할 수 있다.

### 1) Cost Plus 방식

실제로 무역가격의 표시는 FOB 또는 CIF 등 가격조건으로 산정하는 것이 보통이다. 그러나 상대시장의 가격적응성을 검토하는 경우에는 이러한 가격체계는 쓸모가 없다. 왜냐하면 FOB나 CIF도 수출자에게 필요한 비용(cost)만을 가산한 수출자중심의 수출가격이기 때문이다. 즉 매입원가 또는 제조원가에 선적까지의 제비용과 수출자의 이윤을 가산한 것이 FOB 가격이고, 이 FOB 가격에 운송비와 보험료를 가산하면 CIF 가격이 된다.

이러한 Cost Plus 방식의 계산은 간단하지만 상대시장에서의 경쟁관계나 수입자의 수요탄력성 등 거의 상대방의 사정을 모두 무시한 수출자중심의 가격체계이다. 예컨대 외제차를 구입할 때 고객의 관심은 지급해야 될 차량의 구입가격과 국산차와의 품질 및 가격을 비교·검토하는 것이며, 이때 외제차의 원가내용보다는 대금을 지급해야 되는 최종가격(end price)이 선택의 대상이 되는 것이다.

### 2) End Price 방식

End Price 방식은 수출하고자 하는 목표시장의 현지 소매가격을 기준으로 산출한 수입자용 가격산출방식을 말한다. 수출자에게 중요한 것은 수출상품 1개당 이익이 아니고 총수익이 얼마가 되는가이다. 현지에서의 소매가격을 설정한 경우에 최대의 판매수량을 기대할 수 있는가에 대한 수요의 가격탄력성(price elasticity of demand)은 End Price 방식에 의해서만 파악할 수 있다.

특히 인터넷의 보급으로 시장정보가 급속하게 진전되는 오늘날 무역마케팅에 있어서 소매가격의 실태와 경쟁가격도 비교적 쉽게 파악할 수 있다. 이 점에 대해서는 해외시장 각지의 일류백화점의 상품목록도 참고가 될 수 있다. 이렇게 하여 최적의 End Price를 산출할 수 있으며 여기에서 현지의 유통비용, 관세, 운송비, 보험료 등을 공제하여 FOB 가격, 다시 공장의 제조원가까지를 역산하여 채산성 여부를 검토해야 한다. 채산이 맞지 않을 경우에는 유통경로의 단축도 검토하여야 하며, 또한 현지생산의 여부도 검토할 수 있다. 수출가격의 산출방법은 일반적으로 Cost Plus 방식을 채택하고 있지만, 특히 인터넷 무역시스템에서는 수출전략상 End Price 방식에 의한 수출전략가격의 산출방법을 채택하는 것이 확산되고 있다.

# 제4절 수출상담의 준비

무역거래에서 수출상담을 훌륭히 수행하려면 우선 목표시장을 국내시장처럼 명확히 파악하여야 한다. 이들 지역 거래선의 정치, 경제, 문화, 기후 및 시장조건 등 전반적인 상황과 제품의 수요와 공급, 유통구조 등 세부적인 내용을 조사한 다음 그 지역의 상관습까지 숙지하고 수출상담에 임한다면 성공적인 결과를 얻을 것이다.

## 1. 수출상담의 자세

이런 철저한 준비과정을 거친 후 상담과정에서 명심할 사항은 상담이 일방적이어서는 안 되며 상호 간의 이익을 극대화시켜야 한다는 점이다. 구체적으로 말하면 양당사자가 품질, 가격 그리고 납기와 대금결제방법 등 무역거래조건에서 공감대를 형성해야 한다는 것이다. 이때 입장에 따라서 가격 공감에 있어서는 상담에 임하는 행태를 약간 달리할 수 있다. 즉, 장래에 발생할 수 있는 본격적인 수익을 위하여 시장 확보에 중점을 둘 것인가(Marketing share oriented) 아니면 시장 확보보다는 현재의 이익에 중점을 둘 것인가(Profit of revenue oriented)하는 점이다.

이것은 어디까지나 상담에 임하는 당사자의 마케팅전략의 선택에 관한 사항이다. 그러나 Buyer들이 상담을 할 때 상품 자체와 그 품질, 그리고 가격만을 놓고 흥정을 한다고 생각하면 그것은 잘못된 생각이다. 대개의 Buyer들은 흥정도 중요하지만 흥정을 하는 상대당사자도 그에 못지않게 중요하게 생각한다는 것이다. 즉 Seller의 인상, 언동, 자세, 신뢰성 등이 주문에 영향을 끼친다고 생각하는 것은 물론이지만 나아가 선적을 마치고도 일어날 수 있는 여러 가지 문제점을 해결하는 데도 많은 영향을 준다고 생각한다.

## 2. Buyer가 보는 Seller의 유형

어디까지나 이러한 것들은 Buyer들의 편견에 의한 것이지만, Buyer는 다음과 같이 좋아하는 Seller와 싫어하는 Seller로 구분하여 상담에 임하고 있다는 것을 명심해야 한다.

### 1) Buyer는 이런 Seller를 좋아한다

① Buyer는 솔직한 Seller를 좋아한다.
② Buyer는 열성이 있는 Seller를 좋아한다.
③ Buyer는 약속을 잘 지키는 Seller를 좋아한다.
④ Buyer는 진지한 Seller를 좋아한다.
⑤ Buyer는 순진한 Seller를 좋아한다.

### 2) Buyer는 이런 Seller를 싫어한다

① Buyer는 허풍이 센 Seller를 싫어한다.
② 콧대가 센 Seller는 Buyer의 감정을 자극할 수 있다.
③ Buyer는 계산기의 도움 없이도 상품의 가격관계 등을 너무 상세하게 아는 척하는 Seller를 싫어한다.
④ Buyer는 흥정 이외의 잡담을 많이 하는 Seller를 싫어한다.
⑤ Buyer는 너무 전문적인 Seller를 피하려고 한다.
⑥ Buyer는 지나치게 아부하고 저자세로 나오는 Seller를 싫어한다.

## 제5절 수출절차별 실무지식

수출절차는 수출계약을 체결하고, 수출물품에 관한 기본사항을 관리하는 대외무역법과 통관절차 등을 규정한 관세법에 따른 통관절차를 거쳐 물품을 운송수단에 적재하고, 최종적으로는 물품대금을 회수하는 국제상거래이므로 그 절차나 내용이 전문적이고 복잡한 일련의 행정적, 법률적 그리고 상관습적인 흐름으로 전개된다. 그러므로 수출자는 국내외 무역관련 법규와 국제상관습 등 수출거래의 형태별 그리고 수출절차별 각 단계에서 필요로 하는 무역실무지식을 정확하게 숙지하여야 한다. 일반적인 수출절차별 실무내용을 살펴보면 다음과 같다.

## 1. 수출계약의 체결

수입업자를 찾아 그 수입업자와 수출거래를 시작하려면, 수출자는 자신이 취급하고자 하는 물품에 대해 국내 무역관련 법규를 검토하여 수출의 허용 여부를 사전에 확인하여야 한다.

그리고 해외시장조사 단계를 거쳐 그 시장에서 가장 적절한 거래처를 물색한 후 신용조사를 하게 된다. 이러한 신용조사의 결과 양호한 신규 수입대상자로 선정되면 이들과 수출상담을 진행하게 된다. 이렇게 상대방과의 수출 교섭과정을 통하여 상대방의 동의를 얻게 되면 원활한 거래관계를 만들기 위해 먼저 수출계약을 체결하게 된다.

수출계약은 수출자와 수입자 간 물품매매계약을 체결한 물품의 소유권을 양도하여 물품을 인도할 것을 약속하고, 수입자는 이를 받아들여 그에 상응하는 대금을 지급할 것을 약정하는 것이다.

## 2. 신용장의 수취

수출계약이 체결되고 대금결제조건이 신용장결제방식인 경우에는, 수입자의 요청으로 개설은행이 수출자앞으로 신용장을 발행하고 신용장을 수취한 수출자는 동 신용장이 계약내용과 일치하는지 여부를 검토한 다음, 수출물품을 계약조건 및 신용장 조건에 따라 수입자에게 계약물품을 인도하기 위해 수출국 내에서 수출이행에 필요한 모든 절차를 진행하게 된다. 통지은행에서 신용장을 수취한 수출자는 다음 절차에 들어가기에 앞서 반드시 신용장의 조건들이 계약내용과 일치하는지 여부 등에 대하여 엄격하게 검토하여야 한다.

수출자가 신용장통지 접수시 검토해야 할 사항들은 다음과 같다.

첫째, 매매계약서의 내용과 일치하는지를 검토해야 한다.

만약 서로 다른 점이 있으면 즉시 통지은행을 통하여 수입상에게 신용장의 조건변경을 요구해야 한다.

둘째, 신용장의 진위에 대하여 다시 한 번 확인해야 한다.

물론 통지은행이 통지하는 신용장의 진위성에 대해 서명감 등에 의해 점검을 하지만, 특히 우편으로 내도된 신용장의 경우에는 이를 수령한 수익자는 독자적으로 이를 재검토해야 한다.

셋째, 신용장 개설은행의 신용도에 관하여 검토해야 한다.

개설은행의 신용도뿐만 아니라 개설은행이 속해 있는 국가의 외환사정 악화 또는 정치적 불안이 고조되는 경우에는 국내에 소재하고 있는 개설은행의 환거래은행과 접촉하여 확인을 추가해서 받은 후 수출을 이행하는 것이 안전하다.

넷째, 기본적으로 신용장통일규칙 준거문언의 유무, 지급확약문언의 유무 등을 우선 확인하여 신용장의 기본적인 요건을 갖추었는지를 확인해야 한다.

다섯째, 수출을 이행하는 데 지장을 초래하거나 불리한 내용 등 특별한 조건이 있는가를 철저하게 확인해야 한다.

이상의 확인을 통하여 불분명하거나, 불확실한 점이 발견되면 먼저 통지은행에 조회하여 확인해보고 정정할 사항은 지체 없이 직접 개설의뢰인에게 요청하든지 또는 통지은행을 통하여 개설은행에 조건 변경을 요구해야 한다.

## 3. 수출승인

일반적으로 모든 물품에 대한 수출은 자유롭게 할 수 있지만, 특정 물품에 대해서는 수출승인을 반드시 받아야 하는 품목이 있다. 그러므로 당해 품목의 수출승인 이전에 해당품목의 수출이 규제되었는지 사전에 점검해야 한다. 따라서 수출계약을 체결한 자가 물품을 수출하기 위해서는 우선적으로 수출하고자 하는 품목이 수출입공고 등에서 수출이 제한되는 품목인지를 파악해야 한다. 만일 동 품목이 규제조치에 해당할 경우는 이 규제를 해제할 수 있는 요건을 갖추어야 합법적으로 수출승인을 받을 수 있다.

## 4. 수출물품의 확보

우리나라는 수출자의 자금부담을 덜어주고 수출을 촉진하기 위하여 수출물품 제조를 위해 국내에서 물품을 구매할 경우 원자재구매자금, 수출물품 제조를 위해 물품을 수입할 경우 원자재수입자금 그리고 제조·생산에 소요되는 운전자금으로 생산자금을 지원하고 있다. 그리고 수출자는 수출신용장(또는 내국신용장)을 근거로 무역어음을 발행하여 필요한 자금을 조달할 수도 있다.

수출물품을 확보하는 방법에는 수출물품을 수출업자의 자기공장에서 직접 제조·생산하는 방법과 수출물품 자체를 국내에서 구매하는 방법이 있다. 또한 수출물품을 제조·생산하기 위해서는 당해 물품 생산에 소요되는 원료를 확보하여야 하는데, 그 원료를 확보하는 방법도 외국에서 원료를 수입하는 방법과 국내에서 구매하는 방법이 있다. 그리고 원자재를 국내에서 확보하는 방법은 내국신용장에 의한 방법과 구매승인서에 의한 방법이 있다.

#### 1) 내국신용장에 의한 방법

수출자는 수출용완제품이나 소요원료를 공급하는 국내생산업체 또는 유통업자와 물품공급계약을 체결하고 자신의 거래외국환은행을 통하여 공급업자를 수혜자로 하는 내국신용장을 개설하여 당해 물품을 공급받게 된다. 수혜자(생산업체 또는 유통업체)는 물품을 공급한 후 내국신용장 및 물품수령증명서를 근거로 환어음을 발행하여 대금을 회수하는 것을 말한다.

#### 2) 구매승인서에 의한 방법

무역금융한도가 부족하거나 단순송금방식에 의한 수출 등 내국신용장의 개설이 어려운 상황에서 외화획득용 원료 및 완제품 구매를 원활히 하기 위하여 내국신용장에 준하여 발급하는 증서를 이용하는 방법이다.

## 5. 운송과 적하보험계약의 체결

수출자는 수출물품에 대한 확보 또는 생산이 완료되면, 수출계약조건이나 신용장 등에서 정한 소정의 선적기일 내에 물품을 선적하여야 하므로 당사자는 적합한 선박회사를 선정하여 운송계약을 체결하고 동 계약에 따라 수출화물을 선적할 준비를 하여야 한다.

특히 가격조건이 FOB조건일 경우에는 수입자가 지정하는 선박에 수출화물을 선적할 준비를 하여야 하며, CIF조건일 경우에는 수출자가 수출계약서 및 수출물품의 특성들을 감안하여 운송계약과 적합한 적하보험약관을 선택하여 적하보험계약을 체결하여야 한다.

이상의 절차가 끝나게 되면 수출자는 관세법에 의한 수출통관절차를 거쳐 당해 수출물품을 선박(항공기)에 적재하고, 선하증권(또는 항공화물운송장)을 수취하게 된다.

### 1) 수출화물의 운송

수출화물의 운송이란 수출화물의 운송계약 체결일로부터 생산이 완료된 수출화물을 수출 통관하여 해당 수출지에서 운송수단에 적재한 후 운송업자로부터 운송서류(B/L or Air Waybill)를 발급받음으로써 적재가 완료되고 해당 목적지에 수출물품이 무사히 도착하기까지의 과정을 말한다.

운송회사와 접촉하기에 앞서 기본적으로 이해하고 있어야 할 실무지식은 다음과 같다.

첫째, 무역거래조건이 CIF(또는 CFR)조건일 때는 수출자가, FOB조건일 때는 수입자가 운송선박을 수배하여야 한다. 물론 수출자와 수입자의 거래관계, 상황에 따라 상대의 요청에 의해 선박수배를 주선해 주는 경우도 있다.

둘째, 선박을 수배하는 경우 상품의 수량, 종류에 따라 운송선박이 다를 수 있다. 주로 컨테이너전용선(Full Container Ship)과 Bulk Cargo운반전용선으로 구분된다.

셋째, 우리나라를 중심으로 기존에 형성되어 있는 항로를 일정한 주기를 유지하며 취항하는 정기선(Liner)과 화물에 따라 그때그때 원하는 곳까지 화물을 운송하는 부정기선(Tramper)이 있다.

넷째, 운임(freight)은 해당화물의 중량과 용적을 비교하여 많이 산출되는 톤수를 운임의 기준으로 한다. 이것을 Revenue Ton이라고 한다.

다섯째, 일반적으로 정기선의 경우는 개품운송계약으로 선하증권(B/L)이 통상 발급되고, 부정기선의 경우는 송하인이 선박회사로부터 선복의 전부 또는 일부를 빌려 화물을 운송하는 계약을 체결하며 이 경우에는 용선계약서(Charter Party)가 작성된다. 특히 정기선이 취항하지 않는 지역으로 물품을 보내고자 할 때에는, 보다 충분한 시간을 두고 선박회사와 접촉을 하여야 한다. 정기선의 경우는 지역에 따라 다르겠으나 부정기선편으로 선적 운송할 경우는 가능한 1~2개월 전부터 선박을 물색하여야 한다.

### 2) 적하보험 계약의 체결

적하보험이란 선박이나 항공기로 운송되는 화물이 통상적인 운송과정에서 사고를 당할 우려가 있는 재산권을 가지는 여러 사람들이 위험의 정도에 따라 합리적인 기금을 갹출하여 공동준비 재산을 형성(pooling)하고 사고가 발생하여 손해를 입었을 때 이를 보상함으로써 경제상의 불안을 제거하고 경감하기 위한 제도이다.

모든 해상 및 항공운송화물은 적하보험의 가입대상이지만, 특히 정형거래조건에 따라 적하보험의 계약자가 달라진다. 즉, 무역조건이 CIF인 경우에는 수출자가, FOB 및 CFR의 경우에는 수입자가 적하보험에 부보하여야 한다. 보험계약체결당사자는 사전에 보험가입조건, 보험료율 등을 충분히 검토한 후에 보험청약서를 작성하여야 한다. 그리고 CIF조건의 경우 수출자는 보험회사에 해당 적하보험가입을 요청하고 보험료를 지급하면 보험회사는 보험증권(Insurance policy)을 발행함으로써 보험계약이 성립하게 된다.

## 6. 수출통관과 화물의 선적

수출물품을 확보한 수출자는 당해 수출물품을 지정된 운송수단에 선적하기 전에 관세법에 의한 수출통관 절차를 밟아야 한다. 즉, 수출통관 절차는 수출시 반드시 이행하여야 할 법적 절차로서 수출물품을 세관검사를 받고자 하는 장소에 장치하고 세관에 수출신고를 필한 후, 필요한 세관수출검사를 거쳐 수출면허를 받아 당해 수출물품을 운송수단(선박 또는 항공기)에 선적하게 되는 과정까지 일련의 절차를 말한다. 수출통관은 관세사에 의뢰하여 대리통관을 하든가 자사 내에 관세사가 있으면 자가통관을 하게 된다. 그리고 통관은 선적지의 세관에서 할 수도 있으며, 수출품 생산지에 있는 내륙지의 세관에서 통관절차를 거친 후 운송을 하여 선적을 할 수도 있다.

수출통관의 목적은 이러한 통관절차를 통하여 세관당국이 관세법, 대외무역법 및 외국환거래법 등 각종의 수출규제에 대한 법규의 이행사항을 수출물품과 대조・확인하여 수출물품의 실제 확인과 부정수출방지 등을 최종적으로 확인하는 절차이다.

### 1) 수출신고

수출자는 물품의 장치장소를 관할하는 세관장에게 수출신고를 해야 한다. 그리고 수출신고인은 화주(완제품공급자 포함), 관세사, 통관법인 또는 관세사법인의 명의로 하여야 한다. 또한 화주는 법에 의하여 등록된 관세사를 채용하여 관세사 명의로 수출신고를 할 수 있다.

### 2) 수출심사

수출신고 수리를 받은 물품은 선적항으로 운송되어 선적되며, 세관에서는 당해 물품의 선적을 확인함으로써 수출통관 절차를 완료하게 된다.

수출심사의 주요 사항은 수출승인사항과 수출신고사항의 일치 여부, 대외무역법령 및 기타 법령에 의한 조건의 구비 여부, 수출물품에 대한 품목분류의 정확성 그리고 기타 수출물품 통관을 위하여 필요한 사항 등을 심사한다.

## 7. 수출대금의 회수

세관의 수출통관 과정을 거쳐 선적이 완료되면 수출자는 제반 운송서류를 갖추어 수출대금을 회수하게 된다. 수출자가 수출대금을 회수하기 위해서는 먼저 거래외국환은행과 외국환거래약정을 체결(최초 거래시)하고 선적을 이행한 후, 수출신용장 또는 계약서의 조건에 따라 환어음과 운송서류를 작성하여 이의 매입 또는 추심을 거래은행에 의뢰하게 된다.

의뢰를 받은 외국환은행(매입은행 또는 추심의뢰은행)은 환어음을 지급인 앞으로 송부함으로써 수출대금의 회수가 이루어진다.

### 1) 외국환거래약정체결

외국환거래약정은 외국환은행이 화환어음을 수출자로부터 매입하기 전에 매입의뢰자인 수출자와 체결하는데, 이는 수출환어음의 매입행위가 일종의 여신행위이므로 수출한어음의 매입에 관해서 담보, 책임 등에 한계를 명확히 하기 위한 것이다.

이러한 외국환거래약정체결은 최초의 거래시에 이루어지며 외국환거래약정의 방법은 외국환은행이 작성한 일정한 서식에 수출자가 서명날인함으로써 성립된다.

### 2) 환어음 및 운송서류의 준비

신용장에 의한 대금결제에서 수출자는 신용장 조건에 일치하는 환어음과 운송서류를 준비하여야 한다. 각각을 보다 자세하게 알아보면 다음과 같다.

먼저, 환어음(Bill of exchange)은 국제무역거래에서 수출자가 수입자에게 채권액을 지명인 또는 소지인에게 일정한 기일 및 장소에서 무조건 지급할 것을 위탁하는 요식의 유가증권으로 통상 2통을 한 조로 발행한다.

다음으로, 운송서류(Transportation documents)는 화물의 선적을 증명하는 선하증권(B/L : Bill of Lading) 등의 제반서류를 말한다. 일반적으로 수입자가 요구하는 운송서류에는 기본서류인 선하증권(B/L : Bill of lading), 보험증권(Insurance policy), 상업송장(Commercial invoice), 포장명세서(Packing list) 이외에 영사송장(Consular invoice), 원산지증명서

(Certificate of origin), 세관송장(Customs invoice), 검사증명서(Certificate of inspection), 중량용적증명서(List of weight and measurement) 등이 있다.

운송서류는 신용장이나 계약서를 면밀히 검토한 후 정확하게 작성하여야 한다. 특히 신용장에 의한 수출대금은 신용장에서 요구하는 대로 운송서류가 완벽하게 작성되지 않아서, 부도처리되는 경우가 있으므로 신용장통일규칙(UCP 600)을 잘 숙지하여 정확하게 작성되어야 한다.

### 3) 운송서류의 매입의뢰

선적을 마친 후 환어음과 운송서류를 준비한 수출자는 수출대금을 가능한 빨리 회수하고 싶어 할 것이다. 이때 수출자는 서류를 추심 의뢰하여 대금결제를 기다리는 방법도 있으나 일반적으로 서류를 거래 외국환은행에 제출하여 매입(Negotiation)을 받는 방법을 택하게 된다.

이렇게 환어음과 운송서류를 준비한 수출자가 신용장원본, 제반 운송서류 등을 갖추어 거래 외국환은행에 환어음의 매입을 의뢰하면, 은행은 신용장조건과 제출한 서류의 일치 여부 등을 심사한 후 매입을 결정하게 된다. 이러한 서류의 매입은 매입은행이 개설은행으로부터 신용장 대금을 상환받기 전에 서류를 매입하여 매입은행의 자금으로 수출자에게 신용장대금을 지급하는 일종의 여신행위가 된다. 매입이 결정되면 외국환은행은 제반 수수료 및 기 취급한 무역금융대출금 등을 공제한 후 수출대금을 수출자에게 지급하게 된다.

## 8. 관세환급 및 사후관리

수출을 이행하고 대금을 회수하였다면 실질적인 수출절차는 완료되지만, 수출물품을 생산하기 위해 원자재를 수입한 경우에 수출용원자재를 수입할 때에 납부한 관세 및 내국세 등을 당해 원자재를 사용하여 제조한 물품을 수출하였을 경우에 특정한 요건에 해당하는 경우에는 관세환급을 신청하여 그 전부 또는 일부를 되돌려 받는다.

그러나 수출물품이 수출제한물품이었거나 특정거래형태의 수출입인정을 받은 경우 그리고 대금회수가 완료되지 않은 경우 등에는 이에 따른 사후관리를 하여야 한다. 또한 농림수산물과 수출용원자재로 수입제한물품을 수입한 경우에도 이의 사용 및 수출이행에 대한 사후관리를 하여야 모든 수출절차가 종료된다.

국제무역계약

CHAPTER 02

# 수입계약의 준비



## 제1절 수입계약의 사전준비

수입자는 어떤 상품을 어느 국가의 수출자로부터 수입하여 국내시장에서 어떻게 판매할 것인지를 가장 먼저 고려하여 수입계약을 체결할 준비를 한다.

첫째, 수입하고자 하는 상품의 수입규제 여부와 국내시장의 수급현황을 파악하여야 한다.

대외무역법에 의한 수출입공고, 통합공고나 관세법 등에 의하여 수입이 금지 또는 제한되는지 여부를 확인하여야 한다.

둘째, 수입하고자 하는 상품의 국내 판매가능성 여부를 파악하여야 한다.

수입상품의 국내시장에서 경쟁력이 있는지 여부를 조사할 때에는 상품의 구체적인 규격을 파악하고, 국내생산업체 그리고 국내시장규모를 구체적으로 파악하는 것이 중요하다. 이와 함께 당해 수입상품의 유력한 시장지배자(Market leader)의 존재 여부를 파악하여야 한다.

셋째, 안정적인 해외거래처를 확보하여야 한다.

해외거래처의 확보는 먼저 수입상품 또는 그와 유사한 상품을 취급하는 국내오퍼상이나 해외지사 또는 대리인을 활용하는 방법을 생각할 수 있다.

넷째, 수입상품의 원가를 구체적으로 파악하여야 한다.

수출과 마찬가지로 모든 비즈니스는 원가분석에서 출발하므로, 수입하는 상품의 원가를 정확하고 구체적으로 파악해야 한다.

# 제2절 수입마케팅의 수립

수입마케팅의 수립은 수입자가 수입활동을 통하여 외국의 공급업자(생산업자) 또는 수출자로부터 상품을 수입하여 이것을 수입국의 국내 시장에서 소비자 또는 생산재 수요자에게 전개하는 모든 영업활동을 가장 효율적인 Total System으로 수립하는 것을 의미한다.

## 1. 수입마케팅의 전략수립

수입마케팅의 전략을 수립함에 있어서 수입자는 먼저 해외의 공급업자(또는 수출자)를 물색하여 확보하는 과정과 수입물품을 국내에서 판매하는 과정의 두 가지 측면으로 나누어 살펴볼 수 있다.

첫째, 수입자는 우선 국내시장에 적합한 수입물품을 제대로 공급할 수 있는 해외의 공급자를 확보하여 상담과정에서 절감할 수 있는 원가항목이 있다면 최선을 다하여 이를 절감하여 유리한 수입계약을 체결하기 위한 상담활동을 전개하여야 한다.

둘째, 수입상품을 팔 수 있는 국내시장의 영업정보를 확보하고 판매활동을 전개한다.

수입마케팅에서는 해외의 물품공급업자를 물색하는 활동보다는 국내 영업활동이 더 중요한 의미를 가진다. 또한 수입거래시 중요한 사항은 수입물품의 국내시장규모와 국내거래관행 그리고 시장지배자(Market leader) 등을 파악하여 국내시장에 대한 특성을 이해하여야 한다. 이것은 수입상품의 정확한 재고수준을 예측하고, 국내의 대금결제 관행을 파악하여 재고관리와 관련하여 미리 각 품목별 시장동향을 점검해야 함을 의미한다.

이런 과정을 통하여 수입준비 단계부터 재고발생가능성을 예측하여야 한다. 특히 우리나라는 외국시장과 비교하여 상대적으로 시장규모가 작으므로 각 품목별로 시장지배자군(Market leader group)의 형성이 용이하므로, 동 시장지배자군들은 곧 가격결정자(Price maker)로서 일반적으로 진입장벽을 만들어 신규진입자에 대하여는 일정규모 이상의 시장진입을 허용하지 않는 견제를 하게 된다. 사실 이것은 세계 어느 국가에서나 볼 수 있는 불가피한 현상이지만 상대적으로 시장규모가 작은 우리나라에서 더욱 두드러진 현상이다. 이와 같은 기존 시장지배자와 국내시장 전반에 대하여 제대로 파악하지 못하고, 경험도 못한 채, 단순한 계획만으로 수입업무를 진행한다면 큰 손해를 자초할 수 있다.

이와 같은 상황은 대부분의 완제품 수입시장에서 지배적으로 형성되어 있는 관행으로 이해하면 된다. 그리고 국내 결제시에는 주로 어음에 의한 외상거래가 관행화되어 있으므로 채권확보에 신중을 기하고 결제기간에 따른 이자를 미리 원가에 포함시켜야 한다. 또한 근본적으로 수입영업은 국내영업이므로 수입형태를 대금결제방법의 형태로 분류하는 것보다는 국내 영업방법에 따라 분류하는 것이 유익할 것이다.

## 2. 수입자(Buyer)의 유형

수입자의 유형은 수입물품의 국내 판매형태에 따라 수입을 계획하는 단계부터 각 형태별로 수입마케팅전략을 다르게 채택하므로 다음과 같이 네 가지 형태로 구분할 수 있다.

**표 1-3 수입자(Buyer)의 유형**

| 구 분 | 주요 업무 |
|---|---|
| Offer Sale 수입오퍼상 | 외국의 물품공급자를 대신하여 국내에서 Offer Sale을 하며, 그 대가로 수수료(commission)만 수취하므로 수출입 본거래에 대하여는 책임을 지지 않는 것이 일반적이다. |
| 대행수입 또는 선매수입 | 외국으로부터 물품을 수입하기 전에 국내의 구매자와 수입물품 판매계약을 체결한 후에 수입거래를 진행하는 형태의 대행수입 또는 선매수입이 있다. |
| 재고수입(Stock Sale) | 직접 물품을 수입하여, 국내영업을 통해 물품을 판매하는 가장 일반적인 형태로, 주로 완제품을 수입하며 수입원가 구성항목에 반드시 재고이자와 여신이자를 포함시킨다. |
| 실수요수입 | 제조설비의 보유자가 완제품생산을 위해 생산과정에 투입되는 기초원자재나 중간재사용을 전제로 한 실수요수입의 경우이다. |

첫째, 외국의 물품공급자를 대신하여 국내에서 Offer sale을 하는 수입오퍼상이다. 오퍼상은 그 대가로 수수료(commission)만 수취하므로 수출입 본거래에 대하여는 책임을 지지 않는 것이 일반적이다.

둘째, 수입자가 외국으로부터 물품을 수입하기 전에 국내의 구매자와 수입물품 판매계약을 체결한 후에 수입거래를 진행하는 형태의 대행수입 또는 선매수입이 있다.

셋째, 매매차익을 목적으로 수입자가 직접 재고부담을 안고 물품을 수입하여, 국내 영업활동을 통해 물품을 판매하는 가장 일반적인 형태의 재고수입(Stock sale)이 있다. 이와 같은 수입형태는 주로 완제품 수입시에 채택하는 거래형태로서 사전수입원가 산정시 수입원가 구성항목에 반드시 재고이자와 여신이자를 포함시켜야 한다.

넷째, 제조설비를 보유하고 있는 경우, 자가 사용을 전제로 한 실수요수입의 경우이다. 이 경우의 수입물품은 주로 생산과정에 투입되는 기초원자재나 중간재이다.

## 제3절 수입상품의 이해

수입이 어렵다고 생각되는 이유는 수입・유통규제 및 수입관리제도에 있다. 수입규제 대상품목은 국내항에 도착되어도 수입통관이 안 되어 수출자에게 반송되거나 폐기처분해야 되는 경우가 종종 있다. 특히 농수산물이나 축산물 등 1차 상품은 대부분 국가에서 수입을 규제하고 있기 때문에 원칙적으로 일반인들이 수입하기는 거의 불가능한 경우가 많다. 따라서 수입자는 자신이 기획하고 있는 수입품의 각종 규제 등을 충분히 조사한 다음 수입을 해야 한다. 우리나라에서는 이를 수출입공고 및 통합공고 등 수출입물품에 대하여 규제하기 위한 공고체계에 의해 물품의 수출입규제 여부를 정하고 있다. 수입시에는 이와 같이 국가에서 시행하고 있는 품목별 수입규제사항을 파악함과 더불어 수출국에서 해당물품에 대하여 수출을 규제하고 있는지 여부도 함께 파악하여야 한다.

대체적으로 선진국일수록 가공도가 높은 고기능 물품에 대하여 수출을 규제하고 있는 경우가 많다. 그 이유는 상품이 고도의 기술을 포함하고 있음에 따라 기술이전이 불가피한 Software, 군수품 등에 대하여 부메랑(boomerang) 효과를 염려하여 수출을 규제하거나 금지하고 있는 경우가 많기 때문이다. 반면, 후진국은 주로 가공도가 낮은 원자재에 대한 수출을 규제하는 경우가 많다. 이것은 가능하면 수출국 내에서 부가가치를 추가하는 가공공정을 시행할 수 있도록 하기 위해서이다. 수입물품에 대한 규제 여부를 파악하려면 수출에서와 마찬가지로 우선 HS번호를 정확히 파악해야 한다.

수입하고자 하는 물품에 대해서는 수출의 경우와 마찬가지로 국내에서의 당해 품목에 대한 주요 공급국가, 수입물량, 수입량의 변동추이 및 국내시장에서의 수요 등 일반적인 수입동향을 점검할 필요가 있다. 한국무역협회가 제공하는 무역정보네트워크(www.kita.net)를 이용하면 품목별 수입실적, 수입지역별 수입금액, 수입업체 등 관심품목에 대한 기본적인 수입동향을 쉽게 파악할 수 있다. 그러나 품목별 수입동향과 관련하여 품목별 수입단가 등 수입물품의 국내영업과 직결되는 실질적인 정보는 품목별로 규격이나 품질수준이 다양하기 때문에 이를 쉽게 파악하기는 어렵다.

## 제4절 수입상품의 원가분석

수입자는 수입계약을 체결하기 전에 먼저 누구로부터, 무엇을, 얼마에 수입할 것인가를 결정해야 한다. 이러한 구체적인 사항들이 수입자와 수출자 간에 합의가 되어야만 수입계약이 성립되며, 수입을 교섭하고 계약할 때에는 계약하는 수입가격 이외에 여러 가지 수입비용이 존재한다는 것을 알아야 한다. 물론 가격조건 및 대금결제조건 등 거래조건에 따라 그 수입비용이 달라지지만, 수입과 관련하여 발생할 수 있는 모든 항목을 잘 검토한다면 수입비용을 최대한 절감할 수 있다.

### 1. 원가분석을 위한 고려사항

수입자는 계약을 협상하는 단계에서 무역조건을 교섭하는 동시에 수입으로 인해서 발생하게 되는 운송비, 해상보험조건별 보험료, 수입관세 및 기타 금융비용 등을 산출해야 하며, 이들 비용을 산출할 때 항상 비용을 경감시키는 방법을 찾아서 검토해야 한다.

수입은 수출에 비하여 사전 원가 계산시 다음과 같은 몇 가지 점에 주의해서 치밀하게 수입전략을 세워야 한다.

첫째, 수입은 국내영업인 데 반하여 수출은 해외영업이다.

국내시장은 좁으며 불완전경쟁시장인 반면, 해외시장은 넓고 완전경쟁시장에 가깝다. 즉, 수출거래와 비교하여 수입거래는 우선 수출시장에 비하여 상대적으로 좁은 국내시장에서 이익을 실현시키고자 한다는 점을 인식해야 한다.

둘째, 시장규모의 차이에 따라 수입은 수출에 비하여 회전율이 상당히 길다.

수입거래는 대부분 수입물품을 인수하기 전에 물품대금 전액을 결제해야 한다. 그리고 불가피하게 일정수량의 재고가 발생하는데, 이에 따른 자금부담, 이자 그리고 재고부담에 따른 비용을 제대로 고려하지 않은 채 수입을 계획하는 경우가 많다.

셋째, 수출은 외화를 벌어들여 국내에 공급하는 반면, 수입은 외화를 사용한다.

수출과 달리 수입은 주로 국내 산업을 보호한다는 측면에서, 각종의 수입제한제도가 운용되고 있으며, 수입의 경우는 수출과는 달리 많은 관세가 부과된다.

이상에서 살펴보았듯이 수입원가를 구성하는 항목을 설정할 때는 수출원가를 구성할 때보다 더욱 주의하여야 하며, 수입원가는 크게 보아 물품대금과 제경비 그리고 이자로 나누어 살펴볼 수 있다는 것을 알았다. 이와 함께 수입원가는 환율, 관세율, 이자율 및 시장현황의 변화 등에 따라 수시로 변동할 수 있으므로 각 외부변수의 변화추이에 대해서도 항상 관심 있게 살펴보아야 한다.

## 2. 수입상품의 원가항목

수입자가 수입상품의 원가를 파악하는 데 포함하는 항목들을 보다 구체적으로 알아보면 다음과 같다.

첫째, 물품대금은 수입자가 선하증권을 수취하기 위하여 결제해야 하는 환어음대금으로, 수입자가 결제해야 하는 환어음금액은 달러 등 외화로 표시되어 있으므로 수입자는 동 외화금액에 적용 환율을 곱하여 이를 원화로 환산해서 결제해야 한다.

둘째, 수입 제경비는 은행에서 발생하는 금융비용, 수입통관시 세관에 지불해야 하는 수입제세금 등 통관경비와 수입물품 운송·보험과 관련하여 발생하는 물류 제비용으로 이들 중 부담의 정도는 일반적으로 물류비용, 통관경비, 금융비용의 순서이다.

셋째, 수입상품의 원가항목에 포함시켜야 하는 이자는 수입대금을 결제한 이후에 수입물품의 국내영업과정에서 발생하는 이자를 말한다.

넷째, 수입상품의 원가조사시 고려해야 하는 또 다른 항목은 수입대금 결제시기와 관련한 환차손익, 외상거래시 발생하는 금융비용, 수입추천비용 또는 수입허가비용 등 수입규제에 따른 행정비용과 수입부담금 그리고 기타 수량의 과부족 등에 따른 비용이다.

수입자가 고려해야 하는 또 다른 것은, FOB나 CIF 등의 무역조건 중 어느 조건으로 수입하는 것이 가장 유효한지를 고려해야 하는데, 수입자가 저렴한 운임이나 보험료를 수배할 수 있다면 FOB 인도조건으로 수입하는 것이 바람직하지만, 많은 수출자로부터 동일한 상품에 대하여 각각 Offer를 받는 경우에는 CIF가격조건으로 Offer하는 것이 유리하다. 그 이유는 CIF가격조건으로 계약할 경우 가장 유리한 가격을 쉽게 알 수 있기 때문이며, 이 경우에 가능하면 FOB가격, 운임 그리고 보험료를 개별로 표시하여 받는 것이 원가를 파악하는데 더욱 편리하다.

## 제5절 수입절차별 실무지식

수입절차는 수입가능한 품목에 대해 국내로 수입하는 경우 관세법에 근거한 수입통관절차를 거쳐 최종적으로 물품을 수취하는 일련의 절차를 의미한다. 물론 이러한 수입절차는 국내 무역관련 법규와 국제무역관습 규정 등이 상호 관련되어 각 절차에 적용되고 있다. 그러므로 수입자는 각 단계별로 적용할 가장 적합한 법률 및 규범 등을 신중하게 검토해야 한다.

### 1. 수입계약의 체결

수입자는 수입계약의 체결을 위하여 거래선에 구매주문(buying offer, purchase order)을 제시하고 이에 거래선(수출자)으로부터 주문승낙(acknowledgement)이 있는 경우, 또는 물품을 판매하고자 하는 수출자로부터 매도청약(selling offer)을 받고 이에 수입자(매수인)가 승낙(acceptance)을 하는 경우에 수입계약이 체결되는 것이다. 여기서 수입계약이란 외국의 수출자로부터 물품을 인수할 것을 약정하고, 이에 수입자가 상응하는 물품대금을 지급할 것을 약정하는 것을 말한다.

#### 1) Offer sheet(물품매도확약서)의 종류

Offer sheet는 발행지, 유효기간의 유무, 발행의 목적 및 조건의 유무에 따라 다음과 같이 분류할 수 있다. 첫째, 동일한 국내에서 발행한 국내발행오퍼와 외국에서 발행되어 오는 국외발행오퍼가 있다. 둘째, 수출자가 판매조건을 제시하는 매도오퍼(selling offer)와 수입자가 먼저 구매조건을 제시하여 수입의사를 표시하는 구매오퍼(buying offer)가 있다. 셋째, 오퍼의 유효기간이 명시되고 그 기간 내에 수락할 것을 조건으로 하는 확정오퍼(firm offer)와 오퍼의 유효기간을 명시하지 않아 청약자가 일방적으로 오퍼를 철회하거나 그 내용을 변경할 수 있는 불확정오퍼(free offer)가 있다. 그리고 일정한 조건을 붙여서 오퍼를 발행하고 그러한 조건이 충족되면 오퍼가 유효한 것으로 인정하는 조건부오퍼 등이 있다.

### 2) Offer sheet(물품매도확약서)의 내용

오퍼는 특별히 정해진 형식이나 방식이 있는 것이 아니라 거래대상물품, 거래방식 등에 따라 다양한 형태를 가지고 있다. 오퍼의 기재사항은 거래특성에 따라 다양하지만, 가장 전형적인 오퍼에 기재되는 사항은 품명(commodity name), 수량(quantity), 단가(unit price), 대금결제방법(payment condition), 보험(insurance), 원산지(origin), 유효기간(validity), 선적기일(shipping date), 포장방법(packing method) 그리고 발행일자(offer date) 등이다.

### 3) 물품매매계약서의 작성

수출자와 교섭하여 의견이 일치하면 매매계약을 체결하기 전에 향후 거래기준이 되는 일반거래조건(general terms and conditions)을 협정하여 향후 분쟁에 대비하여야 한다. 이러한 조건들은 오퍼의 내용에 포함시킬 수도 있지만, 별도의 계약서를 작성하는 경우도 많이 있다. 양 당사자는 계약 성립에 대한 증거로서 합의된 사항이 기재된 매매계약서를 작성하여 상호 서명한 후 각각 1부씩 보관하는 것이 일반적이다.

## 2. 수입승인

만약 수입하고자 하는 물품이 수입제한품목인 경우에는 별도의 수입승인을 얻어야 한다. 그러나 수출입공고 및 통합공고 등에 제한이 없다면 별도의 수입승인이 필요 없다. 또한 특정거래형태의 수입에 대하여는 종전과 동일하게 시행하고 있음에 유의하여야 한다.

### 1) 품명표시

품명표시에 대해서는 다음의 사항을 검토해야 한다. 즉, 수입승인 신청시 품목명은 관세청장이 상품명을 표준화하여 공고한 품명인 경우에는 원칙적으로 같은 품명이 표시되어야 한다. 그리고 품목명은 애매모호하게 표시되어서는 안 되며, 품목명은 해당품목에 대해 가장 좁은 의미로 표현하여야 한다.

### 2) 품목분류

품목분류에 대하여는 다음의 사항을 확인해야 한다.

첫째, HS번호는 현행 관세율표상의 세번 분류(10단위)와 일치 여부를 확인해야 한다.

둘째, 품목분류가 확실하지 않은 경우는 수입물품의 용도설명서, 카탈로그 등을 참조하여 정확하게 분류되었는지 확인해야 한다.

셋째, 용도별 구분은 세관의 사실판단에 따라야 한다.

넷째, HS분류가 애매한 품목과 신규개발 품목은 관세청에서 품목분류 공고가 되었는지를 확인하고, 고시되지 아니한 경우는 관세청 또는 통관예정세관에 분류를 의뢰해야 한다.

다섯째, 기타 일반적인 사항은 관세청의 물품분류공고를 참고해야 한다.

## 3. 신용장의 개설

무역대금결제를 신용장방식으로 체결한 경우에 수입자는 수입승인을 받은 후 자기의 거래외국환은행에 신용장개설을 신청해야 한다. 신용장 개설을 수락한 은행(개설은행)은 신용장을 발행한 후, 이를 수출국에 위치하는 환거래은행(Correspondent Bank)인 통지은행으로 신용장의 통지를 요청하고, 통지은행은 수익자(수출자)에게 신용장발행을 통지하여 신용장을 전달하게 된다. 이러한 신용장의 개설은 개설은행이 해외 수출업자에게 신용장조건과 일치하는 서류가 제시되면 수입화물의 대금을 지급하겠다는 조건부지급확약으로서, 개설시점부터 결제시점까지 개설은행이 수익자 또는 제3자에게 최종적인 지급책임을 부담하는 일종의 여신행위이다. 따라서 개설은행은 개설의뢰인(수입자)의 신용도, 수입화물의 환가성 등을 면밀히 검토할 뿐만 아니라 장래에 발생할지도 모르는 채무에 대비하여 수입신용장 개설 전에 외화지급보증약정의 체결이나 전액 담보금을 요구하기도 한다.

이러한 절차는 일반적인 신용장거래에 불과하지만 이러한 모델을 기본으로 하여 모든 무역거래에 변형하여 적용되기 때문에 원활한 수입업무의 진행을 위해서는 각 절차별 필요한 실무사항을 사전에 숙지해야 한다.

### 1) 신용장의 개설방법

수입자는 수입물품에 대한 수입승인을 받은 다음 그 유효기간 내에 신용장개설을 신청해야 한다. 신용장개설은행은 신용장개설에 관한 심사 및 기타 절차를 완료하고 개설의뢰인이 제출한 의뢰서의 내용을 점검하여 타당하다고 인정되면 신용장을 개설한다.

신용장 개설방법은 선적기일, 시황, 자금사정 등을 고려하여 우편이나 전신에 의한 방법 등이 있으나, 최근 대부분의 외국환은행에서는 SWIFT방식을 이용하여 신용장을 개설하여 통지하고 있다.

### 2) 신용장개설 신청시 필요한 서류

수입자는 자신의 거래 외국환은행에 수입신용장개설을 신청한다. 신청서류는 각 외국환은행별로 다를 수 있으나, 일반적으로 신용장개설신청서, 외국환거래약정서(최초 거래시 한 번만 제출함), 수입승인서(I/L), 무역계약서 그리고 가격조건이 FOB 또는 CFR인 경우에는 수입상이 수입물품에 대하여 적하보험에 부보한 후 적하보험증권을 제출해야 한다.

### 3) 신용장 개설신청서 기재내용

신용장 개설신청서에 기재되는 내용은 곧 신용장의 조건이 되므로 신청서에 기재하는 모든 사항은 수출자와 수입자 간에 체결한 계약서를 근거로 하여 간단명료하고 정확하게 기재하여야 한다. 이 신청서에는 신용장에 기재된 모든 요건을 기입하여야 하며 매매계약에 약정된 내용 및 수입승인서(I/L)상 허락된 내용과 반드시 일치하여야 한다.

신용장개설신청서에 기재되는 주요 사항은 다음과 같다.

첫째, 신용장 자체에 관한 사항으로 수익자, 개설의뢰인, 신용장금액 및 유효기간을 기재하여야 한다.

둘째, 환어음에 관한 사항으로는 어음의 종류 및 어음의 지급기일을 기재해야 한다.

셋째, 선적서류에 관한 사항으로 선하증권(또는 항공운송장), 상업송장, 포장명세서, 영사송장, 검사증명서 그리고 원산지증명서 등 기타 수입통관에 특별히 필요한 서류가 있으면 여기에 표시하여야 한다.

넷째, 상품과 선적에 관한 사항으로 상품명, 단가, 수량, 가격조건, 금액 등 상품의 명세를 기재하고, 선적항, 도착항 및 선적기일 그리고 분할선적 및 환적의 가능 여부를 표시해야 한다.

## 4. 수입대금결제와 운송서류의 인수

수출자는 상품을 선적기일 내에 계약물품을 선적하고 환어음과 운송서류를 준비하여 자신의 거래 외국환은행에 수출화환어음 매입을 의뢰하여 수출대금을 회수하며, 동 환어음과 운송서류 등을 매입한 수출국의 매입은행은 개설은행 앞으로 매입한 서류들을 송부한다.

서류를 접수한 수입국의 개설은행은 서류를 심사하여 신용장조건과의 일치가 확인되면 개설의뢰인(수입자)에게 운송서류가 도착했음을 통지한다. 신용장개설은행은 개설의뢰인에게 운송서류를 인도하기 위하여 환어음의 제시 및 지급인수를 청구하며 개설의뢰인은 이에 따라 수입대금을 결제해야 한다. 운송서류를 인수받은 수입업자는 자기자금이나 일반수출입금융 및 거래 약정시 제공한 담보 등을 처분하여 수입대금(관계 수수료 포함)을 공제한 후 운송서류를 인도 받아 수입통관절차를 밟게 된다.

다음은 수입업무와 관련하여 발생할 수 있는, 즉 수입물품은 도착항에 도착하였으나 관련 선적서류의 송달 지연으로 수입화물의 인수지연에 대한 해결방법과 개설은행의 무역금융을 이용하여 수입물품을 인수하는 절차에 대하여 알아본다.

### 1) 수입화물선취보증서(Letter of Guarantee : L/G)

수입업자가 수입물품을 선박회사로부터 수령하여 통관시키기 위해서는 선적서류를 선박회사에 제출해야 한다. 그러나 수입화물은 도착항에 도착하였는데 선적서류가 개설은행에 도착하지 않은 경우가 있다. 이럴 경우 수입업자인 신용장개설의뢰인은 물품을 통관하지 못하므로 체선료, 창고료, 화재보험료 등을 부담해야 하고, 심지어는 물품의 판매시기를 놓칠 수도 있다. 이와 같은 경우에 수입상은 선적서류가 도착하기 전에 수입물품을 인도받기 위하여 개설은행으로부터 보증서를 발급받아 선박회사에 선하증권의 원본 대신 제출하고 수입화물을 인도받을 수 있다. 이때 사용되는 개설은행의 보증서가 바로 수입화물선취보증서(Letter of Guarantee : L/G)이다.

즉, L/G의 발급은 선적서류 도착 전 물품의 인도로부터 발생하는 모든 문제를 개설은행이 책임지고 차후에 선하증권 원본이 도착하면 이를 선박회사에 제출할 것을 보증하는 개설은행의 보증서이므로 선적서류의 원본을 인도하는 것과 동일한 효과가 있으며, 수입상은 L/G 발급시 수입보증금으로 L/G금액 전액을 반드시 현금 예치하여야 한다.

특히 여기서 주의할 사항은 외국환은행이 L/G를 발급하게 되면 신용장조건과 일치하지 않는 선적서류가 도착하여도, 화물이 이미 수입자에게 인도된 후이므로 매입은행에 대하여 수입어음의 인수를 거절할 수 없다는 것이다.

### 2) 수입화물대도(Trust Receipt : T/R)

수입결제대금의 적립 없이 발행된 수입화물선취보증서(L/G)의 경우 수입업자가 물품을 통관하고 추후 도착한 선적서류 원본을 결제하거나, 기한부수입 및 대출이 예정된 수입의 경우에 수입업자는 수입대금의 결제 없이 선적서류를 인수하고 일정기간 후 또는 만기일에 대금을 결제하게 된다. 이 경우 은행은 물품의 소유권을 가진 신탁자로써 수입상을 수탁자로 하여 물품을 은행과 체결한 일정한 계약목적 범위 내에서 사용 수익하도록 인도하므로, 수입화물선취보증서 또는 선적서류 인도 후부터 대금결제일까지 기간 동안 신용공여에 대한 담보권을 확보하려는 일종의 신탁계약으로 이것을 수입화물대도(Trust Receipt : T/R)라고 한다. 이러한 수입화물대도(T/R)에는 수입결제대금의 적립 없이 수입화물선취보증서(L/G) 발행에 따른 T/R과 기한부 수입에 따른 T/R이 있다.

## 5. 수입통관과 물품의 인수

외국으로부터 수입되는 물품이 우리나라에 도착하면 수입업자는 동 물품을 하역하여 보세구역에 반입하여 장치한 후 수입통관을 하기 위하여 세관에 수입신고를 해야 한다. 그러나 부두에서 직접 통관하는 화물 등은 수입화물이 우리나라에 도착하기 전에 사전수입신고가 가능하다. 수입신고는 수입되는 물품에 대하여 수입하겠다는 의사표시를 세관장에게 하는 것으로 수입신고를 함으로써 적용법령 및 과세물건 그리고 납세의무자가 확정된다.

수입업자는 보세구역에서 수입물품을 인수하고자 하는 때에는 수입신고필증을 제시하고 장치수수료를 납부해야 한다. 다만, 신고수리 전 반출물품은 신고수리 전 반출승인서를 제시해야 하고, 물품을 보세구역으로부터 반출한 후 세관에서 세액심사를 받으며, 납세의무자는 제반세금을 신고납부하고 수입면장을 교부받아 보세구역에서 그 물품을 반출할 수 있다. 이러한 일련의 절차를 수입통관절차라 한다.

**| 표 1-4 | 관세율의 적용 순위**

| 순위 | 종 류 | 비 고 |
|---|---|---|
| 1순위 | 덤핑방지관세<br>보복관세<br>긴급관세<br>상계관세 | 최우선 적용 |
| 2순위 | 편익관세<br>국제협력관세 | 3, 4, 5, 6, 7순위보다 낮은 경우에 우선 적용 |
| 3순위 | 조정관세<br>계절관세<br>할당관세 | 할당관세는 4순위보다 낮은 경우에 우선 적용 |
| 4순위 | 일반특혜관세 | |
| 5순위 | 농축산물 양허관세 | WTO협정에 의한 양허관세 규정 「별표 1」의 나 및 별표 3의 4 세율 |
| 6순위 | 잠정관세 | |
| 7순위 | 기본관세 | |

# CHAPTER 03 목표시장의 선정과 해외시장조사



## 제1절 목표시장의 선정

해외시장에 수출을 하려는 경우, 수출자가 가장 먼저 해야 할 것은 수출마케팅조사를 통하여 자신이 취급하는 상품이 세계 어느 시장에서 가장 많이 수요하고 있는지, 어떠한 판매경로를 통해야 가장 유리하게 공급할 수 있는지 등을 연구하여 자신이 취급하는 상품에게 가장 적합한 목표시장을 선정하여야 한다.

수출자가 자신의 취급상품을 정하고 있지 않는 경우에는 수출마케팅조사를 통하여 유망한 수출시장(목표시장)과 그 시장에 적합한 상품을 선정한 후 신규거래처, 수출경로를 선정하고 광고 등의 판매촉진을 추진해야 한다. 따라서 수출자가 해외시장에서 신규무역관계를 창설하는 데 있어서는 어떤 상품(what)을 어느 시장(where)에 어떠한 방법(how)으로 수출할 것인가에 대한 무역거래의 전략이 확립되어야 한다. 수출자가 수출거래에서 최대이윤을 얻기 위해서는 제품정책, 가격정책, 판매경로정책, 판매촉진정책이 목표시장의 선정에 있어서 종합적으로 검토되는 '마케팅 믹스'(marketing mix)전략이 필요하다.

목표시장의 선정이 이루어지면 다음으로 목표시장의 시장성(marketing possibility)을 분석하기 위한 해외시장조사를 하여야 한다. 목표시장의 조사는 직접 수출회사가 하는 경우와 무역거래알선기관에 의뢰하는 경우가 있다. 다양한 수출마케팅조사에 의해서 유력하다고 생각되는 목표(수출)시장을 선정하고 그 목표시장에서 가장 유력한 거래처를 물색하여 거래를 제의하여 거래관계를 맺어야 한다.

수출자는 목표시장에서 가장 좋은 거래처(good customer)를 선정하는 것이 무엇보다도 중요하다. 자신의 상품을 취급하는 거래처를 가능한 광범위하게 많이 물색하여 신용조사를 통하여 가장 믿을 수 있는 거래처를 선정하여야 한다. 특히 수출자가 좋은 거래처를 물색, 선정하여 이 거래처와 거래관계를 맺을 수 있다면 이미 절반은 성공한 셈이다.

# 제2절 해외시장조사

수출상의 입장에서 해외시장을 개척하고 이를 확대하는 데 있어서 제일 먼저 고려하여야 할 문제가 곧 해외시장조사이다. 해외시장조사(overseas market research)는 해외의 특정지역인 목표시장(target market)에서 어떤 상품의 판매가능성(selling possibility) 또는 구매가능성(purchasing on buying possibility)에 필요한 제반 사실을 수집・기록・분석하는 것을 말한다.

해외시장조사를 통하여 어느 지역의 시장에서 어떠한 거래선을 대상으로 어느 시기에 수출상이 취급하고 있는 물품을 가장 합리적인 가격으로 유통비용을 최소화하여 많은 물량을 판매할 수 있는가를 과학적으로 조사, 연구하고 분석을 하게 된다.

해외시장조사는 지역적인 격리성, 상관습 및 언어 등의 차이로 인하여 그 조사에 어려움이 많이 따른다. 따라서 조사자의 정확한 조사가 목적시장 진출 여부와 성공적인 거래관계를 유리하게 하기 위한 전제조건이 된다.

## 1. 해외시장조사의 내용

해외시장조사(overseas market research)는 국제마케팅(international marketing) 활동의 기초가 되는 것이다. 주요 조사내용으로는 먼저 목표시장의 일반적인 환경조사를 한 다음 고객조사, 상품조사, 판매경로조사, 판매조사 등을 보다 구체적으로 심사한 후 믿을 만한 거래선을 발굴하는 단계를 거치게 된다.

### 1) 목표시장의 일반 환경조사

만일 해외시장에서 겨울용 의류를 팔고자 한다면 목적시장은 계절적인 요인을 고려하여 시기적 그리고 계절적으로 적합한 지역을 먼저 선정해야 할 것이다. 이처럼 지리적으로 적합한 국가를 목표시장으로 할 것인가를 고려하여 당해시장의 일반적인 제반 환경(surroundings)에 대하여 다음과 같은 사항을 조사하여야 한다.

① 정치(politics)에 관한 사항으로 정치체제, 정치적 안정도는 어떠하며 정치적인 위험(political risk)은 없는가?

② 경제(economy)에 관한 사항으로 전반적인 경제사정, 경제적 안정도, 국민소득, 국제수지, 경제성장률, 주요자원, 노동 및 고용사정, 임금, 물가, 조세체계, 금융기관, 산업구조는 어떠한가?

③ 사회일반(society general)에 관한 사항으로 인구, 인구증가율, 면적, 기후, 인종, 종교, 문화, 통신, 교통, 언어, 교육수준, 법률제도는 어떠한가?

④ 무역(international trade)에 관한 사항으로 품목별, 지역별 수출입규모, 수출입규제제도, 외환관리, 대금결제조건, 관세율, 환율, 특허, 항만사정, 운송수단, 상관습은 어떠한가?

### 2) 고객조사

고객(customer)이란 당해물품을 직접적으로 수출할 수 있는 거래선과 실제 최종수요자 모두를 포함하는 개념이다. 고객조사는 다음 사항을 조사한다.

① 고객층에 관한 사항으로 소비자 또는 사용자의 지역적 분포, 소득별 분포, 구매능력은 어떠한가?

② 고객의 기호(taste) 및 이미지(image)에 관한 사항으로 기호, 취향 및 품질, 상표, 생산자 등의 이미지는 어떠한가?

### 3) 상품조사

상품조사(merchandise research)는 취급상품에 대한 전반적인 조사가 이루어져야 하며 다음과 같은 사항을 조사한다.

① 당해상품의 수요에 대한 사항으로 수요품목, 품질, 규격, 현재의 수요량, 장래의 수요량 예측, 계절적인 수요요인, 현지에서의 국산품의 수요량은 어떠한가?

② 당해상품의 공급에 관한 사항으로 주요 공급선, 공급선의 상호, 계절적인 공급요인, 현지에서의 국산품 공급량은 어떠한가?

③ 경쟁품(competitive goods), 대체품(substitute goods) 및 유사품(similar goods)의 현황은 어떠한가?

④ 가격(price)에 관한 사항으로 수입품과 현지국산품의 가격 비교는 어떠한가?

⑤ 쿼터품목(quota item)에 해당되지 않는가?

⑥ 해당상품은 특허권, 상표권, 공업소유권 등에 저촉될 수 있는 품목은 아닌가?

### 4) 판매경로조사

판매경로조사(sales route research)란 고객이 수입한 물품은 어떠한 경로를 통하여 판매되고 소비자 내지 사용자에게 전달되는가를 조사하는 것으로 다음과 같은 사항을 조사한다.

① 시장기구 및 유통과정에 관한 사항으로 수입상, 판매점, 특약점, 백화점, 체인스토어, 도매상, 소매상 등의 기구와 유통경로는 어떠한가?

② 서비스(service)에 관한 사항으로 판매전에 행하여지는 사전서비스(pre-service)와 판매 후에 행하는 사후서비스(after service)는 어떤 방법으로 행해지고 있는가?

### 5) 판매조사

판매조사(sales research)는 상품계획(merchandising)과 효과적인 판매정책(sales policy)을 어떻게 수립할 것인가를 조사하는 것으로 다음과 같은 사항을 조사한다.

① 상품계획에 관한 사항으로 수출물품의 품종, 품질, 디자인, 상표, 특허, 포장, 운송 등에 대한 선택은 어떻게 할 것인가?

② 판매정책에 관한 사항으로 판매계획과 예측, 견본, 카탈로그, 안내서제공 등 판매촉진(sales promotion), 광고, 전시 등은 어떻게 효율적으로 할 것인가?

**표 1-5 해외시장조사의 주요 내용**

| 조사내용 | 세부사항 |
|---|---|
| 목표시장조사 | •거래대상지역의 선정/목표국가의 상관습<br>•해당상품의 수출입현황/기후와 지리적 여건<br>•수입관리제도(품목관리제도, 수입통관, 관세율 및 외환사정 등)<br>•대상국의 통화의 안전성 및 경기상태<br>•교통통신(특히 항만, 공항 등 물류관련 설비) |
| 시장수요조사 | •시장잠재력조사<br>•취급상품의 수급현황(자체생산량, 수입량 및 수요)<br>•시장성장률 예측/시장발전단계조사 |
| 소비자조사 | •사회구조 및 소득수준, 물가/이자율 등 거시경제지표의 추세<br>•소비계층 · 지역, 구매형태/구매주기/구매능력, 상품에 대한 만족도<br>•소비자보호 관련 규제 등 |
| 경쟁자조사 | •경쟁대상국, 경쟁업체, 경쟁상품, 가격동향<br>•경쟁자의 마케팅 전략<br>•경쟁사의 장점과 약점<br>•경쟁사의 수출가격, 수출량 및 수출경쟁 우위성 |

| | |
|---|---|
| 제품조사 | •수요상품의 품종, 품질 및 규격<br>•현지국 생산량, 판매량 및 수출입량의 비율<br>•현지생산품과 수입물품과의 품질 비교<br>•현지 주요 수입상품의 생산/디자인/규격/스타일/성능/포장 등에 대한 조사<br>•수입규제 여부, 국내 생산물품과 기존 수입물품의 품질 및 가격<br>•해외규격인증 등 |
| 유통경로조사 | •해당상품의 유통구조(유통형태, 유통단계별 마진율 등)<br>•해당제품의 거래관습에 관한 조사/유통지역조사<br>•해당제품의 성수기와 비수기조사<br>•구매량 및 수입규모, 경쟁업체의 동향, 시장자유도와 유통경로, 시장세분화 방법 등 |
| 가격조사 | •해당지역의 수출·입 가격조사<br>•현지생산품과 수입품과의 가격 비교<br>•계절 등에 따른 가격변동 추세<br>•성수기와 비수기의 가격 차이 |
| 촉진조사 | •현지의 광고, 판매촉진, 홍보 등에 관한 조사<br>•대리점활용, 현지법인 설립 등의 효과에 관한 조사 |
| 거래방식조사 | •무역거래시 상관습 및 상거래 관련 법·제도, 무역관리제도, 금융·외환제도 등 |

## 2. 해외시장조사의 방법

해외시장조사의 방법에는 무역회사 스스로가 직접 조사하는 방법과 국내외에서 발행된 간행물이나 각종 책자와 같은 문헌 또는 국내외의 기관 등을 이용하여 간접 조사하는 방법이 있다. 해외시장조사는 간접조사와 직접조사를 병행하여 실시하면 조사의 효과를 크게 제고할 수 있다. 먼저 간접조사로 가능성이 높은 시장을 선정한 후에 직접조사를 하면 비교적 정확한 조사를 할 수 있다.

### 1) 직접 조사하는 방법

무역거래를 행하는 당사자 자신이 해당 목표시장을 직접 방문하여 조사 확인하거나 자신의 지사나 대리점을 통하여 조사하는 현장조사(field research) 방법이다. 이렇게 직접 시장조사를 한다는 것은 시간과 비용문제가 따르겠지만 가장 생생한 시장정보를 얻을 수 있다. 직접조사를 위한 해외출장은 무역상사가 단독으로 조사하거나 또는 관련 수출입조합이나 경제단체의 해외시장조사단에 참가하여 공동출장에 의한 조사가 있다. 시간과 경비를 경제적으로 사용하고 최대효과를 얻기 위해서는 현지의 방문처와 미리 시간약속과 함께 자료나 정보 등이 제공될 수 있도록 협조를 구하는 것이 좋다.

직접조사방법은 실질적이고 감각적인 조사를 할 수 있어 가장 정확한 방법이지만 언어 및 상관습 등이 다르므로 많은 성과를 거두기 어렵고 비용이 많이 소요되며 주관적인 조사가 될 가능성이 있다.

### 2) 간접조사하는 방법

국내외에서 발행된 간행물이나 각종 책자와 같은 문헌조사(library research)에 의하여 조사하는 방법과 한국무역협회, 대한상공회의소, 대한무역투자진흥공사, 재외공관, 외국의 영사관과 같은 기관을 통해 조사하는 방법이다. 외국의 전문조사기관이나 광고대리점을 통하여 조사하는 방법도 있다.

#### 가) 전문기관의 무역통계자료를 이용한 조사

간접적인 방법으로 해외시장조사를 하는 데 가장 손쉽고 경제적인 방법은 각종 무역통계자료를 이용하는 조사방법이다. 주로 활용되는 자료로는 유엔의 「국제무역통계연보」(Yearbook of International Trade Statistics), IMF의 「무역재무통계」(International Financial Statistics), 관세청의 「무역통계연보」 등 각종 경제 및 수출입통계자료 등이 있다. 이러한 자료는 한국무역협회, 대한무역투자진흥공사, 대한상공회의소 등에서 이용할 수 있으며 Internet 정보검색을 통해서도 쉽게 정보를 획득할 수 있다.

#### 나) 대한무역투자진흥공사(KOTRA)를 통한 위탁조사

대한무역투자진흥공사는 무역동향에 대한 해외시장조사, 무역관련 각종 자료의 간행, 한국무역의 홍보, 무역상품전시회업무 등을 담당하고 있다. 현재 세계 주요 도시에 코리아비즈니스센터가 설치되어 있어 신속한 무역정보 수집기능을 수행하고 있으며, 해외 및 국내 무역관의 조직망을 통하여 국내에서 무역상사의 해외시장조사업무를 담당하고 있다. 경비는 다소 소요되더라도 현지에서 직접 주재원들의 방대한 조직으로 조사가 보고되기 때문에 신빙성이 높다. 이러한 간접조사방법은 직접조사방법에 비하여 비용이 절약되고, 짧은 시간에 광범위한 정보를 수집할 수 있다는 점에서 경제적인 방법으로 평가되지만, 수집된 정보에 따라서는 정확성이나 내용에 대한 신뢰도가 낮은 경우도 있다. 그러나 특정시장이나 특정상품에 대하여 외국전문기관에 의뢰하면 철저하고 상세한 조사를 기대할 수 있는 점이 장점이기도 하다.

## 제3절 거래제의

### 1. 거래제의와 권유장

해외시장조사를 통하여 거래선을 발굴하게 되면 거래를 제의하는 이른바 권유장(circular letter)을 발송한다. 권유장(circular letter)이란 미지의 거래선에게 자기회사를 소개하고 취급물품과 거래조건 등을 간단하게 안내하여 거래관계를 권유하는 서신을 말한다. 권유장은 발송하는 목적에 따라 회사의 신설, 조직이나 주소변경 등 통지할 필요가 있는 사항을 알리는 일반통지(general announcement), 신상품 소개, 거래제의를 위한 판매안내(sales circular) 등이 있다. 권유장을 발송하는 경우에는 관련 카탈로그(catalog)를 동봉할 수 있지만 오퍼(offer)나 견본제공은 상대방의 요청이나 관심을 보일 때 송부하는 것이 좋다.

### 2. 권유장의 작성

권유장의 작성은 해당지역의 몇 개 회사로 한정하는 것이 효과적이며 보낼 때에는 시차를 두고 보내는 것이 바람직하다. 따라서 권유장은 남발하여 발행하여서는 안 되고 거래선으로 하여금 거래관계를 창설할 수 있도록 간결하고 명료하게 다음과 같은 내용과 순서를 참조하여 작성하여야 한다.

① 상대방을 알게 된 동기와 거래관계 개설의 희망
② 자기회사의 업계에서의 지위와 능력
③ 자기회사의 영업종목 및 거래물품의 명세와 특성
④ 추가정보 및 자료제공의 용의 표명
⑤ 주문에 응할 수 있는 예상공급량 또는 사업규모
⑥ 자기회사의 신용조회처

⑦ 맺음말

## 3. 거래권유에 대한 조회 및 회신

거래의 권유를 받은 자(수입업자)가 그 물품에 대한 관심 또는 구매할 의사가 있게 되면 그에 대한 조회(inquiry)를 하게 되는데 이를 거래조회, 무역조회(trade inquiry) 또는 문의라고도 한다. 이와 같이 조회는 일반거래조건의 협정 또는 청약을 위한 당사자 간의 거래를 조건에 대한 의사를 타진하는 상담의 과정이며, 조회를 받은 수출업자는 조회사항에 대하여 회신을 하여야 한다.

### 1) 조회(inquiry)

조회란 거래관계의 권유를 받은 자가 그 권유에 대한 관심이나 물품을 구매할 의사가 있을 때 문의하는 것을 말한다. 조회는 전자우편(e-mail)을 많이 활용하고 있으며, 그 내용에 따라 정가표나 오퍼 또는 견본제공을 요청하는 조회가 있다.

### 2) 조회의 작성

조회를 작성할 경우에는 다음과 같은 요령으로 한다.

① 상대방을 알게 된 경위
② 관심품목의 명시와 가격조회
③ 수요규모와 구매물품의 명세
④ 주문내용의 구체적 설명
⑤ 소요수량의 선적시기
⑥ 기타의 문의사항
⑦ 맺음말

### 3) 조회에 대한 회신

조회에 대한 회신은 신속하게 성의를 다하여 하여야 한다. 조회에 대한 회신은 다음과 같은 요령으로 한다.

① 조회의 접수에 대한 확인과 감사의 표시
② 가격표 또는 오퍼의 통지와 조회사항에 대한 회답
③ 조회품목의 과거실적 및 거래시 유리한 점 강조
④ 견본 등 별도송부 통지
⑤ 주문의 기대표시
⑥ 맺음말

## 제4절 거래선의 신용조회

무역거래에서 거래대상업체에 대한 신용상태를 확인하는 것은 향후 거래가능성을 진단하고 위험요소를 사전에 예방한다는 면에서 매우 중요하다. 국제무역이 신용을 바탕으로 이루어지고 있는 현 상황에서 신용조회는 그 어느 때보다 중요성이 강조되고 있다.

### 1. 신용조회의 내용

무역거래에 있어서 거래대상업체에 대한 신용상태를 확인하는 것은 향후 거래가능성을 진단하고 위험요소를 사전에 예방한다는 면에서 그 중요성이 특별히 강조되고 있다. 이러한 신용조회에 있어서 필수적으로 조사해야 할 내용에는 거래성격(character), 자본금(capital) 및 거래능력(capacity)의 세 가지를 들고 있는데, 이를 일컬어 신뢰도 측정요소(reliability or credit factors)로서의 「Three C's」라 하며 각각의 구체적 내용을 보면 다음과 같다.

### 1) 거래성격(character)

거래성격으로는 상대방의 개성(personality), 성실성(integrity), 평판(reputation), 영업태도(attitude toward business), 채무변제이행 열의 및 계약이행에 대한 도덕성 등에 관련된 내용을 조사한다.

### 2) 자본금(capital)

자본금으로는 상대방의 재정상태(financial status), 즉 수권자본(authorized capital)과 납입자본(paid-up capital), 자기자본과 타인자본의 비율, 재무구조의 건전성, 기타 자산상태 등 대금지급능력과 직결되는 내용을 조사한다.

### 3) 거래능력(capacity)

거래능력으로는 상대방의 영업형태(회사의 형태, 기업공개여부 등), 연간매출액(turnover) 및 생산능력, 연혁 내지 경력 등 영업능력(business ability)에 관한 내용을 조사한다.

이외에 거래국가(Country), 거래통화(Currency), 거래조건(Condition), 담보능력(Collateral) 중에서 두 가지를 추가하여 「Five C's」라고도 한다. 무역거래에서는 무엇보다 신용이 중시되어야 하므로 위와 같은 신용조회의 내용 중 가장 중요한 것은 'Character'라고 할 수 있다.

그것은 격지자 간에 이루어지는 무역거래에 있어서는 무엇보다도 신용이 중시되어야 하기 때문이다. 고의적인 클레임을 미연에 방지할 수 있도록 거래선의 평판에 대한 면밀하고 철저한 조사가 원활한 거래성취의 관건이 된다. 특히 정치적 위험이나 경제적 위험이 많은 국가인가를 기본적으로 고려하여야 한다.

## 2. 신용조사의 방법

일단 선정된 거래처에 대해서는 본격적인 거래에 들어가기에 앞서 신용조사를 하게 되는데 대개 다음과 같은 방법의 이용이 가능하다.

### 1) 은행조회 또는 동업자조회

일반적으로 신용조사는 상대방 또는 자신이 거래하고 있는 은행을 통하게 되는 경우가 많은데 이를 은행조회(bank reference)라 한다. 이외는 달리 상대방과 거래한 경험이 있는 국내업자, 현지의 단골 거래처 또는 상공회의소 등을 통해서 하는 수가 있는데, 이를 동업자조회(trade reference)라 한다.

### 2) 상업흥신소를 통한 방법

외국의 무역업자들은 신규거래선의 신용조사를 위하여 상업흥신소(commercial agency)를 많이 이용하고 있다. 상업흥신소(commercial agency)란 신용조사 전문회사로서, 특히 "Duns & Bradstreet Inc." 같은 국제적으로 널리 알려진 회사는 세계 전역에 지소 및 연락사무소를 두고 신용조사업무를 수행하고 있다.

### 3) 국내 관련기관의 이용

우리나라에서는 국내기업은 물론 해외기업체에 대한 신용상태를 전문적으로 조사해주는 기관으로 신용보증기금(Korea Credit Guarantee Fund : www.kodit.co.kr)이 있다. 해외의 수출업자에 대한 신용상태를 알고자 할 경우에 신용보증기금을 이용하게 되면 그다지 많은 비용을 들이지 않고도 해외신용조사가 가능하다.

이밖에 대한무역투자진흥공사(KOTRA)에서도 코리아비즈니스센터를 활용하여 신용조사 및 수출보험사고 조사업무를 실비로 수행하여 주고 있으며, 수출입은행의 수출신용정보센터에서도 수출입업자, 금융기관, 수출유관단체 등을 대상으로 회원제 방식에 의하여 신용정보자료를 제공하고 있다.

## 3. 신용조사의 평가요소

### 1) 거래처 신용조사의 평가요소

무역거래 상대방의 신용도를 조사하는 데 있어서 고려해야 할 일반적인 평가요소를 보면 다음과 같다.

#### 가) 수출자의 평가요소

수출자의 경우에는, 첫째 재무상태로 자기자본비율, 유동비율, 총자본순이익률, 매출액경상이익률, 둘째 사업현황 및 전망으로 총자본회전율, 연간순매출, 연간수출실적, 셋째 기타사항으로 은행관계, 종사업력, 경영성과, 경영능력 및 대외평판을 평가요소로 삼고 있다.

#### 나) 수입자의 평가요소

수입자의 경우에는, 첫째 재무상태로 자기자본, 부채비율, 유동비율, 둘째 경영성과로 연간 순매출액, 매출액순이익률, 총자본회전율, 셋째 조직 및 연혁으로 종업원수, 종사업력, 넷째 은행관계로 현금 및 예금잔액, 신용한도액, 다섯째 결제상태 그리고 마지막으로 경영능력 및 대외평판을 평가요소로 삼고 있다.

### 2) 국가별 신용조사의 평가요소

무역거래 상대방국가에 대한 신용조사에 있어서 고려하여야 할 일반적인 평가요소를 보면 다음과 같다.

#### 가) 국가개황

첫째, 일반적인 개황을 고려한다.

총인구와 인구증가율, 남녀별 인구비율, 연령별 인구비율, 면적, 수도, 기후, 언어, 종교, 통화단위, 민족, 실업률, 교육수준 등을 조사한다.

둘째, 정치적인 개황을 고려한다.

정부형태, 외교노선, 의회제도, 국가원수, 주요 정당, 정치적 안정성, 전쟁, 혁명, 폭동 등 정치적 상황을 조사한다.

셋째, 주요 경제적 지표를 고려한다.

국내총생산액, 경제성장률, 총투자율, 통화량증가율, 물가상승률, 재정수지, 환율, 대외지급준비자산, 외채잔액, 상품수출액, 상품수입액, 경상수지, 수출가격지수, 수입가격지수, 무역의존도, 주요 수출상품, 주요 수출대상국, 주요 수입상품, 주요 수입대상국, 부존자원, 개발계획, 한국과의 외교 및 수출입관계 등을 고려한다.

넷째, 국가적 당면과제를 고려한다.

다섯째, 수출신용보험 인수 및 보상과 관련된 회원기관의 정보를 고려한다.

여섯째, 해외시장에서의 국별 신용도순위 등을 고려하여 조사한다.

### 나) 위험분야별 예측

위험발생과 위험억제요인을 분석하되 다음과 같은 위험분야를 예측하여 조사한다.

첫째, 전쟁의 위험을 예측한다.

그 분석요소로는 권력구조, 외교정책 및 주변정세, 군사력 및 군부태도, 극단세력의 존재, 전쟁, 혁명, 폭동 등의 경험, 실업률, 임금, 물가, 정치, 사회적 불안요인 등이다.

둘째, 송금의 위험을 예측한다.

그 분석요소로는 국내거래 건전도인 경제성장, 주요 산업분석, 통화신용정책, 재정, 개발정책률, 대외거래 건전도인 국제수지 및 수출입관계, 외채상황 및 대외지급준비, 대외채무상환의 지연, 불능, 거절 등의 경험, 신용정보 회원기관의 정보교환 내용을 등이다.

셋째, 수용의 위험을 예측한다.

그 분석요소로는 외국인투자관계법, 외국인투자환경, 외국인기업에 대한 태도, 투자유망 및 위험부문, 수용몰수 등의 경험 등이다.

넷째, 한국과의 관계를 예측한다.

그 분석요소로는 정치, 외교관계, 수출입현황 분석 및 경제협력 조항관계, 수출보험관계, 천재지변의 경험, 수입제한 및 금지조치 등에 대하여 조사한다.

## 제5절 신규 거래선의 결정

해외시장조사를 통하여 잠재적 거래선을 물색하여 거래를 제의하고 신용조사를 통하여 외국에 있는 거래처를 선정하여 이 거래처와 신규거래관계를 맺는다는 것은 무역활동에 있어서 제일보(第一步)이지만, 이것을 효과적으로 안전하게 이행하기 위해서는 구체적인 거래에 들어가기 전에 향후 거래에 관한 상대방의 요구조건을 협의하고, 당사자 간의 상거래관례 및 요구사항을 조율하여 거래당사자 상호 간에 준거해야 할 일반무역조건(general terms and conditions of trade)을 제일 먼저 약정하여야 한다.

이러한 일반무역조건의 약정은 우리나라의 무역상사에서는 별로 중요시하지 않는 경향이 있다. 특히 신규 거래선의 경우에는 거래권유를 승인한 상대거래처에 대해 그 지역의 시장관습과 요구조건 등을 정확하게 그리고 충분히 양해하여 파악하지 못한 상태에서 조급하게 매매의 신청을 타전하여 거래를 실현하고자 하기 때문에, 처음부터 여러 가지 분쟁이 발생되는 경우가 많다.

무역거래는 먼 거리에 있는 외국인을 상대로 주로 견본에 의하여 그 매매가 이루어지기 때문에, 거래시 정확하게 기준조건을 약정하여도 실제 현실적인 물품의 인도 및 결제에 있어서는 예상하지 못한 국제상관습 등의 상이로 인하여 여러 가지 분쟁(claim)이 발생하기 쉽다. 이러한 분쟁은 국제적인 것이므로 해결하기가 용이하지 않으며, 경우에 따라서는 상대방에게 신용을 상실하여 모처럼 얻은 좋은 거래처를 놓칠 우려가 있다.

그러므로 신규거래 당사자 간의 충분한 의견을 교환함으로써 구체적으로 세분화하여 정확하게 작성된 일반무역조건(general terms and conditions of trade)협정을 체결해야만 비로소 신규 거래선이 결정되었다고 말할 수 있다.

국제무역계약
*International Trade Contract*

# 제 2 부

# 무역계약의 개요

# CHAPTER 01 무역계약의 개요



## 제1절 무역계약의 개념

일반적으로 무역거래는 국적을 달리하는 매매당사자 간의 계약에서 비롯된다. 계약(contract)이란 일정한 채권관계의 발생을 목적으로 하는 복수당사자 간의 서로 대립되는 의사표시의 합치에 의하여 성립되는 법률행위를 의미한다. 무역계약은 '무역물품의 매매계약'의 약칭이며, 물품매매계약은 무역계약 중에서도 가장 일반적이고 전형적인 상거래이다.

### 1. 무역계약의 의의

국제물품매매계약(International sale of goods)이란 서로 다른 국가 간의 당사자들 사이에 상품의 국제적 이동에 수반되는 무역거래, 즉 수출입거래를 위한 여러 가지 계약을 의미하는데, 매도인(seller)이 매수인(buyer)에게 물품의 소유권(property in goods)을 양도하여 물품을 인도할 것을 약속(급부)하고, 매수인은 이를 수령하고 그 대금을 지급할 것을 약속(반대급부)함으로써 성립하는 국제 간의 물품매매계약을 의미한다.

따라서 국제매매계약은 합의적 계약이며, 쌍무적 계약이고, 유상적 계약이다. 이러한 합의는 매도인과 매수인 사이에 채권, 채무의 법률상의 효과를 발생시키는 행위의 전제로서의 의사표시의 합치이며, 매매당사자 상호의 채권발생인 매도인에 의한 물품대금의 취득과 매수인에 의한 물품수취를 목적으로 한 행위에 대한 약속이다.

그러므로 계약(contract)은 법률상 매도인에 있어서는 약인(約因, consideration)으로 물품대금의 취득에 대신하는 물품의 인도를 필요로 하며, 매수인은 물품의 수취에 대신하는 대금의 지급을 필요로 하는 상호관계의 약속이다.

영국의 물품매매법(Sale of Goods Act : SGA)에 따르면, "물품매매계약이라 함은 매도인이 대금이라는 금전의 대가를 받고 매수인에게 물품의 소유권을 이전하거나 또는 이전할 것을 약정하는 계약을 의미한다."[1] 라고 정의하고 있다. 또한 미국의 통일상법전(Uniform Commercial Code : UCC)에 의하면 "매매는 대가를 받고 매도인으로부터 매수인에게 권리를 이전하는 것"[2]이라고 규정하고 있다.

그리고 우리나라의 민법에서도 "매매는 당사자 일방의 재산권을 상대방에게 이전할 것을 약정하고 상대방이 그 대금을 지급할 것을 약정함으로써 그 효력이 생긴다."[3]라고 규정하고 있어서 영미법과 우리나라 법 모두 그 취지가 같다고 할 수 있다.

## 2. 무역계약의 대상

국제무역거래에서 무역계약의 중심은 물품매매계약이며, 그러므로 무역계약의 대상은 물품(goods)이라고 할 수 있다. 여기서 영국의 물품매매법(Sale of Goods Act : SGA)에 의하면 "물품(goods)은 무체동산(things in action)과 금전을 제외한 모든 순수동산(personal chattels)을 포함하며, 스코틀랜드에 있어서는 금전을 제외한 모든 유체동산(corporeal moveables)을 포함한다."[4]고 정의하고 있다. 그리고 미국의 통일상법전(Uniform Commercial Code : UCC)에서는 "물품(goods)이라 함은 매매계약에 특정될 당시에 이동시킬 수 있는 것으로서 지급수단인 금전, 투자증권 및 무체동산 이외의 특히 제조품을 포함한 모든 것을 말하며, 동물의 태아, 성장 중의 수확물, 기타 부동산에 부착한 특정물로서 부동산으로부터 분리될 수 있는 것을 포함한다."[5]고 규정함으로써 영국의 물품매매법보다 상세하게 물품(goods)의 정의를 내리고 있다.

그러나 국제물품매매계약에 관한 유엔협약(United Nations Convention on Contracts for the International Sale of Goods : CISG)에서는 물품의 정의를 내리지는 않으나, 제2조(협약의 적용제외)에서 "이 협약은 다음에 해당하는 매매에는 이를 적용하지 아니한다."라고 제외되는 물품거래를 규정하고 있다.

한국 민법 제98조는 "본 법에서 물건이라 함은 유체물 및 전기 기타 관리할 수 있는 자연력을 말한다."라고 규정하고 있다. 이 정의들을 종합하여 보면, 영미법에서와 같이 무체

1) SGA, 1979, § 2-(1).
2) UCC, 1988, § 2-106(1).
3) 한국 민법 제563조.
4) SGA, 1979, § 61-(1).
5) UCC, 1988, § 2-105.

동산(things in action)은 채권이나 소송청구의 목적물과 같이 소유자가 현재 점유하고 있지 아니한 동산을 의미하며, 유체동산(corporeal moveables)은 소유자가 현재 점유하고 있는 동산을 말한다고 할 수 있다. 따라서 물품매매계약상의 물품에 해당될 수 있는 것은 유체동산(corporeal moveables)에 국한되는 것으로 보아야 할 것이다. 그러므로 유체동산이 매매계약의 목적물이 되는 경우에는 그것이 계약당시 이미 매도인이 소유 또는 점유하고 있는 현물이거나 계약 체결 후 매도인이 제조 또는 취득할 물품, 즉 선물(future goods)도 포함될 수 있다.[6)]

## 3. 무역계약의 성격

무역계약은 청약(offer)과 승낙(acceptance)에 의해 성립되는데, 일반 매매계약과 마찬가지로 계약이 성격상 낙성(합의)계약, 쌍무계약, 유상계약 그리고 불요식계약 등 네 가지 법적 성격을 가지고 있다.

### 1) 낙성계약(諾成契約, consensual contract)

낙성계약(諾成契約, consensual contract)은 일방 당사자가 일정한 조건으로 물품을 매도하겠다는 의사표시인 청약(offer)에 대하여 상대방이 이를 구매하겠다는 의사표시인 승낙(acceptance)함으로써 성립되는 계약을 말한다. 즉 계약당사자의 합의만으로 성립하는 계약으로 합의계약(合意契約)이라고도 한다. 따라서 낙성계약은 양당사자의 합의가 있으면 이것만으로 계약이 성립하므로 특별히 계약문서의 작성이나 그 교부를 성약요건으로 하지 않는다. 이러한 점에서 요물계약(substantial contract)[7)]과 구별되며, 일반적으로 이행미필인 상태에서 계약이 성립하는 특징이 있다.

### 2) 쌍무계약(雙務契約, bilateral obligation contract)

쌍무계약(雙務契約, bilateral obligation contract)은 계약당사자 쌍방이 계약상의 의무를 부담해야 하는 계약으로 계약이 성립되면 당사자 쌍방이 서로 대가적 의무를 부담하게 된다. 예를 들면, 매도인인 수출자가 합의된 무역조건에 따라 상품을 인도할 의무가 발생하

---

6) SGA, 1979, § 5-(3)

7) 요물계약은 계약을 체결하고자 하는 양 당사자의 의사표시합치 이외에 한쪽 당사자가 목적물의 인도와 그 밖의 급부가 있어야 성립되는 계약으로, 의사표시의 합치만으로 효력을 발생하는 낙성계약에 대비되는 개념이다.

는 동시에 매수인인 수입자는 이에 대한 대가로 대금을 지급할 의무가 발생하는 계약을 말한다. 따라서 수출자가 정당한 사유없이 계약물품의 인도의무를 이행하지 않는다면 수입자의 대금지급의무가 발생하지 않는 것은 당연하다.

반면에 편무계약(片務契約: unilateral contract)이란 한편의 당사자만이 채무를 부담하는 계약으로서 당사자가 서로 채무를 부담한다고 해도 그 채무 상호 간에는 대가적 의미가 없는 계약도 이에 포함된다.

### 3) 유상계약(有償契約, remunerative contract)

무역계약은 오늘날 대부분의 경우 물품의 급부에 대한 화폐의 반대급부가 이루어짐으로써 계약의무가 이행되는 유상계약(有償契約, remunerative contract)이다.

즉 유상계약이란 계약당사자가 서로 대가적 관계에 있는 급부를 목적으로 하는 계약을 말한다. 물품매매계약에서는 우선 쌍방의 채무를 발생하게 하고 급부도 서로 대가를 이루어 그 대가의 보상으로서 금전지급을 원칙으로 한다. 계약당사자 쌍방이 상호 대가적 관계에서 급부가 있는 계약이며 매도인의 물품인도(소유권이전)에 대한 매수인의 대금지급이 있어야 하는 계약이다.

이에 대하여 무상계약(無償契約, gratuitous contract)이란 대가적 채무를 부담하지 않는 계약을 의미하며, 증여 또는 무이자의 소비대차가 무상계약에 해당된다.

### 4) 불요식계약(不要式契約, informal contract)

불요식계약(不要式契約, informal contract)이란 계약체결에 어떠한 방식도 요구하지 않는 계약을 말한다. 따라서 불요식계약은 어떤 요식도 요구하지 않으므로, 문서(writing)나 구두(oral)에 의한 명시계약이나 묵시계약도 계약성립이 가능하다는 것이다. 물품매매계약에 있어서는 청약과 승낙 자체는 반드시 서면으로 입증할 필요는 없고 증인에 의해 입증해도 된다. 또는 일부는 구두(口頭)로 일부는 서면으로도 계약체결이 가능하다는 것이다. 무역계약은 자유계약으로 단순계약이나 날인계약도 좋다는 의미이다.

즉 무역계약은 계약형식상의 자유, 계약내용이나 계약상대방 선택의 자유가 있다. 이처럼 무역계약에서는 계약을 매매당사자의 자유의사에 맡겨 당사자가 합의를 최우선으로 존중하고 시인한다는 이른바 계약자유의 원칙이 적용된다. 그러나 계약자유의 원칙도 공서양속이나 강행규정에 어긋나지 않아야 하고, 인·허가를 요하는 공적 규제를 받게 되며 독점규제 및 공정거래에 관한 법률 등에 제한을 받게 된다.

**표 2-1 무역계약의 법적 성격**

| 법적 성격 | 개 념 |
|---|---|
| 낙성계약 (concensual contract) | 계약당사자의 합의만으로 성립하는 계약이다. 즉 일방의 당사자가 일정한 조건으로 물품을 판매하겠다는 청약에 대하여 상대방이 승낙함으로써 성립하는 계약을 말한다. 합의계약이라고도 한다. |
| 쌍무계약 (bilateral contract) | 계약의 성립에 의하여 계약당사자가 상호 일정한 채무를 부담하는 계약을 말한다. 예컨대 매도인은 물품인도의무를 부담하고 매수인은 대금지급의무를 부담하는 것을 들 수 있다. |
| 유상계약 (remunerative contract) | 당사자 쌍방이 상호 대가적 관계에서 급부가 있는 계약을 말한다. 예컨대 매도인이 물품인도에 대한 매수인의 대금지급이 있어야 하는 계약으로 물품인도와 대금지급은 상호 대가적인 의미를 가지는 급부와 반대급부로 볼 수 있다. |
| 불요식계약 (informal contract) | 요식에 의하지 않고 문서나 구두에 의한 명시계약이나 묵시계약으로서도 계약이 성립된다는 것이다. |

무역계약의 내용은 문서(writing)와 구두(oral)에 의한 명시계약(express contract)이나 관례, 관행, 관습에 의한 묵시계약(implied contract)으로 구성된다. 계약을 매매당사자의 자유의사에 맡겨 당사자의 합의를 최우선적으로 존중하고 시인한다는 매매계약 자유의 원칙을 의미한다.

## 제2절 무역계약과 종속계약

### 1. 종속계약의 의의

모든 상거래에서와 마찬가지로 무역거래에서도 매도인(seller)과 매수인(buyer) 간의 물품매매계약인 무역계약이 체결되어야 실질적인 무역거래가 시작된다고 볼 수 있다. 따라서 무역계약은 국제적인 물품의 수출입거래에서 가장 기본적이고 중심적인 계약(주계약, main contract)이 된다. 그러나 주계약인 무역계약을 이행하기 위해서는 물품운송을 위한 운송수단의 보유와 운송수단 운용에 필요한 전문 인력이 필요하며, 물품의 보관 및 운송 중 발생할 수 있는 위험(risks)을 커버할 수 있는 담보능력 그리고 외환결제를 위한 시스템 등이 필요하다.

그러나 무역계약 당사자인 매도인과 매수인은 당사자 스스로가 물품의 운송, 운송물품의 위험 담보 및 외환결제시스템 등을 스스로가 해결할 수 없다. 그러므로 무역계약 당사자는 주계약인 무역계약을 이행하기 위해서는 종속적인 운송계약, 보험계약 그리고 환거래계약을 체결하여야만 한다. 이러한 종속계약은 주계약인 무역계약의 거래당사자가 운송회사, 보험회사 그리고 외국환은행과 별도로 독립된 계약을 체결하여야 한다.

## 2. 운송계약(contract of carriage)

무역계약에서 매도인이 이행해야 하는 가장 중요한 의무 중의 하나가 약정물품의 인도이다. 무역거래는 멀리 떨어져 있는 외국과의 거래이므로 주계약인 무역계약상의 물품의 인도를 위해서는 부수적으로 운송인(carrier)과 운송계약 체결이 필수적이다. 운송계약을 누가 체결하는지는 매매계약서에 명시되어 있는 정형거래조건(Incoterms)에 따라 결정된다. 운송계약을 체결하는 매매당사자는 운임(freight) 또는 운송비(carriage)를 운송인에게 지급하여야 한다.

예컨대 FOB조건인 경우에는 매수인이 운송인과 운송계약을 체결하고 운임을 지급한다. 반면에 CFR 또는 CIF조건의 경우에는 매도인이 운송계약을 체결하고 운임을 지급할 의무를 부담한다.

## 3. 보험계약(contract of insurance)

무역거래는 원거리 운송 또는 해상운송의 비중이 절대적으로 크기 때문에 국내거래보다 운송 중 발생할 수 있는 위험의 요소와 위험발생률이 훨씬 더 많다. 이러한 물품 운송 중에 따르는 위험을 담보하기 위해서는 무역계약조건을 충족시키는 별도의 보험계약체결이 필수적이다. 적하보험계약을 누가 체결하는지는 운송계약과 마찬가지로 매매계약서에 나타나는 정형거래조건(Incoterms)에 따라 결정된다.

예컨대 FOB 또는 CFR조건인 경우에는 매수인이 자신의 위험을 커버하기 위해 보험회사와 보험계약을 체결하고 보험료를 부담하게 되며, 반면에 CIF 또는 CIP조건의 경우에는 매도인이 매수인을 위하여 보험회사와 보험계약을 체결하고 보험료를 부담하여야 한다.

### 4. 환거래계약(contract of exchange)

무역계약에서 매도인의 주요 의무인 약정물품의 인도에 대하여, 매수인의 가장 중요한 의무는 대금결제에 관한 의무이다. 대금결제의 방법으로는 송금결제방식, 추심결제방식 그리고 신용장결제방식 등이 있다. 따라서 무역계약에 따른 물품대금의 결제를 위해서 매수인은 무역계약과는 별도로 거래외국환은행과 외환거래약정을 체결해야 한다.

## 제3절 국제계약의 당사자

국제계약의 당사자라 함은 국제거래(국제물품매매계약)라는 법률행위를 할 수 있는 국제계약법상 능동적 주체(subject)인 당사자로서 그 법률행위에 의한 권리·의무의 직접적인 귀속자인 국제거래주체를 말한다.

### 1. 국제계약 당사자의 개념

국제계약의 당사자를 그 법적 성격에 따라 분류해 보면, 자연인, 법인, 국가 또는 국가기관, 국제기업조직, 국제기구 그리고 대리인 등이 있으며, 이 중 국제거래의 복잡성과 그 규모의 크기로 인하여 법인의 역할이 매우 크다. 자연인이나 개인이 국제계약의 당사자가 되는 경우는 거의 없지만, 만약 자연인이 계약당사자가 되는 경우, 권리능력이나 행위능력 및 외국인의 권리의 제한 등에 대한 검토가 요청된다. 특히 외국인의 권리제한으로서 어느 나라를 막론하고, 예컨대 선거권과 출입국관리 등과 같이 공법상의 지위에 관한 제한이 있으며, 우리나라에서는 “외국인은 국제법과 조약이 정하는 바에 의하여 그 지위가 보장된다.”[8)]함을 천명하고 있다.

국제계약을 체결함에 있어서 가장 중요한 점은 먼저 당해계약의 당사자가 ‘특정’되어야 하며, 당사자 특정은 단순히 당사자의 동일성을 확인하는 데 그치는 것이 아니라, 그 당사

8) 헌법 제6조 2항

자의 궁극적 실체, 법인격, 법적 권한, 책임의 한계, 의사결정과정, 기타 법적인 특권 또는 제한의 존재 여부까지 미친다. 따라서 계약서에 당사자를 표시하는 경우, 정확하고 완전한 명칭과 주소를 기재해야 한다. 당사자가 법인인 경우에는 그 설립준거법도 밝혀야 한다. 이들은 당사자의 법적 지위와 대리인의 권한의 범위나 소송에서의 당사자능력과 소송능력을 분명히 하기 위해서다. 특정당사자의 법적 지위에 따라 상대방이 그의 이행이나 변제를 확보하기 위하여 제3자를 보증인으로 계약에 참여시킬 것을 요구하는 경우도 있다.[9]

## 2. 국제계약의 당사자

### 1) 일반당사자

일반당사자는 법인인 당사자(corporate party)와 법인이 아닌 개인당사자(non-corporate party)로 나눌 수 있다. 여기서 법인인 당사자(corporate party)에 대하여 몇 가지 법인으로서의 요건을 갖추었는지의 법인격 여부와 계약 체결시 유의해야 할 사항을 검토하여야 한다.

첫째, 법인의 경우 자국법상 유효한 법인으로 존속하고 있는지 그 여부를 반드시 체크하여야 한다.

둘째, 계약상대방 법인이 특정회사의 서류상회사(paper company) 또는 자회사(subsidiary)인 경우에는 본사와의 관계를 확인하고 모회사의 이행보증(performance guarantee)을 꼭 받아두어야 한다.

셋째, 법인의 경우 양당사자는 각각 국내회사법상 또는 회사내규상 요청되는 적법절차준수 여부 및 특히 계약서명자가 법인의 대표권이 있는지 여부를 반드시 체크하여야 한다. 특히 표견대리[10]와의 관계가 있는지 여부를 유의할 필요가 있다.

넷째, 세금을 절약할 목적으로 조세천국(tax heaven), 즉 세율이 낮거나 세금이 부과되지 않는 국가에 설립한 자회사와 계약을 체결할 경우에는 그 모회사와의 관계, 자회사의 법인격 및 재무구조의 내실 여부를 확인하고 그에 따른 특수한 조세문제를 체크하여야 한다.

---

9) 이춘삼, 국제계약론, 대왕사, 2003, pp.54~55.

10) 표견대리(表見代理)란, 무권대리(無權代理)의 하나로, 대리권이 없는 자가 대리인이라 칭하고 행위를 한 경우, 무권대리인과 본인과는 특별한 관계가 있기 때문에 민법이 본인에게 책임을 지워 상대편을 보호하고자 하는 것이다. 대리제도 운용의 원활과 거래의 안전을 도모하는 제도로서 중요시된다. 다음 3가지 경우가 있다.
① 본인이 어떤 사람에게 대리권을 수여하였다는 뜻을 제3자에 대하여 표시한 경우(민법 제125조)
② 어떤 범위의 대리권이 있는 사람이 그 권한을 넘은 법률행위를 한 경우(민법 제126조).
③ 전에 존재하였던 대리권이 소멸한 후에 대리행위를 한 경우(민법 제129조) 등이다.

다섯째, 법인이 제3국에서 어떤 영업행위를 하기 위해서는 그 성질에 따라 제3국의 국내법에 의하여 요구되는 절차가 필요하므로 현지국의 국내법에 따른 이행 여부를 체크할 필요가 있다.

### 2) 국가 및 국가기관

계약당사자가 정부기관 및 지방자치단체 등과 같이 국가와 국가기관이 당사자가 되는 경우, 그 법적 취급에서는 기본적으로는 법인에 준한다. 정부기관과 국가기관이 사기업과 체결한 국가계약에 관련하여서는 가끔 문제가 발생하곤 한다. 즉 개도국은 국유화법 등의 신법을 만들어 사기업과 체결하는 국가계약을 입법적으로 파기하고 자산국유화를 꾀하기도 한다. 여기서는 주권면제특권의 인정 여부와 행정절차의 준수 여부를 검토해야 한다.

첫째, 주권면제특권의 경우에는 상거래행위가 국가행위(act of state)가 아닌 순수한 상업행위로서 면책이 인정되지 않는다면 면제특권의 명시적 포기(implied express waiver)를 받아두는 동시에 면책특권에 대한 국제조약이나 국내성문법의 적용 여부를 확인해야 한다.

둘째, 행정절차의 준수에서는 정부계약의 유효성을 확보하기 위해서 행정절차의 이행 여부와 적법한 준수 여부를 확인해야 한다.

**주권면제특권(sovereign immunity)**

국가 또는 국가기관이 국제계약의 상대방이 될 때 그 국가 및 그 재산은 국제법상 외국의 재판권에 복종하지 않는다는 원칙을 말한다.

주권면제에는 절대적 주권면제(absolute immunity)와 상대적·제한적 주권면제(restrictive immunity)가 있는데, 전자는 주권면제가 절대적으로 인정되어야 한다는 것이고, 후자는 상대적·제한적으로 인정되어야 한다는 것이다. 최근의 일반관례는 비록 국가 또는 정부라 하더라도 그 행위가 국가행위(act of state)가 아닌 순수상행위(commercial activity)인 경우에는 면책이 인정되지 않는 것으로 되어 있다. 그러나 만약의 경우를 대비하여 주권면제에 대한 다음과 같은 대응책을 체크하여야 한다.

① 국가 또는 국가기관과의 국제계약서에 국가가 갖는 재판권면제 및 강제집행면제의 특권을 포기하고, 동시에 당해특권의 포기를 당해국 법률상 유효하다는 뜻의 법무부장관 확인서를 첨부한다.

② 법무부장관의 확인서 첨부가 불가능할 경우, 주권면제포기에 대한 현지국 변호사의 의견서를 첨부한다.

③ 위의 어느 경우도 불가능할 때는 당해 국제계약과 관련하여 법률상 유효하게 국가 또는 국가기관을 상대로 당해국에서 제소할 수 있고, 동시에 강제집행이 가능하다는 것을 확인하는 현지국 변호사의 의견서를 첨부할 필요가 있다.

### 3) 국제기구

다국간 조약에 의해 설립된 국제조직이나 그 하부조직도 국제물품매매계약의 당사자가 될 수 있다. 국제기구는 대개 주권면제특권이 인정되고 있으며, 그 하부조직도 국제물품매매계약의 당사자가 될 수 있으며, 일반당사자와는 다른 주체로 취급된다.

이러한 국제기구는 실제로 각기 조직의 성격이 상이한데, UN이나 EU 같은 것은 주권국가에 유사한 성격을 가지는가 하면, IMF, IBRD나 ADB처럼 일종의 경제단체로서 관념되는 경우도 있다. 이러한 국제기구들도 일반사법인 당사자와는 다른 특별한 취급을 해야 할 때가 있다.

### 4) 공법인당사자

공법인당사자란 국가로부터 독립적인 법인격을 가진 당사자로서 이들과 계약을 체결할 때는 국내외의 영업활동을 관찰하여 주권면제특권(sovereign immunity)의 획득여부를 검토해야 하며, 면제특권이 있다면 국제법상 국가와 동일시된다.

### 5) 국제기업조직

국제거래의 주체로서 국제기업(international enterprise, transnational corporation)은 그 단일국적성과 자본의 초국가성과 본사의 경영지배를 축으로 다양한 국제이익을 추구하는 기업으로 다음과 같은 형태가 있다.

첫째, 국제계약이 본인이 아닌 대리인(대리권)에 의하여, 혹은 법인의 경우 법인의 대표자 또는 직원에 의하여 서명되는 경우, 그 서명인의 인적 사항과 대리권·대표권 여부 및 그 범위의 증명확인이 요청된다.

둘째, 국제기업조직의 하나인 지점(branch office)은 본점에 종속하여 본점의 지휘·명령에 따르기는 하나 일점범위 내에서 독자적인 영업활동을 결정·수행하고 대외적인 거래를 할 수 있는 조직인데, 지점은 현지의 회사법에 따라 외국회사의 지점으로서 등기된다. 현지에서 지점으로 등기되면 당해지점은 회계장부를 갖추고 재무제표의 작성과 세무신고 및 납세의무를 지게 된다. 지점은 현지법상 제한·금지된 것이 아닌 한 원칙적으로 정관에 기재된 회사목적에 해당하는 활동 전부를 할 수 있다. 지점은 독립채산이 원칙이고, 주재원 사무소와는 달리 설치된 후의 경비는 모두 현지의 영업활동에 따라 충당한다. 외환거래법상 외국법인의 한국지점은 한국에서는 거주자로 본다.

셋째, 현지법인은 대체로 현지의 회사법을 준거법으로 하여 설립된 회사를 말하는데, 현지법인 중에는 한국기업이 100% 출자하여 완전한 지배권을 갖고 있는 회사도 있지만, 타사와 공동출자한 합자회사도 있다.

### 6) 대리인

국제물품매매계약에서는 본인이 아닌 대리인이 당사자가 되기도 한다. 여기서 대리인에 의해 계약에 서명하든지, 법인의 경우 대표자 또는 직원에 의해 서명될 때는 서명자의 인적 사항, 대리권, 대표권 여부 또는 그 범위의 증명확인이 꼭 필요하다.
(앞부분 "5) 국제기업조직"에서 첫째의 경우에 해당한다.

## 제4절 무역계약의 적용규범

국제 간에 이루어지는 물품매매계약의 적용규범은 그 내용이 대단히 복잡하다. 먼저 당사자 간에 물품매매계약이 체결되면 당사자 간의 약정이 우선적으로 규범력을 발휘한다. 그런데 이 같은 개개인의 계약체결이 동일한 항구 간이나 동종 수출업자 간에 계약이 반복되면, 자연히 지역별 · 업종별 상관습이 형성되어 각국의 상관습법이나 매매법으로 성문화되었을 뿐 아니라 국가 간의 통일규범을 위해 국제협약이 체결되어 왔다.

현재 이와 같은 국제조약(헤이그협약과 비엔나협약)이나 상거래상의 통일규칙이 제정되어 있다 하더라도 이들 규범 외의 상황에 대해서는 부득이 자국의 국내법으로 규율될 수밖에 없다. 이때 문제가 되는 것은 준거법의 결정원칙인데, 현재 대부분은 당사자의 합의나 각국의 섭외사법에 의하여 규율되지만 구체적인 사항이나 기본적인 사항에 관해서는 규범이 선진화되고 오래된 영미법이나 유럽 대륙법을 준거법으로 선택하는 경우가 많다. 또한 어떤 약정이나 관습 또는 준거법이 있다 하더라도 각국의 국내법상 강행규정에 저촉을 받는 경우에는 이의 규율을 받지 않을 수 없다.

## 1. 계약당사자 약정

국제계약은 계약당사자 간 상이한 법률제도, 서로 다른 화폐단위, 외환제도와 관세제도, 상이한 주권국가, 상이한 언어·문화·풍속 등 이질국가 간의 거래로 통일적인 법규에 의한 규율이 불합리하거나 비능률적이란 점에서 '계약당사자의 자유의사', 즉 '당사자 합의(약정)'를 가장 존중하게 되는데, 이를 '당사자 자치의 원칙'(autonomy of parties) 또는 '계약자유의 원칙'(freedom of contract)이라고 한다.

당사자 자치에도 '준거법을 지정하는 면에 있어서의 당사자 자치'와 '실질적인 규율내용을 당사자 자신들이 규정하는 당사자 자치'가 있다. 전자의 것을 '저촉법적 당사자 자치'라 하고, 뒤의 것을 '실질법적 당사자 자치'라고 하는데, 국제계약에서 종종 문제가 되는 것은 실질법적 당사자 자치의 내용으로 당사자 약정의 규범력문제이다.

## 2. 국제상관습의 효력

국제상거래에 종사하는 모든 당사자들이 승인하고 준수하려고 하는 거래양식을 국제무역관습 또는 국제상관습이라고 한다. 국제상관습은 그것을 묵시적으로 승인한 국가나 당사자에 한하여 유효하다.

첫째, 당사자는 그들이 합의한 모든 관행(usage)과 당사자 간에 확립되어 있는 모든 관례(practices)에 구속된다.

둘째, 별도의 합의가 없는 한, 당사자가 알았거나 당연히 알았어야 하는 관행으로서 국제무역에서 해당되는 특정무역에 관련된 종류의 계약당사자에게 널리 알려져 있고, 통상적으로 준수되고 있는 관행은 당사자가 이를 그들의 계약 또는 계약성립에 묵시적으로 적용하는 것으로 본다. 국제상인 간의 거래에 나타난 규칙적·합리적인 관습적 행위가 점차 국제상관습을 발전시키며, 또 오랜 시일을 거쳐 이것이 국제상관습법으로 발전하게 된다.

## 3. 무역계약과 준거법

무역계약에서 가장 많이 거래되고 있는 조건인 FOB계약과 CIF계약시에 준거법의 결정내용을 살펴보면, 첫째로 FOB계약의 경우에는 특약이 없는 한 본 계약이 선적지조건임을 감안할 때 대부분 행위지법이 준거법이 된다. 둘째로, CIF계약시에는 본 계약이 선적지조건이라 하더라도 계약이 체결된 장소와 이행장소가 준거법 결정의 중요한 요소가 된다.

따라서 계약체결 장소가 중시될 때는 계약지법(lex loci contratus)이 준거법이 되고, 계약이행지가 중시될 때는 이행지법(lex loci solutionis), 곧 계약이행지법이 준거법이 될 것이다.

그러나 만일 이때 계약지법과 행위지법이 동일할 경우에는 별 문제가 되지 않지만, 계약체결지와 이행지가 다른 경우에는 명확한 원칙이 없기 때문에 다음과 같은 준거법의 일반원칙에 따라야 한다.

### 1) 준거법의 의의

국제계약은 국내계약과는 달리 서로 다른 국가영역에 영업소를 둔 당사자 간의 국제상거래로 계약당사자의 국적, 계약체결지, 계약목적물의 소재지, 계약이행지 등과 같은 계약관계를 구성하는 요소가 여러 나라에 걸쳐 있다. 그러므로 국제계약은 계약당사자가 자신들의 계약에 적용하기로 의도한 법에 의해 지배되거나 그러한 의도가 없는 경우 계약에 가장 밀접하게 관련되어 있는 법에 의해 지배를 받는데 이러한 법을 '준거법(proper law, governing law)[11]'이라고 한다. 이러한 국제계약으로부터 발생하는 분쟁을 어느 국가법에 준거하여 해결할 것인가 하는 문제가 자주 발생하게 되는데, 이것이 곧 국제계약의 준거법 문제이다.

### 2) 준거법의 지정

국제물품매매계약은 채권계약이기 때문에 물권에서와 같이 일정한 장소와의 확정된 관계를 갖지 않는다. 따라서 계약당사자의 당사자 자치의 원칙(doctrine of autonomy)에 따라 당사자의 의사에 따라 결정되는 특성을 갖고 있다. 국제계약에서는 당사자 자치원칙이 적용되기 때문에 계약당사자가 자유로이 준거법을 지정하여 선택할 수 있다. 단, 당사자의 의사가 불분명할 때는 행위지법이나 법정지의 섭외사법이 준거법이 된다.

현재 우리나라의 경우에는 준거법으로서 영미법과 우리나라 민법을 주로 지정하여 적용한다. 「영국물품매매법」(SGA, 1979)에서는 상관습과 보통법의 규정도 국제물품매매계약에 적용한다고 규정하고 있으며, 「미국통일상법전」(UCC) 제1조 제105항(1)에서는 "거래가 한

11) 준거법(proper law, governing law)이란, 2국의 당사자 간에 물품매매계약이 체결될 때 당해계약을 규율할 근거가 되고, 규범 밖의 사항을 관할하는 지정된 각국의 국내법을 의미한다.

주와 동시에 타 주나 또는 타 국가에 상당한 관계를 갖고 있는 경우에 당사자는 한 주, 타 주 또는 타 국가의 법률이 그 권리 · 의무를 규제하도록 합의할 수 있다."고 규정하고 있다.

그리고 우리나라 섭외사법 제19조 단서에서 "법률행위의 성립 및 효력에 관해서 당사자가 준거법을 지정하지 아니하거나 또는 당사자의 의사가 분명하지 않을 때에는 행위지법에 의한다."라고 규정하여 당사자가 준거법을 지정하지 않았을 경우는 행위지법에 따르도록 규정하고 있다. 여기서 행위지란 계약체결지를 말하며, 계약체결지는 고정적이기 때문에 계약당사자가 그 소재를 알거나 증명하기 쉽고, 또 그곳의 법에 의함이 당사자의 의사에 가장 적합하기 때문이다. 준거법을 지정한다고 하는 것은 저촉법적 지정을 의미하며, 실질법적 지정을 뜻하는 것과도 다르다. 이와 같이 지정준거법이 있는 경우, 이 법은 국제계약을 규율하는 가장 강력한 규범이 된다.

일반적으로 준거법의 지정은, 첫째로 준거법에 대한 계약당사자 간에 명시적인 약정이 있으면 지정된 준거법을 최우선적으로 적용하며, 둘째로 당사자의 의사가 불분명할 때는 섭외사법에 따라 이행지법에 의하며, 셋째로 지정준거법이 없거나 당사자의 의사가 불분명할 때는 법률관계의 성질에 따라 법정지의 섭외사법이 정하는 준거법이 적용된다.

### 3) 법정준거법 및 국제조약

국제계약이 체결되면, 우선적으로 계약당사자 간의 약정이 그 규범력을 발휘하게 된다. 그리고 동일 또는 유사내용의 약정이 반복 체결됨으로써 관습이 성립되고, 이들 관습을 토대로 하여 조약들이 체결되며, 이들의 규율범위 밖의 사항에 대해서는 준거법원칙에 따라 지정된 각국의 국내법이 규율된다. 준거법은 당사자의 합의나 각국의 섭외사법에 따라 결정되는데, 전자의 경우에는 경제 강자의 지위에 있는 미국 · EU 등의 선진국법이 준거법으로 선택되는 경향이 많다. 지정준거법이 없거나 당사자의 의사가 불분명할 때는 약정의 성질에 따라 법정지의 섭외사법이 정하는 준거법이 적용되며, 당사국 간의 국제조약도 계약의 규범으로서 적용될 수 있다. 그리고 그 법률관계의 성격에 따라 법정지의 섭외사법이 정하는 준거법이 적용된다. 또한 문제되는 국제계약의 법률관계에 대해 관계당사국 간의 조약이 있는 경우에는 당해조약도 그 국제계약에 적용되는 규범으로 작용한다.

조약(treaty)[12]은 명칭에 관계없이 국제법의 주체인 국가와 국가 간의 일정한 법률효과를 발생시키기 위하여 하나 또는 여러 개의 문서로 교환하는 명시적인 합의 결정이다. 조약에는 공법적 성격의 조약으로는 WTO협정, 자유무역지역협정(free trade area agreements

12) 조약은 협약(convention), 헌장(charter), 규칙(rules) 또는 의정서(protocol) 등 다양한 명칭으로 지칭된다.

: FTA) 등이 있고, 사법적 성격의 조약에는 국제물품매매협약에 관한 UN협약, 헤이그규칙, 어음법의 통일에 관한 협약 등이 있다.

## 4. 국제계약법원(國際契約法源)[13)]의 적용순서

국제계약의 경우에는 계약당사자 간의 유효한 약정이나 국제상관습 및 상관습법 또는 지정준거법이 있다 할지라도 관련국가의 국내법상의 강행법규, 특히 공서양속(公序良俗) 또는 중대한 공익보호의 관점에서 비롯된 제한규정이 있는 경우에는 이러한 강행규정이 우선적으로 적용될 수 있다. 즉 국제계약분야에서 당사자약정 · 조약 · 국제관습 · 관습법 · 국내법 중 강행법규가 최우선적으로 적용된다. 우리 상법 제1조에 의하면, "상사에 관하여 상법의 규정이 없으면 상관습법에 의하고, 상관습법도 없으면 민법의 규정에 의한다."는 규정에 따라 상법 중 임의규정이 적용되고, 다음 상관습법이 적용되며, 민법 중 임의규정이 마지막으로 적용된다. 이러한 적용순서는 외국법의 경우에도 동일하게 적용된다. 그러므로 국제계약법원의 적용순위는 ① 조약 또는 국가법 중 강행규정, ② 국제계약조항, ③ 국제상관습법, ④ 상법 중 임의규정, ⑤ 민법 중 임의규정의 순으로 적용된다.[14)]

# 제5절 계약자유의 원칙

계약자유의 원칙은 국제물품매매계약의 기본원칙으로서 당사자가 합의하여 계약내용을 특약으로 명시하는 것을 당사자의 자유의사에 우선적으로 맡기는 원칙으로, 당사자 자치의 원칙 또는 사적자치의 원칙이라고도 한다. 계약자유의 원칙은 사적자치의 원칙에 입각하여 발달된 법리로써, 사적자치는 개인이 자기결정에 의하여 자기의사에 따라 법률관계를 형성할 수 있다고 하는 것이다. 그런데 개인의 의사를 요소로 하는 법률요건이 법률행위이므로, 결국 법률행위는 사적자치를 실현하는 수단이 되고, 따라서 여기서 법률행위 자유의 원칙

13) 법원(法源) : source of law
14) 이춘삼, 국제계약론, 대왕사, 2003, pp.63~64.

이 나오게 된다. 이 원칙에 따른 계약자유의 내용으로는, 첫째 계약체결의 자유, 둘째 계약내용 결정의 자유, 셋째는 계약방식의 자유 그리고 넷째 계약상대방 선택의 자유를 포함한다.

## 1. 당사자 자치의 원칙 주요 내용

계약자유의 원칙에 따라 당사자 자치의 원칙의 주요 내용은 다음과 같이 분류될 수 있다.

첫째, 계약당사자가 합의에 의해 공서양속(公序良俗)[15]이나 강행규정에 위반되지 않는 범위 내에서 법률행위의 내용을 규정하는 실질법적 당사자 자치의 경우이다. 국제계약에서 계약내용 결정의 자유는 국제계약을 지배하는 가장 중요한 법원리이다.

둘째, 계약당사자가 법률 저촉의 경우를 예상하여 스스로 당해계약에 적용할 특정국가의 법률을 지정하는 저촉법적 당사자 자치의 경우이다.

셋째, 계약당사자가 분쟁해결을 위해 특정국가의 법원이 재판관할권을 갖도록 합의하는 소송상 당사자 자치의 경우이다. 예를 들면, 무역계약 당사자 간의 중재합의도 소송상의 당사자 자치원칙에 해당되며, 무역거래에서 분쟁이 발생하면 이러한 중재절차에 따라 해결하는 경우가 많다.

## 2. 계약자유원칙의 법률적 의미

계약자유의 원칙은 다음과 같은 두 가지 법률적 의미를 갖는다.

첫째, 법은 일정한 범위에서는 사인 간의 법률관계에 개입하는 것을 포기한다는 것이다.

둘째, 당사자 간의 계약을 법이 법적구속력이 있는 것으로 인정하여 계약당사자가 계약을 이행하지 않는 경우, 국가가 강제력을 동원하여 계약내용의 실현을 돕는다는 점이다.

여기서 특히 주의할 점은 이러한 계약자유가 무제한적으로 인정되는 것이 아니라는 점이다. 당사자가 맺은 계약내용이 강행법규에 위반하거나, 공서양속에 위반하거나,[16] 또는 당사자의 궁박·경솔·무경험으로 인하여 현저하게 공평을 잃은 경우에는 그 계약은 무효이다.

---

15) 공공(公共)의 질서와 선량한 풍속을 의미한다. '공공의 질서'는 국가 또는 사회의 질서를 뜻하고, '선량한 풍속'은 사회의 일반적인 도덕관념을 뜻한다. 이념상으로는 양자(兩者)의 개념이 구별되지만 법령 속에서는 양자가 합쳐져 사용되고 있어 특별히 구별할 필요는 없다.

16) 민법 제103조.

## 3. 계약자유원칙의 제한사항

계약자유의 원칙은 실질법상의 계약자유의 원칙을 중심으로 개인의 경제활동의 자유를 최대한 보장하기 위해 국가의 법적 간섭을 가급적 억제하려는 자유방임주의의 소산이다. 그러나 자본주의가 심화되면서 계약자유의 모순이 노출되고, 그에 따라 각국은 사적 계약관계에 대한 규제를 강화하였다. 특히 실질적 정의를 달성하기 위해 경제법 분야에 많은 강행입법이 제정되면서 계약자유의 원칙은 크게 수정되었으며, 그 결과 계약자유의 원칙도 몇 가지 제한요인으로 한계를 갖게 되었다.

첫째, 실질법적 당사자 자치의 원칙은 공법적 규율을 받는 제한된 계약(예를 들면, 보험계약)이나 허가 및 인가를 요하는 계약(예를 들면, 차관 및 합작투자계약)에서 제한을 받게 된다.

둘째, 저촉법적 당사자 자치의 원칙은 공서양속에 위배될 때는 제한을 받게 된다.

셋째, 소송상 당사자 자치의 원칙은 전속관할에 대한 규정이 있더라도 비전속적 관할 합의로 해석하는 경우가 있어 제한을 받게 된다.

이상과 같은 계약자유의 원칙은 국제계약에 있어서도 그대로 적용되어 국제계약법의 기본원리를 형성하고 있다. 특히 국제계약의 다양성과 복잡성 때문에 획기적이고 통일된 국제계약법을 따로 정립하기는 사실상 불가능한 일이므로 특별한 경우를 제외하고는 국제계약내용의 특정을 당사자의 합의 자체에 맡기는 원칙, 즉 국제계약자유의 원칙이 최우선적으로 적용된다고 할 수 있다.

# 제6절 무역계약과 약인이론

## 1. 약인의 개요

약인(consideration)이란 대륙법에서는 볼 수 없는 전통적인 영미법에서 발전해온 이론으로서 일반적인 상거래에서 수행되는 채권계약과 호의적인 증여를 구별하기 위해 발달한 영미식 제도이다. 국제물품매매계약에 있어서 매도인의 약정물품인도의 약속에 대한 매수인의 수입대금지급 또는 그 약속, 반대로 매수인의 수입대금지급 약속에 대한 매도인의 약정물품인도 또는 그 약속 등과 같이 계약상의 약속의 대가로서 제공되는 행위, 말하자면 금전 또는 재산권의 양도, 행위 및 행위의 금지에 관한 법률관계의 변동 등을 말하는 것으로서 기본적인 개념은 대가의 상호교환(bargained for exchange)을 말한다.

### 1) 약인의 의의

영미법계에서는 대륙법계에서 볼 수 없는 약인 때문에 날인증서(sealed deed)에 의하지 않는 단순계약(simple contract)은 이 약인이 있음으로써 비로소 유효하게 된다. 그러나 국제거래에서는 단순계약에서도 약인이 문제되는 일은 보기 드물다. 다만 거래처의 신용이 불확실한 경우 때문에 영미법계 국가에 소재하는 제3자의 보증장을 첨부하게 되는 경우에는 충분한 요건을 갖춘 약인이 존재하는지 여부를 체크하여야 한다. 더욱이 영미법상 약인이 존재하고 있다 하더라도 사기방지법(Statue of Frauds)에 의하여 서면으로 작성되지 않은 보증은 강제집행이 불가능하다.

### 2) 약인의 효력발생 요건

영미법에서는 약인을 계약상 약속의 대가로서 제공되는 행위, 곧 금전 또는 재산권의 양도, 행위의 금지(forbearance from acting) 또는 행위 및 행위의 금지에 대한 법률관계의 변동을 의미한다. 이와 같은 영미법식 계약의 기본원칙에는 호의적인 증여와는 달리 계약의 강제집행이 가능하기 위해서 약인은 다음과 같은 요건을 가져야 한다.

첫째, 계약당사자는 진정으로 계약을 체결하여 법적인 권리·의무를 부담할 의사, 즉 당사자가 계약을 체결할 때 상호권리·의무를 부담할 거래적 요소(bargain element)가 있어야 한다.

둘째, 계약당사자가 약속이 있기 이전에 이미 행하여졌거나 완료되어 버린 이른바 과거의 약인(past consideration)은 교환적 대가가 없어 거래적 요소가 결하고 있기 때문에 강제집행이 불가능하므로 약인이 성립될 수 없다.

셋째, 약인은 그 내용이 일정하며, 계약이 법적으로 가치적 요소(value element)를 가져야 한다. 즉 약인은 적법한 것이어야 하므로 불법적인 약인에 의해서 이루어진 약속은 모두 무효이다.

넷째, 단순한 동기(motive) 또는 도덕상의 의무(moral obligation)에 의한 급부가 아니어야 한다.

다섯째, 약인은 수약자(promisee)로부터 제공된 것이어야 한다. 따라서 약인을 제공한 자만이 그 계약에 의하여 소송을 제기할 수 있다.

## 2. 약인이론

약인이론은 대륙법에서는 볼 수 없는 전통적인 영미계약법 이론의 기본개념으로서 계약의 강제집행이 가능하기 위해서는 계약내용상 무엇인가가 상호 간 거래되어야 하고(약인의 거래적 요소), 그 무엇인가라는 것은 충분한 법적 가치(약인의 가치적 요소)가 있어야 한다는 것을 의미한다. 이러한 약인이론은 계약상의 약속을 강제 집행할 수 있도록 하는 소송법상의 이론이기 때문에 불합리한 점이 많아 처음부터 계약을 채권·채무의 발생으로 간주하여 채권계약의 형태를 취하는 대륙법에서는 약인을 인정하지 않고 있다. 그러므로 이러한 영미법상의 약인이론에서도 최근에 와서는 약속에 의한 금반언(禁反言, promissory estoppel), 서면계약, 우회적 해석 등을 통해 약인이 없이도 계약이 유효하게 집행될 수 있다고 보고 이를 완화하는 방향에서 계약이 체결되는 양상을 보이고 있다. 그 내용을 살펴보면 다음과 같다.

첫째로 약속에 의한 금반언(promissory estoppel)에 따라 수약자가 약속자의 청약을 신뢰하고 행동할 것이라는 것을 예견하여 행한 약속은 상대방의 약인제공 없이도 집행이 가능하며, 둘째로 약속이 서면으로 되어 있는 경우에는 약인 없이도 계약의 집행이 가능하며, 셋째로 이자제한법 또는 파산법 등에 따라 무상이행을 약속하는 경우나 특정사유가 종료한 후 새로이 이행을 약속하는 경우에는 약인 없이도 약속의 집행이 가능하다는 것이다. 또한 청약철회가 승낙의 발송 전에 도달하여야 유효하다는 점 등에서 계약의 강제이행불능의 사태를 피하기 위해 우회적인 선택방법으로 약인문제를 해결하기도 한다.

이와 같이 영미법에서 유래된 약인이론은 전통적인 엄격성을 상실하고, 현실적으로 무역실무상에서는 보통 계약서에 "In consideration of mutual covenants and promises herein set forth, it is agreed as follows."라는 문언을 삽입함으로써 약인문제가 해결된 것으로 본다. 오늘날 국제거래관계에서 영미법이 강세를 보이고 있다하여도 약인이론이 국제거래에 등장하여 그에 의하여 계약이 무효화되는 사례는 보기 드물다.

국제무역계약

CHAPTER

# 02 무역계약의 성립



## 제1절 무역계약 성립의 개요

### 1. 무역계약 성립의 의의

무역계약의 성립은 채권관계의 발생을 목적으로 당사자 간의 의사표시의 합치, 즉 합의에 의해 성립되는 법률적 행위를 의미하는 것으로 이러한 무역계약은 청약(Offer)에 대한 승낙(Acceptance)으로 성립한다. 그러나 이 같은 청약과 승낙은 주로 국제물품매매계약, 곧 매매계약에 적용되는 원리로서 물품매매 이외의 다른 유형의 국제계약에서는 그 특수성으로 인하여 전통적인 접근방식으로 설명하기 곤란한 경우도 많다.

예를 들어 국제물품매매계약이 아닌 국제합작투자계약, 위탁판매 및 대리점계약, 국제건설계약, 국제라이선스계약, 플랜트수출계약 등에 있어서는 대부분 쌍방이 상호교섭에 의해 기업이익의 보장이란 측면에서 계약을 추진한 다음, 쌍방의 변호사에 의해 계약서의 초안이 작성되고, 이에 대한 수정검토가 끝나면 본 계약서가 작성되어 서명함으로써 계약이 성립하게 된다. 이의 교섭기간 중 쌍방의 예비적 합의효력과 최종합의가 결렬될 때는 신뢰이익(reliance interest)에 따른 배상문제가 더 큰 쟁점이 될 수도 있다.

그러나 이 경우에도 구체적인 계약내용의 해석을 위해서 의사표시의 교환에 따른 합의(agreement)나 계약 이행과정에서 의사표시의 유무를 검토할 때는 전통적인 계약방식으로 접근할 수도 있다. 그러므로 청약에 대한 승낙으로 성립하는 무역계약 성립의 원리를 이해하는 데 의의가 있는 것이다.

## 2. 무역계약 성립의 기본원칙

무역계약은 매매당사자 간에 여러 단계를 거쳐 체결될 수도 있지만, 보통 실무상으로는 거래의 권유 단계에서 비롯하여 조회에 따른 회신과 아울러 청약자의 청약과 피청약자의 승낙, 즉 매매계약을 성립시킬 뜻에 대한 의사표시의 합치점에서 계약이 성립된다.

여기서 계약(contract)이란 일정한 채권・채무관계의 형성을 목적으로 두 당사자 간의 상호 대립되는 의사표시의 합치에 의하여 성립되는 법률행위로서, 즉 채권・채무관계(legal obligation)를 창설하는 당사자 상호 간의 합의(agreement)를 의미한다.

실제로 계약을 구성하는 법률사실로서는 적어도 당사자 상호 간에 내용이 일치될 수 있는 두 개의 의사표시가 있어야 하기 때문에, 계약이 성립되려면 원칙적으로 두 당사자 상호 간에 합의가 반드시 이루어져야 한다. 왜냐하면 합의의 개념 자체가 계약을 체결하려는 당사자 상호 간의 의사의 일치를 의미하기 때문이다.

따라서 이러한 관점에서 본다면, 계약당사자 상호 간의 합의의 성립이 국제계약 성립의 기본원칙이다. 일반적으로 합의는 일방당사자가 상대방의 청약을 승낙할 경우에 성립되며, 그러한 합의는 반드시 명확하고 최종적(certain and final)이어야 한다. 여기서 실무적으로 주의할 점은 청약과 승낙으로서 계약은 체결되지만 이 과정에서 교환된 문서나 물품매도확약서(offer sheet)만으로는 그 합의 내용이 단순하여 만일 후일에 분쟁이 발생한다면 계약당사자의 책임소재를 명확하게 구분하기가 어렵다는 것이다. 따라서 이에 대비하기 위해서는 청약과 승낙이 있더라도 추가적으로 구체적인 거래조건을 서면으로 작성된 계약서를 작성하여 보관해두는 것이 바람직하다. 또한 영미법의 경우에 합의가 법적 구속력을 갖는 계약의 효력을 나타내기 위해서는 그 합의가 약인(consideration)을 수반하는 것이거나 또는 일정한 방식을 갖는 것이어야 한다.

## 3. 청약과 승낙에 의한 계약 성립

매도인이 매수인으로부터 거래조회(Inquiry)를 받으면, 그에 대한 답신을 하고 신용조사를 시행한 후 그 결과가 긍정적일 경우에 일반적으로 오퍼를 발행한다. 이와 같이 무역계약은 통상적으로 당사자의 일방이 계약의 청약(offer)을 행하고, 다른 당사자가 그것을 승낙(acceptance)함으로써 계약이 성립한다. 계약은 예외적인 경우를 제외하고 반드시 최종적으로 하나의 청약과 하나의 승낙에 의해서 성립한다.

일반적으로 청약이나 승낙의 어느 것이 없는 경우에는 계약은 성립하지 않는다. 청약이 없는 경우에는 승낙은 존재할 수 없기 때문에, 계약은 성립하지 않고, 승낙이 없는 경우에는 청약만으로는 계약은 성립되지 않는다. 즉, 무역계약은 청약자의 원청약(original offer)에 대하여 수차례의 반대청약(counter offer)을 거치고 상대방의 최종적·무조건적인 승낙이 있으면 그 계약은 성립된다.

### 1) 청약(offer)의 발행

청약(Offer)이란 offeror(청약자)가 offeree(피청약자)와 일정한 조건으로 계약을 체결하고 싶다는 의사표시로서 창약자가 승낙과 결합하여 특정한 내용을 가지는 계약을 성립시키려는 것을 목적으로 하는 일방적이고 확정적인 의사표시를 말한다. 무역거래에서는 보통 매매당사자의 일방인 수출상이 상대방인 수입상에게 어떤 물품을 일정한 가격, 선적, 결제 기타의 조건으로 팔겠다는 의사표시를 말한다.

#### 가) 청약의 효력

청약이 효력을 발생하기 위해서는 청약의 내용이 상대방에게 전달되어야만 그 효력이 발생한다. 따라서 취소불능 청약이더라도 청약의 내용이 피청약자에게 도달하기 이전에 또는 도달과 동시에 피청약자에게 철회가 도달한 경우에는 그 청약은 무효가 된다. 또한 청약의 조건으로 승낙기간을 정하고 있는 경우에는 그 기간 내에 승낙이 있어야만 효력이 발생한다. 승낙기간을 정하지 않았을 경우에는 상당한 기간(reasonable period of time) 내에 승낙하면 계약을 성립시킬 수 있다.

#### 나) 청약의 방식

청약은 특정한 방식에 의할 필요는 없다. 따라서 서면(writing) 또는 구두(by words of mouth)나 행위(act)로 행하여도 가능하지만 일반적으로 서신에 의하거나 일정한 서식을 갖춘 offer sheet(청약서) 양식을 사용한다. 국제매매거래에서는 이러한 청약(offer)이 피청약자에 의해 승낙되면 사법상 법률관계가 형성되어 매매계약이 성립되고 그 효력은 이때부터 진행되어 법률상 서면계약서(written contract)의 효력을 갖게 된다.

### 다) 청약(offer)과 청약의 유인(invitation to offer)의 구분

청약의 유인(invitation to offer)은 무역계약의 체결을 위한 사전 예비교섭 및 준비단계로서 거래상대방에게 거래조건을 권유하여 자신에게 청약을 하도록 유도하는 행위이다.

따라서 청약에 대하여 거래상대방이 승낙을 하면 무역계약은 성립하지만, 청약의 유인에 대하여는 거래상대방이 승낙하더라도 청약자의 확인이 없으면 무역계약은 성립하지 않는다. 그러므로 광고나 다수의 특정인에게 카탈로그를 우송하거나 배포하는 것은 단순한 청약의 유인으로 간주할 수 있을 뿐이며, 청약이라고 볼 수 없다. 따라서 거래관계를 맺기 위하여 사전 교섭단계에서 단순한 제의나 제안은 청약이라고 볼 수 없으며 이것은 '청약의 유인'이라고 할 수 있다.

### 라) 반대청약(counter offer)

청약자의 청약을 받은 피청약자가 원청약 내용에 대해서 그 조건을 변경하거나 혹은 새로운 조항을 추가한 청약을 원청약자에게 보내는 것을 말한다. 즉 피청약자는 그 나름대로의 가격수준이나 그 밖의 거래조건을 의중에 두고 있을 것이며, 가능한 한 그것에 접근시키려 할 것이기 때문이다. 이때 피청약자가 청약자가 제시한 원래의 청약(original offer) 내용 중에 일부를 수정·변경하여 반대로 새로운 제의해 오는 청약을 반대오퍼(counter offer)라 하며, 반대청약은 원래의 청약에 대한 거절이면서 새로운 청약이 된다.

## 2) 거래의 승낙(acceptance)

청약자의 오퍼와 결합하여 그 오퍼의 내용대로 계약을 성립시키려는 피청약자의 수락의 의사표시를 승낙(acceptance)이라 하며, 따라서 계약(contract)은 청약(offer)에 대해서 승낙(acceptance)이 있음으로써 성립된다.

승낙은 원칙적으로 오퍼의 모든 조항에 대하여 무조건으로 동의하는 것이어야 한다. 합의를 성립시키는 것이 승낙의 목적이기 때문에 승낙은 청약의 내용과 완전하게 일치하여야 한다. 오퍼의 내용에 어떠한 추가나 제한, 기타의 변경을 가한 승낙은 사실상으로 승낙이 아니고 오퍼에 대한 거절이며 새로운 오퍼인 반대오퍼(counter offer)이다.

### 가) 승낙의 유효조건

승낙은 청약자가 승낙기간을 정한 경우에는 그 정한 기간 내에, 이러한 기간을 정하지 아니한 경우에는 상당한 기간 내에 청약자에게 도달하여야만 유효하다. 그러나 기간 후에 도달한 경우라도 그 승낙이 보통 기간 내에 도달할 수 있었을 시기에 발송된 것이라면 예외적으로 승낙으로서 유효하여 계약이 성립된다. 그러므로 승낙의 경우는, 첫째 물론 유효기간 이내에 하여야 하며, 둘째 오퍼의 모든 조건에 대한 완전한 승낙(complete acceptance) 또는 무조건 승낙(unconditional acceptance)이어야 하고, 셋째 오퍼에 승낙의 방법(지정된 통신수단)이 명시된 경우에는 그 방법에 따라야 하며 다른 통신수단을 이용하게 되면 청약자의 승인이 있어야 한다. 따라서 청약내용에 대하여 변경을 요구하거나 일정한 단서를 붙이는 경우에는 승낙이라고 간주하지 않으며 반대청약(counter offer)이라고 한다. 즉, 부분적 승낙이나 조건부 승낙 등은 반대청약에 해당하므로 계약을 성립시키지 못한다.

#### (1) 부분적 승낙(partial acceptance)

청약의 내용에 조건을 붙여 그 일부만을 승낙하는 부분적 승낙(partial acceptance)은 반대 청약이 되어 최초의 칭약에 대하여 거절하는 효과를 가지므로 최초의 청약의 효력은 상실되어 계약은 성립하지 않는다.

#### (2) 의뢰부 승낙(acceptance accompanied by request)

피청약자가 청약자에 대하여 청약의 내용을 바꾸어 주기를 바라거나 문의하는 정도인 의뢰부 승낙(acceptance accompanied by request)은 반대청약이 아니기 때문에 청약의 효력에 영향을 미치지 않으므로 계약은 성립한다.

### 나) 승낙의 방법

승낙의 방법이 지정되어 있는 경우에는 지정된 통신수단을 이용하여 승낙하여야 한다. 이때 다른 통신수단을 이용하게 될 때는 청약자의 승인이 없다면 그 계약은 무효가 된다.

이와 달리 지정 통신수단이 없는 경우에는 합리적인 방법으로 승낙하면 된다. 즉 청약이 전보로 된 경우에는 전보로, 텔렉스로 된 경우에는 텔렉스로, 항공우편으로 된 경우에는 항공우편과 같이 그에 상응하는 수단에 의해 승낙의 통지를 하면 된다. 승낙의 방법에 관한 법률문제에 대해 대륙법 계통의 각국 민법에는 전혀 관심이 주어져 있지 않은 실정이고 한국의 입장도 마찬가지이다. 청약에 대해 피청약자가 승낙회신을 하지 않는 경우에는 계약이 성립하지 않는다.

## 4. 주문과 주문승낙에 의한 계약 성립

통상적으로 매도인이 청약하고 매수인이 이를 승낙함으로써 계약이 성립하지만 양당사자 간에 거래가 빈번한 경우 매수인이 먼저 구매주문(purchase order)을 하는 경우도 있는데, 이러한 매수인의 주문에 대하여 매도인이 승낙하는 것을 주문승낙(acknowledgement of order)이라고 한다.

### 1) 주문(Order)

주문(order)은 매도인이 발행하는 일반적인 매도청약(selling offer)과 달리 매수인이 물품의 내역과 거래조건을 명기하여 구매의사를 표시하는 것으로서 구매청약(buying offer)과 동일한 성격을 가지는 것이다. 매도인이 매수인의 주문에 대하여 승낙의 의사표시로서 매수인에게 매도계약서(sales note)를 송부하는 경우 이 매도계약서가 바로 주문승낙서(acknowledgement of order)에 해당되고, 매수인이 매도계약서의 내용을 확인하고 그 내용대로 구매계약서(purchase note)를 작성하여 송부하게 된다.

따라서 주문 내용에는 매도청약(selling offer)의 경우처럼 상품의 명세 외에 기본적인 품질, 수량, 가격, 포장, 선적, 결제, 보험 등에 관한 거래조건이 기재되어야 한다.

참고로, 매수인은 매도인의 거래권유장(circular letter)을 보고 난 후 또는 계속적인 거래관계에 있을 때에는 청약 없이 구매주문(purchase order)을 하는 경우도 있으며, 청약과 승낙에 의하여 계약이 성립한 후에 매수인이 매도인에게 구매주문(purchase order)을 하거나, 주문 없이 매매계약서를 작성하거나, 또는 매매계약서를 작성하지 않고 신용장을 발행하는 경우도 있다. 또한, 매수인이 매도인에게 미리 block order를 주는 경우도 있는데, 이 block order는 매도인으로 하여금 매수인의 예상되는 주문수량에 대비하여 원자재 확보 등 생산준비를 할 수 있도록 미리 주문수량을 알려주는 것으로서, 실질적인 주문이 아니라 주문수량의 예약이라고 할 수 있다.

### 2) 주문승낙(Acknowledgement)

주문승낙(acknowledgement)이란 매수인의 매수청약인 주문(order)에 대해 매도인인 피청약자가 주문내용을 확인·승낙하고 계약을 성립시킨다는 의사표시이다. 매수인의 주문을 받은 매도인이 승낙하여 승낙의 표시로 Sales Note를 송부하며, 이를 주문승낙서(acknowledgement of order)라 한다.

일반적으로 매도인이 청약을 하고 매수인이 이를 승낙함으로써 계약이 성립하지만 매수인이 능동적인 수입 및 구매의뢰시 또는 매도인으로부터 입수한 권유장(sales letter), 견본(sample), 상품목록(catalog) 및 가격표(price list) 등의 자료에 의하여 매입하고자 하는 물품을 골라 여러 통신수단을 이용하여 먼저 주문하는 경우 등이 있다.

주문서신(order letter)은 주문의 내용이 간단한 경우에 사용되며 서신 본문(covering letter) 중에 내용이 기재되나, 주문내용이 복잡한 경우 일정한 주문서(order sheet)에 주문내용을 기재하고 주문을 승낙한다는 취지를 쓴 본문, 즉 주문승낙서(acknowledgement or confirmation of order) 또는 매도계약서(sales note)를 매도인은 매수인에게 동봉하여 보냄으로써 무역계약은 성립되고 확인된다. 금액이 크거나 계약내용이 복잡한 경우, 매도인은 매수인으로부터의 주문서와 다른 점이 없다는 뜻에서 먼저 주문승낙서를 매수인에게 보내고 나중에 상세한 매매계약서(sales contract)를 활용한다.

주문승낙서의 기재사항은 ① 주문승낙의 표시와 감사표시, ② 주문에 대한 상대방의 참조번호 및 주문내용의 재확인, ③선적시기, 선박명 등의 매수인의 선적지시사항 재확인, ④ 결제방법의 제시, ⑤ 주문품의 만족스러운 공급을 약속하고 계속적인 거래 희망의 표시 등이다. 주문승낙이 이행되면 매매계약이 성립되어 발효된다. 그 구체적인 효력발생시기와 형식이나 방법 등은 전반적으로 청약(offer)과 승낙(acceptance)의 경우와 동일하다.

## 제2절 무역계약의 체결방법

무역계약의 체결방법은 개별계약방법, 포괄계약방법 및 독점판매계약으로 구분할 수 있으며, 무역계약의 당사자에는 거래로부터 발생하는 권리의무의 주체가 자기가 되어 자기의 계산과 위험으로 거래를 행하는 본인(principal)과 거래로부터 발생하는 권리의무의 주체가 타인으로서 타인의 계산과 위험으로 거래를 행하는 대리인(agent)으로 구분된다.

여기서 본인거래는 자기의 이름으로 이루어지는 물품매매거래이며, 대리인거래는 타인의 이름으로 이루어지는 물품매매거래를 의미한다.

## 1. 개별계약(Case by Case Contract)

개별계약(case by case contract)이란 오퍼(offer)나 오더(order)를 확정한 후 매 거래마다 거래건별로 어떤 특정 품목에 대한 수출입기본계약을 확정하는 방법으로서, 통상 거래 초기나 한 건의 거래로 매매가 종결되는 경우에 주로 사용되는 계약방법이다.

### 1) 계약의 구성

개별계약을 체결하는 경우, 수출입계약서는 '표면약정사항'과 '이면약정사항' 양면으로 구성된다.

표면약정사항은 개별 거래조항으로서 매 거래마다 결정하여야 하는 내용으로 당해 거래대상 물품의 품질, 수량, 가격, 포장 등 구체적인 내용이 표시된다.

반면에 이면약정사항에는 무역거래 일반조건(General Terms and Conditions)을 약정한다. 여기에는 우선 계약당사자가 책임의 주체인 본인 대 본인(Principal to Principal)임을 전제로 품질에 대한 검사, 수량에 대한 기준, 가격결정방법 및 선적조건, 보험조건 등의 해석기준을 정함은 물론 클레임조항, 중재조항 그리고 계약의 준거법 등 무역계약의 일반사항을 약정한다. 이러한 이면약정사항은 일반거래조항으로서 개별거래조항에 대한 해석 근거임은 물론 수출입거래시 거래당사자 간에 일반적으로 적용되는 공통사항이다.

### 2) 개별계약 체결방법

계약서를 2통 작성하여 서명한 후 상대방에게 송부하면, 상대방은 이를 검토하고 서명하여 1통은 다시 상대방에게 반송하고 나머지 1통은 자신이 보관한다. 이 계약서를 매도인이 작성하는 경우에는 Sales Note, Sales Contract 또는 Confirmation of Order라고 명칭을 사용하며, 매수인이 작성하는 경우에는 Purchase Note, Purchase Contract 또는 Order라는 명칭을 사용한다.

## 2. 포괄계약(Master Contract)

포괄계약은 동일한 상대방의 거래가 지속적으로 이루어지는 경우, 일반거래조건에 관한 협정(Agreement on General Terms and Conditions of Business)을 체결하여 향후 거래시 적용될 수 있는 기본원칙을 규정하는 것이다.

### 1) 포괄계약의 개요

포괄계약서(master contract)는 동일 당사자 간 장기간 계속적으로 동일한 품목을 반복적인 거래를 하는 경우, 매번 거래조건에 대한 합의를 하고 이를 문서화하는 것이 번거로울 때 지정품목에 대하여 일반거래조건(General Terms and Conditions, General Agreement)에 대하여 협의 후 포괄적으로 합의한 일반거래협정서(Memorandum of General Terms and Conditions)를 체결하고 필요할 때마다 선적을 해주는 방식의 포괄계약을 체결하는 것을 말한다.

개별계약의 경우처럼 매 거래시마다 건별로 수출입 기본계약을 체결하는 것이 양당사자 간 모두에게 불편하고 비효율적이므로 연간 또는 장기간을 기준으로 일반거래조건협정을 체결하여 장래 거래시 적용할 수 있는 기본 준칙을 정하고 구체적 개별거래의 확정은 포괄계약에서 정한 방법에 따라 필요시마다 간단한 오퍼(offer)나 오더(order)를 교환하고 서명함으로써 계약을 확정하고 거래물품을 선적하는 계약방식을 말하는 것이다.

### 2) 포괄계약 체결방법

먼저 무역거래의 일반거래조건(General Terms and Conditions)을 체결한 후, 매도인이 발행하는 청약서(offer sheet)에 매수인이 승낙(acceptance)하고 서명하거나 또는 매수인이 발행하는 주문서(purchase order)에 매도인이 주문승낙(acknowledgement)하고 서명한 후 각기 1통씩을 보관하며, 매도인의 확정오퍼에 대해 수락의 표시를 전신이나 서신으로 발송하여 계약을 체결한다.

## 3. 독점계약(Exclusive Contract)

독점계약(exclusive contract)은 특정 물품의 수출입에 있어서 수출업자는 수입국의 지정 수입업자 외에는 동일품목을 청약하지 않으며, 또 수입업자 역시 수출국의 다른 수출업자로부터는 동일품목을 취급하지 않겠다는 상호 간의 조건으로 맺어지는 계약방식을 의미한다. 이러한 독점계약은 주로 특정 품목에 대하여 수출입을 전문으로 하는 특정 상사 간의 매매로 국한시키는 매매계약이다.

독점계약의 경우, 수입업자의 입장에서는 첫째 저렴한 가격으로 구매가 가능해야 하고, 둘째 동일한 품목에 대하여 수입업자가 소재하는 지역의 다른 업자에게 구매하지 않아야 하며, 셋째 다른 상사의 명의나 제3자를 통하여 수입업자 소재지의 시장에 침투하지 않아야 하며, 마지막으로 해당 품목의 품질을 보장받을 수 있어야 한다. 반면에 수출업자의 입장에서는, 첫째 최대한 물량의 물품을 판매할 수 있어야 하고, 둘째 가능한 한 가장 높은 가격을 받을 수 있어야 하며, 셋째 수출업자가 소재하는 지역의 타 상사에게 물품을 판매하지 않아야 않고, 마지막으로 일정한 기간 동안 최소한의 판매물량을 보장받을 수 있어야 계약이 가능하다. 계약당사자는 계약서상에 계약의 유효기간, 계약의 연장조건 등 독점계약거래에 필요한 제반 조건 등을 명시하여야 한다.

## 제3절 무역계약의 성립요건

무역거래에서 무역계약이 유효하게 성립되어 법적 구속력을 갖기 위해서는 몇 가지 요건이 충족되어야 한다. 즉, 기본적으로 계약당사자는 계약을 성립시키기로 합의해야 하는데 무역계약에서의 합의는 보통 청약과 승낙에 의해서 이루어진다. 또한 영미법상 유효한 계약이 되기 위해서는 그 합의가 법정방식에 의해 행하여졌거나 약인이 수취되거나 약속되어야 하고, 당사자가 계약능력을 가지고 있어야 하고, 계약은 합법적으로 성립되어야 한다.

이러한 요건이 갖추어진 경우에는 계약당사자 일방이 계약위반(breach of contract)을 한다면 의무의 이행을 강제하거나 손해배상을 청구할 수 있는 것이다. 무역계약이 성립되려면 ① 의사표시의 합치, ② 약인의 존재, ③ 당사자의 행위능력 존재, ④ 의사표시의 진의성과 합법성 등의 요건을 갖추어야 한다.

### 1. 의사표시의 합치

계약당사자 일방의 청약(offer)에 대하여 상대방의 승낙(acceptance)에 의한 합의(agreement), 즉 의사표시의 합치가 있어야 한다. 합의는 계약 성립을 위한 본질적인 요소로서, 당사자의 계약의 조건에 합의해야 하고, 동일한 거래에 대한 상호동의(mutual assent)를 서로에게 표시해야 한다. 무역계약이 유효하게 성립되기 위해서는 매매당사자가 자유의사에 의한 합의(manifestation of mutual assent)로 계약을 성립시켰다는 동의의 진실성이 표시되어야 한다. 따라서 강제나 사기에 의한 합의는 무효가 된다.

## 2. 약인의 존재

무역계약이 유효하게 성립되기 위해서는 당사자 간의 합의(agreement) 이외에도, 계약이 날인증서(deed)에 의하거나 또는 대가의 상호교환(bargained for exchange), 즉 약속의 대가로 제공되는 가치라는 약인(consideration)이 있어야 한다. 무역거래에서는 영미법상의 약인이론이 문제될 수 있지만, 실제의 무역계약에서 약인이론에 의하여 어떤 채무가 무효화되는 것은 어렵다고 볼 수 있다. 왜냐하면, 통상적으로 계약서상에는 "in consideration of mutual covenants and promises herein set forth, it is agreed as follows."라는 문언이 삽입됨으로써 약인문제가 해결될 수 있는 것이다.

날인계약은 날인증서 작성이라는 요식성에 계약 성립의 근거를 두고 있는 데 반해, 단순계약은 당사자 간의 합의 이외에 약인의 존재를 계약 성립의 근거로 삼고 있다. 매매계약 당사자의 합의만으로 계약이 성립하는 한국법과 달리 영미법에서는 계약당사자의 합의 이외의 약인을 필요로 한다. 즉, 증여계약과 같이 대가관계가 없는 것은 현실적으로 인도가 완료되지 않는 한 그 구속력이 인정되지 않는다.

## 3. 당사자의 행위능력 존재

무역계약이 유효하게 성립되기 위해서는 계약당사자가 행위능력(legal capacity of the parties)을 가지고 있어야 한다. 즉, 미성년자, 한정치산자, 금치산자 등 법률행위의 무능력자가 법정대리인의 동의 없이 체결한 계약은 무효이다.

## 4. 합법성의 존재

무역계약이 유효하게 성립되기 위해서는 거래의 목적물이나 거래방법이 합법적(legality

of object and method)이어야 한다. 예를 들면, 사기(fraud)·강제(duress)·착오(mistake)·선의부실표시(innocent misrepresentation)·부당위협(undue influence) 등 의사표시의 하자에 의해 계약이 성립하는 경우, 계약의 목적이나 내용이 위법하거나 실현 불가능한 경우, 서면(writing)을 요구하는 계약이 서면의 형식적인 요건을 충족하지 못한 경우 등에는 계약이 유효하게 성립할 수 없다.

## 제4절 무역계약서의 작성

무역계약은 일반적으로 Seller가 발행한 청약(offer)에 대하여 Buyer가 승낙(acceptance)함으로써 계약이 성립하지만, 반대로 Buyer의 구매주문(purchase order)에 대해서 Seller가 주문승낙(acknowledgement)을 이행할 경우에도 성립된다. 무역계약은 당사자 간에 청약과 승낙을 통한 합의에 의하여 성립하기 때문에 원칙적으로 계약서의 작성이 반드시 필요한 것은 아니지만, 후일에 발생할지도 모를 매도인과 매수인 간에 분쟁의 소지를 없애기 위하여 Offer와 Acceptance가 전신이나 서신으로 왕래하여 계약이 성립되면 지체 없이 양 당사자가 계약조항을 확인하고 서명한 계약서(written contract)를 문서로 작성하는 것이 좋다.

### 1. 무역계약서 작성의 필요성

무역계약을 문서(document)로 작성하는 이유는 당사자 간의 의사표시의 합의(agreement)가 행해졌던 당시의 당사자 간의 의도(intent of the parties)에 관해 제시되는 분쟁이나 소송에 대처하기 위한 것으로 이때 계약서처럼 유효하고 신뢰할 만한 유효한 증거는 없다.

오늘날 무역계약이 구두(oral)로도 성립이 가능하기 때문에 구두증거의 원칙(parol evidence rule)에 기준하여 계약내용을 서면으로 작성하는 경우가 많다. 그것은 당사자 간의 각종 예비적 교섭(preliminary negotiation) 및 진행에서 구두로 합의된 상황을 증거로 증명하기 위해서나 예비적 교섭에서 합의에 도달할 때까지의 내용을 통합(integrate)하여 무역계약의 증거로 삼기 위해서 계약서의 작성은 필요한 것이다.

무역계약의 서식은 사전에 인쇄된 printed form으로서 표면약관(특별약관)에는 거래에 필요한 기본 조건을 기재하고, 이면약관에는 일반협정이 인쇄되어 있어 청약과 승낙시에 누락된 사항까지 추가하여 상세하게 기재할 수 있다. 따라서 사후 분쟁해결의 법적 요건을 뒷받침할 수 있는 장점이 있으며, 구두증거의 제출시 계약내용을 총괄적으로 작성하기 때문에 계약내용의 변경이나 보충도 방지할 수 있다.

일반적으로 계약서의 내용은 청약과 승낙에 기준하여 작성되지만 전화, 팩스, e-mail의 교환을 통해 계약이 성립하는 경우에는 시간과 비용 때문에 관행적인 사항은 생략하고 중요한 사항만 기재하게 된다. 이 경우 청약과 승낙시에 누락된 부분은 계약서에 추가조항으로 삽입해 두어야 한다. 계약의 성립내용을 기준을 계약서를 작성할 때는 추가조항이 당연히 삽입되며, 이외에도 일반적인 정형계약상 관행도 기재된다. 그러나 추가조항은 반드시 청약과 승낙의 조건을 근본적으로 수정 또는 변경하는 것이 아닌 보충 또는 보완적인 내용이어야 한다. 또한 계약서 작성을 조건부로 승낙(acceptance subject to condition)하는 경우에는 청약에 대한 승낙시 정식계약의 성립은 법적 정식계약서가 작성되어 당사자가 서명할 때까지 계약의 효력은 발생하지 않기 때문에 주의하여야 한다.

## 2. 무역계약의 문서화방법

무역계약서의 기재내용은 거래상대방, 상품의 내용, 상품의 목적지 등에 따라 달라지지만, 결국 매매당사자 간에 합의된 사항을 빠짐없이 정확히 기재해야 한다.

첫째, 성립된 계약의 내용을 일방의 당사자가 정리하여 기재한 계약서(contract sheet)를 정·부(original and duplicate) 2통을 작성하여 서명한 후 상대방에게 송부하고 상대방은 이를 검토한 후 1통을 반송함으로써 각기 1통씩을 보관하는 방법이다. 이러한 계약서를 매도인 측이 작성할 때에는 흔히 매도계약서(sales contract), 매약서(sales note) 또는 구매계약서(purchase contract), 매약서(purchase note) 또는 주문서(order)가 사용되기도 한다.

둘째, 매도인이 발행한 Offer Sheet에 그대로 매수인이 Acceptance의 서명을 하거나, 매수인이 발행한 Order Sheet에 매도인이 Acceptance의 서명을 하는 방법이다. 이때에도 서류를 정·부 2통으로 작성하여 각기 1통씩 보관하여야 한다.

셋째, 매도인이 확정오퍼(firm offer)의 전신이나 서신을 상대방에게 보내고, 상대방은 수락의 전신이나 서신을 보냄으로써 법률상 서면계약서(written contract)의 효력을 갖도록 하는 방법이 있다.

매매계약서에 기재될 사항은 일반적으로 거래시마다 결정하여야 할 사항, 즉 품명, 품질, 규격, 수량, 가격, 선적 등에 관한 사항과 일반적으로 모든 거래에 공통되는 사항 즉 불가항력, 무역조건, 권리침해, 클레임 조항, 중재, 준거법 등에 관한 사항으로 나눌 수 있다. 전자는 개별거래조항이라고 하며 보통 계약서의 표면에 타이핑되므로 표면조항 또는 타이핑조항이라고도 한다. 후자는 일반거래조항(general terms and conditions)이라고 하며, 보통 계약서의 이면에 인쇄되므로 '이면조항' 또는 "인쇄조항"이라고도 한다.

## 3. 무역계약서 작성시 주의사항

무역계약은 별도의 형식을 요구하지 않는 불요식계약의 성질을 가지지만, 계약서를 작성할 때는 다음과 같은 몇 가지 점을 주의하여 작성되어야 한다.

① 법적으로 유효한 권한을 가진 당사자의 서명이나 기명날인이 계약서에 있어야 한다.
② 계약당사자 간에 합의된 주요 조건이 하나도 빠짐없이 정확하게 기재되어야 한다.
③ 준거법이나 강행규칙의 적용조건이 적법한지 확인해야 한다.
④ 사용된 용어가 일반적이고 정확한 표현인가 또는 통일성이 있는가를 검토해야 한다.
⑤ 계약서의 내용에 논리적으로 일관성이 있는지를 검토해야 한다.
⑥ 계약 성립의 날짜가 명확히 기재되어 있는지를 확인해야 한다.
⑦ 계약을 체결하는 국가의 법률에 따라 수입인지를 첨부하고 공증인의 인증이 없는 때는 법적 강제력이 없는 경우가 있으므로 주의해야 한다.

국제무역계약

CHAPTER 03

# 청약의 효력



## 제1절 청약의 개요

일반적으로 계약의 성립에 있어서 당사자 상호 간의 합의의 존재를 추론하는 것이 합리적인지의 여부를 결정하기 위하여 청약과 승낙이라는 개념이 오랫동안 이용되어 왔다. 즉 합의의 방식으로서 청약과 승낙이라는 개념이 이용되었다.

### 1. 청약의 의의

청약(offer)이란 일반적으로 청약자(offeror)가 피청약자(offeree)에게 일정한 거래조건으로 계약을 체결하고자 하는 의사표시를 말한다. 즉 청약은 매매관계에 있는 당사자의 일방이 그 상대방의 승낙과 아울러 일정조건의 매매계약을 기대하고 행하는 의사표시이다. 따라서 법원은 계약의 성립 여부를 판단하기 위해서 일방당사자가 확정청약을 하였는지 또는 상대방이 그 확정청약을 승낙하였는지 등의 모든 주변상황을 주도면밀하게 검토하여 확인하게 되었다. 이러한 관점에서 청약이란 계약의 성립을 목적으로 하는 확정적인 의사표시로서 특별한 방식을 필요로 하지 않으며, 구두·서면 또는 행위에 의하여 상대방에게 할 수 있다. 즉 청약은 법적으로 구속력이 있는 계약체결의 조건 중에는 피청약자의 행위 또는 부작위에 의하여 청약이 승낙된다면, 즉시 청약자를 구속한다는 것을 명시적 또는 묵시적으로 표시한 것을 의미한다.

따라서 본질적으로 상대방의 승낙에 의하여 합의로 전환될 수 있는 청약은 특정한 조건이 승낙되면, 법적인 구속력을 가지는 명확한 약속으로 구성되어야 한다. 실제로 청약자는 청약에 대한 승낙 또는 거절의 선택권을 피청약자에게 맡기고, 자신은 특정한 조건하에서 그의 의무를 이행할 의사를 표시하는 것만으로서 청약의 개념은 충분하다.

한편 영미법에서는 계약이 약인에 근거를 두고 있기 때문에 대가의 상호교환에 따라 청약은 청약자가 행하는 방법대로 수행할 것이라는 약속으로 보며, 이에 대해 수약자로부터 약인이 제공되어 계약이 성립하는 것으로 보고 있다. 한편, 대륙법계인 독일 및 일본 법리는 매도인의 청약에 대해 매수인이 이를 승낙하면 계약이 성립하는 것으로 보고 있다.

## 2. 청약의 유인(invitation to treat, invitation to offer)

일반적으로 국제계약의 체결에 있어서 계약당사자들은 확정청약을 하기 이전에 당사자 상호 간에 계약의 체결을 위한 사전의 예비교섭단계를 거친다. 즉 계약당사자는 거래청약서(circular letter) 또는 문의(inquiry) 등을 통하여 상대방의 청약을 유인하거나 또는 확정청약과 유사한 형태의 예비교섭단계를 가지게 된다.

그러므로 청약의 유인(invitation to treat, invitation to offer)이란 타인을 유혹하여 자기에게 청약하도록 하는 행위로 청약과는 구별된다. 결국 이로 인하여 유혹된 자가 의사표시를 하여도 계약은 성립되지 않으며 다시 유인한 측으로부터 승낙의 표시가 있어야 비로소 계약은 성립되는 것이다. 청약의 유인과 청약을 구별하는 것은 개별적 상황에 따라 결정지어야 한다. 예를 들면, 확인조건부청약과 상대방이 특정되지 아니한 신문이나 텔레비전 또는 방송에 의한 광고, 견적서, 가격표, 물품목록 등의 배포를 통하여 불특정의 1인 또는 그 이상의 일반대중을 상대로 하고 있는 경우와 경매 및 입찰과 같은 것들은 단지 청약의 유인에 불과한 것으로 간주된다. 그러나 불특정인에 대한 경우라도 제의자가 그 제의(proposal)에 대하여 승낙이 있으면 곧 계약으로 보겠다는 의사를 확실히 표명하였을 경우에는 그러한 제의는 단순한 청약의 유인이 아니라 청약으로 볼 수 있다.

### 1) 청약의 유인에 대한 일반적 의미

청약이 법적으로 구속력을 가지고 상대방에게 보내는 확정적 의사표시인 데 비해, 청약의 유인(invitation to treat, invitation to offer)이란 청약을 위한 예비교섭(preliminary negotiation)으로서 상대방이 이를 수락하더라도 계약이 성립되는 것이 아니다. 그러나 실질적으로 청약과 청약의 유인 사이에 명확한 구분을 하기가 곤란한 경우가 많다. 이에 대해 제2차 계약법 Restatement에서는 "거래를 하고자 하는 의사표시는 그 의사표시를 한 자가 동의의 표시를 했을 때는 계약은 성립할 수 있지만, 통지를 받은 자가 인지하거나 인지

했다는 이유만으로 계약이 성립되지 않는다."고 규정하고 있다.

따라서 어떠한 제안이 청약인가 또는 단순한 청약의 유인인가 하는 구분은 사용된 용어, 당사자 간에 교환된 의사표시, 의사가 행해진 상황에 따라 판단해야 한다. 곧, 계약의 중요요소(당사자, 목적물, 수량, 가격, 인도조건)를 특정하여 확정적으로 제안하는 경우에는 법적 구속력이 있는 계약을 의도한 것이므로 청약으로 볼 수 있을 것이며, 만일 청약 자체가 불완전하다 하더라도 사전 합의된 사항으로 보충할 수 있는 경우에는 청약으로 해석할 수도 있을 것이다.

청약의 유인을 몇 가지로 분류하면, 첫째로 sub-con offer(offer subject to confirmation)인 불확정 청약, 둘째로 정찰 상품, 셋째로 경매와 입찰, 넷째로 카탈로그, 정가표, 견적서 등 유사청약이 이에 속한다고 볼 수 있다.

### 2) 청약과 청약의 유인과의 구분

일반적으로 의사표시를 한 당사자의 의도를 기준으로 청약과 청약의 유인은 다음과 같이 구분된다.

첫째, 의사표시를 한 일방당사자가 상대방의 승낙과 동시에 자신의 의사표시에 구속되려는 의도를 가진 경우에 그러한 의사표시는 청약으로 인정된다. 즉 청약은 특정한 조건이 승낙된다면 구속되는 확정적인 약속으로 구성되어야 한다는 것을 의미한다.

둘째, 청약은 상대방의 승낙이 있으면 즉시 계약을 성립시킬 의사표시이고 청약의 유인은 상대방이 승낙을 한다고 하더라도 그것 자체가 승낙이 아니므로 계약이 성립될 수 없다.

요컨대, 청약의 유인은 상대방으로 하여금 자신에게 청약을 하도록 유인하는 행위로서, 그 전형적인 예로서는 구인광고, 물품판매광고, 상품목록의 배부, 정찰상품 등의 진열 등을 들 수 있다.

## 3. 청약의 종류

청약의 종류는 청약의 주체, 청약의 발행지, 청약의 확정력을 기준으로 구분하였다.

### 1) 청약의 주체기준

#### 가) 매도청약(selling offer)

매도인이 발행한 청약을 매도청약(selling offer) 또는 판매청약이라고 한다. 매도인이 특정물품에 관한 가격, 수량, 품질 등 구체적인 조건으로 판매하고 싶다는 의사표시이다. 무역거래에서 일반적인 청약이라 하면 매도청약을 의미한다.

#### 나) 매입청약(buying offer)

매입청약(buying offer)은 매수청약 또는 구매청약이라고도 하며 매수인의 매입의사를 말하며, 보통 매입주문서(purchasing order) 등의 형식으로 이루어진다. 일반 무역거래에서는 별로 사용되지 않으며, 주로 주문(order)이라는 용어를 사용한다.

### 2) 청약지의 발행기준

#### 가) 국내발행청약

청약의 주체가 거래상대국의 물품공급업자 및 본사를 대리하여 국내에서 발행 또는 의사표시한 청약을 말한다.

#### 나) 국외발행청약

거래상대국의 물품공급업자 또는 제3자인 청약의 주체가 국외에서 발행 또는 의사표시한 청약을 말한다.

### 3) 청약의 확정력기준

#### 가) 확정청약(firm offer)

확정청약(firm offer)은 가격을 비롯한 여러 가지 거래조건이 확정적으로 제시되고 청약자가 승낙기간(유효기간)을 지정하여 그 기간 내에 피청약자의 승낙 회답을 조건으로 하는 청약을 말한다. 이 경우 승낙기간을 정한 오퍼는 그 기간 동안, 승낙기간을 정하지 아니한 오퍼는 상당한 기간(a reasonable time) 동안 청약자에 대하여 구속력을 변경할 수 없으며 그 기간 내에 상대방으로부터 승낙의 통지가 오면 오퍼의 내용대로 당사자 쌍방을 법률적으로 구속하는 매매계약이 성립된다. 그러나 확정청약의 경우에도 불가항력(force majeure)이 발생한 경우나 상대방이 동의하는 경우 확정청약에 대한 취소나 변경이 가능하다.

일반적으로 청약자는 firm offer를 유효기간 내에는 임의로 철회할 수 없다고 해석되고 있으나 영미법계에서는, 첫째 offer가 날인증서(covenant)에 의해 행해진 경우와, 둘째 offer의 철회불가능에 대하여 대가를 지불한 경우 이외에는 철회가 가능하다.

오퍼(offer)의 유효기간은 청약자가 대개 임의로 정하는데, 당해 상품의 거래관습, 시세의 변동 등을 고려해서 적당한 유효기간을 정하여 offer에 명시할 필요가 있으며, 당사자간에 시차가 있는 경우에는 유효기간의 기준시간을 명백히 해야 한다. 그러나 for seven days 또는 within a week 등으로 발행된 경우에는 offer 발행일을 포함하여 기산하는 것이 일반적이며 공휴일, 비영업일도 그 기간에 산입된다.

오퍼(offer) 기간의 표시는 대개 다음과 같이 명확하게 기재한다.

"We offer you firm the following goods subject to your reply being received here by noon, November 15, 2009."

또한 각국이 offer나 acceptance의 효력발생시기에 대하여 입법의 예를 달리 하고 있으므로 offer에서는 기간과 장소를 명시하는 것이 바람직하다. 확정청약의 예문을 보면 다음과 같다.

"We offer you firm subject to your acceptance reaching us by November 15 as follows."

### 나) 불확정청약(free offer)

불확정청약(free offer)은 확정청약과는 달리 승낙기간(유효기간)이나 거래조건이 확정되어 있지 않아 청약자가 언제든지 그 내용을 변경, 취소 또는 철회할 수 있는 오퍼(offer)를 말하며, 자유오퍼라고도 한다. free offer는 비록 피청약자가 승낙한다 하더라도 즉시 계약이 성립되지 않으며 청약자가 최종확인(final confirmation)을 하여야만 계약이 성립된다. 보통 circular letter와 함께 보내진다.

여기서 주의해야 할 것은 불확정청약(free offer)과 청약의 유인(invitation to offer)은 구분되어야 한다. 즉 청약의 예비 교섭에 불과한 Inquiry, Circular letter, Catalog, Sample, Price-list, Estimate 또는 Quotation 등은 청약의 유인단계이지 청약은 아니다. 이 경우 청약의 유인을 받은 자가 청약을 하게 되고 청약의 유인을 발송한 자가 승낙을 하는 것이 일반적이다. 이때에는 buying offer가 많이 발생한다. 불확정청약(free offer)의 예문을 보면 다음과 같다.

"We offer you the following goods on the terms and conditions mentioned hereunder."

### 다) 조건부청약(conditional offer)

조건부청약(conditional offer)은 청약자가 계약 성립의 최종결정권을 가지는 자유청약의 일종으로 그 조건 내용에 따라 다음과 같이 구분된다.

#### (1) Offer Subject to Being Unsold(재고잔류조건부청약)

offer Subject to Prior Sale(선착순 매매조건부청약)이라고도 하며, 재고정리나 대금의 조기회수 목적으로 다수의 거래처에 offer를 내면서 재고가 있을 경우에만 유효한 조건부 offer를 말한다. 따라서 피청약자의 승낙의 의사가 청약자에게 도달했다 하더라도 계약이 성립되는 것이 아니며, 그 시점에서 당해 물품의 재고가 있는 경우에 한하여 승낙이 유효한 조건부청약이다. 이것은 "First come-first serve" 조건의 offer로서 한정된 물량을 다수인에게 offer한 경우나 Seller's Market 물품인 경우에 흔히 발행된다.

#### (2) Offer on Approval(견본승인청약, 점검매매조건부청약)

명세서로서는 offer의 승낙이 어려운 경우, 견본 확인 후 승낙하는 조건으로 주로 새로운 개발품이나 기계류와 같은 복잡한 상품에 사용된다. 물품 점검 후 구매의사가 있으면 그 대금을 지급하고, 그렇지 않으면 반품해도 좋다는 조건부청약이다.

"You can keep it for a week. If you like it, send us US$70, if not , you may return it to us without any obligation on your part."

#### (3) Offer on Sale or Return(반품허용조건부청약)

위탁판매(consignment)에서 주로 사용되는 조건부 offer로서 일정한 기한 내에 팔고 남는 것은 반품하는 조건이다. 주로 잡지, 종교서적, 잡화류의 위탁판매에 사용된다. 이러한 조건부청약에 대하여 피청약자가 그 조건을 충족한 범위 내에서 승낙을 하는 경우 계약은 성립되며 이때 청약자는 그 승낙을 거절할 수 없다.

### (4) Offer without engagement(무확약청약)

청약에 제시된 가격이 미확정적이어서 시세변동(market fluctuation)에 따라 변경될 수 있다는 조건을 붙인 청약(offer Subject to Market fluctuation)이다.

"We are pleased to Subject to you without engagement as follows;"

조건부청약(conditional offer)의 예문을 정리하면 다음과 같다.

"offer subject to our final confirmation"

"offer subject to prior sale"

"offer subject to being unsold"

"offer subject to market fluctuation"

"offer without engagement"

"offer on approval"

## 라) 확인조건오퍼(sub-con offer, offer subject to confirmation)

확인조건오퍼(sub-con offer, offer subject to confirmation)는 청약자가 청약을 할 때 단서로서 계약의 성립에는 청약자의 확인을 필요로 한다는 내용(offer subject to our final confirmation)이 명시된 조건부 청약이다.

형식적으로는 청약이지만, 상대방에 대한 청약의 사전단계로 예비교섭 단계인 청약의 유인(invitation to offer)에 지나지 않는다. 따라서 법적인 입장에서 볼 때 sub-con offer에 대한 acceptance가 offer의 성질을 지니며, 청약자의 최종확인이 acceptance가 된다.

Sub-con offer는 회답기한을 제시하지 않고 판매하고자 하는 상품과 거래조건을 표시한 일종의 자유청약이므로 항상 그동안의 가격변동이나 재고 여부를 감안하여 offer 발행자의 확인이 필요한 offer이므로 sub-con offer(subject to our confirmation)라고 불려진다.

즉 피청약자가 offer를 승낙하면 offer 발행자는 가격, 재고, 선적기한 등을 재검토하여 최종 확인을 해주게 되면 계약이 성립되므로 대개 다음과 같은 내용이 삽입되는 점이 Firm Offer와 다르다.

"offer subject to our (final) confirmation"

"offer subject to change without (prior) notice"

**| 표 2-3 | 조건부청약의 종류**

| 종 류 | 개 념 |
|---|---|
| 재고잔류조건부청약<br>(offer subject to being unsold) | 피청약자가 승낙한 한 시점에서 청약자의 수중에 매매목적물의 재고가 있어야만 계약이 성립한다는 청약이다. |
| 승인조건부청약<br>(offer on approval) | 청약과 함께 견본을 송부하여 피청약자가 물품을 점검해 보고 만족하면 청약이 유효해지는 조건의 청약으로 신시장 개척시 적합하다. |
| 반품허용조건부청약<br>(offer on sale or return) | 주로 서적 등 정기간행물의 판매에 적합한 조건의 청약으로, 매도된 물량에 대하여서는 그 비율에 따라 대금지급이 이루어지며 매도되지 않은 물량에 대해서는 반품을 허용한다. |
| 최종확인조건부청약<br>(offer subject to final confirmation) | 청약자의 청약에 대하여 피청약자가 승낙을 하여도 계약은 성립하지 않으면, 피청약자의 승낙을 원청약자가 확인을 하여야 계약이 성립하는 조건의 청약이다. |
| 선착순판매조건부청약<br>(offer subject to prior sale) | 한정수량의 물품을 다수의 상대방에게 청약할 때 사용되는 청약으로, 피청약자의 승낙에 대하여 선착순으로 계약이 성립하게 되는 조건의 청약이다. |
| 시장변동조건부청약<br>(offer subject to market fluctuation) | 청약서상의 물품가격은 시장가격이 변동함에 따라 청약된 가격이 변동한다는 내용의 청약으로, 주로 국제가격의 변동이 잦은 물품거래에 이용되고 있으며, 청약자의 입장에서는 시세변동의 위험을 줄일 수 있는 이점이 있다. |
| 수출승인취득조건부청약<br>(offer subject to Export License) | 피청약자에 의한 승낙이 있다 하더라도 즉시 계약은 성립하지 않고, 수출승인 취득을 조건으로 계약이 성립하게 되는 조건의 청약이다. |
| 수입승인취득조건부청약<br>(offer subject to Import License) | 피청약자에 의한 승낙이 있다 하더라도 즉시 계약은 성립하지 않고, 수입승인 취득을 조건으로 계약이 성립하게 되는 조건의 청약이다. |

### 마) 반대청약(counter offer)

반대청약(counter offer)은 청약자의 청약(offer)에 대하여 피청약자가 수량, 가격, 선적, 결제 등 청약내용 중의 일부를 추가, 제한 및 변경하는 등 새로운 조건을 제의해 오는 청약을 말한다. 반대청약은 원래의 청약에 대한 거절이 되고 동시에 새로운 청약이 된다. 따라서 원래의 청약은 반대청약에 의하여 소멸된다. 거액의 무역거래에서는 반대오퍼가 몇 번이나 왕래하면서 일방의 최종적인 승낙으로 계약이 성립되는 것이 일반적인 현상이다. 계약이 성립하려면 일방의 유효한 청약에 대해 상대방의 승낙이 있어야 한다.

즉, 계약이 성립하려면 우선 유효한 청약이 있어야 하는데 청약이 유효하기 위해서는,

**표 2-4 청약의 종류와 개념**

| 청약의 종류 | 개 념 |
|---|---|
| 국외발행청약 | 국외발행청약이란 거래상대국의 물품공급업자 또는 제3자인 청약의 주체가 국외에서 발행 또는 의사표시한 청약을 말한다. |
| 국내발행청약 | 국내발행청약이란 청약의 주체가 거래상대국의 물품공급업자 및 본사를 대리하여 국내에서 발행 또는 의사표시한 청약을 말한다. |
| 확정청약 | 확정청약(firm offer)은 청약을 할 때 승낙기한을 명시하여 그 기한 내에는 철회할 수 없는 청약을 말한다. 지정된 기한 내에 피청약자가 발송한 승낙의 통지가 도달하면 매매계약이 성립된다. 대부분의 확정청약은 유효기간이 있지만 유효기간이 없는 경우라 하더라도 그 청약이 확정적(firm) 또는 취소불능(irrevocable)이라는 표시가 있으면 확정청약으로 간주한다. |
| 불확정청약 | 불확정청약(free offer)은 청약을 할 때 승낙기한을 명시하지 않은 청약으로 피청약자가 승낙하기 이전에는 언제라도 청약내용을 변경하거나 철회할 수 있으며 또한 이를 승낙하더라도 청약자의 최종확인이 있어야 하는 청약이다. |
| 청약의 유인 | 청약의 유인(invitation to offer)은 계약의 체결을 위한 사전예비교섭으로 타인을 유인하여 자신에게 청약을 하게 하는 행위를 말하며, 유인된 자가 승낙의 의사표시를 하여도 계약은 성립되지 않고 유인한 측으로부터 최종적인 승낙의 표시가 있어야만 비로소 계약이 성립할 수 있다. 예컨대 청약의 예비교섭에 불과한 Inquiry, Circular Letter, Catalog, Sample, Price-list, Estimate, Quotation, Auction 또는 Bid 등은 청약의 유인에 속하는 것들이다. |
| 반대청약 | 반대청약(counter offer)은 주로 청약의 가격, 수량, 선적시기 등의 조건에 대하여 피청약자가 자신의 유리한 대안을 제시하면서 조건의 수정 또는 변경을 요구하는 청약을 말한다. 반대청약은 원 청약에 대한 거절이며 동시에 새로운 청약이 된다. |
| 조건부청약 | 조건부청약(conditional offer)이란 청약자의 청약내용에 어떤 조건이나 단서가 붙어있는 청약이다. 조건부청약은 형식상으로는 불확정청약의 범주에 속하지만 엄밀한 의미에서는 청약이 아니고 청약의 유인에 지나지 않는다. |
| 교차청약 | 교차청약(cross offer)이란 양당사자가 동시에 동일한 내용의 청약을 하는 경우를 말한다. 교차청약을 인정하는 국가는 한국과 일본 등이며, 어느 한 당사자의 승낙이 없으면 계약이 성립되지 않는다고 보는 것이 영미의 판례이다. |

① 청약 내용에 스스로 구속될 의사가 분명히 명시되어야 하고, ② 최소한의 계약조건, 즉 계약당사자, 계약목적물, 수량, 가격 등이 명시되어야 하며, ③ 청약이 상대방에게 전달되어야 한다. 상기와 같은 일방의 유효한 청약에 대해 상대방이 승낙을 하면 비로소 계약이 성립된다. 그러나 상대방이 청약 내용을 일부 변경하거나 추가조건을 첨가하여 승낙한 경우에는, 변경을 추가한 승낙은 새로운 청약으로 간주하며 승낙으로서의 효력이 없으므로 최초 청약자의 청약은 소멸된다. 그러므로 변경을 가한 승낙의 조건에 대하여 최초 청약자

가 승낙하는 경우에만 그 조건대로 계약이 성립된다. 반대청약(counter offer)의 예문을 보면 다음과 같다.

"Your offer dated June 11 is too high. We can accept the offer at US Dollars 10 per piece CIF New York."

### 바) 교차청약(cross Offer)

교차청약(cross Offer)이란 청약자와 피청약자 양 당사자가 상호 간에 동일한 내용의 청약이 상호 교차되는 청약을 말한다. 즉 우연히 각 당사자가 상호 청약을 하였는데 그 청약 내용이 완전히 일치하고 있을 경우에 동일한 내용에 대해 쌍방이 동시에 의사표시가 교차하여 행해지는 것이다.

이러한 경우에는 청약과 승낙을 구분하기 어렵지만 이러한 경우 승낙의 행위가 별도로 필요 없이 계약이 성립된다는 데에서는 의심의 여지가 없다. 즉 교차청약을 인정하는 국가는 우리나라와 일본 등이며, 어느 한 당사자의 승낙이 없으면 계약이 성립되지 않는다고 보는 것이 영미의 판례이다. 이에 관하여 국제적으로 통일된 법규는 없다.

## 4. 청약(Offer)의 기재사항

무역계약은 특별히 정해진 형식이 없는 불요식계약의 특성을 가지는 것과 같이 무역계약을 체결하자는 제안인 청약(offer)도 특별한 형식을 요하지 않으며, 거래대상 물품이나 거래방식 등에 따라 다양한 형태를 취한다. 그리고 Offer의 기재사항도 거래의 특성에 따라 다양하지만 전형적인 계약의 성립 및 이행요건에 따라 Offer의 기재사항과 유의사항 또한 당사자가 협의하여 다음과 같은 사항들을 기재한다.

### 1) 품명(commodity)

보통상품에 대해서는 별 문제가 없으나 비슷한 종류가 여러 가지 있는 상품이나 상품명이 유사한 것은 혼동을 일으키지 않도록 분명하고 완전하게 기재한다. 예를 들면, 만년필의 경우 단순이 Pen이라 기재하는 것보다 Fountain Pen으로 표시하여 Ball-point Pen과 구별하여야 한다.

### 2) 규격(grade or specification)

동일품목이라도 그 품질과 규격에 따라 가격의 차이가 많이 생길 수 있다. 예를 들면, 같은 금(gold)이라도 24K와 14K가 다르며, 백열전구도 100W와 30W짜리는 그 성질에 많은 차이가 생긴다. 따라서 후일 분쟁 등이 발생하지 않도록 규격의 표시를 정확히 구분하여 기재한다.

### 3) 원산지(origin)

상품에 따라서는 원산지에 따라 가격의 차이가 많이 생길 수 있다. 예를 들면, Wine과 같은 주류의 경우 Spain산과 France산의 품질이 다르며, 동일국가 내에서도 지역에 따라 품질의 차이가 있을 수 있다. 또 같은 동물의 모피도 더운 지방과 추운 지방의 것은 품질의 차이가 심하여 상품명은 동일하지만 품질은 전혀 상이한 상품이 될 수 있다. 그러므로 지역에 따라 품질이 다를 수 있는 1차산품의 Offer에서는 원산지의 표시가 매우 중요하다.

### 4) 유효기간(validity)

일반적으로 Offer에는 유효기간이 명시되어 있으며, 이 유효기간 내에 상대방이 승낙하면 계약이 성립하게 되므로 유효기간은 매우 중요한 의미를 지니고 있다. Offer가 상대방과 일정한 조건으로 계약을 체결할 것을 제안하는 것이므로 이에 대해 상대방이 승낙하면 계약은 확정적으로 성립하고, 청약자는 그 상대방(피청약자)은 계약 내용을 이행하여야 할 책임이 있다는 의사를 표시하는 것이므로 무한정 그 의무를 부담할 수는 없는 것이다.

상품의 국제시세는 수시로 변하고 있는데 유효기간을 과도하게 길게 정한 경우에는 국제시세의 등락에 따라 손실을 초래할 수 있다. 예를 들어, 갑자기 원자재의 국제시세가 앙등할 경우 원재료의 확보가 없는 상태에서 많은 주문이 쇄도해 오면 저가의 원재료를 근거로 제시한 Offer의 가격대로 공급하려하면 큰 손실을 입게 될 것이다. 따라서 모든 Offer에는 일정한 기간 동안만 유효하도록 그 유효기간을 명시하여야 하며 특히 국제시세의 변동이 심한 원면, 원맥 등 1차산품의 Offer는 대개 1주일 이내의 유효기간을 주는 것이 상례로 되어 있다.

### 5) 선적일 또는 인도기일(shipping date or delivery date)

Offer에는 언제까지 계약상품을 선적해 줄 수 있다는 Delivery Date가 표시되어야 한다.

대부분 선적일이 빠를수록 수입업자에게 유리하나 반드시 그런 것은 아니다. 경우에 따라서는 적기에 판매하고 보관료를 물지 않게 하기 위해서 선적을 언제부터 언제 사이에(not earlier than, not later than) 이행해 달라고 요구하는 수도 있다. 특히 계절을 타는 상품 즉, 크리스마스 장식용구 등과 같이 적기에 선적하지 못하면 치명적인 손해를 입는 상품은 정확한 선적기일을 제시하여야 한다.

### 6) 포장방법(packing method)

광물 등과 같은 산적화물(Bulk Cargo)이나 철근 같은 것은 포장되지 않은 상태로 거래되는 것이 통상적이나 대개의 상품은 포장된 상태로 거래가 이루어진다. 그러므로 어떤 종류의 포장재, 또한 포장에 몇 단위씩 들어가는지 알려 주어야 한다. 경량품으로서 항공운송되는 상품은 Carton Box에 포장되며, 선박에 의해서 운송되는 상품은 Wooden Case에 포장되는 것이 상례다. 물론 상품마다 거래의 특성에 따라 포장되는 상태가 다르나 대개 "Standard Seaworthy Export Packing"이라고 해서 방수재료로 포장한 상품을 나무상자에 넣고 철대로 묶는다.

### 7) 수량(quantity)

상품이란 무한정 공급되는 것이 아니고 기한 내에 얼마나 공급해 줄 수 있느냐가 문제가 되므로 기일 내에 반드시 공급할 수 있는 수량만 Offer해야 하며, 특히 Buying Offer일 때는 수량이 꼭 정해져 있다. 또한 수량의 기준도 개수(piece), 무게(weight), 길이(length), 용적(measurement) 등 다양하며 이들의 단위도 나라마다 각각 상이하므로 그 수량의 단위 사용에 주의하여야 한다.

### 8) 단가(unit price)

Offer에서 가장 중요한 것이 단가이다. 각국의 화폐단위가 다르므로 사용화폐를 분명히 명시하여야 하며, 특히 달러(Dollar)나 프랑(Franc)으로 표시될 때는 여러 나라가 이 단위들을 사용하며 그 가치기준도 다르므로 어느 나라의 Dollar이며 어느 나라의 Franc인지 분명히 하여야 한다. 물품의 수출입 대금결제 통화를 어느 나라 화폐로 결정하느냐 하는 것은 환위험(exchange risk)을 회피하는 데 중요하다. 일반적으로 통화결정은 ① 안정성(stability), ② 교환성(convertibility), ③ 유동성(liquidity) 등을 고려하여 결정해야 한다.

### 9) 대금결제조건(payment terms)

대금결제조건(payment terms)은 대금결제를 송금결제로 할 것인가, 신용장에 의한 결제 방법 또는 추심결제에 의한 방식(D/P, D/A)으로 할 것인가의 조건은 상품의 인도와 서류의 인도 그리고 대금지급과의 시차관계를 고려하여 대금결제기간을 제시한다.

### 10) 기타(other terms and conditions)

위의 기재사항 이외에도 분할선적, 환적, 검사, 클레임 등 여러 가지를 들 수 있겠으나, 이들 모두가 Offer상 꼭 명시되어야 하는 것은 아니다.

## 제2절 청약의 효력

### 1. 청약의 효력발생

청약(offer)의 효력은 offer가 유효하게 성립된 때 그 장소에서 발생한다. 격지자 간의 무역거래에서 일반적으로 청약의 통지가 상대방에게 도달한 때 그 장소에서 유효하게 성립한다. 왜냐하면 청약은 피청약자에게 도달하지 않으면 청약자의 청약내용을 상대방이 인지할 수 없기 때문이다. 따라서 청약의 내용이 피청약자에게 도달하기 이전에 철회되면 그 청약은 무효가 된다.

또한 청약의 조건으로 승낙기간을 정하고 있는 경우에는 그 기간 내에 승낙이 있어야만 효력이 발생한다. 승낙기간을 정하지 않았을 경우에는 상당한 기간(reasonable period of time) 내에 승낙하면 계약을 성립시킬 수 있다. 다만 피청약자가 승낙의 의사표시를 발신하기 전에 청약 내용의 철회 또는 조건변경의 통지가 피청약자에게 도달할 경우에는 철회 또는 조건변경을 인정한다. 영미법과 우리나라 민법은 도달주의 원칙을 따르고 있으므로 청약은 상대방에게 전달되어야 하며, 상대방에게 도달됨으로써 그 효력이 발생한다.

## 2. 청약효력의 소멸

청약효력의 소멸사유는 일반적으로 청약자의 청약철회, 청약의 취소, 피청약자의 거절이나 반대청약, 시간의 경과, 청약당사자의 사망, 그리고 청약 이후 계약이행이 위법일 때이다. 특히 이러한 사유들 중에 청약철회의 효력발생시기에 대하여 영미법은 철회의 통지가 피청약자에게 도달했을 때 발생되는 것으로 보고 있다.

바꾸어 말하면, 피청약자가 청약자로부터 철회통지를 받기 전에 승낙통지를 해버리면 계약을 성립시킬 수 있다는 것이다. 또한 피청약자가 청약을 거절할 경우에는 청약의 효력이 상실되며, 그 이후 당초 청약을 다시 승낙한다는 의사표시를 하더라도 계약은 성립하지 않게 된다. 청약(offer)효력의 소멸사유에는 다음과 같은 것들이 있다.

### 1) 승낙(acceptance)

청약은 승낙에 의하여 합의가 성립하기 때문에 그 효력을 상실한다.

### 2) 청약의 거절(rejection of offer) 또는 반대청약(counter offer)

피청약자가 청약을 거절(rejection)하면 청약의 효력은 소멸하며 그 후에는 그 청약을 승낙하여도 계약을 성립시킬 수 없다. 반대청약(counter offer)도 일종의 원청약에 대한 청약의 거절에 해당된다.

### 3) 청약의 취소(cancellation of offer)

청약의 취소(cancellation of offer)는 청약이 상대방에게 일단 도착하여 그 효력을 발생시킨 후에 승낙의 통지를 보내기 전에 취소시킬 수 있는 일정한 원인에 의하여 그 청약의 효력을 중지시키는 것이며, 청약은 승낙이 이루어지기 전에는 언제나 취소할 수 있다. 철회(withdrawal)는 청약의 효력이 발생하기 전에 그 효력을 중지시키는 것이다.

### 4) 당사자의 사망(death of parties)

청약이 승낙되기 전에 청약자가 사망하면 피청약자가 청약자의 사망을 알거나 모르거나를 막론하고 청약의 효력은 당연히 소멸된다. 즉 피청약자나 청약자가 청약이나 반대청약의 승낙 이전에 어느 일방이 사망했을 경우에는 청약이나 반대청약은 그 효력을 상실한다.

그러나 청약이 승낙된 후에 청약자가 사망한 경우에는 청약은 승낙에 의해서 합의가 성립되었으므로 청약의 효력에는 아무런 영향을 주지 않는다.

### 5) 시간의 경과(lapse of time, passing of time)

청약은 그 내용에 승낙기간이 정해져 있는 확정청약의 경우에는 그 기간이 경과하면 효력이 소멸한다. 그와 같은 기간이 정해져 있지 않을 경우에는 상당한 기간(reasonable time)이 경과하면 효력이 소멸한다.

### 6) 청약의 철회(withdrawal)

청약의 철회(withdrawal)는 청약으로서의 효력이 아직 발생하기 이전의 상태에서 청약자가 임의로 청약의 효력을 소멸시키려고 하는 의사표시로서 청약의 취소(revocation)와 구별된다. 철회(withdrawal)의 통지는 피청약자(offeree)의 승낙시 및 승낙 전에 피청약자(offeree)에게 도달해야 한다. 비록 청약이 취소불능이라도 철회할 수 있다. 격지자 간에 있어서 승낙의 효력은 영미법과 우리나라의 민법이 모두 발신주의를 채택하고 있기 때문에 승낙이 발송된 뒤에는 청약을 철회해도 소용이 없다. 즉, 계약이 성립한 이상 계약의 성립을 알지 못하고 한 청약자(offeror)의 청약 철회는 인정되지 않는다.

### 7) 후발적 위법(subsequent illegality)

후발적 위법(subsequent illegality)은 청약 이후에 매매계약이행이 위법이 된 때 청약의 효력은 소멸된다. 예컨대 청약자가 피청약자에게 특정 물품을 매도청약한 후 상대방이 이 청약에 대하여 승인하기 이전에 수출금지 또는 제한 조치의 법률이 제정되어 시행되었다면 청약의 효력은 소멸된다. 그러나 계약성립 후에 전쟁의 발발과 같은 후발적 위법인 이행불능, 즉 계약목적의 좌절(frustration)도 계약을 자동 소멸시킨다.

(참고: 프러스트레이션(Frustration), 하드십 조항(Hardship Clause))

## 3. 청약의 유효기간 문제

무역거래에서 청약(offer)에 유효기간이 있는 경우와 없는 경우의 두 가지로 나눌 수 있다.

특히 확정청약(firm offer)의 경우에는 유효기간(validity of offer)이 명시되는 것이 일반적이다. 이때 청약의 유효기간은 청약자가 물품의 특성, 거래관습, 가격의 변동 등을 고려하여 자유롭게 정할 수 있다. 이 유효기간을 명시하는 경우에 그 기간 내에 승낙의 의사표시가 청약자에게 도달되어야 할 것인지 아니면 발신만으로 효력이 있는지에 대해서 미리 다음과 같이 명확히 할 필요가 있다.

"We offer you firm subject to your acceptance reaching by July 15."
"Validity of Offer : Until July 15 our time."

확정청약의 실질적 요건으로서 미국통일상법전(Uniform Commercial Code : UCC)[17]에 따르면 청약은 서명된 문서로서 발행되고, 상인이 발행하고, 청약의 유효기간은 3개월을 초과하지 않을 것이며, 만일 3개월을 초과하는 경우에는 피청약자가 청약자에게 대가를 지급하여야 하며, 피청약자로부터 제공된 서식에 유효기간이 있는 경우에는 청약자가 별도 서명할 것을 규정하고 있다.

그러나 유효기간의 명시가 없는 청약의 경우에는 언제까지 그 효력이 있는지가 문제가 된다. 청약의 유효기간이 확정되지 않은 이른바 불확정청약(free offer)이라도 그 청약이 무한정 유효하다고 볼 수는 없다. 여러 나라의 법에서 '합리적인 기간(reasonable time)' 또는 '상당한 기간' 이내에 승낙을 하면 계약이 유효하게 성립된다고 규정하고 있다. 그러나 실제로 합리적 기간 또는 상당한 기간이라는 것은 주변의 상황이나 관행에 따라 결정되어야 할 사실상의 문제이므로 어려운 점이 많다. 따라서 피청약자는 유효기간의 명시가 없는 경우에는 청약자에게 다시 문의하여야 할 것이다.

가능하면 유효기간을 명시하는 것이 분쟁 발생의 소지를 없애는 가장 좋은 방법이다.

---

17) UCC, 1988, §2-205.

# CHAPTER 04 승낙의 효력



## 제1절 승낙의 개요

승낙(acceptance)이란 청약에 대하여 계약을 성립시킬 목적으로 피청약자가 청약자에게 행하는 확정적 의사표시이며, 청약에 대하여 승낙이 있으면 양 당사자 사이에 상호합의가 있는 것으로 간주되어 계약이 성립된다.

### 1. 승낙의 의의

승낙(acceptance)은 피청약자(offeree)가 청약자(offeror)에 대하여 그 청약에 응하여 계약을 성립시킬 목적으로 행하는 의사표시이다. 청약이 승낙된 경우는 상호의 동의가 성립하는 것이므로, 그 동의에 의한 의사표시가 승낙이다. 승낙의 조건내용은 청약의 조건내용과 일치하여야 한다. 이와 같이 승낙은 청약의 조건과 무조건 일치하여야 하고 적극적인 행위로 승낙에 대한 의사표시를 하여야 계약이 성립될 수 있는 것이다.

### 2. 승낙의 요건

첫째, 승낙은 약정된 기간 또는 합리적인 기간 내에 이루어져야 한다. 청약에 유효기간이 있는 경우, 유효기간이 경과되면 청약의 효력은 소멸되므로 청약의 효력이 소멸된 후에 이루어진 승낙은 무효이다.

둘째, 청약이 특정인 앞으로 되었다면 승낙도 그 사람에 의해서만 되어야 한다.

셋째, 승낙은 절대적(absolute)이고 무조건적(unconditional)이어야 한다.

넷째, 피청약자가 청약자에게 승낙을 전달하여야 한다.

다섯째, 승낙자는 실제 철회되었다하더라도 청약이 철회된 사실을 몰라야 한다.

여섯째, 승낙은 곧 계약을 체결하는 것이며, 일단 승낙이 도달되면 승낙은 철회불능이다.

일곱째, 승낙은 특정의 청약에 대하여 행하여져야 한다. 청약과 달리 불특정 다수인에 대한 승낙은 있을 수 없다. 승낙은 특정의 청약자에 대하여 청약의 상대방이 계약을 성립시킬 의사를 가지고 행하여야 한다.

여덟째, 승낙은 청약의 내용과 일치하여야 한다. 객관적으로 합치하지 않는 승낙, 즉 청약의 내용에 조건을 붙이거나 변경을 가한 승낙은 청약을 거절하고 새로운 청약을 한 것으로 간주한다.

아홉째, 청약의 승낙자가 승낙을 하느냐 않느냐는 계약자유의 원칙에 따라 원칙적으로 자유이고 특별한 사정이 없는 한 승낙의 의무를 부담하지 않는다. 그러나 우리나라 상법에서는 상인이 상시 거래관계에 있는 자로부터 그 영업부류에 속한 계약의 청약을 받는 때에는 지체 없이 수락 또는 거부의 통지를 발송하여야 하며 이를 해태한 때에는 승낙한 것으로 본다[18]고 규정하고 있다. 이는 계속적으로 거래하는 상거래관계의 신뢰성을 도모하는 취지로 볼 수 있다.

열번째, 승낙은 피청약자가 청약자에 대하여 할 것을 요구하지만, 승낙은 불요식성이 있으므로 이것을 어떤 방법으로 할 것인지는 원칙적으로 자유이다. 그러나 승낙 방법이 정해져 있는 경우, 그 방법에 따르지 않으면 안 된다. 또 승낙방법에 대하여 지역적으로 혹은 거래상 특별한 관습이 있을 때에는 청약자가 반대의사를 표시하지 않는 한 이에 따라야 한다.

## 3. 승낙의 유형

승낙에 대하여 어떠한 방법 또는 수단으로 하여야 할 것인가를 청약서상에 미리 지정하였을 경우에는 그 지정된 방법에 따라야 한다. 이를테면 우편, 전보, 텔렉스, 전자우편(e-mail) 등으로 지정되어 있다면 그것에 따라야 한다. 청약의 승낙방법을 지정하지 아니한 경우에는 합리적인 방법과 수단에 의하여야 한다. 즉, 청약이 전보로 된 경우에는 전보로 그에 상응하는 수단에 의해 승낙의 통지를 하면 된다. 승낙의 방법에 관한 법률문제에 대해 대륙법계통 국가의 민법에는 별다른 규정이 없으며 한국의 경우도 마찬가지이다. 청약에 대해 피청약자가 승낙회신을 하지 않는 경우에는 계약이 성립하지 않는다.

18) 한국 상법 제53조

### 1) 무조건 승낙(unconditional acceptance)

청약자의 청약내용(조건)에 대하여 변경이나 수정 없이 그 청약을 승낙하는 것을 말한다. 이처럼 승낙은 청약에 대해 무조건적이며 절대적으로 승낙하는 것이 원칙이며, 이를 Mirror Image Rule(경상의 원칙)이라 한다.

### 2) 변경된 승낙(altered acceptance)

피청약자가 승낙을 의도하고 있고, 그 청약의 내용에 사소한 부분의 변경을 가하는 경우에는 상대방이 반대의 통지를 하지 않는다면, 비록 청약내용의 수정 또는 변경이 있다 하더라도 사소한 변경의 내용을 포함하여 승낙으로 인정한다(비엔나협약 제19조). 이를 변경된 승낙이라 한다. 사소한 부분의 변경이 아닌 실질적인 내용의 변경이 있다면 이는 반대청약(counter offer)이 되어 새로운 청약이 된다. 실질적 변경(material alteration)은 청약의 내용 중 대금결제, 품질, 수량, 인도장소 및 시기, 당사자 간 책임의 범위, 분쟁의 해결 등에 관하여 변경하거나 추가한 것으로, 이러한 조건은 청약의 조건을 실질적으로 변경하는 것으로 간주한다. 이 기준은 계약의 성립 여부와 관련하여 매우 중요한 기준이다.

### 3) 행위에 의한 승낙(acceptance by action)

피청약자는 반드시 문자(writing)로만 승낙의 의사를 표시할 수 있는 것은 아니다. 매도청약(selling offer)에 대하여는 대금의 지급에 관한 이행을 하고, 구매청약(buying offer)에 대하여는 물품의 발송에 관한 행위를 이행함으로써 청약에 대한 승낙의 의사를 표시할 수 있다. 물론 이러한 행위는 지정된 회신기일 내에 이행되어야 한다.

# 제2절 승낙의 효력

## 1. 승낙의 효력발생

청약자의 청약을 피청약자가 승낙함으로써 계약은 성립하지만, 청약자와 피청약자는 공간적으로 떨어져 있기 때문에 엄밀히 말해서 승낙의 의사표시가 피청약자로부터 발송되어 청약자에게 도달될 때까지 어느 시점에서 계약이 성립되는가라는 문제가 생긴다.

### 1) 승낙의 효력발생시기에 대한 일반원칙

승낙의 효력발생시기에 관해서 이론적으로는 피청약자가 승낙의 의사표시를 발신할 때에 계약이 성립한다고 하는 발신주의, 피청약자의 승낙의 의사표시가 청약자에게 도달될 때에 계약이 성립한다는 도달주의, 그리고 단지 물리적으로 승낙의 의사표시가 청약자에게 도달될 뿐 아니라 현실적으로 청약자가 그 내용을 알았을 때에 계약의 성립으로 보는 요지주의가 있다. 승낙의 효력발생시기를 분류하면 다음과 같다.

#### 가) 발신주의(post-mail rule)

발신주의(post-mail rule)는 피청약자(offeree)의 승낙의 의사표시가 발송된 때에 계약이 성립한다고 간주하는 입법주의이다. 격지자 간(우편, 전보)에는 한국법, 일본법, 영국법은 발신주의를 채택하고 있고 독일법이나 비엔나협약에서는 도달주의를 채택하고 있다. 발신주의를 mail-box rule이라고도 한다.

#### 나) 도달주의(receipt rule)

도달주의(receipt rule)는 피청약자(offeree)의 승낙의 의사표시가 청약자(offeror)에게 도달한 때에 계약이 성립한다고 간주하는 입법주의이다. 대화자 간(대화, 전화, 텔렉스)에 적용하는 주의이다.

#### 다) 요지주의(완료주의)

요지주의(완료주의)는 단지 물리적으로 승낙의 의사표시가 청약자(offeror)에게 도달할 뿐만 아니라 현실적으로 청약자가 그 내용을 알았을 때 계약이 성립한다고 간주하는 입법주의를 의미한다.

### 2) 승낙의 효력발생시기에 대한 주요 법리

승낙의 효력발생시기를 보면 영미법은 물론 대륙법계통에서도 승낙의 의사표시에 관한 일반원칙으로는 도달주의를 채택하고 있다. 그러나 승낙의 의사표시에서 대화자 간이나 격지자 간에는 도달주의 또는 발신주의를 채택하는 국가들이 있다.

국제물품매매계약에 관한 유엔협약(United Nations Convention on Contracts for the International Sale of Goods : CISG)에서는 청약에 대한 승낙은 동의의 의사표시가 청약자가 정한 기간 내에 도달하지 아니하거나, 또는 기간의 정함이 없는 경우에는 동의의 의사표시가 청약자가 사용한 통신수단의 신속성도 포함하여 거래의 상황을 충분히 고려하여 합리적인 기간 내에 도달하지 아니하는 때에는 승낙은 효력이 생기지 아니한다고 규정하여 대화자나 격지자 간 구분 없이 도달주의의 입장을 취하고 있다. 여기에서 청약을 포함하여 승낙의 선언 또는 기타의 의사표시가 상대방에게 도달한 때라 함은 그 의사표시가 구두로 또는 기타의 방법으로 직접 상대방에게 전달되었을 때, 또는 상대방의 영업소나 우편주소로 전달되었을 때, 또는 상대방의 영업소나 우편주소가 없는 경우에는 상대방이 상주하는 거소로 전달되었을 때로 한다.

이 취지는 통신이 수신인의 영업장소나 우편주소로 인도될 때 수신인에게 도착된 것으로 보는 것인데 구체적으로 말하면 적절한 장소에 인도, 즉 우편투입구 내에 혹은 수신인이 고용한 수임자에게 점유이전(transfer of possession)이 되는 것으로 한다.

한국 민법은 의사표시의 효력발생시기에 대하여 상대방 있는 의사표시는 그 통지가 상대방에게 도달한 때로부터 그 효력이 생긴다고 하여 도달주의를 취하고 있으나 격지자 간의 계약은 승낙의 통지를 발송할 때에 성립한다고 하여 발신주의를 취하고 있다. 특히 발신주의를 적용하는 우편이나 전보에 의한 승낙의 의사표시는 그 송달기관을 이용하는 것이 합리적인 경우이어야 하다.

미국법의 경우에도 영국법과 같이 대화자 간에는 도달주의를, 격지자 간에는 발신주의를 취하고 있으나 판례를 통하여 볼 때 대화자의 범주인 전화와 텔렉스에 의한 승낙은 발신주의를 택한 사례도 있다.

무역거래에서 매매당사자가 어느 국가 또는 어느 지역이 도달주의 또는 발신주의를 채택하고 있는지 일일이 파악한다는 것은 사실상 번잡하고 어려운 일이다. 그러므로 무역계약을 체결하기 위하여 청약을 할 경우에는 다음의 예와 같이 승낙의 효력발생시기를 명확히 지정하는 것이 매우 중요하다.

**▌표 2-5▐ 승낙의 효력발생시기에 대한 주요국의 입법 예**

<table>
<tr><th colspan="3">준거법<br>통신수단</th><th>한국법</th><th>일본법</th><th>영국법</th><th>미국법</th><th>독일법</th><th>비엔나협약</th></tr>
<tr><td colspan="3">의사표시에 관한 일반 원칙</td><td>도달주의</td><td>도달주의</td><td>도달주의</td><td>도달주의</td><td>도달주의</td><td>도달주의</td></tr>
<tr><td rowspan="5">승낙의 의사표시</td><td rowspan="3">대화자 간</td><td>대면</td><td>도달주의</td><td>도달주의</td><td>도달주의</td><td>도달주의</td><td>도달주의</td><td>도달주의</td></tr>
<tr><td>전화</td><td>도달주의</td><td>도달주의</td><td>도달주의</td><td>도달주의</td><td>도달주의</td><td>도달주의</td></tr>
<tr><td>텔렉스</td><td>도달주의</td><td>도달주의</td><td>도달주의</td><td>도달주의</td><td>도달주의</td><td>도달주의</td></tr>
<tr><td rowspan="2">격지자 간</td><td>우편</td><td>발신주의</td><td>발신주의</td><td>발신주의</td><td>발신주의</td><td>도달주의</td><td>도달주의</td></tr>
<tr><td>전보</td><td>발신주의</td><td>발신주의</td><td>발신주의</td><td>발신주의</td><td>도달주의</td><td>도달주의</td></tr>
</table>

승낙의 효력이 발생하는 시기에 관해 우리나라 민법, 일본 및 영미법은 대면, 전화, 텔렉스, 팩시밀리 및 EDI와 같이 거의 동시상황으로 이루어지는 대화자 간에는 도달주의(한국 민법 제111조)를 채택하고, 우편, 전보와 같이 시차가 있는 통신수단으로 이루어지는 격지자 간에는 발신주의(한국 민법 제531조)를 채택하고 있다. 그러나 국제물품매매계약에 관한 유엔협약(United Nations Convention on Contracts for the International Sale of Goods : CISG)은 도달주의를 채택하고 있다. 발신주의는 피청약자(offeree)의 승낙의 의사표시가 발송된 때에 계약이 성립되므로 일반적으로 피청약자에게 유리한 반면, 청약자에게는 불리하므로 무역실무상 offer를 할 때에는 다음과 같은 문구를 삽입하여 발신주의를 도달주의로 변경하는 것이 통상적이다.

"We are pleased to offer you the under-mentioned goods, subject to reply received by us not later than September 20, 2020, Seoul time."

"We offer you firm subject to your reply being received here by noon October 30, 2020 for the following goods."

## 2. 유효하지 않은 승낙

### 1) 청약의 거절(rejection)

청약의 거절(rejection)이 있으면 청약의 효력은 소멸되며, 후일 승낙의 통지를 하더라도 계약은 성립되지 않는다. 청약의 거절은 청약수령자가 청약자에 대하여 승낙을 하지 않는다는 취지를 적극적으로 의사표시한 것으로서 청약의 효력은 당연히 소멸되며, 이때 승낙기간이 남아 있다 할지라도 이미 계약을 성립시킬 수 있는 여지는 없어진 것이다. 그러므로 단순히 승낙을 하지 않는다고 하는 소극적인 태도나 침묵과는 본질적으로 다르다.

청약의 거절은 도달주의의 원칙에 기반을 두고 있다. 따라서 청약을 일단 거절하면 청약의 효력이 소멸되기 때문에 후일 피청약자가 마음이 변하여 다시 승낙을 통지하더라도 계약은 성립되지 않지만, 피청약자의 거절의 통지보다 이후의 승낙의 통지가 먼저 청약자에게 도달하면 계약은 성립된다.

### 2) 반대청약(counter offer)

반대청약(counter offer)은 청약자의 청약에 대해 피청약자가 청약의 내용을 일부 추가, 제한 및 변경을 가하여 새로운 조건을 제의해 오는 청약이다. 이때 반대청약은 원청약에 대한 거절이 되고, 원청약의 효력을 소멸시키는 동시에 반대청약 자체가 새로운 청약이 된다.

한편 부분적 승낙(partial acceptance)의 경우에도 계약은 성립되지 않는다. 부분적 승낙은 청약의 제조건 가운데 일부분만을 승낙한 것으로, 이러한 경우의 승낙도 청약조건의 변경을 꾀하고 있기 때문에 계약은 성립되지 않는다.

### 3) 조건부승낙(conditional acceptance)

조건부승낙(conditional acceptance)이란 청약의 조건을 추가하거나 변경하여 승낙을 하는 것으로 원청약을 거절한 것이기 때문에 계약은 성립되지 않는다. 특히 어떤 조건을 추가할 때에는 추가조건부승낙이라고 하여 이것도 원칙적으로 계약이 성립되지 않는다.

조건부 승낙에 대하여 「국제물품매매의 계약성립에 관한 통일법(유체동산)」(Uniform Law on the Formation of Sale of Goods ; Corporeal Movables : ULFCIS) 제7조 1항에서도 "청약에 대하여 추가, 제한 또는 기타 수정을 포함한 승낙은 청약에 대하여 거절이 되며, 어디까지나 새로운 청약이다."라고 규정하고 있다. 그러나 동조 제2항에서는 "만일 승낙자가 승낙하려는 의도를 가지고, 청약의 조건을 본질적으로 변경한 것이 아니라 추가적인 또는 약간 다른 조건을 승낙에 포함시킬 경우, 이에 대해 청약자가 지체없이 그 상이점에 대해 이의를 제기하지 않으면 그러한 변경을 포함한 청약조건이 계약 조건으로 된다"고 규정하고 있다.

### 4) 애매한 승낙(equivocal acceptance)

애매한 승낙(equivocal acceptance)은 청약의 중요한 조건에 대해 애매한 형식으로 승낙한 것으로서, 이것은 양당사자 사이에 불완전한 합의가 있는 것이며, 계약은 성립되지 않는다고 본다. 청약자는 피청약자가 청약을 승낙하는지의 여부를 명확하게 알 권리가 있다. 따라서 단지 동의의 암시만을 제시한 회답의 문구는 승낙으로 간주하기에는 불충분한 것이며, 그러한 암시에 의해 행위를 한 청약자는 주변상황에 따라 보호되어져야 한다는 취지에서 애매한 승낙은 승낙으로서의 효력이 없는 것이다. 또한 미국의 제2차 계약법 리스테이트먼트 제57조에서는 "…피청약자에 의한 승낙이 청약자에 의해 합리적으로 이해되지 않는 한 애매한 용어로 된 승낙에는 구속되지 않는다."고 규정하여 역시 애매한 승낙은 계약을 성립시키지 않음을 분명히 하고 있다.

## 3. 승낙의 효력소멸

일반적으로 승낙은 청약자에게 의사표시를 할 때까지는 완전하지 않기 때문에 승낙의 의사가 도달되기 전에는 철회될 수 있다. 그러나 승낙은 그 의사표시가 청약자에게 도달하여 일단 승낙으로 효력이 생긴 이후에는 원칙적으로 이를 소멸시킬 수 없다.

왜냐하면 승낙과 동시에 계약 그 자체가 성립되기 때문이다. 승낙의 효력이 생긴 이후에 그 효력을 소멸시키는 것은 계약 자체의 취소 또는 해제에 해당하는 것이다. 따라서 승낙의 효력소멸을 위한 승낙의 철회에 대한 문제는 계약 성립을 위한 의사표시의 효력발생시기를 발신주의로 하느냐 아니면 도달주의로 하느냐에 따라 달리 처리되는 것이지만 이는 도달주의 입장을 취하는 경우에 논의의 대상이 될 것이다.

국제물품매매계약에 관한 유엔협약(United Nations Convention on Contracts for the International Sale of Goods : CISG)에 의하면 승낙은 효력이 발생하기 이전에 또는 그와

동시에 그 취소통지가 청약자에게 도달하는 경우에 철회될 수 있음을 규정하고 있다.

또한 영국에서는 일반원칙으로 승낙은 도달주의의 입장을 취하고 있기 때문에 승낙의 도달에 의하여 계약이 성립되기 이전이라면, 승낙은 언제든지 철회가능하다.

무역거래에서 승낙의 의사표시를 철회하고자 할 경우에는 당초의 승낙의 의사표시보다 철회의 의사가 먼저 청약자에게 도달될 수 있도록 하여야 하며, 만일 승낙에 의하여 효력이 발생된 경우에는 계약의 취소 또는 해제사유를 들어 계약을 해제하도록 하여야 한다.

**표 2-6 승낙의 개요**

| 구 분 | 개 념 |
|---|---|
| 승낙의 일반원칙 | ① 승낙은 약정된 기간 또는 합리적 기간 내에 이루어져야 한다.<br>② 청약이 특정인 앞으로 되었다면 승낙도 그 사람에 의해서만 되어야 한다.<br>③ 승낙은 절대적·무조건적이어야 한다.<br>④ 피청약자가 청약자에게 승낙을 전달하여야 한다. |
| 승낙의 방법 | 승낙에 대하여 어떤 방법 또는 수단으로 하여야 할 것인가를 청약서상에 미리 지정하였을 경우에는 그 지정된 방법에 의하여야 한다. 예를 들면 우편, 전보, 텔렉스, 팩시밀리, 전화 등으로 지정되어 있다면 그것에 따라야 한다. 그러나 청약의 승낙방법에 대해 어떠한 지정이 되어 있지 않는 경우에는 합리적인 방법과 수단에 의하여야 한다. |
| 승낙의 효력 | 승낙은 청약과 함께 계약성립이라는 하나의 법률행위를 발생시키는 법률행위의 구성요소이며, 승낙에 의하여 계약이 성립한다. 청약에 대한 동의를 표시하는 피청약자의 진술이나 기타 행위는 승낙이 될 수 있다. |
| 효력발생시점 | 발신주의, 도달주의 그리고 요지주의가 있으나 일반원칙은 도달주의이다. 그러나 우편이나 전보와 같은 격지자 간의 의사표시에서는 한국민법과 영미법의 경우 예외적으로 발신주의를 적용하고 있다. 비엔나협약과 독일법에서는 대화자 간(대화, 전화, 텔렉스), 격지자 간(우편, 전보) 모두 도달주의를 적용하고 있다. |
| 구두청약에 대한 승낙 | 구두청약의 경우 별도의 사정이 없는 한 즉시 승낙되어야 한다. 그러나 청약의 성격에 의하여 혹은 당사자들이 그들 간에 이미 확립된 관행이나 관습의 결과로서 피청약자가 청약자에게 통지없이 물품발송이나 대금지급과 같은 행위를 함으로써 동의를 표시할 경우 승낙은 이러한 행위가 이행된 때 발생한다. |
| 부분승낙 | 부분승낙은 청약조건의 변경을 꾀한 것이기 때문에 이에 의해서는 계약은 성립하지 않는다. |
| 승낙침묵 | 청약에 대한 동의를 나타내는 뜻을 표시한 피청약자의 진술 기타행위는 승낙으로 간주될 수 있지만, 침묵 또는 무행위 그 자체는 승낙이 될 수 없다는 것이 일반원칙이다. |
| 승낙철회 | 일반적으로 승낙의 효력이 발생하기 이전에 혹은 그와 동시에 철회의 통지가 청약자에게 도착한다면 승낙은 철회될 수 있다. |

# 제 3 부

# 국제상관습과 정형 거래조건

# CHAPTER 01 국제상관습의 개요



## 제1절 국제상관습의 개념

오랜 시간을 지나오면서 어느 집단 내부에 발생하여 반복 되풀이됨으로써, 널리 승인되어 있는 사실적인 행위양식을 관습(custom)이라 한다. 이러한 관습은 법, 도덕과 함께 사회규범을 이룬다. 관습으로서 행하여지고 있는 사항을 규범의 측면이 아닌 행위의 측면으로 본 것을 관행(usage)이라고 하고 또한 관습까지는 이르지 않았으나 얼마동안 되풀이하여 반복된 사례를 관례(practice)라 한다. 또한 관습이 사회의 법적 확신에 의해서 지지되어 일종의 법적 규범력을 가지게 되면 관습법(customary law)이 되고, 그러한 정도에까지 이르지 못한 것을 사실인 관습이라고 한다. 이러한 관습 중에서 상업계에 확립되어 온 상거래 행위양식을 상관습(mercantile custom, trade usage)이라고 하며, 국제무역거래에 관용되고 있는 상관습을 국제상관습(international commercial custom, international mercantile custom) 또는 국제무역관습(usage of international trade)이라고 한다.

### 1. 국제상관습의 의의

상관습(commercial custom, mercantile custom)이란 특정된 집단에 속하는 상인들의 오랜 기간 동안에 걸쳐 형성된 상습적 행위나 전통적 행동양식으로서 상계에서 널리 인정됨으로써 상호 간에 인정하고 준수하려는 상거래양식을 의미한다. 이 같은 상관습(mercantile custom, trade usage)이 무역거래에서 국제 간에 관용되고 있는 경우에는 이를 국제상관습 또는 무역관습(international mercantile custom, usage of international trade)이라고 부른다.

### 1) 국제상관습의 범위

국제상관습의 범위를 보면, 첫째 광의의 의미로서 무역거래에 종사하는 상인들이 자기의 명의로 영업적인 상행위를 수행할 때 매일 반복되는 상행위 자체에 관한 관행 및 관례를 통칭하게 된다. 둘째 협의의 의미로서 경제학이나 상학상 고유한 국제무역에 해당하는 상품의 국제물품매매거래에 적용되는 국제 간의 매매관습이나 거래관습을 의미한다. 여기서 국제상관습이란 후자인 협의의 의미에 한정하는 경우가 많다.

따라서 국제상관습으로서 공인되려면 일반적으로 무역거래에서 관행(usage) 또는 관례(practice)상의 행위가 계약당사자 간에 관습적으로 또는 관례대로 국제매매에서 당연히 적용되는 상태에까지 일반화되거나 보편화되어야만 하며, 단순히 일방의 반복적인 거래행위나 영업행위인 관례(practice)만을 국제상관습이라고 말할 수는 없다.

실제 국내의 상거래는 당해 국내법에 의해 규율되지만, 국제무역거래에서는 공통된 법이나 통일법이 없기 때문에 대체로 정형화된 상관습에 근거하여 당사자가 그것을 채택하는 의사표시, 즉 합의가 있을 경우에는 법률과 동일한 효력을 가지게 된다.

### 2) 국제상관습의 중요성

무역계약은 본질적으로는 청약과 승낙이라고 하는 당사자의 의사표시의 합치에 의하여 성립된다. 무역계약의 내용 또는 조항은 명시조항(express terms)과 묵시조항(implied terms)으로 구성된다. 명시조항(express terms)은 당사자들이 서로 합의하여 계약에 삽입한 조항이므로 명시된 내용에 따라 당사자들이 이행하면 되지만 이에 반하여, 묵시조항(implied terms)은 계약서에 명시하지는 않았으나 상관습이나 국제법 등에 따라 계약당사자가 당연히 이행하여야 하는 것으로 계약내용의 일부가 되는 것이다. 이와 같은 국제상관습은 지역 또는 일반관습, 항구 또는 특정 업종의 관습 그리고 매매관습이 있는데 특히 국제물품매매계약에서는 정형화된 국제상관습이 중요시 된다.

실제의 거래에 있어서 무역계약은 거래물품의 종류와 성질에 따라 차이가 있으나, 물품매매계약이라는 점에서 당사자가 반드시 합의하여 계약내용에 포함시키지 않으면 안될 몇 개의 기본적 조항으로 구성되어 있다. 예컨대 품질조건, 수량조건, 가격조건, 선적조건 그리고 결제조건 등에 관한 것이다. 이러한 내용은 극히 간결한 형태로 표현되고 있음에도 불구하고 관습이 서로 다른 국가 간에 무역거래가 신속하고 원활하게 이루어질 수 있는 것은 주로 국제상관습에 바탕을 둔 묵시조항에 의하여 무역계약이 보완되고 있기 때문이다.

그러나 무역거래는 상이한 국가 간에 이루어지므로 계약불이행시에 국내법과 외국법이 충돌하고, 분쟁발생시 어느 나라의 법률을 적용할 것인가에 대한 법적인 불확실성의 문제와 또한 어떤 나라에서 행하여진 판정이 다른 나라에서는 승인되지 아니할 수 있는 문제가 발생하게 된다. 오늘날 무역거래에서 강행적으로 적용할 수 있는 통일된 법은 없지만 1936년 국제상업회의소(ICC)에서 제정한 "무역거래조건의 해석에 관한 국제규칙"(INCOTERMS)과 같은 정형거래조건 중 예컨대, FOB 또는 CIF와 같은 정형거래조건을 국제물품 매매시에 당사자 간에 채택하여 사용한다면 이러한 정형화된 관습은 법적인 효력을 발생하게 됨은 물론 무역계약의 통일된 해석기준에 의하여 국제무역거래에서 오는 해석상 또는 준거법상의 불안을 최소화시킬 수 있다. 이러한 국제상관습의 정형화는 오늘날의 국제무역거래를 보다 원활하고 안전하게 수행할 수 있게 하는 중요한 역할을 담당하고 있다고 볼 수 있다.

## 2. 국제상관습의 용어

국제상관습의 용어는 international mercantile custom 또는 usage of international trade라고 부르는데, 여기서 상관습도 본래는 관습의 일종이며, 관습의 의미로 usage 또는 custom의 용어가 사용되고 있으나, 양자 간에는 의미상 차이가 있다. 즉, usage란 법률적인 규정이 아닌 여러 계층의 사람들, 업계, 가까운 사람들 간에 지리적으로 구분되어 습관적으로 수행되는 관습(habitual or customary practice)을 의미하는 반면, custom이란 장기간 동안 통일적으로 실행되는 usage를 법률화 또는 성문화시킴으로써 법적 효력을 갖게 되는 사실법이 된 관습법(customary law)이며, 당사자들의 합의에 의한 의사표시로 구속력을 가지게 된다. 내용을 종합해 볼 때 custom 없이 usage가 존재할 수 없으며, usage가 없이 custom이 성립될 수 없다. 미국의 「통일상법전」 제1~205조 제4항에서도 명시의 합의조항(express terms of an agreement) 및 적용되는 거래 과정(course of dealing)은 거래관습(usage of trade)이 타당한 한 상호 모순이 되지 않는다고 해석하고 있다. 이는 명시조항이 거래과정 및 거래관습에 우선하며, 거래과정은 거래관습에 우선한다는 기준을 정한 것이라고 볼 수 있다. custom의 성문화(成文化)는 당연히 법으로서 적용된다. 물품매매에 관한 상관습은 19세기 말 이후에 주로 성문화 또는 법제화되기 시작했다.

예를 들면 영국의 「물품매매법」(SGA, 1893년), 미국의 「통일매매법」(USA, 1906년) 및 「통일상법전」(UCC, 1952년) 등이 만들어졌다. 이 같은 법제화 이후 새로운 usage가 계속

생성됨으로써 제정법을 계속 보완해 가고 있는 중이며, 국제적으로 UN에서도 「국제물품매매계약에 관한 UN협약」을 1980년 4월 19일 Vienna UN 외교회의에서 합의하여 이용하게 되었다.

## 3. 국제상관습과 국제상관습법의 비교

무역계약과 관련하여 관행이나 준거법이 되고 있는 국제상관습과 국제상관습법은 그 의미가 비슷하게 느껴지지만 많은 차이점이 있다. 우선 상관습과 상관습법(mercantile customary law, legal custom of merchants)은 이론상 구별이 모호하지만 의미상으로는 큰 차이가 있다. 상관습은 단순한 의사표시 해석의 자료인 사실상의 관습으로서 계약당사자가 이에 따를 필요가 있거나 당사자의 의사가 명확하지 않을 때 따르게 된다. 이에 대해 상관습법은 관행으로서 존재하는 기업관계의 규범적 성질을 가지는 법을 의미한다.

우리나라의 관계법을 중심으로 비교 설명하면 다음과 같다. 첫째, 상관습법은 법규범의 성질을 갖지만 상관습은 당사자의 의사가 명확하지 않을 때 의사표시의 자료가 된다.[1] 둘째, 상관습법은 법원의 판결이 관습법에 위반한 때에는 법의 적용에 잘못이 있어 상고 이유가 되지만, 상관습은 법원이 이를 인정하지 않아도 사실인정의 문제가 되는 데 그친다. 셋째, 상관습법은 민법에 대한 특별법의 지위를 가지므로 민법의 강행규정에 저촉되는 경우에도 성립되지만 사실인 상관습은 그렇지 못하다. 넷째, 상관습법은 상법의 강행규정에 반하는 경우에도 성립되지만, 사실인 상관습은 임의규정에 반하는 경우에만 성립될 수 있다.

이와 같은 상관습이 상관습법으로 전환되는 법원론으로서는 ① 관행설, ② 국가승인설, ③ 통용설, ④ 법적 확인설 등이 있다. 이 가운데 종래의 통설은 상관습에 법적 확신(legal recognition)이 가해졌을 때 상관습법이 된다고 보았다. 그러나 상관습법에 대한 법원설은 많은 학자들 사이에 보는 관점에 따라 차이가 있으며, 사실은 상관습과 상관습법을 구별하지 않는 학자도 있어 이를 정확히 단정하기는 어렵다.

그러므로 상관습법은 법률과 동일한 효력을 가지므로 계약당사자가 이를 따른다는 의사표시의 유무에도 불구하고 적용되는 데 반해서, 거래관습은 이러한 관습의 존재 또는 그 내용이 사실로서 증명되지 않으면 안 된다. 어떠한 당사자도 전혀 알려져 있지 않거나 알지 못하는 사실에는 구속되지 않는다. 따라서 관습에 의하여 언어의 의미를 정하거나 계약에 조항을 추가하려는 자는 계약의 상대방이 실제로 그 계약을 알고 있거나 혹은 그 관습

1) 한국 민법 제106조.

이 주지된 사실이므로 일반인이 상당한 주의를 한다면 그 존재를 알 수 있다는 것을 입증하지 않으면 안 된다. 이때 이에 대한 입증책임은 그것을 주장하는 당사자가 부담한다.

따라서 상관습법은 당사자가 이것을 따를 의사가 있다고 인정하지 않는 때에도 법으로서 당연히 적용된다. 이에 반하여 상관습은 원칙적으로 당사자가 이것을 따를 의사가 있는 경우에 한하여 법률행위의 해석기준으로서 적용된다. 그러나 당사자가 상관습을 따를 것으로 예상하지 아니한 경우에도 주위의 상황에 비추어 상관습을 따르는 것이 당연하다고 인정될 때에는 당사자가 명시적 합의에 의하여 그 적용을 배제하지 않는 한, 상관습이 적용된다고 본다. 그리고 상관습이나 상관습법도 모두 공서양속과 강제규정에 반하여는 성립할 수 없다.

국제계약에 있어서 국제상관습 및 국제상관습법이 형성되면, 이것은 국제계약의 묵시조항(implied terms)의 하나로서 국제계약의 내용을 보완하고 해석하는 데 있어서 하나의 기준이 된다.

**표 3-1 국제상관습과 국제상관습법의 비교**

| 구분 | 국제상관습<br>international mercantile custom | 국제상관습법<br>international mercantile customary law |
|---|---|---|
| 1 | 원칙적으로 당사자가 이것을 따를 의사가 있는 경우에 한하여 법률행위의 해석기준으로 적용된다. | 당사자가 이것을 따를 의사가 있다고 인정되지 않는 경우에도 당연히 적용된다. |
| 2 | 임의규정이 없는 경우는 물론, 임의규정이 있다고 하더라도 사회질서나 강행규정에 우선하여 적용된다. | 임의규정이 있는 경우에는 성립할 수 없다. |
| 3 | 관습의 존재 또는 그 내용이 사실로서 증명되지 않으면 안 된다. | 법률과 동일효력을 가지므로 계약당사자가 이것을 따른다는 뜻의 의사표시를 하였는가의 여부에 불구하고 적용된다. |

# 제2절 국제물품매매계약에 관련된 주요 법제

## 1. 국제물품매매계약에 관한 UN협약(United Nations Convention on Contracts for the International Sale of Goods : CISG)

국제물품매매계약에 관한 유엔협약(United Nations Convention on Contracts for the International Sale of Goods : CISG)은 국제무역상의 법률적 장벽을 제거함으로써 국제무역거래의 활성화를 촉진시키기 위하여 각국의 국내매매에 관한 사법원칙을 국제거래에 적합하게 체계화시킬 것을 목적으로 하여 1966년 12월 17일 UN에 설치된 유엔 국제상거래법위원회(United Nations Commission on International Trade Law : UNCITRAL)에 의하여 국제물품매매에 관한 통일법(초안)이 작성되었으며, 이를 기초로 하여, 그 후 10여년에 걸친 토의와 연구의 결과에 따라 마침내 1980년 4월 10일에 오스트리아의 수도인 비엔나에서 개최되었던 UN외교회의에서 체결(합의)된 것이다.

이 협약이 UN외교회의에서 합의된 후, 이 협약에 관한 UN회의의 최종일이었던 1980년 4월 11일에 각국의 서명을 위하며 개방되었으며, 서명기간은 1981년 9월 30일까지였다. 동 기간 중에 서구에서는 오스트리아, 덴마크, 핀란드, 프랑스, 이탈리아, 서독, 네덜란드, 노르웨이, 스웨덴, 미국 등, 그리고 남미에서는 칠레, 베네수엘라 등, 동구에서는 체코슬로바키아, 헝가리, 폴란드, 동독, 유고슬라비아 등, 아시아에서는 싱가포르와 중국이, 아프리카에서는 가나와 레소토가 각각 서명함으로써, 동 서명기간 중에 서명한 국가의 수는 모두 32개국이 되었는데, 한국, 일본 및 영국은 서명하지 않았다. 서명국들은 소정의 비준절차를 거쳐야 하며, 비준서를 UN사무총장에게 기탁하여야 하고, 비서명국은 소정의 가입절차를 밟아야 하며, 그 가입서는 비준서와 함께 역시 UN사무총장에게 기탁하여야 한다. 이 협약은 1992년 12월까지 20개국이 서명하였고, 16개국이 비준함으로써 동 협약 제99조에 따라 10번째 비준, 수락, 승인 또는 가입서 기탁일로부터 1년이 경과한 다음날인 1988년 1월 1일부터 동 협약의 효력이 발생되었다.

우리나라는 2004년 2월 17일 유엔사무총장에게 가입서를 기탁하였으며, 1년 후인 2005년 3월 1일부터 발효가 되었다. 이 협약은 발효와 동시에, 이 협약의 체약당사국 내에 영업소가 있는 국제물품매매계약의 당사자 간에 적용되며, 당사자의 국적은 고려하지 아니하므로, 국제무역에 종사하고자 하는 무역학도들이나 현재 무역업에 종사하는 무역실무자들은 이 협약의 규정을 반드시 알아두어야 할 것이다.

## 2. CIF계약에 관한 Warsaw-Oxford 규칙, 1932 (Warsaw-Oxford Rules for CIF Contract, 1932)

국제법협회(International Law Association : ILA)는 1926년 개최된 동 협회의 빈(Wien) 회의에서 국제해상무역에 있어서 매매관습의 국제적 통일을 위한 규칙을 제정하기로 결의하였다. 이 회의의 결의에 따라 「CIF계약에 관한 통일규칙」을 기초할 위원이 선임되었으며, 초안이 1928년 와르소회의에서 「1928년 와르소규칙(Warsaw Rules 1928)」으로 채택되었다. 「CIF계약에 관한 통일규칙」은 전문 22개조로 구성되었으며, 영국의 CIF관습과 이에 관한 판례를 토대로 작성되었다. 국제상업회의소(ICC)의 무역거래조건위원회는 와르소규칙에 관심을 표시하고, 이에 대한 각국 국내위원회의 의견을 구하였다. 특히 미국과 독일로부터 수정안이 제출되어, 1930년에 개최된 국제법협회의 뉴욕회의에서 이 규칙을 개정하기로 결정하였다. 특히 국제상업회의소의 강력한 지원에 의해 1931년 10월 와르소규칙 개정초안이 작성되었으며, 이것이 1932년 옥스포드에서 개최된 국제법협회의 회의에 상정토의를 거쳐 「Warsaw-Oxford Rules for CIF Contract, 1932」을 채택하게 되었다.

이 규칙은 서문과 21개조로 구성되어 있다. 이 「와르소-옥스포드규칙」은 CIF계약을 체결하고자 하는 당사자에게 임의로 채택할 수 있는 통일적 해석기준을 제공하는 것이다. 따라서 '인코텀즈(Incoterms)'나 '개정미국외국무역정의(Revised American Foreign Trade Definition)'와 마찬가지로 계약당사자의 합의에 의해 그 계약을 본 규칙에 따라 해석한다는 취지의 조항을 명시적으로 규정하는 경우에 한하여 CIF계약당사자의 권리와 의무를 적용시킬 수 있다.

## 3. 개정미국외국무역정의(Revised American Foreign Trade Definitions)

본래 FOB 관습은 해상매매를 위하여 영국을 중심으로 시작하였다. 그러나 FOB조건의 통일화를 위한 노력은 이 매매조건에서 특이한 발달을 보여 온 미국에서 시도되었다. 대륙국가인 미국에서는 운송수단이 선박뿐만 아니라 철도화차, 부선, 화물자동차 등 일반운송인에게 화물을 인도하거나 지정운송용구에 적입함으로써 매도인의 인도, 제공이 이루어지는 매매로 이 용어가 사용되게 되었다. 예컨대 "FOB Chicago", "FOB Mill Pittsburgh"와 같이 내륙의 출발지나 매도인의 공장 적출지를 나타내는 조건이 일반화되었다. 또는 "FOB Cars New York"과 같이 약정품을 적재할 화차가 지정항구에 도착할 때까지의 위험과 비용을 매도인이 부담하고 그 지정장소에 도착한 화차에 적재된 상태에서 약정품을 매수인에게 인도한다고 하는 내용의 화차인도조건도 생겨났다.

이와 같이 FOB조건의 내용이 다양하게 사용됨으로 인하여 미국상인과 무역거래에서 용어사용이나 해석에 관한 분쟁이 종종 발생하였다. 따라서 이들 용어에 대한 통일을 기하기 위하여 1919년 12월에 전미국무역협회(National Foreign Trade Council)가 개최되었고 이 회의에서 '수출가격조건의 정의'(Definitions of Export Quotations)가 채택되었다.

이 정의에서는 FOB, FAS, CIF, C&F의 4종의 표준정의를 규정하였는데 특히 FOB는 이를 다시 7종으로 세분하여 표준해석을 하였다. 1919년의 '수출가격조건의 정의'(Definitions of Export Quotations)는 수출가격의 채산조건에 대하여 수출업자단체에 의해 작성되었던 것으로 그 내용을 보면 매도인에게 유리한 방향의 해석기준이라는 불만이 수입업자 측으로부터 제기되었다. 또 그 후 20년간 미국은 실제로 세계 무역의 지도적 입장에 서게 되었으며 무역거래관습에서 큰 변화가 생겼다. 이러한 이유로 전미국무역협회, 전미국수입업자협회 및 미국상업회의소의 합동위원회에서 개정작업이 이루어졌으며, 그 결과 1941년의 전미국무역회의에서 '1941년 개정미국무역정의'(Revised American Foreign Trade Definition)가 채택되었다.

이 정의는 앞의 India House Rules에다 Ex(point of origin) 및 EX Dock의 2종을 추가하여 Ex(point of origin), FOB, FAS, C&F, CIF, Ex Dock의 6종으로 늘어났다. 그러나 1941년 개정미국무역정의가 공표된 이후 무역관행의 변화에 부응하고 특히 인코텀즈의 정형거래조건을 참조하여 제2차 개정 "1990년 개정무역정의"가 공표되었다. 이 정의에서는 EXW, FOB, FAS, CFR, CIF, DEQ Delivered의 6개 조건을 규정하고, 종전과 같이 FOB는 미국적인 특성을 감안하여 그 적용 유형을 인도장소를 기준하여 6가지로 세분하여 규정하였다. 1990년 개정미국무역정의에서 규정하고 있는 거래조건은 다음과 같다.

(1) EXW(Ex Works named place)(지정장소 공장인도)

(2) FOB

① FOB(named inland carrier at named inland point of departure)
(지정국 내 적출지에서 지정국 내 운송인에의 인도)

② FOB(named inland carrier at named inland point of departure) Freight Prepaid to(named point of exportation)
(지정국 내 적출지에서 지정국 내 운송인에 인도, 단 지정수출지까지의 운임지급)

③ FOB(named inland carrier at named inland point of departure) Freight Allowed to(named point)
(지정국 내 적출지에서 지정국 내 운송인에의 인도, 단 지정지점까지의 운임공제)

④ FOB(named inland carrier at named inland point of departure)
(지정국 내 수출지에서 지정국 내 운송인에의 인도)

⑤ FOB Vessel(named port of shipment) (지정선적항에서 본선적재인도)

⑥ FOB(named inland point in the country of importation)
(수입국지정 내륙지점까지의 반입인도)

(3) FAS

① FAS Vessel(named port if shipment) (지정선적항 선측인도)

(4) CFR

① C&F(named point of destination) (지정목적지까지의 운임포함인도)

(5) CIF

① CIF(named point of destination) (지정목적지까지의 운임, 보험료포함인도)

(6) DEQ Delivered

① Quay (Duty Paid) (관세지급 부두인도)

개정미국외국무역정의도 「인코텀즈」나 「와르소-옥스포드규칙」처럼 무역거래관습의 해석 기준에 불과하다. 이 개정의 정의는 특별법으로 규제를 하거나 또는 법정의 판결로 확인되지 않는 한, 법적 지위를 갖지 않는다. 그러므로 매매당사자가 이것을 매매계약의 일부로서 받아들이는 데 동의를 할 경우에 한하여 법적으로 구속을 받게 된다.

**| 표 3-2 | FOB 매매관습의 비교**

| INCOTERMS 2020 | Revised American Foreign Trade Definition 1990 | Uniform Commercial Code |
|---|---|---|
| ① FCA(insert named place of delivery) | A) FOB((named inland carrier at named inland point of departure)<br>B) FOB((named inland carrier at named inland point of departure) Freight Prepaid to(named point of exportation)<br>C) FOB(named inland carrier at named inland point of departure) Freight Allowed to(named point of exportation) | ① FOB place of shipment |
| | D) FOB(named inland carrier at named point of departure) | ② FOB place of destination |
| ② FOB(Insert named port of shipment) | E) FOB Vessel(named port of shipment) | ③ FOB Vessel, Car or other vehicle |
| ③ DDP(Insert named place of destination) | F) FOB(named inland point in country of importation) | ④ FOB place of destination |
| 국제적으로 일반화된 관습 | 미국의 관습 | 미국의 법제 |

**| 표 3-3 | Revised American Foreign Trade Definitions, 1990 상의 FOB조건**

| 구분 | FOB조건 | 개 념 |
|---|---|---|
| 1 | "FOB(named inland carrier at named inland point of departure)"<br>(국내지정출발지점에서 국내지정운송인에의 본선인도) | 매도인이 국내출발지에서 매수인이 지정한 운송인에게 물품을 인도하는 조건을 말하며, 이는 인코텀즈 FCA조건의 경우에 대비된다. |
| 2 | "FOB(named inland carrier at named inland point of departure)Freight prepaid to(named point of export)" (지정수출지점까지 운임 선지급하여 국내지정출발지점에서 국내지정운송인에의 본선인도) | 매도인이 국내출발지에서 매수인이 지정한 운송인에게 물품을 인도하되 물품가격에 수출지까지의 반출운임을 포함하는 조건을 말한다. |
| 3 | "FOB(named inland carrier at named inland point of departure) Freight allowed to(named point of export)"<br>(지정수출지점까지 운임공제하여 국내지정출발지점에서 국내지정운송인에의 본선인도) | 매도인이 국내출발지에서 매수인이 지정한 운송인에게 물품을 인도하되 물품가격에 수출지까지의 반출운임을 공제하는 조건을 말한다. |

| | | |
|---|---|---|
| 4 | "FOB(named inland carrier at named inland point of exportation)"<br>(국내지정수출지점에서 국내지정운송인에게의 본선인도) | 매도인이 자신의 비용부담으로 국내출발지에서 수출지까지 물품을 반출운송하여 화차 내에서 그 국내운송인에게 물품을 인도하는 조건을 말한다. |
| 5 | "FOB Vessel(named port of shipment)"<br>(지정선적항에서 선박에의 본선인도) | 매도인이 선적항에서 매수인이 지정한 본선에 물품을 현실적으로 적재하여 인도하되 수출허가와 통관절차는 매수인의 부담에 속하는 조건으로서, 이는 인코텀즈 FOB조건과 유사하다. |
| 6 | "FOB(named inland point in country of importation)"<br>(수입국가의 국내지정지점에서의 본선인도) | 매도인이 물품을 수출입통관하고 수입국 내의 지정지점까지 반입하는 모든 비용과 위험을 인도하는 조건으로서, 이는 인코텀즈 DDP조건에 대비되는 도착지 인도조건이다. |

## 4. 미국통일상법전(Uniform Commercial Code : UCC)

미국의 대부분 모든 주에서 성문법전으로 입법되어 물품매매와 관련하여 가장 중요한 법률의 역할을 하고 있는 미국통일상법전(Uniform Commercial Code)은 현재 모두 11편으로 구성되었는데, 그 중 제2편에 매매에 관하여 규정되어 있다. 동 법은 미국법협회(American Law Institute)와 통일주법위원회 전국회의(National Conference of Commissioners on Uniform State Laws)에서 기초한 성문법으로 제2편에는 매매에 관한 규정으로 매매계약의 양식, 성립 및 거절, 거래조건, 계약이행, 계약위반, 지급거절 및 허용, 구제방법 등에 관하여 규정하고 있으며, 거래조건으로는 FOB, FAS, CIF, C&F, Ex-ship조건에 대하여 규정하고 있다.

특히 미국통일상법전상의 FOB는 다음과 같이 3가지 유형의 FOB로 구분하고 있다.

① FOB(place of shipment)는 적출지매매로 개정미국외국무역정의의 (2) A), B), C)가 이에 속하며, ② FOB(place of destination)은 양륙지매매로 역시 (2) D), F)가 속하고, 그리고 ③ FOB(vessel, car of other vehicle)도 적출지매매로 (2) E)가 여기에 속한다고 할 수 있다. 이와 같은 통일상법전의 정형거래조건은 국제거래를 염두에 두었다기보다는 오히려 국내거래를 염두에 두고 규정한 것으로 볼 수 있다.[2] 따라서 미국의 무역업자와 매매계약을 체결할 경우에는, 이와 같은 미국의 법제를 고려하여 명시적인 거래조건의 합의가 이루어져야 한다.

2) 이기수·신창섭, 국제거래법, 세창출판사, 2005, p.155.

## 5. 영국물품매매법(Sale of Goods Act : SGA)

영국물품매매법의 기초법안(Sale of Goods Bill)은 1888년 M. Chalmers경에 의하여 처음으로 작성되었으며, 이 법안은 Herschell경에 의하여 1889년과 1891년에 귀족원의 특별위원회(Select Committee)에 상정되고, 1892년에는 그 적용범위를 잉글랜드, 외일즈 및 아일랜드뿐만 아니라 스코틀랜드에도 확대하도록 한 최종법안을 확정하여 1893년에 드디어 "물품매매에 관한 법률을 규정한 법"으로 귀족원을 통과함으로써 제정되었다. 이 법은 1894년 1월 1일부터 시행되어 오다가 1979년 12월 6일에 귀족원의 동의를 얻어 전면적으로 개정된 후 1980년 1월 1일부터 발효되어 오늘에 이르고 있다.

현재 영국물품매매법은 제7편 64개조로 구성되어 있고, 주요 내용은 법적용이 되는 계약, 계약의 성립, 계약의 효력, 물품대금을 지급받지 못한 매도인의 권리, 계약위반에 대한 소송 및 보칙으로 되어 있다. 매매계약의 체결에 대한 내용을 살펴보면, SGA에서 물품매매계약을 "매도인이 금전의 대가(a money consideration)를 받고서 매수인에게 물품의 소유권(the property in goods)을 이전하거나 이전하기로 합의하는 계약"으로 정의하고 있으며(SGA Part II 2(1)), 매매계약은 절대적이거나 또는 조건부로 체결할 수 있다. 이러한 매매(sale)와는 달리 경우에 따라 매매합의(agreement to sell) 방식으로 계약을 체결할 수 있다. 이것은 매매계약에 의거 물품의 소유권에 대한 이전이 장차 일정한 시기에 또는 후에 계약조건을 충족시키는 조건으로 이루어지는 것을 말하며, 이 경우는 미이행 매매계약으로서 일정기간이 경과해서 소유권의 이전이 이루어질 때 매매라고 말할 수 있다. 따라서 무역계약은 매매합의에 의한 계약에 속한다고 볼 수 있다. SGA에서의 물품이란 이동이 가능하고 형체가 있는 유체동산에 국한하고 있으나, 무역계약에서는 유체동산은 물론 각종 지적재산권을 포함한 무체동산까지 그 대상으로 하고 있는 것이다.

# CHAPTER 02 정형거래조건



## 제1절 정형거래조건의 개요

### 1. 정형거래계약의 의의

무역거래는 국제상관습의 다양성에서 오는 무역거래조건에 대한 매매관습의 필요성이 대두되어 오랜 세월 동안 국제 간에 거래되어 온 상거래관습에 따라 가장 합리석이고 보편적인 표준상거래조건이 형성되어 왔는데, 현재 대표적인 것은 바로 FOB계약 및 CIF계약으로 정형화된 것이다. FOB계약이나 CIF계약으로 대표되는 정형거래계약(typical transaction terms)은 조회(inquiry), 오퍼시트(offer sheet), 견적서(quotation or estimate sheet), 국제물품매매계약서 등에서 볼 수 있는 바, 가격조건(price terms)이나 채산조건(quotation) 등에서 사용되기도 한다. 그러나 여기서는 실제로 가격조건 자체만으로는 비용부담의 책임한계나 인도에 따른 소유권이전의 한계 및 위험부담의 한계를 나타내므로 실제로 매도인과 매수인의 최소한의 의미만을 표시하는 협의의 계약용어라고 말할 수 있다.

그러나 FOB, CIF계약은 계약 전체로 볼 때 계약조건의 일부이지 계약거래 전체를 규율할 수 있는 것은 아니라고 하더라도 표준적 거래조건으로 많은 무역업체에서 이용하고 있기 때문에 이를 정형거래계약이라고 부른다. 그러나 정형거래계약으로 표준적 거래조건이 있다하더라도 계약당사자는 계약자유의 원칙이 침해되는 것이 아니며 단지 계약의 능률성을 위해 이 같은 정형거래계약이 필수불가결하다고 보는 것이다.

사실 상거래조건에는 가격 및 채산조건인 정형거래계약은 매도인과 매수인의 최소한의 의무를 규정한 것이며, 이외에도 상거래계약조건으로서 계약의 성립에 관한 관습, 계약조항에 관한 관습(품질 · 수량 · 가격 등), 항만하역 및 운송에 관한 관습(선적 · 하역 · 하인), 대금결제에 관한 관습(환어음, 신용장 및 추심결제), 해상보험에 관한 관습 등이 있다. 따라서 광의의 정형거래계약에는 협의의 가격조건과 상기 거래관습 등이 포괄적으로 기술되어야 한다.

## 2. 정형거래조건과 명시조항

국제물품매매거래는 그 계약내용에 따라 우선순위를 살펴보면 다음과 같다.

① 공서양속에 반하는 행위는 허용되지 않는다.

② 강행법이 있는 경우에는 당사자의 의사와 관계없이 이에 따라야 한다.

③ 명시조항(express terms)을 통해 당사자 간의 의사표시가 있을 때, 이것이 공서양속에 반하지 않거나 혹은 강행법이 없다면 계약조건상 최우선한다.

④ 명시조항으로 표시되지 않았다 하더라도 계약당사자 간에 거래도중 대화나 전신(전보 및 전화도 포함)으로 거래내용을 결정했다면 당사자의 의사가 최우선한다.

⑤ 무역관습은 거래관습(usage of trade) 또는 상관습을 포함한다. 관습이란 의견 및 법률의 규정에 없다하더라도 실제로 행해지고 있는 관습적 관행(habitual or customary practice)이라고 정의할 수 있다.

⑥ 임의법과 상관습법과의 관계를 보면 임의법은 예를 들면 한국의 민법 및 상법 등으로 당사자 간의 특약이 있을 때는 법조문의 적용이 배제되는 법률이다. 상관습법은 상관습이나 판례를 기반으로 만든 법률로서 상관습의 발전에 따라 계속 수정・보완된다. 따라서 상관습법의 적용은 관습법의 적용이 불가할 때만이 임의법(민법 또는 상법)을 적용할 수 있다.[3)]

## 3. 정형거래조건과 국제규칙

무역거래는 무역계약에서 비롯되며 쌍무계약(bilateral contract)에 의한 거래이다. 따라서 매도인과 매수인 사이에는 각자 부담해야 할 여러 가지 의무(obligation)사항이 있다. 이러한 매매당사자 간의 의무는 다양하기 때문에 매번 계약할 때마다 일일이 열거한다는 것은 계약체결 실무상 번거롭고 비효율적이다. 무역거래는 상관습과 제도가 다른 국가 간에 이루어지는 특성과 매매당사자 중 일방의 지식부족 등으로 인하여 어느 일방에게 불리한 조건으로 무역계약을 체결할 가능성이 있다. 따라서 국제상관습의 다양성에서 오는 무역거래조건에 대한 매매관습의 필요성이 대두되어 표준화 내지 통일화작업이 이루어져 FOB나 CIF처럼 간단한 정형을 무역거래에 이용할 수 있게 되었다. 이와 같이 표준화된 거래조건을 정형거래조건이라고 한다.

3) 옥선정 외 2인, 최신무역계약론, 도서출판 두남, 2008, p.36.

매도인과 매수인의 의무의 내용은 정형화된 거래조건을 채택 사용할 수 있지만, 국가나 지역에 따라 각기 다른 상관습과 실정법 체계 때문에 통일성이 결여된다면 무역분쟁은 도처에서 발생할 것이다. 따라서 국제상업회의소 등 국제적인 조직에서는 계약자유의 원칙에 따라 매매당사자가 임의로 어느 국가 어느 지역에서도 통일적으로 사용할 수 있는 정형거래조건을 제정하게 되었다.

정형거래조건의 보편화작업에 선도적 역할을 수행하고 있는 국제민간단체인 국제상업회의소는 「무역거래조건의 해석에 관한 국제규칙」을 제정하였고, 국제법협회(ILA)는 CIF계약에 관한 「와르소-옥스포드규칙」을 제정하였다. 또한 미국은 광활한 국토와 인접국가의 거래관습에 특성을 두어 제정한 독자적인 「개정미국외국무역정의」와 「통일상법전」이 있다. 이러한 정형거래조건들은 운송수단의 발달과 운송기술의 진보, 정보통신수단의 발달 등 국제무역환경의 변화에 부응하기 위하여 고정되지 않고 끊임없이 변화・발전되고 있으며, 특히 대표적인 매매관습인 인코텀즈는 1936년 제정된 이래 8차에 걸쳐 개정 및 수정보완을 거듭해 오늘에 이르게 되었다.

# 제2절 INCOTERMS의 개요

## 1. INCOTERMS의 의의

INCOTERMS란 「International Commercial Terms」의 약칭에서 따온 말로 일반적으로 「무역거래조건의 해석에 관한 국제규칙」이라고 한다. 파리에 본부를 두고 있는 국제상업회의소의 무역거래조건위원회가 중심이 되어 제정한 인코텀즈는 외국과의 무역에서 가장 일반적으로 사용되는 정형거래조건의 해석에 관하여 일련의 국제규칙을 제공하자는 데에 그 목적이 있다. 따라서 인코텀즈의 채택은 서로 다른 국가 간에 이들 거래조건들에 대한 상이한 해석으로 인한 불확실성이 제거될 수 있거나 상당한 정도로 감소될 수 있다.

따라서 인코텀즈를 국제물품매매계약시에 적용함으로써 무역업자들이 겪는 매우 곤란한 세 가지 무역장애요인, 즉 준거법에 대한 불확실성, 불충분한 지식, 해석상의 상이점 등을 대부분 해소할 수 있다. 다른 국제무역규칙도 마찬가지이지만 인코텀즈는 매매당사자가 임의로 무역계약에 채택할 수 있도록 매매당사자 간의 최소한의 해석기준을 통일하여 제공하는 데 지나지 않으며 운송계약이나 보험계약 내용까지 전부 포괄 적용되는 것은 아니다. 인코텀즈의 적용은 특정 거래나 당시의 사정 또는 개별적 편의에 적합하도록 특정 내용을 변경하거나 추가할 수도 있다. 이 경우 매매당사자 사이에 체결된 개별계약의 특별규정은 인코텀즈에 우선하여 적용된다.

## 2. INCOTERMS의 적용범위

인코텀즈는 컴퓨터 소프트웨어와 같은 '무형(intangibles)'이 아닌, '유형(tangibles)'의 의미에서 매각되는 물품인도에 관하여 매매계약 당사자들의 권리와 의무에 관련된 것에 한정되어 적용된다. 인코텀즈는 흔히 매매계약보다는 운송계약에 적용되는 것으로 잘못 이해되고 있고 당사자들이 매매계약에 포함시키고자 하는 모든 의무를 규정하고 있는 것으로 잘못 알려져 있다. 국제상업회의소가 항상 강조하여 온 바와 같이, 인코텀즈는 매매계약에 따른 매도인과 매수인 간의 일부의 특별한 측면만을 다루고 있다. 수출상과 수입상이 국제매매를 이행하기 위하여 필요로 하는 다양한 계약, 즉 매매계약뿐만 아니라 운송, 보험 및 결제계약이 요구되는 경우에는 이들 사이의 매우 실제적인 관계를 고려하는 것이 필수적이지만, 인코텀즈는 단지 이들 계약 중의 하나인 매매계약만 관계되어 있다.

그럼에도 불구하고 당사자들이 어느 특정의 인코텀즈를 사용하기로 합의하면 그것은 필연적으로 기타의 계약에 대하여도 함축적인 의미를 지니게 된다. 예를 들면, CFR 또는 CIF 계약에 합의하면 매도인은 해상운송 이외의 어떠한 운송방식으로는 그러한 계약을 이행할 수 없다. 왜냐하면 이들 거래조건하에서는 매도인이 해상운송 이외의 운송방식을 사용한다면 선하증권 또는 기타의 해상서류를 매수인에게 제시하는 것이 불가능하기 때문이다. 더구나 화환신용장하에서 요구되는 서류는 필연적으로 사용이 의도된 운송수단에 달려 있을 것이다.

인코텀즈는 매도인의 물품을 매수인의 임의처분상태로 두거나, 또는 운송을 위하여 이를 교부하거나 또는 목적지에서 이를 인도할 의무 등 당사자들에게 부과되는 다수의 특정된 의무 및 당사자들 간의 위험분담을 다루고 있다. 나아가 인코텀즈는 물품의 수출과 수입통관의 의무, 물품의 포장, 매수인의 인도수령의 의무뿐만 아니라 각각의 의무를 정히 완수하였다는 증거제공의 의무 등을 다루고 있다. 인코텀즈가 매매계약의 이행을 위해서 극히 중요한 것임에도 불구하고, 그러한 계약에서 발생할 수 있는 매우 많은 문제들, 예컨대 소유권과 기타 재산권의 이전, 계약의 위반과 그러한 위반으로 야기되는 결과뿐만 아니라 일정한 사정에서의 의무면제 등은 전혀 다루어지지 아니하고 있다. 이와 같이 인코텀즈는 계약 위반의 결과와 다양한 장애요인으로 인한 의무면제를 다루지 아니하고 있기 때문에 이러한 문제들은 매매계약의 다른 규정과 그 준거법에 의하여 해결되어야 한다.

## 3. INCOTERMS의 제정과 개정추이

무역계약의 당사자들은 각국의 무역관행이 서로 다르다는 것을 인식하지 못하는 경우가 흔히 있다. 이로 인해서 오해와 분쟁과 법정제소를 야기할 수 있고 그 결과 많은 시간과 금전상의 낭비를 초래하게 된다. 이와 같은 문제를 제거하기 위하여 국제상업회의소는 1936년 무역거래조건의 해석에 관한 일련의 국제규칙을 최초로 제정하였고 이 규칙이 「INCOTERMS 1936」으로 알려졌다. 그 후 1953년, 1967년, 1976년, 1980년, 1990년, 2000년 그리고 2020년 개정분을 포함하여 8차례 개정이 있었다.

**표 3-4 INCOTERMS의 제정과 개정추이**

| Trade Terms Definition 1923 | Trade Terms 2nd ed 1929 | Incoterms 1936 | Incoterms 1953 | Montreal Rules 1967 | Incoterms 1976 | Incoterms 1980 | Incoterms 1990 | Incoterms 2000 | Incoterms 2010 | Incoterms 2020 |
|---|---|---|---|---|---|---|---|---|---|---|
| | | | Ex Works | → | → | EXW | EXW | EXW | EXW | EXW |
| | | | Free--- | → | | FRC | FCA | FCA | FCA | FCA |
| FOR/FOT | FOR/FOT | FOR/FOT | FOR/FOT | | → | FOR/FOT | ↑ | | | |
| | | | | | FOB Airport | FOA | ↑ | | | |
| | FAS | FAS | FAS | → | → | FAS | FAS | FAS | FAS | FAS |
| FOB | FOB | FOB | FOB | → | → | FOB | FOB | FOB | FOB | FOB |
| | C&F | C&F | C&F | → | → | CFR | CFR | CFR | CFR | CFR |
| CIF | CIF | CIF | CIF | → | → | CIF | CIF | CIF | CIF | CIF |
| | | DCP | DCP | → | → | DCP | CPT | CPT | CPT | CPT |
| | | | | | | CIP | CIP | CIP | CIP | CIP |

<table>
<tr><td></td><td></td><td></td><td></td><td>DAF</td><td>→</td><td>DAF</td><td>DAF</td><td>DAF</td><td>DAT</td><td>DPU</td></tr>
<tr><td></td><td></td><td>Ex Ship</td><td>Ex Ship</td><td>→</td><td>→</td><td>EXS</td><td>DES</td><td>DES</td><td rowspan="3">DAP</td><td rowspan="3">DAP</td></tr>
<tr><td></td><td></td><td>Ex Quay</td><td>Ex Quay</td><td>→</td><td>→</td><td>EXQ</td><td>DEQ</td><td>DEQ</td></tr>
<tr><td></td><td></td><td></td><td></td><td></td><td></td><td></td><td>DDU</td><td>DDU</td></tr>
<tr><td></td><td>Free Delivery</td><td>Free or Free Delivery</td><td></td><td>DDP</td><td>→</td><td>DDP</td><td>DDP</td><td>DDP</td><td>DDP</td><td>DDP</td></tr>
</table>

# CHAPTER 03 INCOTERMS 2020의 해설



인코텀즈(Incoterms)는 물품매매계약에서 널리 사용되는 정형거래조건을 규정하는 국제규칙이다. 국제물품매매 형태로 이루어지는 무역거래를 원활하게 수행하기 위해서는 전 세계 무역거래를 규정하는 통일규칙이 필요하였다. 인코텀즈는 국제상업회의소(ICC : International Chamber of Commerce)에서 1936년 처음 제정한 이래 여러 차례 개정을 통하여 전 세계적으로 수많은 국제무역거래에서 통용되고 있다. 이번 8차 개정인 「INCOTERMS 2020」은 2020년 1월 1일부터 시행되고 있다.

## 제1절 INCOTERMS 2020의 개요

### 1. INCOTERMS 2020의 주요 특징

「INCOTERMS 2020」이 기존 「INCOTERMS 2010」에 비해 달라진 중요한 특징을 살펴보면 다음과 같다.

#### 1) 개별규칙 내 조항 순서의 변경

Incoterms 개별규칙 각 조건별 10개 조항의 내부적 순서가 A2/B2 Delivery/Taking Delivery(인도/인도의 수령), A3/B3 Transfer of Risks(위험이전), A4/B4 Carriage(운송), A5/B5 Insurance(보험), A6/B6 Delivery/Transport Document(인도/운송서류) 등 중요한 규정을 앞쪽에 배치하였으며, 비용조항은 중요함에도 불구하고 '비용일람표(one stop list)'를 제공하는 목적에서 뒤쪽으로 A9/B9 Allocation of costs(비용분담)에 배치하였다.

### 2) CIP조건과 CIF조건 간 부보수준의 차별화

CIP조건의 경우, 매도인은 최대 부보의무를 부담하여 ICC(A) 약관으로 부보하여야 한다. 물론 Incoterms는 임의규범이므로 필요한 경우 당사자들 간 합의로 낮은 수준으로 부보는 가능하다.

반면 CIF조건은 일차산품의 해상무역에서 널리 사용되므로 개정하지 않고, 최소 부보의무를 유지하여 매도인은 ICC(C) 약관으로 부보를 유지하되 다만 당사자들이 보다 높은 수준의 부보를 달리 합의할 수 있도록 하였다.

### 3) FCA조건 거래에서 본선적재 표기가 있는 선하증권 발행 신설

FCA조건에서 해상운송의 경우, 특히 신용장결제방법에서는 매도인 또는 매수인이 본선적재 표기(on board notation)가 있는 선하증권(선적 선하증권 혹은 본선적재 선하증권)이 필요할 수 있다. 그러나 FCA조건에서 매도인의 물품인도는 본선적재 전에 완료되나 운송인은 운송계약상 물품이 실제로 선적된 후에 비로소 선적선하증권을 발행할 의무와 권리가 있기 때문에 FCA조건 "A6/B6 인도/운송서류" 조항에서 본선적재 표기가 있는 선하증권에 관한 규정을 신설하였다.

### 4) DAT조건을 DPU조건으로 변경

DAT(Delivered at Terminal)조건을 DPU(Delivered at Place Unloaded)조건으로 명칭을 변경하여 DPU조건은 목적지 인도장소가 터미널로 제한되지 않게 변경되었다. DPU조건과 DAP조건의 유일한 차이점은 다음과 같다.

DPU조건은 물품을 목적도착지에서 운송수단으로부터 양하한 후 인도하여야 하며, DAP조건은 물품을 목적지에 도착하여 운송수단의 적재상태에서 양하를 위하여 매수인의 처분하에 둠으로써 인도하는 것이다. 이에 따라 DAP조건은 DPU조건 앞에 배치하였다.

### 5) FCA 및 DAP, DPU, DDP조건에서 매도인 및 매수인 자신의 운송수단에 의한 운송 허용

FCA조건의 경우 매수인은 지정 인도장소에서 물품을 수취하기 위하여 또는 그 인도장소에서 자신의 영업구내까지 운송하기 위하여 자신의 운송수단(예컨대 차량)을 사용할 수 있게 하였다. 그리고 DAP, DPU, DDP조건의 경우 매도인은 지정목적지까지 운송을 제3자에게 아웃소싱하지 않고 자신의 운송수단을 사용하여 운송할 수 있게 하였다.

### 6) 운송/비용 조항에 보안관련 의무 삽입

인코텀즈 2010 시행 이후 테러 등에 대비한 보안문제에 따른 새로운 선적 관행이 이제 상당히 정립되었다. 이러한 보안통관은 운송 및 통관과 직결되기 때문에 각 인코텀즈 규칙의 A4(운송)와 A7(수출통관)에 보안관련 의무조항을 명시하였으며 보안관련 비용도 A9/B9(비용분담)에 규정하였다.

### 7) 사용자를 위한 설명문(Explanatory Notes of Users)

기존 Incoterms 2010 "사용지침"(Guide Note)의 역할이 Incoterms 2020 "사용자를 위한 설명문"(Explanatory Notes of Users)으로 변경되어 개별 인코텀즈 규칙의 기본적 사항을 설명하여 사용자들이 거래에 적합한 인코텀즈 규칙을 정확하게 효율적으로 찾을 수 있도록 도와주고 있다. 또한 개별 인코텀즈 규칙의 해석이 필요할 때 지침을 제공하고 있다.

## 2. INCOTERMS 2020의 분류

기존의 Incoterms 2010 분류 기준을 그대로 유지하고 있다. 운송방식에 따른 분류방식으로 구분하였으며 "모든 운송방식에 적용되는 규칙(Rules for Any Mode or Mods of Transport)"에는 EXW, FCA, CPT, CIP, DAP, DPU, DDP조건 등 7개 규칙을, "해상운송과 내수로운송에 적용되는 규칙(Rules for Sea and Inland Waterway Transport)"에는 FAS, FOB, CFR, CIF규칙 등 4개 규칙으로 기존의 분류기준을 유지하고 있다.

### 1) Rules for Any Mode of Modes of Transport
〈모든 운송방식에 적용되는 규칙〉

① EXW : EX Works / 공장인도(지정인도장소 기입)

☞ EXW (insert named place of delivery) Incoterms® 2020

② FCA : Free Carrier / 운송인인도(지정인도장소 기입)

☞ FCA (insert named place of delivery) Incoterms® 2020

③ CPT : Carriage Paid To / 운송비지급인도(지정목적지 기입)

☞ CPT (insert named place of destination) Incoterms® 2020

④ CIP : Carriage and Insurance Paid to / 운송비 · 보험료지급인도 (지정목적지 기입)

☞ CIP (insert named place of destination) Incoterms® 2020

⑤ DAP : Delivered At Place / 도착지인도(지정목적지 기입)

☞ DAP (insert named place of destination)] Incoterms® 2020

⑥ DPU : Delivered At Place Unloaded / 도착지양하인도(지정목적지 기입)

☞ DPU (insert named place of destination) Incoterms® 2020

⑦ DDP : Delivered Duty Paid / 관세지급인도(지정목적지 기입)

☞ DDP (insert named place of destination) Incoterms® 2020

### 2) Rules for Sea and Inland Waterway Transport 〈해상운송과 내수로운송에 적용되는 규칙〉

① FAS : Free Alongside Ship / 선측인도(지정선적항 기입)

☞ FAS (insert named port of shipment)] Incoterms® 2020

② FOB : Free On Board / 본선인도(지정선적항 기입)

☞ FOB (insert named port of shipment)] Incoterms® 2020

③ CFR : Cost and Freight / 운임포함인도(지정목적항 기입)

☞ CFR (insert named port of destination)] Incoterms® 2020

④ CIF : Cost, Insurance and Freight / 운임 · 보험료포함인도(지정목적항 기입)

☞ CIF (insert named port of destination)] Incoterms® 2020

# 제2절 INCOTERMS 2020의 거래 조건별 해설

「INCOTERMS 2020」에서 정하고 있는 11가지 정형거래규칙은 운송방식에 따라 "모든 운송방식을 위한 규칙"과 "해상 및 내수로 운송을 위한 규칙" 2개의 그룹으로 분류하여 각 거래 조건별로 다음과 같은 표제어(headings)를 두어 매도인과 매수인의 10가지 의무사항을 규정하고 있다. 그러나 「INCOTERMS 2020」은 모든 의무사항을 규정하는 것이 아니고 매도인과 매수인의 한정된 의무를 제시하는 것이므로 기타 의무사항이 필요하다면 무역계약서에 별도로 약정하여야 한다.

**표 3-5 「INCOTERMS 2020」에서 매도인과 매수인의 의무사항**

| A. THE SELLER'S OBLIGATIONS (매도인의 의무) | B. THE BUYER'S OBLIGATIONS (매수인의 의무) |
|---|---|
| A1. General obligations(일반의무) | B1. General obligations(일반의무) |
| A2. Delivery(인도) | B2. Taking Delivery(인도의 수령) |
| A3. Transfer of Risks(위험이전) | B3. Transfer of Risks(위험이전) |
| A4. Carriage(운송) | B4. Carriage(운송) |
| A5. Insurance(보험) | B5. Insurance(보험) |
| A6. Delivery/Transport Document (인도/운송서류) | B6. Delivery/Transport Document (인도/운송서류) |
| A7. Export/Import Clearance (수출/수입통관) | B7. Export/Import Clearance (수출/수입통관) |
| A8. Checking/Packaging/Making (점검/포장/하인표시) | B8. Checking/Packaging/Making (점검/포장/하인표시) |
| A9. Allocation of Costs(비용분담) | B9. Allocation of Costs(비용분담) |
| A10. Notices(통지) | B10. Notices(통지) |

## 1. EXW[Ex Works(insert named place of delivery) : 공장인도]

### 1) 사용자를 위한 설명문(Explanatory Notes for Users)

#### (1) 인도와 위험

"EXW(공장인도)"는 매도인이 다음과 같이 한때 매수인에게 물품을 인도하는 것을 의미한다.

- 매도인이 물품을 (공장이나 창고와 같은) 지정장소에서 매수인의 처분하에 두는 때, 그리고
- 그 지정장소는 매도인의 영업구내일 수도 있고 아닐 수도 있다.

인도가 일어나기 위하여 매도인은 물품을 수취용 차량에 적재하지 않아도 되고, 물품의 수출통관이 요구되더라도 이를 수행할 필요가 없다.

#### (2) 운송방식

본 규칙은 선택되는 어떤 운송방식이 있는 경우에 그것이 어떠한 단일 또는 복수의 운송방식인지를 불문하고 사용할 수 있다.

#### (3) 인도장소 또는 정확한 인도지점

당사자들은 단지 인도장소만 지정하면 된다. 그러나 당사자들은 또한 지정인도장소 내에 정확한 지점을 가급적 명확하게 명시하는 것이 좋다. 그러한 정확한 지정인도지점은 양당사자에게 언제 물품이 인도되는지와 언제 위험이 매수인에게 이전하는지 명확하게 하며, 또한 그러한 정확한 지점은 매수인의 비용부담의 기준점을 확정한다. 당사자들이 인도지점을 지정하지 않는 경우에는 매도인이 "그의 목적에 가장 적합한" 지점을 선택하기로 한 것으로 된다. 이는 매수인으로서는 매도인이 물품의 멸실 또는 훼손이 발생한 지점이 아닌 그 직전의 지점을 선택할 수도 있는 위험이 있음을 의미한다. 따라서 매수인으로서는 인도가 이루어질 장소 내에 정확한 지점을 선택하는 것이 가장 좋다.

#### (4) 매수인을 위한 유의사항

EXW(공장인도)는 매도인에게 최소의 일련의 의무를 지우는 인코텀즈규칙이다. 따라서 매수인의 관점에서 이 규칙은 아래와 같은 여러 가지 이유로 조심스럽게 사용하여야 한다.

(5) 적재위험

인도는 물품이 적재된 때가 아니라 매수인의 처분하에 놓인 때에 일어난다. 그리고 그때 위험이 이전한다. 그러나 매도인이 적재작업을 수행하는 동안에 발생하는 물품의 멸실 또는 훼손의 위험을 적재에 물리적으로 참여하지 않은 매수인이 부담하는 것은 으레 그렇듯이 논란이 될 수 있다. 이러한 가능성 때문에 매도인이 물품을 적재하여야 하는 경우에 당사자들은 적재 중 물품의 멸실 또는 훼손의 위험을 누가 부담하는지를 미리 합의하여 두는 것이 바람직하다. 단순히 매도인이 그의 영업구내에서 필요한 적재 장비를 가지고 있을 가능성이 더 많기 때문에 혹은 적용 가능한 안전규칙이나 보안규칙에 의하여 권한 없는 인원이 매도인의 영업구내에 접근하는 것이 금지되기 때문에 매도인이 물품을 적재하는 것은 흔한 일이다. 매도인의 영업구내에서 일어나는 적재작업 중의 위험을 피하고자 하는 경우에 매수인은 FCA규칙을 선택하는 것을 고려하여야 한다(FCA규칙에서는 물품이 매도인의 영업구내에서 인도되는 경우에 매도인이 매수인에 대하여 적재의무를 부담하고 적재작업 중에 발생하는 물품의 멸실 또는 훼손의 위험은 매도인이 부담한다).

(6) 수출통관

물품이 매도인의 영업구내에서 또는 정형적으로 매도인의 국가나 관세동맹지역 내에 있는 다른 지정지점에서 매수인의 처분하에 놓인 때에 인도가 일어나므로, 매도인은 수출통관이나 운송 중에 물품이 통과할 제3국의 통관을 수행할 의무가 없다. 사실 EXW는 물품을 수출할 의사가 전혀 없는 국내거래에 적절하다. 수출통관에 관한 매도인의 참여는 물품수출을 위하여 매수인이 요청할 수 있는 서류와 정보를 취득하는 데 협력을 제공하는 것에 한정된다. 매수인이 물품을 수출하기를 원하나 수출통관을 하는 데 어려움이 예상되는 경우에, 매수인은 수출통관을 할 의무와 그에 관한 비용을 매도인이 부담하는 FCA규칙을 선택하는 것이 더 좋다.

## 2) 무역계약 체결시 거래조건 표기의 예

무역계약 체결시 가격조건(price terms) 또는 거래조건(trade terms)을 EXW(공장인도)조건으로 약정할 경우에는 아래에 제시한 예와 같이 표기한다.

- 거래조건 표기의 예 : "EXW (insert named place of delivery) Incoterms® 2020"
  "EXW (지정인도장소 기입) Incoterms® 2020"

인도장소가 공장일 경우 : "EXW ABC Factory, Korea Incoterms® 2020"

인도장소가 농장일 경우 : "EXW ABC Farm, Korea Incoterms® 2020"
인도장소가 광산일 경우 : "EXW ABC Mine, Korea Incoterms® 2020"
인도장소가 창고일 경우 : "EXW ABC Warehouse, Korea Incoterms® 2020"

## 2. FCA[Free Carrier(insert named place of delivery) : 운송인인도]

### 1) 사용자를 위한 설명문(Explanatory Notes for Users)

#### (1) 인도와 위험

"FCA(운송인인도)"는 매도인이 물품을 매수인에게 다음과 같은 두 가지 방법 중 어느 하나로 인도하는 것을 의미한다.

첫째, 지정장소가 매도인의 영업구내인 경우 물품은 다음과 같이 된 때 인도된다.

- 물품이 매수인이 마련한 운송수단에 적재된 때

둘째, 지정장소가 그 밖의 장소인 경우 물품은 다음과 같이 된 때 인도된다.

- 매도인의 운송수단에 적재되어서
- 지정장소에 도착하고
- 매도인의 운송수단에 실린 채 양하 준비된 상태로
- 매수인이 지정한 운송인이나 제3자의 처분하에 놓인 때

그러한 두 장소 중에서 인도장소로 선택되는 장소는 위험이 매수인에게 이전하는 곳이자 또한 매수인이 비용을 부담하기 시작하는 시점이 된다.

#### (2) 운송방식

본 규칙은 어떠한 운송방식이 선택되는지를 불문하고 사용할 수 있고 둘 이상의 운송방식이 이용되는 경우에는 사용할 수 있다.

#### (3) 인도장소 또는 인도지점

FCA(운송인인도) 매매는 지정장소 내에 정확한 인도지점을 명시하지 않고서 매도인의 영업구내나 그 밖의 장소 중에서 어느 하나를 단지 인도장소로 지정하여 체결될 수 있다. 그러나 당사자들은 지정인도장소 내에 정확한 지점도 가급적 명확하게 명시하는 것이 좋

다. 그러한 정확한 지정인도지점은 양 당사자에게 언제 물품이 인도되는지와 언제 위험이 매수인에게 이전하는지 명확하게 하며, 또한 그러한 정확한 지점은 매수인의 비용부담의 기준점을 확정한다. 그러나 정확한 지점이 지정되지 않은 경우에는 매수인에게 문제가 생길 수 있다. 이러한 경우에 매도인은 "그의 목적에 가장 적합한" 지점을 선택할 권리를 갖는다. 즉 이러한 경우에 매도인은 "그의 목적에 가장 적합한" 지점을 선택할 권리를 갖는다. 즉 이러한 지점이 곧 인도지점이 되고 그곳에서부터 위험과 비용이 매수인에게 이전한다. 계약에서 이를 지정하지 않아서 정확한 인도지점이 정해지지 않은 경우에 당사자들은 매도인이 "자신의 목적에 가장 적합한" 지점을 선택하도록 한 것으로 된다. 이는 매수인으로서는 매도인이 물품의 멸실 또는 훼손이 발생한 지점이 아닌 그 직전의 지점을 선택할 수도 있는 위험이 있음을 의미한다. 따라서 매수인으로서는 인도가 이루어질 장소 내에 정확한 지점을 선택하는 것이 가장 좋다.

### (4) '또는 그렇게 인도된 물품을 조달한다'

여기에 "조달한다"(procure)고 규정한 것은 꼭 이 분야에서 그런 것만은 아니지만 특히 일차산품거래(commodity trades)에서 일반적인 수차에 걸쳐 연속적으로 이루어지는 매매('연속매매', 'string sales')에 대응하기 위함이다.

### (5) 수출/수입통관

FCA에서는 해당되는 경우에 매도인이 물품의 수출통관을 하여야 한다. 그러나 매도인은 물품의 수입을 위한 또는 제3국 통과를 위한 통관을 하거나 수입관세를 납부하거나 수입통관절차를 수행할 의무가 없다.

### (6) FCA 매매에서 본선적재표기가 있는 선하증권

이미 언급하였듯이 FCA는 사용되는 운송방식이 어떠한지를 불문하고 사용할 수 있다. 이제는 매수인의 도로운송인이 라스베이거스(Las Vegas)에서 물품을 수거(pick up)한다고 할 때, 라스베이거스에서 운송인으로부터 본선적재표기가 있는 선하증권을 발급받기를 기대하는 것이 오히려 일반적이지 않다. 라스베이거스는 항구가 아니어서 선박이 물품적재를 위하여 그곳으로 갈 수 없기 때문이다. 그럼에도 FCA Las Vegas 조건으로 매매하는 매도인은 때로는 (전형적으로 은행의 추심조건이나 신용장조건 때문에) 무엇보다도 물품이 라스베이거스에서 운송을 위하여 수령된 것으로 기재될 뿐만 아니라 그것이 로스앤젤레스(Los Angeles)에서 선적되었다고 기재된 본선적재표기가 있는 선하증권이 필요한 상황에

처하게 된다. 본선적재표기가 있는 선하증권을 필요로 하는 FCA 매도인의 이러한 가능성에 대응하기 위하여 인코텀즈 2020 FCA에서는 처음으로 다음과 같은 선택적 기재를 규정한다. 당사자들이 계약에서 합의한 경우에 매수인은 그의 운송인에게 본선적재표기가 있는 선하증권을 매도인에게 발행하도록 지시하여야 한다. 물론 운송인으로서는 물품이 로스앤젤레스에서 본선적재된 때에만 그러한 선하증권을 발행할 의무가 있고 또 그렇게 할 권리가 있기 때문에 매수인의 요청에 응할 수도 응하지 않을 수도 있다. 그러나 운송인이 매수인의 비용과 위험으로 매도인에게 선하증권을 발행하는 경우에는 매도인은 바로 그 선하증권을 매수인에게 제공하여야 하고 매수인은 운송인으로부터 물품을 수령하기 위하여 그 선하증권이 필요하다. 물론 당사자들의 합의에 의하여 매도인이 매수인에게 물품의 본선적재 사실이 아니라 단지 물품이 선적을 위하여 수령 되었다는 사실을 기재한 선하증권을 제시하는 경우에는 이러한 선택적 기재는 불필요하다. 또한 강조되어야 할 것으로 이러한 선택적 기재가 적용되는 경우에도 매도인은 매수인에 대하여 운송계약조건에 관한 어떠한 의무도 없다. 끝으로, 이러한 선택적 기재가 적용되는 경우에 내륙의 인도일자와 본선적재일자는 부득이 다를 수 있을 것이고, 이로 인하여 매도인에게 신용장상 어려움이 발생할 수 있다.

### 2) 무역계약 체결시 거래조건 표기의 예

무역계약 체결시 가격조건(price terms) 또는 거래조건(trade terms)을 FCA(운송인인도)조건으로 약정할 경우에는 아래에 제시한 예와 같이 표기한다.

- 거래조건 표기의 예 : "FCA (insert named place of delivery) Incoterms® 2020"
  "FCA (지정인도장소 기입) Incoterms® 2020"

복합운송의 경우 : "FCA 25, Samsung-dong, Gangnam-gu, Seoul, Korea Incoterms® 2020"

해상운송의 경우 : "FCA Dongbang Container Terminal, Korea Incoterms® 2020"

항공운송의 경우 : "FCA Incheon Airport, Korea Incoterms® 2020"

철도운송의 경우 : "FCA Yongsan Station, Korea Incoterms® 2020"

도로운송의 경우 : "FCA Ansan Cargo Terminal, Korea Incoterms® 2020"

## 3. CPT[Carriage Paid To(insert named place of destination) : 운송비지급인도]

### 1) 사용자를 위한 설명문(Explanatory Notes for Users)

#### (1) 인도와 위험

"CPT(운송비지급인도)"는 매도인이 다음과 같이 매수인에게 물품을 인도하는 것을 그리고 위험을 이전하는 것을 의미한다.

- 매도인과 계약을 체결한 운송인에게
- 물품을 교부함으로써
- 또는 그렇게 인도된 물품을 조달함으로써
- 매도인은 사용되는 운송수단에 적합한 방법으로 그에 적합한 장소에서 운송인에게 물품의 물리적 점유를 이전함으로써 물품을 인도할 수 있다.

물품이 이러한 방법으로 매수인에게 인도되면 매도인은 그 물품이 목적지에 양호한 상태로 그리고 명시된 수량 또는 그 전량이 도착할 것을 보장하지 않는다. 왜냐하면 물품이 운송인에게 교부됨으로써 매수인에게 인도된 때 위험은 매도인으로부터 매수인에게 이전하기 때문이다. 그러나 매도인은 물품을 인도지로부터 합의된 목적지까지 운송하는 계약을 체결하여야 한다. 따라서 예컨대 (항구인) 사우샘프턴(Southampton)이나 (항구가 아닌) 윈체스터(Winchester)까지 운송하기 위하여 (항구가 아닌) 라스베이거스(Las Vegas)에서 운송인에게 물품이 교부된다. 이러한 각각의 경우에 위험을 매수인에게 이전시키는 인도는 라스베이거스에서 일어나고 매도인은 사우샘프턴이나 윈체스터로 향하는 운송계약을 체결하여야 한다.

#### (2) 운송방식

본 규칙은 어떠한 운송방식이 선택되는지를 불문하고 사용할 수 있고 둘 이상의 운송방식이 이용되는 경우에도 사용할 수 있다.

#### (3) 인도장소(또는 인도지점)와 목적지

CPT(운송비지급인도)에서는 두 곳이 중요하다. 물품이 (위험이전을 위하여) 인도되는 장소 또는 지점(있는 경우)이 그 하나이고, 물품의 목적지로서 합의된 장소 또는 지점이 다른 하나이다(매도인은 이 지점까지 운송계약을 체결하기로 약속하기 때문이다).

### (4) 정확한 인도장소 또는 인도지점 지정

당사자들은 매매계약에서 가급적 정확하게 두 장소 (인도장소 및 목적지) 또는 그러한 두 장소 내의 실제 지점들을 지정하는 것이 좋다. 인도장소나 인도지점(있는 경우)을 가급적 정확하게 지정하는 것은 복수의 운송인이 참여하여 인도지부터 목적지까지 사이에 각자 상이한 운송구간을 담당하는 일반적인 상황에 대응하기 위하여 중요하다. 이러한 상황에서 당사자들이 특정한 인도장소나 인도지점을 합의하지 않는 경우에 [본 규칙이 규정하는] 보충적 입장은 위험은 물품이 매도인이 전적으로 선택하고 그에 대하여 매수인이 전혀 통제할 수 없는 지점에서 제1운송인에게 인도된 때 이전한다는 것이다. 그 후의 어느 단계에서(예컨대 바다나 강의 항구로부터 멀리 있는 내륙의 어느 지점에서) 위험이 이전되길 원한다면, 당사자들은 이를 매매계약에 명시하고 물품이 실제로 멸실 또는 훼손되는 경우에 그렇게 하는 것의 결과가 어떻게 되는지를 신중하게 생각할 필요가 있다.

### (5) 가급적 정확한 목적지 지정

당사자들은 또한 매매계약에서 합의된 목적지 내의 지점을 가급적 정확하게 지정하는 것이 좋다. 그 지점까지 매도인은 운송계약을 체결하여야 하고 그 지점까지 발생하는 운송비용을 매도인이 부담하기 때문이다.

### (6) '또는 그렇게 인도된 물품을 조달함'

여기에 "조달한다"(procure)고 규정한 것은 특히 일차산품거래(commodity trades)에서 일반적인 수차에 걸쳐 연속적으로 이루어지는 매매('연속매매', 'string sales'[3])에 대응하기 위함이다.

### (7) 목적지의 양하비용

매도인이 자신의 운송계약상 지정목적지에서 양하에 관하여 비용이 발생한 경우에 매도인은 당사자 간에 달리 합의되지 않은 한 그러한 비용을 매수인으로부터 별도로 상환받을 권리가 없다.

### (8) 수출/수입통관

CPT(운송비지급인도)에서는 해당되는 경우에 매도인이 물품의 수출통관을 하여야 한다.

그러나 매도인은 물품의 수입을 위한 또는 제3국 통과를 위한 통관을 하거나 수입관세를 납부하거나 수입통관절차를 수행할 의무가 없다.

### 2) 무역계약 체결시 거래조건 표기의 예

무역계약 체결시 가격조건(price terms) 또는 거래조건(trade terms)을 CPT(운송비지급인도)조건으로 약정할 경우에는 아래에 제시한 예와 같이 표기한다.

- 거래조건 표기의 예 : "CPT (insert named place of destination) Incoterms® 2020"
  "CPT (지정목적지 기입) Incoterms® 2020"

복합운송의 경우 : "CPT West Warehouse, Los Angeles, USA Incoterms® 2020"
해상운송의 경우 : "CPT New York Port, USA Incoterms® 2020"
항공운송의 경우 : "CPT New York Airport, USA Incoterms® 2020"
철도운송의 경우 : "CPT Toronto Station, Canada Incoterms® 2020"
도로운송의 경우 : "CPT ABC Cargo Terminal, New York, USA Incoterms® 2020"

## 4. CIP[Carriage And Insurance Paid To(insert named place of destination) : 운송비 · 보험료지급인도]

### 1) 사용자를 위한 설명문(Explanatory Notes for Users)

#### (1) 인도와 위험

"CIP(운송비, 보험료지급인도)"는 매도인이 다음과 같이 매수인에게 물품을 인도하는 것을 그리고 위험을 이전하는 것을 의미한다.

- 매도인과 계약을 체결한 운송인에게
- 물품을 교부함으로써
- 또는 그렇게 인도된 물품을 조달함으로써
- 매도인은 사용되는 운송수단에 적합한 방법으로 그에 적합한 장소에서 운송인에게 물품의 물리적 점유를 이전함으로써 물품을 인도할 수 있다.

물품이 이러한 방법으로 매수인에게 인도되면 매도인은 그 물품이 목적지에 양호한 상태로 그리고 명시된 수량 또는 그 전량이 도착할 것을 보장하지 않는다. 왜냐하면 물품이 운송인에게 교부됨으로써 매수인에게 인도된 때 위험은 매도인으로부터 매수인에게 이전하기 때문이다. 그러나 매도인은 물품을 인도지로부터 합의된 목적지까지 운송하는 계약을 체결하여야 한다. 따라서 예컨대 (항구인) 사우샘프턴(Southampton)이나 (항구가 아닌) 윈체스터(Winchester)까지 운송하기 위하여 (항구가 아닌) 라스베이거스(Las Vegas)에서 운송인에게 물품이 교부된다. 이러한 각각의 경우에 위험을 매수인에게 이전시키는 인도는 라스베이거스에서 일어나고 매도인은 사우샘프턴이나 윈체스터로 향하는 운송계약을 체결하여야 한다.

### (2) 운송방식

본 규칙은 어떠한 운송방식이 선택되는지를 불문하고 사용할 수 있고 둘 이상의 운송방식이 이용되는 경우에도 사용할 수 있다.

### (3) 인도장소(또는 인도지점)와 목적지

CIP(운송비, 보험료지급인도)에서는 두 곳이 중요하다. 물품이 (위험이전을 위하여) 인도되는 장소 또는 지점이 그 하나이고, 물품의 목적지로서 합의된 장소 또는 지점이 다른 하나이다(매도인은 이 지점까지 운송계약을 체결하기로 약속하기 때문이다).

### (4) 보험

매도인은 또한 인도지점부터 적어도 목적지점까지 매수인의 물품의 멸실 또는 훼손 위험에 대하여 보험계약을 체결하여야 한다. 이는 목적지 국가가 자국의 보험자에게 부보하도록 요구하는 경우에는 어려움을 야기할 수 있다. 이러한 경우에 당사자들은 CPT로 매매하는 것을 고려하여야 한다. 또한 매수인은 인코텀즈 2020 CIP하에서 매도인은 "협회적하약관의 C-약관(Institute Cargo Clause (C))"에 의한 제한적인 담보조건이 아니라 "협회적하약관의 A-약관(Institute Cargo Clause (A))"이나 그와 유사한 약관에 따른 광범위한 담보조건으로 부보하여야 한다는 것을 유의하여야 한다. 그러나 당사자들은 여전히 더 낮은 수준의 담보조건으로 부보하기로 합의할 수 있다.

### (5) 정확한 인도장소 또는 인도지점 지정

당사자들은 매매계약에서 가급적 정확하게 두 장소(인도장소 및 목적지) 또는 그러한 두 장소 내의 실제 지점들을 지정하는 것이 좋다. 인도장소나 인도지점(있는 경우)을 가급적 정확하게 지정하는 것은 복수의 운송인이 참여하여 인도지부터 목적지까지 사이에 각자 상이한 운송구간을 담당하는 일반적인 상황에 대응하기 위하여 중요하다. 이러한 상황에서 당사자들이 특정한 인도장소나 인도지점을 합의하지 않는 경우에 [본 규칙이 규정하는] 보충적 입장은 위험은 물품이 매도인이 전적으로 선택하고 그에 대하여 매수인이 전혀 통제할 수 없는 지점에서 제1운송인에게 인도된 때 이전한다는 것이다. 그 후의 어느 단계에서 (예컨대 바다나 강의 항구에서 또는 공항에서) 또는 그 전의 어느 단계에서 (예컨대 바다나 강의 항구로부터 멀리 있는 내륙의 어느 지점에서) 위험이 이전되길 원한다면 당사자들은 이를 매매계약에 명시하고 물품이 실제로 멸실 또는 훼손되는 경우에 그렇게 하는 것의 결과가 어떻게 되는지를 신중하게 생각할 필요가 있다.

(6) 가급적 정확한 목적지 지정

당사자들은 매매계약에서 합의된 목적지 내의 지점을 가급적 정확하게 지정하는 것이 좋다. 그 지점까지 매도인은 운송계약과 보험계약을 체결하여야 하고 그 지점까지 발생하는 운송비용과 보험비용을 매도인이 부담하기 때문이다.

(7) "또는 그렇게 인도된 물품을 조달함"

여기에 "조달한다"(procure)고 규정한 것은 특히 일차산품거래 (commodity trades)에서 일반적인 수차에 걸쳐 연속적으로 이루어지는 매매 ('연속매매', 'string sales')에 대응하기 위함이다.

(8) 목적지의 양하비용

매도인이 자신의 운송계약상 지정목적지에서 양하에 관하여 비용이 발생한 경우에 매도인은 당사자 간에 달리 합의되지 않은 한 그러한 비용을 매수인으로부터 별도로 상환받을 권리가 없다.

(9) 수출/수입통관

CIP에서는 해당되는 경우에 매도인이 물품의 수출통관을 하여야 한다. 그러나 매도인은 물품의 수입을 위한 또는 제3국 통과를 위한 통관을 하거나 수입관세를 납부하거나 수입통관절차를 수행할 의무가 없다.

### 2) 무역계약 체결시 거래조건 표기의 예

무역계약 체결시 가격조건(price terms) 또는 거래조건(trade terms)을 CIP(운송비・보험료지급인도)조건으로 약정할 경우에는 아래에 제시한 예와 같이 표기한다.

- 거래조건 표기의 예 : "CIP (insert named place of destination) Incoterms® 2020"
  "CIP (지정목적지 기입) Incoterms® 2020"
  복합운송의 경우 : "CIP ABC Warehouse, Los Angeles, USA Incoterms® 2020"
  해상운송의 경우 : "CIP New York Port, USA Incoterms® 2020"
  항공운송의 경우 : "CIP New York Airport, USA Incoterms® 2020"
  철도운송의 경우 : "CIP Toronto Station, Canada Incoterms® 2020"
  도로운송의 경우 : "CIP ABC Cargo Terminal, New York, USA Incoterms® 2020"

## 5. DAP[Delivered At Place(insert named place of destination) : 도착지 인도]

### 1) 사용자를 위한 설명문(Explanatory Notes for Users)

#### (1) 인도와 위험

"DAP(도착지인도)"는 다음과 같이 된 때 매도인이 매수인에게 물품을 인도하는 것을 그리고 위험을 이전하는 것을 의미한다.

- 물품이 지정목적지에서 또는
- 지정목적지 내에 어떠한 지점이 합의된 경우에는 그 지점에서
- 도착운송수단에 실어둔 채 양하준비된 상태로
- 매수인의 처분하에 놓인 때

매도인은 물품을 지정목적지까지 또는 지정목적지 내의 합의된 지점까지 가져가는 데 수반되는 모든 위험을 부담한다. 따라서 본 인코텀즈규칙에서 인도와 목적지의 도착은 같은 것이다.

#### (2) 운송방식

본 규칙은 어떠한 운송방식이 선택되는지를 불문하고 사용할 수 있고 둘 이상의 운송방

식이 이용되는 경우에는 사용할 수 있다.

### (3) 정확한 인도장소/목적지 또는 인도/목적지점 지정

당사자들은 몇 가지 이유로 가급적 명확하게 목적지나 목적지점을 명시하는 것이 좋다. 첫째, 물품의 멸실 또는 훼손의 위험은 그러한 인도/목적지점에서 매수인에게 이전한다. 따라서 매도인과 매수인은 그러한 결정적인 이전이 일어나는 지점에 대하여 명확하게 해두는 것이 가장 좋다. 둘째, 그러한 인도장소/목적지 또는 인도/목적지점 전의 비용은 매도인이 부담하고 그 후의 비용은 매수인이 부담한다. 셋째, 매도인은 물품을 합의된 인도장소/목적지 또는 인도/목적지점까지 운송하는 계약을 체결하거나 그러한 운송을 마련하여야 한다. 그렇게 하지 않는 경우에 매도인은 인코텀즈 DAP규칙상 그의 의무를 위반한 것이 되고 매수인에 대하여 그에 따른 손해배상책임을 지게 된다. 따라서 예컨대 매도인은 추가적인 후속운송(on-carriage)을 운송인 매수인에게 부과하는 추가비용에 대하여 책임을 지게 된다.

### (4) "또는 그렇게 인도된 물품을 조달함"

여기에 "조달한다"(procure)고 규정한 것은 특히 일차산품거래(commodity trades)에서 일반적인 수차에 걸쳐 연속적으로 이루어지는 매매('연속매매', 'string sales')에 대응하기 위함이다.

### (5) 양하비용

매도인은 도착운송수단으로부터 물품을 양하(unload)할 필요가 없다. 그러나 매도인이 자신의 운송계약상 인도장소/목적지에서 양하에 관하여 비용이 발생한 경우에 매도인은 당사자 간에 달리 합의되지 않은 한 그러한 비용을 매수인으로부터 별도로 상환받을 권리가 없다.

### (6) 수출/수입통관

DAP에서는 해당되는 경우에 매도인이 물품의 수출통관을 하여야 한다. 그러나 매도인은 물품의 수입을 위한 또는 인도 후 제3국 통과를 위한 통관을 하거나 수입관세를 납부하거나 수입통관절차를 수행할 의무가 없다. 따라서 매수인이 수입통관을 못하는 경우에는 물품은 목적지 국가의 항구나 내륙터미널에 묶이게 될 것이다. 그렇다면 물품이 목적지 국가의 입국항구(port of entry)에 묶여 있는 동안에 발생하는 어떤 멸실의 위험은 누가 부담하는가? 그 답은 매수인이다. 즉 아직 인도가 일어나지 않았고, B3(a)는 내륙의 지정지점으로의 통과가 재개될 때까지 물품의 멸실 또는 훼손의 위험을 매수인이 부담하도록 하기 때문이다. 만일 이러한 시나리오를 피하기 위하여 물품의 수입통관을 하고 수입관세나 세금을 납부하고 수입통관절차를 수행하는 것을 매도인이 하도록 하고자 하는 경우에는 당사자들은 DDP(관세지급인도)를 사용하는 것을 고려할 수 있다.

### 2) 무역계약 체결시 거래조건 표기의 예

무역계약 체결시 가격조건(price terms) 또는 거래조건(trade terms)을 DAP(도착지인도) 조건으로 약정할 경우에는 아래에 제시한 예와 같이 표기한다.

- 거래조건 표기의 예 : "DAP (insert named place of destination) Incoterms® 2020"
  "DAP (지정목적지 기입) Incoterms® 2020"

  복합운송의 경우 : "DAP West Warehouse, Los Angeles, USA Incoterms® 2020"
  해상운송의 경우 : "DAP New York Port, USA Incoterms® 2020"
  항공운송의 경우 : "DAP New York Airport, USA Incoterms® 2020"
  철도운송의 경우 : "DAP Washington Station, USA Incoterms® 2020"
  도로운송의 경우 : "DAP East Cargo Terminal, New York, USA Incoterms® 2020"

## 6. DPU[Delivered at Place Unloaded(insert named place of destination) : 도착지양하인도]

### 1) 사용자를 위한 설명문(Explanatory Notes for Users)

#### (1) 인도와 위험

"DPU(도착지양하인도)"는 다음과 같이 된 때 매도인이 매수인에게 물품을 인도하는 것을 그리고 위험을 이전하는 것을 의미한다.

- 물품이
- 지정목적지에서 또는
- 지정목적지 내에 어떠한 지점이 합의된 경우에는 그 지점에서
- 도착운송수단으로부터 양하된 상태로

■ 매수인의 처분하에 놓인 때

매도인은 물품을 지정목적지까지 가져가서 그곳에서 물품을 양하하는 데 수반되는 모든 위험을 부담한다. 따라서 본 인코텀즈규칙에서 인도와 목적지의 도착은 같은 것이다. DPU는 매도인이 목적지에서 물품을 양하하도록 하는 유일한 인코텀즈규칙이다. 따라서 매도인은 자신이 그러한 지정장소에서 양하를 할 수 있는 입장에 있는지를 확실히 하여야 한다. 당사자들은 매도인이 양하의 위험과 비용을 부담하기를 원하지 않는 경우에는 DPU를 피하고 그 대신 DAP를 사용하여야 한다.

### (2) 운송방식

본 규칙은 어떠한 운송방식이 선택되는지를 불문하고 사용할 수 있고 둘 이상의 운송방식이 이용되는 경우에도 사용할 수 있다.

### (3) 정확한 인도장소/목적지 또는 인도/목적지점 지정

당사자들은 몇 가지 이유로 가급적 명확하게 목적지나 목적지점을 명시하는 것이 좋다. 첫째, 물품의 멸실 또는 훼손의 위험은 그러한 인도/목적지점에서 매수인에게 이전한다. 따라서 매도인과 매수인은 그러한 결정적인 이전이 일어나는 지점에 대하여 명확하게 해두는 것이 가장 좋다. 둘째, 그러한 인도장소/목적지 또는 인도/목적지점 전의 비용은 매도인이 부담하고 그 후의 비용은 매수인이 부담한다. 셋째, 매도인은 물품을 합의된 인도장소/목적지 또는 인도/목적지점까지 운송하는 계약을 체결하거나 그러한 운송을 마련하여야 한다. 그렇게 하지 않는 경우에 매도인은 본 규칙상 그의 의무를 위반한 것이 되고 매수인에 대하여 그에 따른 손해배상책임을 지게 된다. 따라서 예컨대 매도인은 추가적인 후속운송(on-carriage)을 위하여 운송인이 매수인에게 부과하는 추가비용에 대하여 책임을 지게 된다.

### (4) '또는 그렇게 인도된 물품을 조달함'

여기에 "조달한다"(procure)고 규정한 것은 특히 일차산품거래(commodity trades)에서 일반적인 수차에 걸쳐 연속적으로 이루어지는 매매('연속매매', 'string sales')에 대응하기 위함이다.

#### (5) 수출/수입통관

DPU(도착지양하인도)에서는 해당되는 경우에 매도인이 물품의 수출통관을 하여야 한다. 그러나 매도인은 물품의 수입을 위한 또는 인도 후 제3국 통과를 위한 통관을 하거나 수입관세를 납부하거나 수입통관절차를 수행할 의무가 없다. 따라서 매수인이 수입통관을 못하는 경우에 물품은 목적지 국가의 항구나 내륙터미널에 묶이게 될 것이다. 그렇다면 물품이 목적지 국가의 입국항구(port of entry)나 내륙터미널에 묶여있는 동안에 발생하는 어떤 멸실의 위험은 누가 부담하는가? 그 답은 매수인이다. 즉 아직 인도가 일어나지 않았고, B3(a)는 내륙의 지정지점으로의 통과가 재개될 때까지 물품의 멸실 또는 훼손의 위험을 매수인이 부담하도록 하기 때문이다. 이러한 시나리오를 피하기 위하여 물품의 수입신고를 하고 수입관세나 세금을 납부하고 수입통관절차를 수행하는 것을 매도인이 하도록 하는 경우에 당사자들은 DDP(관세지급인도)를 사용하는 것을 고려할 수 있다.

### 2) 무역계약 체결시 거래조건 표기의 예

무역계약 체결시 가격조건(price terms) 또는 거래조건(trade terms)을 DPU(도착지양하인도)조건으로 약정할 경우에는 아래에 제시한 예와 같이 표기한다.

- 거래조건 표기의 예 : "DPU (insert named place of destination) Incoterms® 2020"
  "DPU (지정목적지 기입) Incoterms® 2020"

  복합운송의 경우 : "DPU West Warehouse, Los Angeles, USA Incoterms® 2020"
  해상운송의 경우 : "DPU New York Port, USA Incoterms® 2020"
  항공운송의 경우 : "DPU New York Airport, USA Incoterms® 2020"
  철도운송의 경우 : "DPU Washington Station, USA Incoterms® 2020"
  도로운송의 경우 : "DPU East Cargo Terminal, New York, USA Incoterms® 2020"

## 7. DDP[Delivered Duty Paid(insert named place of destination) : 관세지급인도]

### 1) 사용자를 위한 설명문(Explanatory Notes for Users)

#### (1) 인도와 위험

"DDP(관세지급인도)"는 다음과 같이 된 때 매도인이 매수인에게 물품을 인도하는 것을 의미한다.

- 물품이 지정목적지에서 또는 지정목적지 내의 어떠한 지점이 합의된 경우에는 그러한 지점에서
- 수입통관 후
- 도착운송수단에 실어둔 채
- 양하준비된 상태로
- 매수인의 처분하에 놓인 때

매도인은 물품을 지정목적지까지 또는 지정목적지 내의 합의된 지점까지 가져가는 데 수반되는 모든 위험을 부담한다. 따라서 본 인코텀즈규칙에서 인도와 목적지의 도착은 같은 것이다.

### (2) 운송방식

본 규칙은 어떠한 운송방식이 선택되는지를 불문하고 사용할 수 있고 둘 이상의 운송방식이 이용되는 경우에도 사용할 수 있다.

### (3) 매도인을 위한 유의사항: 최대책임

DDP(관세지급인도)에서는 인도가 도착지에서 일어나고 매도인이 수입관세와 해당되는 세금의 납부책임을 지므로 DDP는 11개의 모든 인코텀즈규칙 중에서 매도인에게 최고수준의 의무를 부과하는 규칙이다. 따라서 매도인의 관점에서, 본 규칙은 아래 (7)번 단락에서 보는 바와 같이 여러 가지 이유로 조심스럽게 사용하여야 한다.

### (4) 정확한 인도장소/목적지 또는 인도/목적지점 지정

당사자들은 몇 가지 이유로 가급적 명확하게 목적지나 목적지점을 명시하는 것이 좋다. 첫째, 물품의 멸실 또는 훼손의 위험은 그러한 인도/목적지점에서 매수인에게 이전한다. 따라서 매도인과 매수인은 그러한 결정적인 이전이 일어나는 지점에 대하여 명확하게 해두는 것이 가장 좋다.

둘째, 수입통관비용을 포함하여 그러한 인도장소/목적지 또는 인도/목적지점 전의 비용은 매도인이 부담하고 수입비용을 제외한 그 후의 비용은 매수인이 부담한다. 셋째, 매도인은 물품을 합의된 인도장소/목적지 또는 인도/목적지점까지 운송하는 계약을 체결하거나 그러한 운송을 마련하여야 한다. 그렇게 하지 않는 경우에 매도인은 인코텀즈 DDP 규칙상

그의 의무를 위반한 것이 되고 매수인에 대하여 그에 따른 손해배상책임을 지게 된다. 따라서 예컨대 매도인은 추가적인 후속운송(on-carriage)을 위하여 운송인이 매수인에게 부과하는 추가비용에 대하여 책임을 지게 된다.

(5) '또는 그렇게 인도된 물품을 조달함'

여기에 "조달한다"(procure)고 규정한 것은 특히 일차산품거래(commodity trades)에서 일반적인 수차에 걸쳐 연속적으로 이루어지는 매매('연속매매', 'string sales')에 대응하기 위함이다.

(6) 양하비용

매도인은 자신의 운송계약상 인도장소/목적지에서 양하에 관하여 비용이 발생한 경우에 당사자 간에 달리 합의되지 않은 한 그러한 비용을 매수인으로부터 별도로 상환받을 권리가 없다.

(7) 수출/수입통관

위의 (3)번 단락에서 보듯이, DDP에서는 해당되는 경우에 매도인이 물품의 수출통관 및 수입통관을 하여야 하고 또한 수입관세를 납부하거나 모든 통관절차를 수행하여야 한다. 따라서 매도인은 수입통관을 완료할 수 없어서 차라리 이러한 부분을 수입국에 있는 매수인의 손에 맡기고자 하는 경우에 인도는 여전히 목적지에서 일어나지만 수입통관은 매수인이 하도록 되어 있는 DAP나 DPU를 선택하는 것을 고려하여야 한다. 세금문제가 개재될 수 있는데 이러한 세금은 매수인으로부터 상환받을 수 없다.

### 2) 무역계약 체결시 거래조건 표기의 예

무역계약 체결시 가격조건(price terms) 또는 거래조건(trade terms)을 DDP(관세지급인도)조건으로 약정할 경우에는 아래에 제시한 예와 같이 표기한다.

- 거래조건 표기의 예 : "DDP (insert named place of destination) Incoterms® 2020"
  "DDP (지정목적지 기입) Incoterms® 2020"

  복합운송의 경우 : "DDP Alpha Warehouse, Los Angeles, USA Incoterms® 2020"

  해상운송의 경우 : "DDP New York Port, USA Incoterms® 2020"

  항공운송의 경우 : "DDP New York Airport, USA Incoterms® 2020"

철도운송의 경우 : "DDP Toronto Station, Canada Incoterms® 2020"
도로운송의 경우 : "DDP ABC Cargo Terminal, New York, USA Incoterms® 2020"

## 8. FAS[Free Alongside Ship(insert named port of shipment) : 선측인도]

### 1) 사용자를 위한 설명문(Explanatory Notes for Users)

#### (1) 인도와 위협

"FAS(선측인도)"는 다음과 같이 된 때 매도인이 물품을 매수인에게 인도하는 것을 의미한다.

- 지정선적항에서
- 매수인이 지정한 선박의
- 선측에(예컨대 부두 또는 바지(barge)에) 물품이 놓인 때
- 또는 이미 그렇게 인도된 물품을 조달한 때

물품의 멸실 또는 훼손의 위험은 물품이 선측에 놓인 때 이전하고, 매수인은 그 순간부터 향후의 모든 비용을 부담한다.

#### (2) 운송방식

본 규칙은 당사자들이 물품을 선측에 둠으로써 인도하기로 하는 해상운송이나 내수로운송에만 사용되어야 한다. 따라서 FAS규칙은 물품이 선측에 놓이기 전에 운송인에게 교부되는 경우, 예컨대 물품이 컨테이너터미널에서 운송인에게 교부되는 경우에는 적절하지 않다. 이러한 경우에 당사자들은 FAS규칙 대신에 FCA규칙을 사용하는 것을 고려하여야 한다.

#### (3) 정확한 적재지점 지정

당사자들은 지정선적항에서 물품이 부두나 바지(barge)로부터 선박으로 이동하는 적재지점을 가급적 명확하게 명시하는 것이 좋다. 그 지점까지의 비용과 위험은 매도인이 부담하고, 이러한 비용과 그와 관련된 처리비용(handling charges)은 항구의 관행에 따라 다르기 때문이다.

#### (4) '또는 그렇게 인도된 물품을 조달함'

매도인은 물품을 선측에서 인도하거나 선적을 위하여 이미 그렇게 인도된 물품을 조달하여야 한다. 여기에 "조달한다"(procure)고 규정한 것은 특히 일차산품거래(commodity trades)에서 일반적인 수차에 걸쳐 연속적으로 이루어지는 매매("연속매매", 'strings sales')에 대응하기 위함이다.

#### (5) 수출/수입통관

FAS(선측인도)에서는 해당되는 경우에 매도인이 물품의 수출통관을 하여야 한다. 그러나 매도인은 물품의 수입을 위한 또는 제3국 통과를 위한 통관을 하거나 수입관세를 납부하거나 수입통관절차를 수행할 의무가 없다.

### 2) 무역계약 체결시 거래조건 표기의 예

무역계약 체결시 가격조건(price terms) 또는 거래조건(trade terms)을 FAS(선측인도)조건으로 약정할 경우에는 아래에 제시한 예와 같이 표기한다.

- 거래조건 표기의 예 : "FAS (insert named port of shipment) Incoterms® 2020"
  "FAS (지정선적항 기입) Incoterms® 2020"
  해상운송의 경우 : "FAS Busan, Korea Incoterms® 2020"

## 9. FOB[Free On Board(insert named port of shipment) : 본선인도]

### 1) 사용자를 위한 설명문(Explanatory Notes for Users)

#### (1) 인도와 위험

"FOB(본선인도)"는 매도인이 다음과 같이 물품을 매수인에게 인도하는 것을 의미한다.

- 지정선적항에서
- 매수인이 지정한
- 선박에 적재함
- 또는 이미 그렇게 인도된 물품을 조달함

물품의 멸실 또는 훼손의 위험은 물품이 선박에 적재된 때 이전하고, 매수인은 그 순간부터 향후의 모든 비용을 부담한다.

(2) 운송방식

본 규칙은 당사자들이 물품을 선박에 적재함으로써 인도하기로 하는 해상운송이나 내수로운송에만 사용되어야 한다. 따라서 FOB규칙은 물품이 선박에 적재되기 전에 운송인에게 교부되는 경우, 예컨대 물품이 컨테이너터미널에서 운송인에게 교부되는 경우에는 적절하지 않다. 이러한 경우에 당사자들은 FOB규칙 대신에 FCA규칙을 사용하는 것을 고려하여야 한다.

(3) '또는 그렇게 인도된 물품을 조달함'

매도인은 물품을 선박에 적재하여 인도하거나 선적을 위하여 이미 그렇게 인도된 물품을 조달하여야 한다. 여기에 '조달한다'(procure)고 규정한 것은 특히 일차산품거래(commodity trades)에서 일반적인 수차에 걸쳐 연속적으로 이루어지는 매매('연속매매', 'string sales')에 대응하기 위함이다.

(4) 수출/수입통관

FOB(본선인도)에서는 해당되는 경우에 매도인이 물품의 수출통관을 하여야 한다. 그러나 매도인은 물품의 수입을 위한 또는 제3국 통과를 위한 통관을 하거나 수입관세를 납부하거나 수입통관절차를 수행할 의무가 없다.

### 2) 무역계약 체결시 거래조건 표기의 예

무역계약 체결시 가격조건(price terms) 또는 거래조건(trade terms)을 FOB(본선인도)조건으로 약정할 경우에는 아래에 제시한 예와 같이 표기한다.

■ 거래조건 표기의 예 : "FOB (insert named port of shipment) Incoterms® 2020"
"FOB (지정선적항 기입) Incoterms® 2020"

해상운송의 경우 : "FOB Busan, Korea Incoterms® 2020"

## 10. CFR[Cost and Freight(insert named port of destination) : 운임포함 인도]

### 1) 사용자를 위한 설명문(Explanatory Notes for Users)

#### (1) 인도와 위험

"CFR(운임포함인도)"는 매도인이 물품을 매수인에게 다음과 같이 인도하는 것을 의미한다.

- 선박에 적재함
- 또는 이미 그렇게 인도된 물품을 조달함

물품의 멸실 또는 훼손의 위험은 물품이 선박에 적재된 때 이전하고, 그에 따라 매도인은 명시된 수량의 물품이 실제로 목적지에 양호한 상태로 도착하는지를 불문하고 또는 사실 물품이 전혀 도착하지 않더라도 그의 물품인도의무를 이행한 것으로 된다. CFR에서 매도인은 매수인에 대하여 부보의무가 없다. 따라서 매수인은 스스로 부보하는 것이 좋다.

#### (2) 운송방식

본 규칙은 해상운송이나 내수로운송에만 사용되어야 한다. 물품이 컨테이너터미널에서 운송인에게 교부되는 경우에 일반적으로 그러하듯이 둘 이상의 운송방식이 사용되는 경우에 사용하기 적절한 규칙은 CFR이 아니라 CPT(운송비지급인도)이다.

#### (3) '또는 그렇게 인도된 물품을 조달함'

여기에 "조달한다"(procure)고 규정한 것은 특히 일차산품거래(commodity trades)에서 일반적인 수차에 걸쳐 연속적으로 이루어지는 매매('연속매매', 'string sales')에 대응하기 위함이다.

#### (4) 인도항(port of delivery)과 목적항(port of destination)

CFR(운임포함인도)에서는 두 항구가 중요하다. 물품이 선박에 적재되어 인도되는 항구와 물품의 목적항으로 합의된 항구가 그것이다. 위험은 물품이 선적항에서 선박에 적재됨으로써 또는 이미 그렇게 인도된 물품을 조달함으로써 매수인에게 인도된 때 매도인으로부터 매수인에게 이전한다. 그러나 매도인은 물품을 인도지부터 합의된 목적지까지 운송하는 계약을 체결하여야 한다. 따라서 예컨대 물품은 (항구인) 사우샘프턴(Southampton)까지 운송을 위하여 (항구인) 상하이(Shanghai)에서 선박에 적재된다. 그러면 물품이 상하이에서 적재된 때 여기서 인도가 일어나고, 그 시점에 위험이 매수인에게 이전한다. 그리고 매도인은 상하이에서 사우샘프턴으로 향하는 운송계약을 체결하여야 한다.

### (5) 선적항은 반드시 지정되어야 하는가?

계약에서 항상 목적항을 명시할 것이지만, 위험이 매수인에게 이전하는 장소인 선적항은 명시하지 않을 수도 있다. 예컨대 매수인이 매매대금에서 운임요소가 합리적인지 확인하고자 하는 경우에 그러하듯이 선적항이 특히 매수인의 관심사항인 경우에 당사자들은 계약에서 선적항을 가급적 정확하게 특정하는 것이 좋다.

### (6) 양륙항 내 목적지점 지정

당사자들은 지정목적항 내의 지점을 가급적 정확하게 지정하는 것이 좋다. 그 지점까지 비용을 매도인이 부담하기 때문이다. 매도인은 물품을 인도지로부터 지정목적항까지 또는 그 지정목정항 내의 지점으로서 매매계약에서 합의된 지점까지 물품을 운송하는 단일 또는 복수의 계약을 체결하여야 한다.

### (7) 복수의 운송인

예컨대 먼저 홍콩(Hong Kong)에서 상하이(Shanghai)까지 피더선(feeder vessel)을 운항하는 운송인이 담당하고 이어서 상하이에서 사우샘프턴까지 항해선박(ocean vessel)이 담당하는 경우와 같이, 상이한 해상운송구간을 각기 담당하는 복수의 운송인이 운송을 수행하는 것도 가능하다. 이때 과연 위험은 매도인으로부터 매수인에게 홍콩에서 이전하는지 아니면 상하이에서 이전하는지 의문이 발생한다. 즉 인도는 어디서 일어나는가? 당사자들이 매매계약 자체에서 이를 잘 합의하였을 수도 있다. 그러나 그러한 합의가 없는 경우에는 [본 규칙의 규정하는] 보충적 입장은, 위험은 물품이 제1운송인에게 인도된 때, 즉 홍콩에서 이전하고 따라서 매수인이 멸실 또는 훼손의 위험을 부담하는 기간이 증가한다는 것이다. 당사자들은 그 뒤의 어느 단계에서 (여기는 상하이) 위험이 이전하기를 원한다면 이를 매매계약에 명시하여야 한다.

### (8) 양하비용

매도인은 자신의 운송계약상 목적항 내의 명시된 지점에서 양하에 관하여 비용이 발생한 경우에 당사자 간의 합의되지 않은 한 그러한 비용을 매수인으로부터 별도로 상환받을 권리가 없다.

(9) 수출/수입통관

CFR(운임포함인도)에서는 해당되는 경우에 매도인이 물품의 수출통관을 하여야 한다. 그러나 매도인은 물품의 수입을 위한 또는 제3국 통과를 위한 통관을 하거나 수입관세를 납부하거나 수입통관절차를 수행할 의무가 없다.

### 2) 무역계약 체결시 거래조건 표기의 예

무역계약 체결시 가격조건(price terms) 또는 거래조건(trade terms)을 CFR(운임포함인도)조건으로 약정할 경우에는 아래에 제시한 예와 같이 표기한다.

- 거래조건 표기의 예 : "CFR (insert named port of destination) Incoterms® 2020"
  "CFR (지정목적항 기입) Incoterms® 2020"

  해상운송의 경우 : "CFR New York, USA Incoterms® 2020"

## 11. CIF[Cost, Insurance and Freight(insert named port of destination) : 운임 · 보험료포함인도]

### 1) 사용자를 위한 설명문(Explanatory Notes for Users)

(1) 인도와 위험

"CIF(운임 · 보험료포함인도)"는 매도인이 물품을 매수인에게 다음과 같이 인도하는 것을 의미한다.

- 선박에 적재함
- 또는 이미 그렇게 인도된 물품을 조달함

물품의 멸실 또는 훼손의 위험은 물품이 선박에 적재된 때 이전하고, 그에 따라 매도인은 명시된 수량의 물품이 실제로 목적지에 양호한 상태로 도착하는지를 불문하고 또는 사실 물품이 전혀 도착하지 않더라도 그의 물품인도의무를 이행한 것으로 된다.

### (2) 운송방식

본 규칙은 해상운송이나 내수로운송에만 사용되어야 한다. 물품이 컨테이너터미널에서 운송인에게 교부되는 경우에 일반적으로 그러하듯이 둘 이상의 운송방식이 사용되는 경우에 사용하기 적절한 규칙은 CIF(운임 · 보험료포함인도)가 아니라 CIP(운송비 · 보험료지급인도)이다.

### (3) '또는 그렇게 인도된 물품을 조달함'

여기에 "조달한다"(procure)고 규정한 것은 특히 일차산품거래(commodity trades)에서 일반적인 수차에 걸쳐 연속적으로 이루어지는 매매('연속매매', 'string sales')에 대응하기 위함이다.

### (4) 인도항(port of delivery)과 목적항(port of destination)

CIF(운임 · 보험료포함인도)에서는 두 항구가 중요하다. 물품이 선박에 적재되어 인도되는 항구와 물품의 목적항으로 합의된 항구가 그것이다. 위험은 물품이 선적항에서 선박에 적재됨으로써 또는 이미 그렇게 인도된 물품을 조달함으로써 매수인에게 인도된 때 매도인으로부터 매수인에게 이전한다. 그러나 매도인은 물품을 인도지부터 합의된 목적지까지 운송하는 계약을 체결하여야 한다. 따라서 예컨대 물품은 (항구인) 사우샘프턴(Southampton)까지 운송을 위하여 (항구인) 상하이(Shanghai)에서 선박에 적재된다. 그러면 물품이 상하이에서 선적된 때 여기서 인도가 일어나고, 그 시점에 위험이 매수인에게 이전한다. 그리고 매도인은 상하이에서 사우샘프턴으로 향하는 운송계약을 체결하여야 한다.

### (5) 선적항은 반드시 지정되어야 하는가?

계약에서 항상 목적항을 명시할 것이지만 위험이 매수인에게 이전하는 장소인 선적항은 명시하지 않을 수도 있다. 예컨대 매수인이 매매대금에서 운임요소 또는 보험요소가 합리적인지 확인하고자 하는 경우에 그러하듯이 선적항이 특히 매수인의 관심사항인 경우에 당사자들은 계약에서 선적항을 가급적 정확하게 지정하는 것이 좋다.

### (6) 양륙항 내 목적지점 지정

당사자들은 지정목적항 내의 지점을 가급적 정확하게 지정하는 것이 좋다. 그 지점까지 비용을 매도인이 부담하기 때문이다. 매도인은 물품을 인도지로부터 지정목적항까지 또는 매매계약에서 그러한 지점이 합의된 경우에는 지정목적항 내의 지점까지 운송하는 단일 또는 복수의 계약을 체결하여야 한다.

### (7) 복수의 운송인

예컨대 먼저 홍콩(Hong Kong)에서 상하이(Shanghai)까지 피더선(feeder vessel)을 운항하는 운송인이 담당하고 이어서 상하이에서 사우샘프턴(Southampton)까지 항해선박(ocean vessel)이 담당하는 경우와 같이, 상이한 해상운송구간을 각기 담당하는 복수의 운송인이 운송을 수행하는 것도 가능하다. 이때 과연 위험은 매도인으로부터 매수인에게 홍콩에서 이전하는지 아니면 상하이에서 이전하는지 의문이 발생한다. 즉 인도는 어디서 일어나는가? 당사자들이 매매계약 자체에서 이를 잘 합의하였을 수도 있다. 그러나 그러한 합의가 없는 경우에, [본 규칙이 규정하는] 보충적 입장은, 위험은 물품이 제1운송인에게 인도된 때, 즉 홍콩에서 이전하고 따라서 매수인이 멸실 또는 훼손의 위험을 부담하는 기간이 증가한다는 것이다. 당사자들은 그 뒤의 어느 단계에서 (여기서는 상하이) 위험이 이전하기를 원한다면 이를 매매계약서 명시하여야 한다.

### (8) 보험

매도인은 또한 선적항부터 적어도 목적항까지 매수인의 물품의 멸실 또는 훼손 위험에 대하여 보험계약을 체결하여야 한다. 이는 목적지 국가가 자국의 보험자에게 부보하도록 요구하는 경우에는 어려움을 야기할 수 있다. 이러한 경우에 당사자들은 CFR로 매매하는 것을 고려하여야 한다. 또한 매수인은 인코텀즈 2020 CIF하에서 매도인은 '협회적하약관의 A-약관(Institute Cargo Clause (A))'에 의한 보다 광범위한 담보조건이 아니라 '협회적하약관의 C-약관(Institute Cargo Clause (C))'이나 그와 유사한 약관에 따른 제한적인 담보조건으로 부보하여야 한다는 것을 유의하여야 한다. 그러나 당사자들은 여전히 더 높은 수준의 담보조건으로 부보하기로 합의할 수 있다.

### (9) 양하비용

매도인은 자신의 운송계약상 목적항 내의 명시된 지점에서 양하에 관하여 비용이 발생한 경우에 당사자 간에 달리 합의되지 않은 한 그러한 비용을 매수인으로부터 별도로 상환받을 권리가 없다.

(10) 수출/수입통관

CIF(운임 · 보험료포함인도)에서는 해당되는 경우에 매도인이 물품의 수출통관을 하여야 한다. 그러나 매도인은 물품의 수입을 위한 또는 제3국 통과를 위한 통관을 하거나 수입관세를 납부하거나 수입통관절차를 수행할 의무가 없다.

## 2) 무역계약 체결시 거래조건 표기의 예

무역계약 체결시 가격조건(price terms) 또는 거래조건(trade terms)을 CIF(운임 · 보험료포함인도)조건으로 약정할 경우에는 아래에 제시한 예와 같이 표기한다.

- 거래조건 표기의 예 : "CIF (insert named port of destination) Incoterms® 2020"
  "CIF (지정목적항 기입) Incoterms® 2020"

  해상운송의 경우 : "CIF San Francisco, USA Incoterms® 2020"

# 제 4 부

# 무역계약과 주요 거래조건

# CHAPTER 01 품질조건(terms of quality)



무역계약에서 가장 중요한 것은 상품의 품질(quality)문제이다. 매수인이 매도인에게 제기하는 클레임 중에서 압도적으로 많은 것이 이 품질에 대한 것이다. 특히 국제무역거래는 계약의 체결시점과 물품의 인도시점이 다르기 때문에 매수인은 현물의 직접적인 확인 없이 매입하게 되므로 예상품질과 도착화물의 품질상위가 자주 발생하게 된다. 따라서 품질조건에서는 품질의 결정방법, 품질의 결정시기 그리고 품질증명방법 등을 명확히 규정하여야 한다.

## 제1절 품질의 결정방법

무역계약에서 품질의 조건을 어떻게 약정할 것인가에 대하여는 다음과 같은 방법을 들 수 있다.

### 1. 견본매매(sales by sample, sales by pattern)

#### 1) 견본매매의 의의

견본매매(sales by sample)는 오늘날 무역거래에서 가장 널리 이용되고 있는 방법으로 매매당사자가 제시한 견본(sample)을 기준으로 거래물품의 품질수준을 결정하는 방법이다.

이 방법은 주로 공장에서 생산되는 공산품을 대상으로 하며, 거래물품의 품질 및 형태를 일일이 설명하거나 또는 품질의 명세를 적절히 규정하는 것이 불가능하여 견본제출을 필요로 하는 경우에 주로 이용되고 있다. 견본에 의한 매매에서 매도인은 견본과 동일한 품질의 물품을 인도해야 할 의무가 있으므로, 제시하는 견본은 최상품이 아닌 보통의 평균적

(fair and average) 품질의 견본을 제시하는 것이 바람직하다. 그러므로 매도인은 견본과 동종·동질·동형의 상품을 인도할 책임이 있으며 실제로 인도된 상품의 품질이 견본과 상이할 때에는 매수인이 클레임(claim)을 제기하거나 수령을 거절할 수 있다.

### 2) 견본매매의 종류

견본매매의 경우 매수인은 매도인에게 거래물품의 품질을 대표하는 매수인견본(buyer's sample)을 제시하여 이것을 판단기준으로 하여 물품을 생산·인도하게 함으로써 국제거래를 원활하게 수행하게 된다. 그리고 매도자가 제시하는 매도인견본(seller's sample)을 기준으로 하여 매매하는 경우도 있다. 특히 견본은 후일에 일어날 수 있는 클레임(claim)에 대비하여 최소한 동일 견본을 2개 내지 3개를 만들어 물품을 매수인 측에 인도완료한 후에도 상당한 기간 동안 보관하여야 한다. 즉 매도인은 통상적으로 원견본(original sample)을 매수인에게 발송하고 그것과 동일한 제2견본(duplicate sample)을 보관하여야 하며, 물품공급계약으로 물품을 조달하는 경우에는 제조업자 또는 공급업자에게 제3견본(triplicate sample)을 보관시켜 후일에 참고한다.

또한 선적물품을 발송하기 전에 미리 매수인에게 선적품을 알리기 위하여 선발견본(advance sample)을 발송하기도 하며, 매수인이 견본에 의한 거래요청이 있을 경우에 매도인은 그 원견본(original sample)에 색상이나 형태 등을 수정하여 새로운 대응견본(counter sample)을 보내어 승낙을 얻기도 한다. 이 경우 상대방이 승인하는 경우 승인견본(approval sample)이 된다. 그리고 매수인의 요청으로 실제로 선적된 물품 중에서 그 일부를 보내는 경우 선적견본(shipping sample)이 된다.

### 3) 견본매매시 유의사항

첫째, 거래당사자는 신중하게 견본(sample)을 제작, 송부 및 보관하여야 한다. 즉, 견본의 종류가 다양하고 많은 경우에는 견본대장(sample book)을 별도로 만들어 견본의 종류별로 구분하여 견본번호(sample number)를 붙여서 견본의 명칭, 송부일자, 상대방의 성명 등을 기재하여야 하고, 상대방으로부터 견본을 송부받은 경우에도 견본대장에 기재하고 그 동일품 및 일부분을 사본견본(copy sample)으로 잘 보관하여야 한다.

둘째, 매도인이 견본을 제시하는 계약의 경우에는, 매도인은 견본과 동일한 품질의 물품을 인도해야 할 의무가 있다. 그러나 매도인은 자신이 제시한 견본(sample)과 동일한 품질의 물품을 인도하지 못할 수 있으므로, 자신이 만든 최상품 중에서 견본을 선택하기보다는 보통의 평균적(fair and average) 품질의 견본을 선택하여 제시하는 것이 바람직할 것이다.

셋째, 계약물품의 품질을 표시할 때 엄격한 과정을 거쳐 나오는 생산품이 견본과 동일품인 경우가 아니고서는 매매계약시 계약물품의 품질조건에 관하여 "Quality to be fully equal to the sample", "Quality to be same as sample"과 같이 표현하는 것보다는 "Quality to be similar to the sample", "Quality to be about the same as sample", "Quality to be about equal to the sample" 등과 같은 완곡한 표현을 사용하는 것이 후일의 마켓클레임(market claim)이나 의도적인 클레임의 예방을 위하여 바람직하다.

그러나 무역계약 당사자인 매도인과 매수인은 상대적이기 때문에 품질의 표현은 서로 상반된 입장에서 유리하거나 불리하게 된다.

### 가) 매수인에게 유리한 표현

- The quality of goods should be same as the sample.
- The quality of goods should be fully equal to the sample.
- The quality of goods should be up to the sample.

### 나) 매도인에게 유리한 표현

- The quality of the goods should be similar to the sample.
- The quality of goods should be about equal to the sample.
- The quality of goods should be as per to the sample.

## 2. 점검매매(sales by inspection)

점검매매(sale by inspection)는 매수인이 거래물품의 품질수준을 실제로 직접 점검하고 확인한 후 매매계약을 체결하는 경우의 품질결정방법이다. 이 조건은 국내거래에서 직접 물품을 구입하는 경우의 점두매매 형태와 대체적으로 같은 것이다.

그러나 국제무역거래에서 점검매매의 경우는 첫째 수입국에 상주하는 매도인의 대리인에 의하여 제시되는 물품을 매수인이 직접 그 품질을 확인한 후 매매계약을 체결하는 현물상환방식(cash on delivery : COD), 둘째 점검매매조건부청약(offer on approval) 및 반품

허용조건부청약(offer on sale or return), 셋째 매수인이 수입국인 자국의 보세창고에 있는 거래물품의 품질수준을 직접 확인한 후 매매계약을 체결하는 보세창고도거래(Bonded Warehouse Transaction : BWT) 그리고 수출국에 상주하는 매수인의 대리인이 있는 경우 그 대리인이 거래물품의 품질수준을 직접 확인한 후 매매계약을 체결하게 되며 주로 신규 상품의 시장개척의 경우에 이용된다.

## 3. 표준품매매(sales by standard)

표준품매매(sales by standard)는 일정한 규격이나 견본제시가 불가능한 수확이 예상되는 농산물, 수산물, 광산물, 목재 등과 같은 일차산품은 기계처럼 같은 규격으로 생산될 수 없으므로 해당연도의 표준품(standard)을 기준으로 거래물품의 품질수준을 결정하는 방법이다. 수출국의 공정규격에 의해서 그 규격이 정해져 있는 상품에 대해서는 견본에 의할 필요가 없이 그 등급(grade)을 정하여 거래가 이루어지며 선물거래(future transaction)에 주로 사용된다.

농산물을 매매할 경우에는 보통 그 계절의 표준이 되는 품질의 물품을 기준으로 거래가 이루어지며, 실제로 인도하는 물품이 그 표준품(standard)과 다를 때에는 정도에 따라 가격을 증감하고 있다. 일반적으로 곡물류의 경우에는 평균중등품질(Fair Average Quality : FAQ)을, 그리고 정확한 견본을 이용할 수 없는 목재, 냉동어류, 광물류와 같은 경우에는 판매적격품질(Good Merchantable Quality : GMQ)을, 인삼, 오징어 등에는 보통표준품질(Usual Standard Quality : USQ)을 각각 표준품으로 한다.

여기에서 표준품(standard)은 농산물이나 수산물 등의 천연산물과 같이 동종이지만 이질적인 여러 상품들이 혼합되어 한 가지 종류의 상품을 형성하는 경우 그 상품의 품질을 대표하는 상품의 소량을 의미하는데, 표준품매매에는 다음의 세 가지가 있다.

### 1) 평균중등품질조건(Fair Average Quality : FAQ)

평균중등품질조건(FAQ)은 주로 곡물류나 천연과일 등의 농산물거래에 사용되는 품질조건으로 인도상품의 표준품질은 선적지에서 당해 연도에 생산되는 동종의 수확물 가운데 평균적이며 중등의 품질을 표준으로 하여 거래물품의 품질수준을 결정하는 방법이다. 선물거래(future transaction)인 경우에는 전년도 수확물의 평균중등품질을 채택하기도 한다.

**❙ 표 4-1 ❙ 표준품매매의 품질결정방법**

| 조건 | 개념 |
|---|---|
| 평균중등품질조건<br>(FAQ terms) | 주로 과일, 곡물류의 선물거래에 사용되는 것으로, 선적지 혹은 양륙지의 권위 있는 기관에 의해서 수입하는 물품으로부터 추출한 것을 적당히 혼합하여 그 계절의 중등품질을 대표한 일종의 표준견본을 만들고, 이것으로서 품질을 결정하는 것이다. |
| 판매적격품질조건<br>(GMQ terms) | 목재, 냉동어류 등과 같이 그 내부의 품질을 외관상으로 알 수 없는 거래에 주로 이용되는 방법으로, 양륙지에서 물품을 검사한 결과 시장성이 없는 품질이라는 것이 판명된 경우에는 그 책임을 도매인(수출상)에게 부담시킴으로써, 매매에 있어 그 적격성을 보증시키고자 한 조건이다. |
| 보통표준품질조건<br>(USQ terms) | 공인검사기관에 의하여 표준품이 되는 품질조건이 정해져 있다. 주로 원면, 인삼거래에 이용되고 있다. |

### 2) 판매적격품질조건(Good Merchantable Quality : GMQ)

판매적격품질조건(Good Merchantable Quality : GMQ)은 보통 물품을 인도하는 때에 그 제품의 품질이 제품의 성질과 그 지역의 상관습에 비추어서 판매가능한 상태일 것을 조건으로 거래물품의 품질수준을 결정하는 방법이다. 즉 판매의 적격성을 매우 중요하게 여기는 조건으로서 물품 내부의 부패나 기타 잠재하자를 외관상으로 확인하기 어려운 냉동수산물, 원목, 목재 등과 같이 정확한 견본의 이용이 곤란한 상품의 거래에 사용된다.

무역계약에는 "상품의 품질이 시장에서의 판매에 적합하여야 한다"고 하는 묵시적 조건이 약정되어 있는 것으로 간주된다. 물품의 판매적합품질이란 물품의 명세, 가격 및 기타 이와 관련된 상황이 적절한 경우에 시장에서 일반적으로 구매되고 있는 동일 종류의 타 상품의 구매목적에 적합한 품질을 의미하는 것으로서 이 조건은 수출업자가 인도한 상품이 수입지에서 양하되어 검사한 후 현지시장에서 판매에 적합한 상품일 것을 보증하는 조건이다. 즉, 양륙지에서 품질을 검사하여 시장성이 없는 품질에 대하여는 매도인이 그 책임을 지는 조건으로, 특히 판매 불능인 경우에는 매수인에게 손해배상청구권을 인정하는 조건이다.

### 3) 보통표준품질조건(Usual Standard Quality : USQ)

공인검사기관 또는 공인표준기준에 의하여 보통품질을 사전에 표준품의 품질수준으로 결정하는 조건이다. 예컨대, 우리나라에서 수출하고 있는 인삼이나 오징어 등은 그 품질에 따라 1등급, 2등급 또는 A급, B급 등으로 구분한다. 이에 해당 수출조합이나 정부가 지정한 공공기관에서 품질을 판정하여 구분한다. 이 조건은 미국의 면화판매에서 유래하였으며 주로 원면(raw cotton)이나 생사(raw silk) 등의 거래에 이용한다.

## 4. 규격매매(sales by type or grade)

규격매매(sales by type or grade)는 국제적으로 통일된 규격이 정해져 있는 경우 그 규격에 의하여 상품의 품질수준을 결정하거나 수출국의 공적 규정으로 인정되는 규격이나 등급으로 거래물품의 품질수준을 결정하는 방법을 말한다. 주로 전기제품이나 전자제품 또는 각종 기기나 도구 등의 매매에 적용된다. 공산품의 경우에는 ISO(International Standard Organization), 영국의 BSS(British Standard Specification), 일본의 JIS(Japan Industrial Standard) 그리고 우리나라의 KS(Korean Standard) 등의 규정을 적용하여 품질수준을 결정하게 된다. 우리나라는 KS표시품을 수출하는 경우 수출검사를 면제하여 주고 있다.

## 5. 상표에 의한 매매(sales by trade mark, sales by brand)

상표에 의한 매매(sales by trade mark, sales by brand)는 세계적으로 널리 알려진 물품에 대해서 견본을 제시할 필요 없이 생산업자의 상표(trade mark)나 통명(brand)에 의하여 품질수준을 결정하는 방법을 말한다.

예를 들면, 청량음료 코카콜라(Coca Cola)와 펩시콜라(Pepsi Cola), 카메라의 캐논(Canon)과 니콘(Nikon), 만년필의 파커(Parker), 손목시계의 오메가(Omega)와 로렉스(Rolex) 등과 같이 세계시장에 널리 알려진 유명상표의 제품은 견본이나 품질에 관한 설명이 없이 그 상표 자체만으로도 품질을 인정받게 되기 때문에 상표만을 가지고 품질수준을 결정할 수 있다.

이와 같이 상표(trade mark)나 상표명(brand name)으로 상품의 품질이나 등급을 결정할 수 있는 경우, 매수인은 그 상표나 상표명에 의하여 신속하게 거래할 수가 있으므로 국제무역거래에서 빈번하게 상표에 의한 매매가 이루어지고 있다.

## 6. 명세서매매(sales by specification, sales by description)

명세서매매(sales by specification, sales by description)는 기계류, 선박, 의료기구, 철도차량, 중장비 등 고가의 거대한 기계류의 경우에 견본의 제시가 불가능하므로 카탈로그(catalogue), 설명서(description), 명세서(specification of dimension), 도해부 목록(illustrated catalogue), 설계도(plan), 청사진(blue print) 등에 의하여 목적상품의 재료, 구조, 규격, 성능, 특성, 기능 등에 관하여 상대방에게 상세히 설명하고 인도상품이 이 설명과 일치할 것을 품질조건으로 하는 매매방법을 말한다. 무역거래에서는 설명서매매이면서 동시에 견본매매인 경우가 많다.

**표 4-2 품질의 결정방법**

| 결정방법 | 내 용 |
|---|---|
| 견본에 의한 매매 (sales by sample) | 무역거래에서 가장 널리 이용되고 있는 방법으로 실제 매매될 물품의 품질을 매매의 당사자가 제시한 견본에 의하여 인도할 것을 약정하는 방법이다. 이 방법에 의할 경우 매도인은 반드시 원견본(original sample)을 매수인에게 발송하되 그것과 동일한 제2견본(duplicate or reference sample)을 보관하고 국내에서 물품공급계약으로 물품을 조달하는 경우에는 공급자에게 제3견본을(triplicate)을 보관시키는 것이 좋다. |
| 상표에 의한 매매 (sales by mark or brand) | 매매목적물이 국제적으로 널리 알려진 경우에는 견본을 제시할 필요 없이 상표(trade mark)나 통명(brand)에 의하여 품질기준을 선정한다. |
| 규격에 의한 매매 (sales by type or grade) | 물품의 규격이 국제적으로 통일되어 있거나 수출국의 공적규격으로 특정도어 있는 경우에 품질이 결정되는 방법이다. |
| 명세서에 의한 매매 (sales by specification) | 무역거래에 있어서 어떤 종류의 물품품질을 표시하는데 견본이나 현품에 의할 수 없는 경우가 있고, 또 상표나 성질 등의 표시에 의하는 것이 곤란한 경우가 있다. 이 경우 거래대상물품의 소재, 구조, 성능 등에 대하여 상세한 명세서(specification)나 설명서(description), 설계도(plan) 등에 의하여 매매기준으로 삼는 방법이다. 주로 기계류, 선박류, 의료기구 등에 활용되고 있다. |
| 표준품에 의한 매매 (sales by standard) | 매매대상이 되는 물품 가운데 농산물의 천연산물의 물품의 경우에는 선물거래(future sale)가 많기 때문에 실제 견본을 이용할 수 없는 경우가 있는데, 이 경우 표준품(standard)을 기초로 하여 매매가 이루어진다. 표준품에 의한 매매의 경우 목적물의 실제거래에 있어 약정품과 표준물의 품질에 있어 견본매매와 같이 반드시 그것과 일치할 것을 요구하지 않는다. |

# 제2절 품질의 결정시기

무역거래에서 물품의 운송은 대부분 장거리 운송에 의하여 이루어지기 때문에 선적시의 품질과 양륙시의 품질에 차이가 발생할 가능성이 크다. 따라서 품질의 결정시기는 거래물품이 약정된 품질수준을 충족하는가의 여부를 어느 시점의 품질상태를 기준으로 판정할 것인지를 결정하는 기준시점을 말한다.

## 1. 일반물품의 품질결정시기

품질의 결정시기는 선적품질조건(shipped quality terms)과 양륙품질조건(landed quality terms)으로 구분되며, 어느 시점의 품질상태에 의하여 판정할 것인가 하는 기준시점을 사전에 약정하여야 한다.

### 1) 선적품질조건(shipped quality terms)

선적품질조건(shipped quality terms)은 인도물품의 품질이 약정품질과 일치하느냐의 여부를 선적시점의 품질에 의하여 결정하는 방법으로서 주로 공산품의 경우에 널리 이용되고 있다. 이 조건에서는 매도인이 운송 중에 변질된 물품이나 조수 등에 의한 물품의 손해에 대하여는 책임이 면제된다. 이때에 약정한 품질과 동일하다는 것을 입증하기 위하여 권위 있는 사증기관(surveyor)의 품질증명서(certificate of quality) 또는 검사증명서(certification of inspection)를 매수인에게 제공하여야 한다. 즉, 매도인은 선적시의 품질이 약정품질과 일치할 것은 보증하나 운송 도중의 변질에 의한 도착시의 상태에 대해서는 책임을 지지 않는 조건이다.

선적품질조건의 대표적인 예로는 런던곡물시장을 중심으로 곡물류거래에서 자주 이용되고 있는 TQ(Tale Quale)가 있다. 또한 TQ와 유사한 것으로 SD(Sea Damaged)가 있는데, 이는 운송 도중의 모든 품질위험은 매수인이 부담하나, 다만 해수에 의한 손해를 입은 경우에만 운송 중의 위험을 매도인이 부담하는 조건이다. 품질의 결정시기에 관하여 당사자간 합의가 없는 경우, 일반적으로 정형거래조건 EXW, FOB, CFR 및 CIF 등은 선적지의 품질이 기준시점이 되며, 표준품매매 중 평균중등품질조건(FAQ) 역시 선적시의 품질을 기준으로 한다.

### 2) 양륙품질조건(landed quality terms)

양륙품질조건(landed quality terms)은 인도물품의 품질과 약정된 품질과 일치하는가 여부를 도착지 양륙시점의 품질에 의하여 결정하는 방법을 말한다. 따라서 운송 도중에 변질되기 쉬운 농산물이나 도착지에 양륙해서 정확한 분석에 의거하여 품질이 결정되는 광산물 등에 주로 이용되고 있다.

이 조건에서는 매도인이 운송 중의 물품의 변질 등에 대하여 모든 책임을 지며, 매수인이 수입상품에 관하여 품질의 불일치임을 발견하였을 경우에는 수입지의 사증기관에 품질감정을 의뢰하고 거기에서 발행된 감정보고서(survey report)를 매도인에게 보내어 손해배상을 청구하는 것이 보통이다. 만일에 수입지에 이러한 사증기관이 없으면 수입지 주재의 수출국영사 또는 수입지의 상업회의소에 사증기관의 선정을 의뢰하여 사증을 시킬 수도 있다. 곡물류의 거래에서는 양륙품질조건을 RT(Rye Terms)라고도 하는데, 이는 원래 Rye(호밀) 거래에서 처음 사용된 것에서 유래된 것이다. 품질의 결정시기에 관하여 별도의 명시가 없는 경우, 정형거래조건 DAP, DPU 및 DDP는 양륙지의 품질이 기준시점이 되며, 표준품매매의 GMQ조건도 여기에 해당된다.

**표 4-3 품질의 결정시기**

| 조건 | 개념 |
|---|---|
| 선적품질조건<br>(shipped quality terms) | 인도물품의 품질이 약정한 품질과 일치하는가 여부를 선적시의 품질에 의해 결정하는 방법으로 일반 공산품 등에 널리 이용되고 있다. 매도인은 운송에 변질된 물품에 대해서는 책임을 지지 않는 조건이다. 일반적으로 FCA, FAS, FOB, CFR, CIF, CPT, CIP 거래조건은 선적품질조건이라고 할 수 있고, 표준품매매의 FAQ조건 역시 마찬가지이다. |
| 양륙품질조건<br>(landed quality terms) | 인도상품의 품질이 계약품질과 일치하는가 여부를 도착지 양류시의 품질에 의하여 결정하는 방법이다. 매도인은 운송 중에 변질된 물품에 대해서는 책임을 져야 한다. 도착지 인도조건(delivered terms)인 DAP, DPU, DDP 거래조건은 양륙품질조건으로 볼 수 있고, 표준품매매의 GMQ조건 역시 마찬가지이다. |

## 2. 곡물의 품질결정시기

특히 곡물류거래에 있어서 선적품질조건과 양륙품질조건에 관하여서는 다음과 같은 세 가지의 특수한 형태가 사용되고 있다.

### 1) Tale Quale(TQ)

Tale Quale은 "Such as it is"의 의미로서 선적품질조건(shipped quality terms)에 속하며, 매도인은 운송 중의 손실에 대해서는 책임을 부담하지 않는 조건이다. 영국 런던곡물시장에서 정립된 곡물류거래에서 사용되는 선적품질조건이다.

이 조건에서는 일반적으로 다음과 같이 약정한다.
"Shipment is good condition but tale quale as regards condition on arrival."

### 2) Rye Terms(RT)

원래 호밀(Rye)거래에서 사용되었다고 하여 RT라고 하는데, 품질의 기준이 양륙품질조건(landed quality terms)이 되며, 운송 중의 손실에 대해서 매도인이 책임을 지는 것이다.

### 3) Sea Damage(SD)

원칙적으로 매도인이 약정한 물품의 품질을 선적할 때까지만 책임을 부담하고, 양륙시에는 책임을 부담하지 않는 선적품질조건이지만, 선적하여 항해 중에 발생하는 바닷물에 의한 손해, 즉 습손, 증기손, 염분침투, 곰팡이 등에 기인하는 품질손해에 대하여 추가적으로 매도인이 부담하는 조건으로 선적품질조건과 양륙품질조건을 절충한 조건이다.
이 조건에서는 보통 다음과 같이 약정한다.
"Damaged by sea water, if any, seller's account." 또는
"All sweeping and damaged by sea water or condensation to be rejected."

▌표 4-4▌곡물의 품질결정시기

| 구 분 | 개 념 |
| --- | --- |
| Tale Quale(TQ) | 이 조건은 선적품질조건으로 매도인은 약정한 품물의 품질을 선적할 때까지만 책임을 지는 조건이다. |
| Rye Terms(RT) | 이 조건은 호밀(rye)거래에 사용되면서 물품이 도착시 손상되어 있는 경우에 그 손해에 대해서는 매도인이 부담하는 양륙품질조건이다. |
| Sea Damage(SD) | 원칙적으로 선적품질조건이지만, 해상운송 중에 발생하는 손해, 즉 습기, 증기, 곰팡이 등에 기인하는 품질손해에 대해서는 매도인이 부담하는 선적품질조건과 양륙품질조건을 절충한 조건이다. |

## 3. 품질의 증명방법

무역계약 체결시 무역계약서에 물품의 품질검사에 관한 조항을 삽입하여야 한다. 이렇게 물품의 품질 증명방법에 대하여 사전에 합의하여 조건을 명시하여야 하지만, 원칙적으로 품질의 입증은 선적품질조건의 경우에 매도인은 필요시 선적지의 사증기관으로부터 품질증명서를 발급받아 매수인에게 제출함으로써 책임이 면제되고, 양륙품질조건의 경우 매수인은 품질에 이상이 있으면 양륙지의 사증기관으로부터 감정보고서(survey report)를 발급받아 매도인에게 손해배상을 청구할 수 있다. 경우에 따라서는 미리 검사기관 및 검사방법 등을 협정해 둘 필요가 있으며, 특히 품질불량의 경우에 대비하여 중재방법 및 불량품의 처리방법 등에 관해서 명확하게 해두는 것이 좋다. 검사조항에는 검사시기, 검사장소, 검사방법, 검사기관 및 검사비용 부담 등에 대하여 명시하여야 한다.

따라서 품질에 대한 입증은 객관적인 입장에서 검사, 감정, 보고증명 등을 업으로 하는 감정인을 이용하여 감정보고서에 의하여 발생된 손해를 배상할 수 있도록 명확하게 계약시에 합의하여 두는 것이 좋다.

CHAPTER 02

# 수량조건(terms of quantity)



수량조건(terms of quantity)은 거래대상 물품의 수량과 관련된 사항을 약정하는 조건으로서, 특히 무역거래에서는 나라에 따라 수량에 대한 관습이 서로 다르기 때문에 분쟁이 발생되기 쉽다. 수량에 관한 조건에서는 ① 수량의 단위, 계량방법, 수량표현의 방법 및 정산가격기준의 결정 등 수량결정의 방법, ② 수량결정의 시기 그리고 ③ 과부족의 용인 등에 대하여 명확히 약정하여야 한다.

## 제1절 수량의 단위

계약상품의 수량(quantity)을 결정하는 수량의 단위는 상품의 성질과 거래관습에 따라 ① 중량(weight), ② 용적(measurement), ③ 개수(piece, dozen), ④ 포장(bale, case, bag), ⑤ 길이(length) 등이 있는데, 이 수량단위 중 가장 중요한 것은 톤(ton), 파운드(lbs), 킬로그램(kg) 등과 같은 중량단위이다.

**표 4-5 주요 수량단위**

| 수량단위 | 종 류 |
|---|---|
| 중량(무게)<br>(weight) | •kg, lb(pound),<br>•ton :<br>Long ton(L/T, English ton: Gross ton)= 2,240lbs(1,016Kgs)=영국톤<br>Short ton(S/T, American ton: Net ton)= 2,000lbs(907Kgs)=미국톤<br>Metric ton(M/T, French ton: Kilo ton)= 2,204lbs(1,000Kgs)=프랑스톤<br>•hunderd weight(cwt) : Long cwt = 112lbs, Short cwt=100lbs<br>•weight : gross weight, net weight, net net weight |

| | |
|---|---|
| 용적(부피)<br>(measurement) | bushel, barrel, liter, cubic meter(CBM), cubic foot(CFT)<br>super foot(S.F)=1 square foot×1 inch,<br>gallon : Enlish gallon(imperial gallon)=4.546liter<br>American gallon(wine gallon)=3.7853liter |
| 개수<br>(piece) | piece(개), set, dozen(다스=12개),<br>gross(12×12=144개)<br>small gross(12×10=120개)<br>great gross(12×12×12=1,728개) |
| 포장<br>(package) | TEU(twenty feet equivalent unit), FEU(forty feet equivalent unit)<br>Keg(작은 나무통), bag(자루), case(상자), bale(곤포), carton(판지상자),<br>bundle(다발), drum(드럼통), can(깡통), carboy(상자에 넣은 큰 유리병) |
| 길이(length) | meter, yard, inch, foot, piece |
| 면적(square) | square foot(SFT) |

## 1. 중량(weight)

### 1) 중량의 단위

중량(weight)은 무게를 나타내는 단위로서, 파운드(Pound ; lb), 킬로그램(Kilogram ; kg), 톤(Ton) 등이 광범하게 사용되는데 톤(Ton)에는 다음과 같이 L/T(Long Ton), S/T(Short Ton), M/T(Metric Ton)의 3가지 종류가 있다.

① Long Ton(L/T, English Ton ; Gross Ton)=2,240lbs(1,016kgs) : 영국톤

② Short Ton(S/T, American Ton ; Net Ton)=2,000lbs(907kgs) : 미국톤

③ Metric Ton(M/T, French Ton ; Kilo Ton)=2,204lbs(1,000kgs) : 프랑스톤

중량을 표시하는 중량톤(Weight Ton ; W/T)과 용적을 표시하는 용적톤(Measurement Ton ; M/T)인지를 구별하여야 한다.

1 M/T(용적톤 : Measurement Ton)=40 Cubic Feet=1CBM

### 2) 중량의 측정방법

중량을 측정하는 방법에는 측정시 포장의 중량을 포함하는지의 여부에 따라 다음과 같이 총중량(gross weight), 순중량(net weight), 순순중량(net net weight) 그리고 법적중량

(legal weight)으로 구분된다. 특히 순순중량은 상품에 따라서는 수입관세의 적정한 부과를 위해서 수입국의 세관이 특별히 요청하는 경우가 많다.

① **총중량(총량, gross weight)조건** : 물품과 모든 포장재료를 모두 합하여 중량을 측정하는 조건, 즉 물품의 순수 자체 중량, 개장, 내장(내부충전물) 및 외장의 중량을 모두 합하여 중량을 측정하는 조건을 말한다. 이 조건은 일부 액체물품이나 소맥분, 면화 등의 특수물품의 경우에만 채택되며 일반적으로 많이 이용되는 계량방법은 아니다.

② **순중량(순량, net weight)조건** : 물품의 순중량(총중량에서 외장인 포대의 중량을 공제한 중량)으로 중량을 측정하는 조건을 말한다. 이 조건은 비누나 화장품과 같이 소매시에 포장된 채로 판매하는 상품에 적용되며, 가장 일반적으로 적용되는 계량방법이다.

③ **정미중량(순순중량, net net weight)조건** : 물품의 정미중량(총중량에서 개장, 내장 및 외장을 제외한 물품 내용물만의 순수한 중량)으로 중량을 측정하는 조건을 말한다. 이 조건은 물품을 구성하는 내용물의 순수한 중량만을 의미하는 것으로서, 예를 들면 음료의 경우 병을 제외한 순수한 음료의 중량만을 의미한다.

④ **법적중량(legal weight)조건** : 물품의 외장인 포대의 중량은 공제하지만, 물품의 소매시에 포장되어 있는 중량을 포함하여 중량을 측정하는 조건을 말한다.

## 2. 용적(measurement)

용적(measurement)은 부피를 의미하며 주로 액체나 목재 등의 측정기준으로 사용하는 단위로서, 석유 등의 액체물품에는 리터(Liter ; lit), 갤런(Gallon ; gal), 배럴(Barrel)을 사용하고, 목재에는 입방미터(Cubic Meter ; CBM), 입방피트(Cubic Feet ; cft.), Super Feet(sf.)를 사용하고, 곡물에는 부셸(Bushel) 등의 용적단위가 사용된다.

용적단위도 '톤(Ton)'과 마찬가지로, 동일한 'Gallon'이라도 액체의 경우 미국에서는 'Wine Gallon'이라 하여 '3.7853 Liters'를 의미하고, 영국에서는 'Imperial Gallon'이라 하여 '4.546 Liters'를 의미하는 것과 같이 물품의 유형과 나라에 따라 서로 차이가 있는 것에 주의를 하여야 한다. 'Super Foot'는 목재에 사용되는 용적단위로서 1SF는 "1 Square Foot×1 Inch"에 상당하는 부피이고, 480S/F는 1용적톤((Measurement Ton ; M/T)이다.

## 3. 길이(length)

주로 생사(silk), 면사(cotton yarn), 인견(rayon) 등 섬유류와 전선, 강관 등이 측정기준으로 길이(length)가 사용되며, 길이의 단위로는 미터(meter), 야드(yard), 피트(feet), 인치(inch) 등이 사용되고 있다.

## 4. 개수(number, piece, dozen)

개수(number)를 단위로 사용하는 물품은 매우 다양하다. 예를 들면 라디오, 시계, 현미경, 기계 등 일반상품은 piece, set 등을 단위로 사용하지만, 연필과 양말 등은 타스(dozen =12pieces), 핀(pin)이나 조화 등과 같이 작거나 값싼 상품에는 Gross(12Dozen ; 12×12=144pieces), Small Gross(10Dozen ; 12×10=120pieces) 그리고 Great Gross(12Gross ; 12×12×12=1,728pieces) 등의 개수단위가 사용되고 있나. 기타 개체물품(individual item)이나 포장물품(packing units) 등의 경우에는 구체적으로 수량단위를 약정한다.

컨테이너(Container)의 경우에는 TEU(Twenty feet Equivalent Unit) 또는 FEU(Forty feet Equivalent Unit) 등의 단위를 사용하며 TEU를 표준으로 사용하여 2TEU=1FEU로 계산한다.

## 5. 포장(package)

포장(package)은 주로 면화, 시멘트, 소맥분, 비료, 통조림, 유류 등의 측정기준으로 사용되는 단위로서, 곤포(bale), 포대(bag), 상자(case), 깡통(can), 드럼통(drum), 종이상자(carton), 다발(bundle), 작은통(keg) 등이 포장단위로 사용되고 있다.

**참고**

CTNS는 "Cartons"를 줄인 약어로 포장단위에서 쓰이는 것이다. 일반적으로는 상자나 박스 같은 것을 의미하지만 경우에 따라서는 컨테이너를 의미할 때도 있기 때문에 주의가 필요하다. C/T라고 쓰일 때도 있으며, 무역에서는 약어들이 많이 쓰인다. 그리고 CTN이라고 쓰일 경우에는 포장이 1개일 경우이며, 복수일 때에는 S가 붙는다.

# 제2절 수량의 결정시기

수량의 결정시기는 물품이 장거리 운송됨으로써 선적시의 수량과 양륙시의 수량이 다를 수 있으므로 품질의 결정시기와 마찬가지로 선적수량조건(shipped quantity terms)과 양륙수량조건(landed quantity terms) 중 어느 시점의 수량상태를 기준으로 판정할 것인지를 결정하는 기준시점을 말한다. 특히 중량을 수량단위로 하는 경우, 석탄이나 철광석 등과 같은 bulk cargo인 경우에는 계량수량은 선적 또는 양륙의 어느 시점에서 수량을 기준으로 할 것인지를 확실히 해 둘 필요가 있다.

**표 4-6 수량의 결정시기**

| 조 건 | 개 념 |
|---|---|
| 선적수량조건<br>(shipped quantity terms) | 선적수량조건은 선적시점에 검량한 수량이 계약에서 명시한 수량과 합치되면 운송 중에 감량이 되더라도 매도인은 이에 대하여 아무런 책임을 부담하지 않는 조건으로 선적시의 수량을 최종으로 하는 것이다. 일반적으로 FOB조건이나 CIF조건에 의한 거래는 선적지인도조건으로 선적수량조건에 의한다. |
| 양륙수량조건<br>(landed quantity terms) | 양륙수량조건은 목적항에서 양륙하는 시점에서 검량하여 인도수량이 계약수량과 합치되어야 하는 조건이며, 만일 운송중 감량이 있는 경우에는 매도인이 책임을 부담하게 되는 조건이다. DAP, DPU 그리고 DDP조건에 의한 거래는 도착지인도조건으로 양륙수량조건에 의한다. |

## 1. 선적수량조건(shipped quantity terms)

선적수량조건(shipped quantity terms)은 선적시점(time of shipment)에서 검량한 수량이 계약에서 명시한 수량과 일치하는 한, 운송 중에 감량이 발생하더라도 매도인은 이에 대하여 아무런 책임을 부담하지 아니하는 조건이므로 선적시의 수량이 최종적이 되는 것이다. 당사자 간에 별도의 특약이 없는 한, EXW, FCA, FAS, FOB, CFR, CIF, CPT 및 CIP조건은 원칙적으로 선적수량조건(shipped quantity terms)에 해당된다고 할 수 있다.

### 2. 양륙수량조건(landed quantity terms)

양륙수량조건(landed quantity terms)은 도착지의 양륙시점에서 검량한 수량이 약정한 수량과 일치하여야 하는 조건이며 운송 중에 감량이 발생하였다면 매도인이 이에 대해 책임을 부담하게 된다. 그러므로 매수인은 양륙된 수량에 대하여만 대금지급의 의무를 지게 된다.

별도 포장이 없이 선적하여 감량이 발생하기 쉬운 곡물이나 광석과 같은 bulk cargo의 선적시에는 정확하게 계량할 수 없기 때문에 송장의 수량과 실제로 선적된 수량이 다를 경우가 많다. 이런 상품에는 수량을 결정하는 시점이 매우 중요하며 계약의 기초가 된다.

당사자 간에 별도의 특약이 없는 한, DAP, DPU 및 DDP조건은 원칙적으로 양륙수량조건(landed quantity terms)이라고 할 수 있다. 수량의 검사는 무역계약 당사자가 인정한 공인검량인(public weighter)이나 감정인(surveyor)이 작성한 검량증명서(certificate of quantity or weight)로써 그 의무가 이행된다.

## 제3절 수량의 표현방법

수량의 표현방법은 약정한 거래물품의 성질에 따라 수량을 어떤 방법으로 표현할 것인지를 결정하는 것으로서, 과부족용인조항이 없는 경우와 과부족용인조항이 있는 경우로 구분된다.

### 1. 과부족용인조항(More or Less Clause : M/L Clause)이 없는 경우

과부족용인조항이 없는 경우란, 계약물품의 수량 앞에 "more or less clause(과부족의 허용범위)"나 "about(약)" 또는 "approximately(대략)"라는 표현 없이 수량을 정확하게 표시하여 수량을 결정하는 것을 말한다. 포장단위(packing units)나 개개의 품목(individual items)과 같이 개수로 수량을 표시할 수 있는 물품의 경우에는 계약물품의 수량을 정확히 표시하여 그대로 인도할 수 있기 때문에 계약수량대로 물품을 인도하지 않는다면 계약불이행이 된다.

그러나 곡물이나 광산물 같은 산화물(bulk cargo)의 경우에는, 운송 중의 감량이 예상되어 표시된 수량 그대로를 정확하게 인도한다는 것은 기술적으로 거의 불가능하므로, 계약물품의 수량 앞에 "more or less clause(과부족의 허용범위)"나 "about(약)" 또는 "approximately(대략)"이라는 표현이 없이 약정하더라도, 신용장통일규칙(UCP 600) 제30조 b항에 따라, 신용장이 특정 상품의 수량에 대하여 반드시 과부족이 있어서는 아니 됨을 규정하지 않는 한, 어음발행 총액이 신용장금액을 초과하지 않는 경우 5% 범위 내의 과부족은 허용된다. 다만, 신용장에 수량이 포장단위 또는 개별품목의 개수로 명시되어 있는 경우에는 이러한 과부족은 허용되지 아니한다.

그러나 이 신용장통일규칙(UCP 600)의 규정은 무역계약 자체에 그대로 적용되지는 않는다. 따라서 D/P나 D/A 등의 무신용장거래에서는 별도의 합의가 없는 한 과부족을 인정하지 않으므로 과부족이 생길 위험이 있는 화물에 대하여는 증감을 용인하는 퍼센트와 증·감량에 대한 조정방법을 과부족용인조건으로 하여 다음과 같이 매매계약서에 과부족한도를 명확하게 설정하여야 향후의 분쟁을 예방할 수 있다.

"5% more or less on contract quantity at seller's option and the difference to be settled at the contract price"(계약수량의 5%까지의 증감은 매도인의 임의로 하며 그 차이가 발생하는 수량은 계약가격에 의해서 결제할 것).

## 2. 과부족용인조항(More or Less Clause : M/L Clause)이 있는 경우

장기간의 운송 도중 감량이 예상되거나 정확한 계약수량을 선적하기 곤란한 화물, 예를 들면 곡물, 광산물, 휘발성이 강한 유류 등과 같은 산화물(bulk cargo)의 경우에는 약간의 과부족(surplus or deficiency)을 용인하는 것이 일반적이다. 즉 개산수량조건, 과부족용인조항 등의 과부족용인규정은 산화물(bulk cargo)의 경우에 많이 이용되고 있지만, 개체화물이나 포장화물과 같이 개수로 셀 수 있는 화물도 그 대상으로 할 수 있다.

### 1) 개산수량조건(approximate quantity terms)

개산수량조건(approximate quantity terms)은 과부족용인조항을 설정하지 않고 계약물품의 수량 앞에 "about", "approximately", "around", "some" 등의 표현을 추가하여 수량을 결정하는 조건으로서 개별단위로 포장을 하지 아니하고 운송되는 Bulk Cargo의 경우에 인도수량에 신축성(flexibility)을 부여하는 수량조건을 말한다.

신용장거래에서는 약(about), 대략(approximately)이라는 단어를 사용하여 수량을 표현할 경우 신용장통일규칙(UCP 600) 제30조 a항에 따라 10%의 수량과부족을 허용하는 것으로 해석하지만, 무신용장거래에서는 어느 정도의 과부족을 허용할 것인지에 대하여 국가 또는 관습의 차이로 인하여 당사자 간에 분쟁이 야기될 수 있으므로 당사자는 개별계약서에 수량을 명백하게 합의하거나 또는 과부족용인한도를 일반거래조건협정서(General Agreement)에 포괄적으로 명시해 두어야 향후에 발생할 수 있는 분쟁을 예방할 수 있다.

### 2) 수량과부족용인조항

목재, 광산물 등과 같은 원자재나 곡물 등과 같은 Bulk cargo 형태의 물품은 종류에 따라 장기간의 수송기간 중에 감량이 생길 수 있거나 정확한 계약수량을 선적하기가 어렵기 때문에, 계약수량과 실제로 인도하는 수량을 정확하게 일치시키기 곤란한 경우가 있다.

그러므로 수량과부족용인조항(more or less clause ; M/L clause)은 매매당사자가 합의하여 계약물품의 수량에 대하여 일정비율까지의 초과 또는 부족은 서로 양해하고 계약을 이행한 것으로 결정하는 조건으로서, 인도수량에 신축성(flexibility)을 부여하는 수량조건을 말한다. 즉, 과부족용인조항은 수량과부족의 허용범위를 명확하게 하기 위하여 "about(약)" 또는 "approximately(대략)"과 같은 막연한 용어를 회피하고, "Quantity shall be subject to a variation of 5% more or less at seller's option(수량은 매도인이 임의로 5%의 과부족을 허용하는 조건으로 한다)"와 같이 그 용인되는 수량의 한도와 과부족 선택권자를 명시하는 조건을 말한다.

### 3) 정산기준가격

정산기준가격은 수량의 과부족이 허용되는 경우에 그 과부족분에 대하여 단가(unit price)를 결정하는 기준이 되는 가격을 말한다. 정산기준가격에는 계약가격(contract price), 선적일가격 및 도착일가격이 있다.

당사자는 수량의 과부족이 허용되는 경우, 그 과부족분을 정산하기 위하여 계약가격, 선적일가격 및 도착일가격 중에서 어느 하나를 선택하여 매매계약 체결시에 표시해 두어야 분쟁을 방지할 수 있다. 따라서, 정산기준가격에 대하여 당사자 간에 합의가 있는 경우에는 그 합의한 가격을 기준으로 하고, 당사자 간에 합의가 없는 경우에는 계약가격(contract price)에 의하여 정산하는 것이 상관례이다.

### 4) 과부족의 선택권자

정기선에 적재되는 일반화물의 경우에는 그 과부족은 통상적으로 "seller's option(매도인의 선택)"으로 하지만, 용선계약에 의한 대량화물의 경우에는 용선계약서에는 본선의 적재량에 대하여 "10% more or less at owner's option(10% 과부족은 선주의 임의로 한다)" 또는 "10% more or less at ship's option(10%의 과부족은 본선의 임의로 한다)"와 같이 과부족분에 대한 재량권이 본선에 의하는 것이 보통이다. 매매계약상의 과부족에 대하여 매도인과 매수인 중에서 누가 선택권을 가지는지를 규정함에 있어서는 매매계약상 운송계약의 체결의무가 누구에게 있는지를 고려하여야 한다.

과부족용인조항에서 과부족의 선택권자는 통상적으로 운송계약의 체결의무가 누구에게 귀속되느냐에 따라 결정된다. 즉, CIF조건에서는 "seller's option(매도인의 선택)"으로, FOB조건에서는 "buyer's option(매수인의 선택)" 또는 "ship's option(본선의 선택)"으로 하는 것을 원칙으로 한다. 다만, FOB조건에서 운송계약의 체결의무를 매도인이 부담하는 운송특약부 FOB조건에서는 "seller's option(매도인의 선택)"으로 해야 할 것이다.

## 3. 최소·최대인수가능수량

먼저, 최소인수가능수량(minimum quantity acceptable)은 계약체결시에 약정되는 인수가능한 최소한의 수량조건을 말한다. 따라서 1회당 주문수량이 너무 적어 계약수량이 최소생산단위를 충족시킬 수 없는 경우에는 생산비가 비싸져 상품의 단가도 상승하고 또한 해상 및 육상운임도 최저운임률(minimum freight rate)이 적용되어 비싼 운임을 지급하게 되어 매도인으로서는 예기치 않은 손실을 입게 되어 수출채산성이 악화되기 때문에 계약체결시에는 최소인수가능수량(minimum quantity acceptable)을 명시하여 약정하여야 한다. 경우에 따라 실무에서는 1CBM(cubic meter : CBM)이 안 되는 소량화물을 "Minimum"이라고 부르기도 한다. 반면에 최대인수가능수량(maximum quantity acceptable)은 계약체결시에 약정되는 인수 가능한 최대한의 수량조건을 말한다.

특정 시기 또는 특정 상품에 있어서는 특히 농산물과 같은 1차산물의 경우에는 공급의 탄력성이 낮아 생산능력을 초과하는 주문에 응할 수 없으므로 계절에 따른 수요 및 공급의 변동이 심해 대량의 수량을 한 번에 공급하기가 어려운 경우도 있다. 이밖에도 공장설비나 생산능력의 한계 또는 자원의 고갈 등의 경우에는 주문에 응할 수 없는 경우도 생기므로 인수할 수 있는 최대인수가능수량(maximum quantity acceptable)에 대해서 약정할 필요가 있다. 특히 대량생산이 불가능한 수공예품 등의 경우에 수출자는 자신의 생산능력과 선적시기를 충분히 고려하여 계약체결시에 최대인수가능수량(maximum quantity acceptable)을 명시하여 약정하여야 한다.

# CHAPTER 03 가격조건(terms of price)



## 제1절 가격조건의 개요

가격조건(terms of price)은 거래대상물품의 적정한 매매가격을 산정하는 데 있어서 기본적인 조건으로 핵심적이고 중요한 조건이다. 가격조건을 약정하는 데는 ① 가격의 산출근거, ② 거래가격의 원가요소, ③ 매매가격의 표시통화 등을 고려하여 가격을 산정하여야 한다.

### 1. 가격조건의 의의

무역거래에 매매당사자 간에 가장 관심을 두는 것은 좋은 품질의 물품을 적정한 가격으로 계약을 체결하고자 하는 것이다. 이러한 단가산정에서는 수출입에 수반되는 각종 비용을 물품의 원가와 이윤에 추가적으로 가산하여야 한다. 뿐만 아니라 대금결제와 관련하여 표시통화의 종류도 교환성・안정성・유용성을 고려하여야 하며, 특히 환위험을 회피할 수 있는 안정된 통화의 결정은 중요한 의의를 갖는다.

### 2. 가격의 산출근거

매매가격은 물품 한 단위를 형성하고 있는 물품원가 및 소요비용에 따라 가격을 산출하여야 한다. 가격은 물품의 인도장소와 인도방법 및 약정 등의 가격구성요소에 따라 결정되나 기본적으로 약정물품의 원자재 구매원가 또는 제조원가에 간접비, 금리, 예상이익 및 직접비를 가산하여 산출한다. 이와 같이 매매가격은 매도인과 매수인이 부담해야 할 여러 가지의 원가요소와 물품의 인도장소 등을 감안하여 정하여진다. 그러나 매매당사자 간에 이러한 점을 고려하여 매거래시마다 계약서상에 구체적으로 명시하여 정한다는 것은 번잡하고 불편한 일이다. 따라서 실제 거래에서는 국제적으로 무역거래관습상 형성된 정형거래조건(trade terms)을 기초로 하여 매매가격이 산출되고 있다. 이를테면 FOB나 CIF 등 간단한 정형거래조건을 사용함으로써 국가 간 상관습의 상이함에서 오는 해석상의 상이점과 실무상의 번거로운 점들을 대부분 해소시킬 수 있다.

1936년 국제상업회의소(International Chamber of Commerce)는 「무역거래조건의 해석에 관한 국제규칙」을 제정하였으며, 이 통일규칙을 「INCOTERMS」라고 한다. 인코텀즈는 그동안 8차례의 개정이 있었고 현재 「INCOTERMS 2020」에 규정하고 있는 11가지 거래조건을 사용하고 있다. 인코텀즈는 국제물품매매계약에서 가격채산과 인도(delivery)에 대한 기준을 설정하여 무역업계에서 가장 널리 채택 사용되고 있다.

한편 미국은 1919년에 제정하고 국제무역환경의 변화에 따라 미국상업회의소, 미국수입업자협회 및 미국외국무역협회(National Foreign Trade Council)의 대표로 구성된 공동위원회에 의하여 1941년과 1990년의 두 차례에 걸쳐 개정・채택한 「개정미국외국무역정의(Revised American Foreign Trade Council)」에 의해 독자적으로 미국 관습의 특징적 성격을 거래조건으로 규정하고 있지만 국제성이 없는 정형거래조건이라고 할 수 있다. 또한 1932년 국제법협회(International Law Association)는 「CIF계약에 관한 와르소-옥스포드 규칙(Warsaw-Oxford Rules for CIF Contract 1932)」을 제정하고 1970년에 개정하여 무역거래 당사자들은 CIF조건으로 무역계약을 하는 경우 이 규칙을 원용함으로써 용어해석에 따른 분쟁을 예방할 수 있었다. 그러나 인코텀즈의 개정으로 인코텀즈에서도 CIF조건에 대하여 상세하게 규정하고 있으므로 지금은 이용되지 않고 있다.[1)]

이와 같은 정형거래조건의 선택은 매매당사자 간에 계약자유의 원칙에 따라 어떠한 거래관습의 조건을 채택할 것인가를 계약시에 명시적으로 약정하는 것이 무엇보다도 중요하다. 왜냐하면 FOB, CIF조건이라도 서로 다른 관습으로 이해하여 상거래분쟁이 야기될 수 있기 때문이다.

## 3. 가격의 표시통화

무역거래에서 매수인은 무역계약에서 정하는 바에 따라 대금을 지급하게 되는데, 물품의 가격을 표시할 때는 어느 나라 통화로 결정하느냐 하는 문제를 고려하여야 한다. 국제거래에서는 환율의 변동에 따른 위험이 있으므로 가능한 외환위험(exchange risk)을 회피할 수

1) 신동수・강용찬, 국제무역규범, 도서출판 두남, 2006. 8, pp.33~34.

있는 통화의 종류를 선택하는 것이 중요하다.

이때 매매가격에 표시되는 통화의 종류에는 다음의 세 가지 경우로 구분할 수 있다.

① 수출국통화(The Currency of the Export Country)로 표시하는 경우

② 수입국통화(The Currency of the Import Country)로 표시하는 경우

③ 제3국 통화(The Currency of the Intermediate Country)로 표시하는 경우

위의 세 가지 중에서 어느 통화로 거래할 것인가 하는 것은 거래당사자 간의 합의나 협정에 의하여 결정하는 것이 원칙이지만, 환위험 즉, 환율변동이 심하지 않은 통화로서 통화의 안정성, 교환성, 유통성 등을 고려하여 국제통용성 및 공신력이 높은 통화를 선택하여 약정하는 것이 중요하다. 하지만 통화의 결정은 거래당사자 간의 이해관계에 따라 결정되는 문제이다. 그리고 통화의 표시는 국가마다 고유의 통화를 사용하고 있기 때문에 어느 나라의 어떠한 통화를 사용할 것인지를 사전에 정확하게 약정해 두어야 한다. 예컨대 달러(Dollar, $)라고만 표시했다면 달러를 쓰는 나라가 미국을 비롯하여 캐나다, 오스트레일리아, 싱가포르, 홍콩 등 여러 나라가 있고 그 대외가치도 서로 달라 대금결제시에 문제가 된다. 그러므로 미국 달러는 USD, 캐나다 달러는 CAD, 싱가포르 달러는 SGD(S.$) 그리고 홍콩 달러는 HKD(H.K.$)와 같이 국가별 통화단위를 명확히 구분하여 표시하여야 한다.

## 제2절 매매가격의 구성요소

물품의 수출입가격(unit price)은 여러 가지의 원가를 구성하는 다양한 요소를 포함하여 가격을 제시하게 된다. 특히 수출가격은 물품을 직접 제조하거나 타사에서 구매하는 물품원가, 즉 기본원가와 수출상의 타 부문의 간접비용을 분류하여 간접원가에다 거래조건에 따라 절차상의 부대비용과 예상이익을 포함하여 가격제시를 한다. 또한 수입가격은 매도인의 선적물품 원가를 기본원가로 하여 수입상 내의 타 부문 간접비를 계상한 간접원가와 거래조건에 따라 추가되는 부대비용 및 예상이익 등의 요소를 모두 포함하여 수입상품의 원가로 삼는다.

## 1. 가격의 원가요소

수출상 입장의 판매가격과 수입상 입장의 구매가격, 즉 거래상품의 가격인 상품의 단가(unit price)는 "물품의 제조(생산)원가 + 이윤(희망이익)+요소비용(부대비용)"으로 정해진다. 즉, 무역거래에서의 상품가격은 물품의 제조원가(manufacturing cost)에 이윤(margin)을 붙이고 그리고 수출입에 수반되는 수출입 부대비용을 포함시킨 "수출입 요소비용" 전체에 의하여 단가가 채산(estimation)되고 그에 따라 가격제시(quotation)가 이루어지게 된다.

수출입에서 소요되는 수출입 요소비용으로는 제조원가(manufacturing cost), 포장비(packing charges), 희망이익(expected profit), 각종 검사 및 증명료와 인・허가비용, 선적항(port of shipment)까지의 수출국에서의 내륙수송비(inland freight), 창고비용(godown rent) 또는 보관료(storage), 수출통관비용(cost of export clearance) 및 수출세(export duties), 선적비용(shipping charges & stowing charges), 해상운임(ocean freight), 보험료(insurance premium), 양하비용(unloading charges), 항구세(port duties)와 부두사용료(wharfage charges), 수입통관비용(cost of import clearance) 및 수입관세(import duties), 수입국 내에서의 창고료와 보관료(storage & go-down rent) 및 각종 행정비용, 그밖에 수출입에 수반되는 이자(interest), 외환비용(cost of exchange), 수출입수수료(commission), Cable Charge 등을 포함한 여러 가지 영업비용 또는 잡비(petty expense) 등을 열거할 수 있는 바, 어느 부분을 매도인의 부담 또는 매수인의 부담으로 하는가에 따라서 상품의 단가가 다르게 결정된다.

## 2. 수출입가격의 구성항목

수출입가격은 수출입비용을 매도인과 매수인 중에서 누가 부담할 것인가 하는 문제이다. 수출입비용은 거래의 형태, 물품의 성상 등에 따라 아주 다양하게 발생한다. 아래의 비용들 가운데서 가격조건에 포함되는 비용의 범위를 어떻게 정하느냐에 따라 동일한 가격조건이라도 실제적인 거래단가는 크게 달라 질 수 있다.

### 1) 수출가격의 구성항목

수출가격을 구성하는 항목은 물품의 생산·제조(조달)원가에, 수출자의 이익을 더하고, 수출지에서 수입지로 이동시키는 과정에 발생하는 제반 요소비용, 즉 수출부대비용으로 구성된다. 요소비용의 구성은 무역계약 체결시 선택한 정형거래조건(trade terms)에 따라 결정되는 운송비와 보험료 등 물류비용과 각종 허가나 승인을 받고 수출통관절차를 거치는 과정에서 발생하는 행정비용 그리고 대금결제기간에 따르는 이자비용 및 은행수수료 등 금융기관에서 발생하는 비용과 중개수수료 등 기타 비용 등이다.

### 2) 수입가격의 구성항목

수입가격을 구성하는 항목은 물품대금과 제 경비 및 이자 그리고 환율, 관세율, 이자율 그리고 시장상황의 변화에 따라 수시로 변동할 수 있는지 외생변수의 변화추이 등이다. 수입가격은 구체적으로 다음의 항목으로 구성된다.

첫째, 물품대금의 항목으로 수입자가 선하증권을 수취하기 위하여 결제하여야 하는 환어음대금이다.

둘째, 수입제경비의 항목으로 수입시 발생하는 제 경비는 크게 은행에서 발생하는 금융비용, 수입통관시 세관에 지불해야 하는 수입 제세금 등 통관경비와 수입물품의 운송, 보험과 관련하여 발생하는 물류 제 비용이다.

셋째, 이자항목으로 수입원가항목에 포함시켜야 하는 이자는 수입대금을 결제한 이후에 국내영업에서 발생하는 이자로서 여기에는 재고이자와 여신이자가 있다. 전자는 자금투입일, 즉 수입대금 결제일로부터 판매일까지의 이자이며, 후자는 수입물품의 국내영업에서는 대부분의 경우 결제수단으로 외상어음을 이용하고 있어 수입물품 판매일로부터 어음대금이 현금화될 때까지 발생하는 이자이다.

넷째, 기타 항목으로 수입대금 거래시기와 관련한 환차손익, 외상거래에서 발생하는 금융비용 및 수입추천비용 등 수입규제에 따른 행정비용과 수입부담금 등에 따른 비용이 있다.

CHAPTER 04

# 선적조건(terms of shipment)



무역계약에서 물품을 정확하게 인도하기 위해서는 당사자 간에 인도조건(terms of delivery)에 대한 약정, 즉 인도시기(time of delivery), 인도장소(place of delivery) 그리고 인도방법(method of delivery) 등 세 가지 요소에 대하여 구체적인 약정이 필요하며, 무역계약에서 특별한 경우를 제외하고 일반적으로 인도시기(time of delivery)를 선적시기(time of shipment)로 통용되고 있다. 선적조건(terms of shipment)에서는 보통 선적시기(time of shipment), 선적방법(method of shipment), 선적지연(late shipment), 분할선적(partial shipment) 및 환적(transhipment) 등에 대한 약정을 살펴본다.

## 제1절 선적시기의 약정

무역거래에서 물품의 수송을 대부분 해상운송에 의존하며, 따라서 물품의 목적지 도착시기를 정확하게 정하기가 곤란하다. 그러므로 정형거래조건 FOB, CIF 등 선적지조건의 계약에서는 선적시기를 인도시기(time of delivery)로 하는 것이 일반적 관습이다.

### 1. 특정 선적조건

선적시기의 약정은 계약물품의 생산가능 기간과 운송수단의 이용가능성 등을 종합하여 실현가능한 기간을 정하는데, 선적시기를 일정한 기간 또는 일자로 약정하는 방법으로서 다음과 같이 구분된다.

### 1) 단월 선적조건

선적시기를 특정 월로 약정하는 방법으로서, 선적시기는 해당 월의 1일부터 말일까지의 기간이다. 이 조건은 "December shipment(12월 선적)", "Shipment during December(12월 동안의 선적)", "Shipment shall be made during December, 2020(선적은 2020년 12월 동안에 행해져야 한다)" 등의 방법으로 정한다.

### 2) 연월 선적조건

선적시기를 어떤 특정 월에서 다른 특정 월까지 연속해서 약정하는 방법으로서, 선적시기는 어떤 특정 월의 1일부터 연속되는 특정 월의 말일까지의 기간이다. 이 조건은 "November~December Shipment(November/December Shipment)", "Shipment shall be made from November to December, 2020" 등의 방법으로 정한다. 이 조건에서 별도의 협정이 없는 한 매도인은 한번에 약정품을 모두 적재하든 여러 차례에 나누어 적재하든 간에 11월 1일부터 12월 말일까지 사이에 적재를 완료하면 된다.

### 3) 특정기간 선적조건

신용장결제방법에서 선적시기를 특정 월의 전반(first half), 후반(second half) 또는 상순(beginning), 중순(middle), 하순(end) 그리고 ~경(on or about) 등으로 약정하는 방법이다. 이 조건은 "Shipment shall be made at the first half[second half] of May, 2020(선적은 2020년 5월 전반기[후반기]에 행해져야 한다)" 등의 방법으로 약정한다.

### 4) 특정일 선적조건

선적시기를 특정 일로 약정하는 방법으로서, "Shipment must be made on May 10, 2020(선적은 2020년 5월 10일에 행해져야 한다)." 등의 방법으로 약정한다.

### 5) 최종일 선적조건

선적시기를 최종선적일(latest shipping date)로 약정하는 방법으로서, 명시된 일자까지만 선적하면 된다. 이 방법은 가장 많이 사용되는 방법으로서, "Shipment shall be made not later than May 10, 2020(선적은 2020년 5월 10일보다 늦지 않게 행해져야 한다)" 또는

"Latest shipping date: May 10, 2020" 등의 방법으로 약정한다.

### 6) 조건부 선적조건

조건부 선적은 어떤 특정한 조건을 전제로 하여 기한을 정하고 그 조건이 이루어질 경우에 그 기간 내에 선적하는 조건이다. 예를 들면, "Shipment during October~November subject to seller's receipt of L/C by October 20" 또는 "Shipment within 25 days after contract" 등과 같이 약정할 수 있다. 또한 "Subject to ship's space being available"의 방법으로 약정하는 경우에는 선복이 확보되는 경우에 한하여 특정 시기에 선적하고 그렇지 않으면 기간 내에 선적을 못하여도 책임이 면제되는 조건부 선적의 경우이다.

## 2. 조기선적조건

조기선적조건은 선적시기를 특정 월이나 특정 일 또는 일정기간 이내 등으로 기간으로 표시하지 않고, 선적시기의 표시를 "immediate shipment", "prompt shipment", "shipment as soon as possible", "shipment without delay" 등의 표현을 사용하여 즉시 또는 신속하게 선적하도록 요구하는 문언으로 표시하는 방법이다. 이러한 표시는 명확한 시간적 제한이 없으므로 선적시기에 대한 약정이 없는 것으로 간주한다.

이러한 애매한 표현의 사용은 각 나라마다 해석이 달라 분쟁을 초래할 수 있으므로, 신용장통일규칙(UCP 600) 제3조에서는 서류에 사용되는 것으로 요구되지 아니하는 한, "신속히(prompt)", "즉시(immediately)" 또는 "가능한 한 빨리(as soon as possible)" 등과 같은 표현은 무시하도록 규정하고 있다. 반면에, "Prompt shipment means within 30 days after receipt of L/C"와 같은 표현은 조기선적을 강조함과 동시에 구체적인 선적시기의 약정이 있으므로 분쟁을 피할 수 있다.

## 3. 선적일 및 선적기간에 관한 표현

선적일 및 선적기간과 관련하여, 신용장통일규칙(UCP 600) 제3조에서는 다음과 같이 4개의 조문에 걸쳐 규정하고 있다.

첫째, "on or about" 또는 이와 유사한 표현은 어떠한 일이 첫날과 마지막 날을 포함하여 특정 일자의 전 5일부터 후 5일까지의 기간 중에 발생해야 하는 규정으로 해석된다(UCP 600 제3조).

이 조문은 "그 시경(on or about)" 또는 이와 유사한 표현은 어떠한 일이 시기(始期)와 종기(終期)를 포함하여 특정 일자의 전 5일부터 후 5일까지의 기간(총 11일간) 중에 발생해야 하는 것으로 해석된다. 특히 선적 기일에 "on or about"이란 표현이 가끔 사용되는 경우가 있는데, 이는 시작일과 끝나는 일자를 포함하여 특정 일자 전 5일전부터 5일후까지의 날로 해석한다. 예를 들어, 신용장에 "On Board date on the Ocean B/L should be on or before July 20, 2020"라고 하면 "해상선하증권 상의 본선적재일은 2020년 7월 15일부터 2020년 7월 25일까지의 총 11일간이어야 함을 의미한다."

둘째, 선적기간을 정하기 위하여 "to", "until", "till", "from", 그리고 "between"이라는 단어가 사용된 경우 이는 기간에 명시된 일자 혹은 일자들을 포함하고, "before"와 "after"라는 단어는 명시된 일자를 제외한다(UCP 600 제3조).

셋째, 어느 월의 "전반(first half)"과 "후반(second half)"이라는 단어는 각 해당 월의 1일부터 15일까지, 16일부터 해당 월의 마지막 날까지로 해석되며, 그 기간 중의 모든 날짜가 포함된다(UCP 600 제3조). 예를 들면, "Shipment shall be effected during first half of July, 2020"와 같이 약정하였다면 선적기간은 2020년 7월 1일부터 7월 15일까지이다.

넷째, 어느 월의 "초(beginning)", "중(middle)", "말(end)"이라는 단어는 각 해당 월의 1일부터 10일, 11일부터 20일 그리고 21일부터 해당 월의 마지막 날까지로 해석되며, 그 기간 중의 모든 날짜가 포함된다(UCP 600 제3조).

## 제2절 선적방법(method of shipment)

### 1. 전량선적(single shipment, full shipment)

전량선적(single shipment, full shipment)은 계약물품을 특정 기간 동안에 2회 이상으로 분할하여 선적하지 않고 1회에 약정물품을 전량 선적하는 것으로서, 분할선적을 금지하는 경우에는 1회에 전량 선적하여야 한다. 특히 신용장결제방법에서는 전량선적에 관한 별도의 약정이 없거나 분할선적금지에 관한 약정이 별도로 없으면 분할선적이 가능하므로 주의하여야 한다.

## 2. 분할선적(partial shipment)

분할선적(partial shipment)은 특정 기간 동안에 계약화물을 1회에 전량 선적하지 않고 최소한 2회 이상 분할하여 선적하는 것을 말한다. 특히 신용장을 개설할 때 분할선적 또는 어음의 분할발행을 허용하는지를 명확히 기재하여야 한다. 일반적으로 분할선적에 관한 조건은 다음 네 가지가 있을 수 있다. 즉 ① 분할선적의 금지, ② 분할선적의 허용, ③ 분할선적의 무지시 그리고 ④ 할부선적의 지시 등이 있다.

신용장통일규칙(UCP 600) 제31조에 따르면 신용장이 위 ①처럼 분할선적을 금지하고 있는 경우가 아닌 한, 분할선적과 분할어음발행은 허용된다. 따라서 위 ②의 경우는 물론이고 ③의 경우에도 분할선적과 분할어음발행은 당연히 허용된다. 그리고 ④의 경우에는, 반드시 지정된 할부기간에 따라 각 할부분을 선적하고 환어음도 발행하여야 한다.

분할선적(partial shipment)에 관한 신용장통일규칙(UCP 600) 제31조를 정리하면 다음과 같다.

### 1) 분할선적의 뜻

분할선적(partial shipment)이란 신용장(L/C)에서 요구하는 상품을 2회 이상 나누어 싣는 것을 말한다. 예컨대 약정한 총량이 100M/T이면 60M/T와 40M/T로 2회에 나누어 싣는 행위를 가리킨다.

분할청구(partial drawing)는 신용장에 대한 대금청구가 한꺼번에 되지 않고 일부분만 되는 것을 말한다. 상업신용장에서 분할선적이 되면 분할청구도 발생한다. 스탠드바이신용장에서도 분할청구가 될 수 있다.

### 2) 신용장에 분할선적(또는 분할청구)에 대한 아무런 언급이 없는 경우

신용장에 분할선적 또는 분할청구에 대하여 아무런 언급이 없으면 분할선적 또는 분할청구가 가능한 것으로 본다.

### 3) 같은 운송수단에 수회의 선적

같은 운송수단으로 같은 운송구간을 위한 이루어진 수회의 선적은 선적일(수탁일, 발송일) 또는 선적항(출발공항)이 다르더라도 목적지가 동일하면 분할선적으로 간주하지 않는다, 선적일(수탁일, 발송일) 또는 선적항(출발공항)이 달라서 여러 세트의 운송서류가 발행되어도 분할선적으로 간주되지 않는다.

수입상은 분할선적을 금지하는 것은 상품이 별도로 선적되는 것을 기피하는 것이 아니라 각기 다른 시일에 도착되는 것을 방지하기 위한 것이다. 수입상에게는 선적기준이 중요한 것이 아니라 도착기준이 중요한 것이다. 같은 운송수단으로 목적지가 같으면 선적일(발송일)과 선적항(출발공항)이 다르더라도 상품은 한꺼번에 도착한다. 또한 선적일 또는 선적항이 달라서 여러 세트의 선하증권이 발행되어도 분할선적으로 보지 않는다.

예를 들면, '한반도호'라는 선박(vessel)을 이용하여 인천항과 부산항에서 20,000pcs 및 30,000pcs의 물품을 선적하였다면 각각 다른 선적항과 다른 선적일을 표시하고 있는 2세트의 선하증권이 발행되기 때문에 언뜻 보면 분할선적으로 보인다. 그러나 같은 선박이기 때문에 수하인은 하역항에서 50,000pcs의 상품을 동시에 인수할 수 있으므로 그 효과가 단일 선적과 사실상 같아 신용장통일규칙에서 분할선적으로 간주하지 않는다. 단 신용장(L/C)에서 선적항이 특정 항으로 명시된 때에는 선적항이 두 곳이므로 선적항이 다르다는 하자가 발생한다. 이 규정은 다른 운송서류에도 적용된다.

### 4) 두 개 이상의 다른 운송수단에 선적

물품이 두 개 이상의 다른 운송수단에 선적되었다면 하역항(도착공항)이 같고 출항일자가 같더라도 분할선적으로 간주된다. 이것은 물품이 다른 운송수단에 선적되면 출항일자가 같더라도 물품의 하역항(도착공항) 도착일이 다를 수 있기 때문이다.

### 5) 특송배달 또는 우편발송의 경우

둘 이상의 특송배달영수증(courier receipt) 또는 우편영수증(post receipt) 제시는 신용장에서 발송지로 명시하고 있는 장소에서 같은 일자와 목적지로 스탬프 또는 서명되었다면 분할선적으로 간주하지 않는다. 물품을 우편으로 발송하는 경우 1개당 중량제한이 있어 둘 이상의 우편증명서가 발행되더라도 신용장에서 정한 발송지에서 같은 날 접수되었다면 다른 날 선적이 되어도 분할선적으로 간주하지 않는다.

## 3. 할부선적(installment shipments)

할부선적(installment shipments, shipments by instalments)이 분할선적(partial shipments)과 다른 점은 단순한 분할선적의 허용조건인 경우에는 일괄선적도 가능하지만 각 기간마다의 할부선적 조건으로 전량을 일괄 선적하는 것은 물론이거니와 2회분을 한꺼번에 선적하는 것도 허용되지 않는 경우도 있으므로 주의하여야 한다. 신용장통일규칙(UCP 600) 제32조에는 할부선적과 할부어음 발행에 관하여 규정하고 있는데, 할부선적(installment shipments, shipments by instalments)이란 계약에서 선적횟수와 각 선적마다의 선적수량까지 구체적으로 나누어 약정한 경우를 말한다.

예를 들면, "1월 중 40상자, 2월 중 20상자(Shipment 40 c/s during Jan. and 20 c/s during Feb.)"와 같이 기재하는 경우가 할부선적에 해당된다.

신용장에서 할부선적 또는 어음의 할부발행을 규정하고 있는 경우에는, 각 할부분을 일괄하여 선적하거나 몇 회분씩 한꺼번에 선적하는 등 그 기간과 수량을 위반하여서는 안 된다. 만약 신용장의 수익자가 할부분마다 지정된 기간과 수량을 위반하여 선적하거나 어음을 발행한 경우에는, 신용장은 그 위반된 할부분과 이후 모든 할부분에 대하여 효력을 상실한다.

**참고**

할부선적 내의 분할선적 허용 여부

신용장에서 분할선적을 금지하고 있지 않으면 할부선적 내 분할선적은 허용된다.
(Meeting on 8 Mar, 1976 ICC Documents 470/273, 470/278)

# 제3절 선적지연과 선적일의 증명

## 1. 선적지연

선적지연(late shipment, delayed shipment)은 매매계약의 약정된 선적기간 내에 계약물품의 선적을 이행하지 못한 것으로서, 매도인의 고의나 과실 또는 태만 등에 의한 선적지연(late shipment, delayed shipment)에 대하여는 당연히 매도인이 책임을 져야 한다. 그러나 천재지변(acts of God), 전쟁(war), 파업(strikes), 수출금지, 전염병 등 불가항력(force majeure)에 의한 선적지연의 경우에 매도인은 경우에 따라 선적을 일시 연기하거나 선적의무를 전적으로 면제받을 수 있다. 이 경우 불가항력적 사태를 입증하기 위하여 수출국 주재의 수입국영사 또는 상공회의소 등의 증명서가 이용된다. 이러한 불가항력에 의한 면책은 일반적으로 국제거래관습으로 인정되지만 그 처리에 관하여 미리 계약서의 불가항력조항(force majeure clause)에서 당사자 간에 명확하게 협정해 두는 것이 바람직하다.

## 2. 선적일의 증명

선적일의 증명(evidence of date of shipment)은 수출상이 계약을 이행하기 위해 약정된 선적기간 내에 계약물품을 인도하였는지 또는 선적의무를 이행하였는지 여부를 증명하는 것을 말한다. 보통 매매계약서에 선적일의 증명방법을 명확하게 합의하여야 하는데, 통상적으로 선적일자는 운송회사로부터 교부받은 운송서류의 발행일을 기준으로 합의를 한다. 그러나 신용장결제방식에서는 운송서류의 종류에 따라 또는 정형거래조건의 선택에 따라 선적일의 증명이 달라질 수 있으므로 각별히 주의하여야 한다.

신용장통일규칙(UCP 600) 제20조 해상선하증권(Bill of Lading)의 수리요건과 관련하여 선적일의 증명에 관하여 정리하면 다음과 같다.

선적일을 입증하기 위해서는 계약물품이 신용장에서 명시된 선적항에서 기명선박(named vessel)에 본선적재되었다는 표시가 있어야 한다. 선적선하증권(Shipped B/L) 양식에서는 일반적으로 미리 인쇄된 문구로 본선적재를 표시하고 있으나, 수취선하증권(Received B/L) 양식에서는 별도의 본선적재부기(on board notation)로 본선적재를 표시한다. 여기서 기명선박(named vessel)이란 지정선박(nominated vessel)을 의미하는 것이 아니고 자기 명칭을 표시하고 있는 선박을 의미한다. 선박은 모두 선박명을 가지고 있다.

### 1) 선적선하증권(Shipped B/L)

물품이 실제로 본선에 적재되었다는 뜻이 미리 인쇄된 문구가 있는 선하증권이다. 선하증권의 전문(前文)에 "Shipped on board from the shipper…" 또는 "Shipped in apparent good order and condition…"과 같이 기재된 경우가 그것이다. 선적선하증권에서는 발행일이 선적일로 간주된다. 그러나 [그림 4-2]와 같이 선적선하증권에 별도의 본선적재표기가 있는 경우에는 본선적재표기 일자를 선적일자로 본다.

▌그림 4-1▌ 선적선하증권(Shipped B/L)

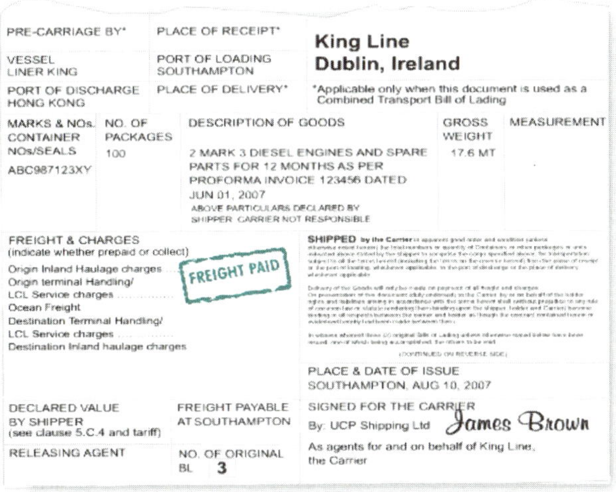

PRE-CARRIAGE BY* | PLACE OF RECEIPT*

**King Line**
**Dublin, Ireland**

VESSEL LINER KING | PORT OF LOADING SOUTHAMPTON

PORT OF DISCHARGE HONG KONG | PLACE OF DELIVERY*

*Applicable only when this document is used as a Combined Transport Bill of Lading

| MARKS & NOs. CONTAINER NOs/SEALS | NO. OF PACKAGES | DESCRIPTION OF GOODS | GROSS WEIGHT | MEASUREMENT |
|---|---|---|---|---|
| ABC987123XY | 100 | 2 MARK 3 DIESEL ENGINES AND SPARE PARTS FOR 12 MONTHS AS PER PROFORMA INVOICE 123456 DATED JUN 01, 2007<br>ABOVE PARTICULARS DECLARED BY SHIPPER. CARRIER NOT RESPONSIBLE | 17.6 MT | |

FREIGHT & CHARGES
(indicate whether prepaid or collect)
Origin Inland Haulage charges
Origin terminal Handling/
LCL Service charges
Ocean Freight
Destination Terminal Handling/
LCL Service charges
Destination Inland haulage charges

FREIGHT PAID

SHIPPED by the Carrier ...
(CONTINUED ON REVERSE SIDE)

PLACE & DATE OF ISSUE
SOUTHAMPTON, AUG 10, 2007

DECLARED VALUE BY SHIPPER (see clause 5.C.4 and tariff) | FREIGHT PAYABLE AT SOUTHAMPTON

SIGNED FOR THE CARRIER
By: UCP Shipping Ltd James Brown
As agents for and on behalf of King Line, the Carrier

RELEASING AGENT | NO. OF ORIGINAL BL 3

▌그림 4-2▌ 별도의 본선적재(On Board) 표기가 있는 선적선하증권(Shipped B/L)

PRE-CARRIAGE BY* | PLACE OF RECEIPT*

**King Line**
**Dublin, Ireland**

VESSEL LINER KING | PORT OF LOADING SOUTHAMPTON

PORT OF DISCHARGE HONG KONG | PLACE OF DELIVERY*

*Applicable only when this document is used as a Combined Transport Bill of Lading

| MARKS & NOs. CONTAINER NOs/SEALS | NO. OF PACKAGES | DESCRIPTION OF GOODS | GROSS WEIGHT | MEASUREMENT |
|---|---|---|---|---|
| ABC987123XY | 100 | 2 MARK 3 DIESEL ENGINES AND SPARE PARTS FOR 12 MONTHS AS PER PROFORMA INVOICE 123456 DATED JUN 01, 2007<br>ABOVE PARTICULARS DECLARED BY SHIPPER. CARRIER NOT RESPONSIBLE | 17.6 MT | |

SHIPPED ON BOARD 10 AUG 2007

FREIGHT & CHARGES
(indicate whether prepaid or collect)
Origin Inland Haulage charges
Origin terminal Handling/
LCL Service charges
Ocean Freight
Destination Terminal Handling/
LCL Service charges
Destination Inland haulage charges

FREIGHT PAID

SHIPPED by the Carrier ...
(CONTINUED ON REVERSE SIDE)

PLACE & DATE OF ISSUE
SOUTHAMPTON, AUG 9, 2007

DECLARED VALUE BY SHIPPER (see clause 5.C.4 and tariff) | FREIGHT PAYABLE AT SOUTHAMPTON

SIGNED FOR THE CARRIER
By: UCP Shipping Ltd James Brown
As agents for and on behalf of King Line, the Carrier

RELEASING AGENT | NO. OF ORIGINAL BL 3

## 2) 수취선하증권(Received B/L)

수취선하증권(Received B/L)은 운송인이 화물을 선적하기 위하여 수취(received)하였다는 뜻을 기재하고 있는 선하증권을 말한다. 수취선하증권은 양식의 전문에 "Received by the carrier…"와 같은 문구가 사전에 인쇄되어 있다. 정형거래조건이 FAS 등인 경우에 매도인은 수취선하증권을 운송인(carrier)으로부터 발급받으면 된다. 화물이 본선에 적재되지 않은 상태에서 발행되기 때문에 선하증권(B/L)의 발행과 상품의 실제 선적 사이에 상당한 시간적 간격이 있는 경우가 있다.

예를 들면 선하증권은 10월 1일에 발급되었는데 10월 20일에 실제 선적되어 화물의 수취인인 수하인이 화물의 도착 지연으로 불편을 겪는 예가 있다.

### 3) 본선적재선하증권(On Board B/L)

일반적으로 선박회사는 본선에 물품이 적재된 후에는 선적선하증권의 양식을 이용하여 본선 적재를 증명하여야 하나, 선박회사가 수취선하증권 양식을 사용하고 여기에 본선적재의 뜻을 따로 표시하는 사례가 있는데 이와 같은 선하증권을 본선적재선하증권(On Board B/L)이라고 한다. 따라서 본선적재선하증권의 양식은 수취선하증권 양식이나 본선적재를 별도로 표시하고 있다. 본선적재선하증권의 법적인 효력은 선적선하증권과 동일하며, 본선적재표기의 요건은 아래 그림과 같이 본선적재의 뜻과 본선적재 일자의 두 가지 사항을 모두 갖추어야 한다.

**그림 4-3 본선적재선하증권**

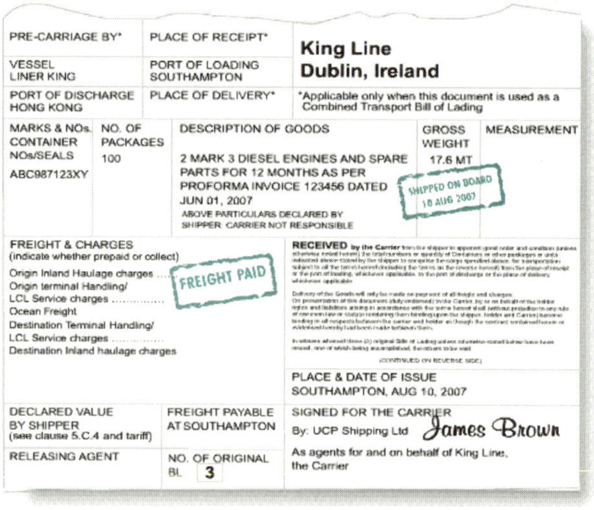
PRE-CARRIAGE BY* | PLACE OF RECEIPT*
King Line
Dublin, Ireland
VESSEL LINER KING | PORT OF LOADING SOUTHAMPTON
PORT OF DISCHARGE HONG KONG | PLACE OF DELIVERY*
*Applicable only when this document is used as a Combined Transport Bill of Lading
MARKS & NOs. CONTAINER NOs/SEALS: ABC987123XY | NO. OF PACKAGES: 100 | DESCRIPTION OF GOODS: 2 MARK 3 DIESEL ENGINES AND SPARE PARTS FOR 12 MONTHS AS PER PROFORMA INVOICE 123456 DATED JUN 01, 2007 / ABOVE PARTICULARS DECLARED BY SHIPPER. CARRIER NOT RESPONSIBLE | GROSS WEIGHT: 17.6 MT | MEASUREMENT
SHIPPED ON BOARD 10 AUG 2007
FREIGHT & CHARGES (indicate whether prepaid or collect)
Origin Inland Haulage charges
Origin terminal Handling/ LCL Service charges
Ocean Freight
Destination Terminal Handling/ LCL Service charges
Destination Inland haulage charges
FREIGHT PAID
RECEIVED by the Carrier …
(CONTINUED ON REVERSE SIDE)
PLACE & DATE OF ISSUE: SOUTHAMPTON, AUG 10, 2007
DECLARED VALUE BY SHIPPER (see clause 5.C.4 and tariff) | FREIGHT PAYABLE AT SOUTHAMPTON | SIGNED FOR THE CARRIER By: UCP Shipping Ltd James Brown
RELEASING AGENT | NO. OF ORIGINAL BL 3 | As agents for and on behalf of King Line, the Carrier

# CHAPTER 05 대금결제조건(terms of payment)



대금결제조건(terms of payment)은 거래물품의 대금결제와 관련된 사항을 약정하는 조건으로서, 매매당사자 간의 신용도, 거래규모 및 거래의 형태 등을 고려하여 매매계약을 체결할 때 대금결제방법, 대금결제시기 그리고 대금결제통화 등에 대하여 약정이 필요하다.

## 제1절 대금결제의 방법

무역거래에서 사용되는 대금결제방법에는 송금결제방식(remittance basis), 추심결제방식(collection basis) 및 신용장결제방식(L/C basis)으로 크게 구분할 수 있다. 무역계약체결 시 대금결제방법은 거래당사자 간의 이해관계와 신뢰도, 거래금액, 상품의 특성, 거래당사국의 외환관리규제 그리고 상관습 등 여러 가지 조건에 따라 결정되어진다.

### 1. 송금결제방식(remittance basis)

무역거래에서 수출자가 수입자를 믿을 수 있을 경우, 물품대금을 영수하지 않은 상태에서 수입자에게 물품을 먼저 인도하는 것을 주저하지 않을 것이다. 이때 수출자는 물품을 인수하는 데 필요한 운송서류 등을 수입자에게 직접 보내는 방식으로 수입자에게 물품을 인도하고 물품대금결제는 수입자의 처분에 맡기는데, 이것이 바로 송금방식(remittance basis)에 의한 결제방법이다.

이와 같이 송금결제방식(remittance basis)은 수출자가 은행을 통하지 않고 수입자에게 직접 운송서류를 보내는 것은 상업송장(commercial invoice)만으로 물품대금을 청구하고 별도로 환어음을 발행하지 않는다는 것이 다른 결제방법과 구별되는 특징이다.

송금결제방식은 대부분 수입자가 물품대금을 전신환(Telegraphic Transfer : T/T)으로 결제하는 것으로 수입자의 송금결제시기에 따라 사전송금방식(advance remittance before shipment)과 사후송금방식(later remittance after shipment)으로 구분된다.

### 1) 사전송금방식(advance remittance)

사전송금방식(advance remittance)은 수출자가 물품대금 전액을 미리 외화로 송금받은 후에 계약물품을 선적하는 방식으로, 이 결제방식은 신용의 위험을 일방적으로 수입자가 부담하는 조건이다. 그러므로 Sample이나 시험용품 등 소액거래에 많이 활용되고 있다. 사전송금방식을 단순송금방식(advance payment), 선지급방식(payment in advance or cash in advance) 그리고 "T/T in advanced"라고도 하며, 수입자가 수출자에게 물품을 주문하면서 미리 대금을 송금한다는 의미로 주문지급(Cash with Order : CWO)라는 용어를 많이 사용한다.

### 2) 사후송금방식(later remittance)

사후송금방식(later remittance)은 수입자가 계약물품의 인수와 동시에 또는 인수 후 일정기간 이내에 물품대금 전액을 외국환은행을 통하여 수출자에게 송금하여 결제하는 방식이다. 사후송금방식은 신용장의 개설과 외환결제에 어려움이 많은 지역과 과다한 인지세로 인하여 대금결제시 환어음의 발행을 기피하는 일부 유럽지역으로 수출할 때 종종 이용되고 있다. 이 결제방식도 주로 소액거래에 활용되며, 대금교환의 대상에 따라 현물상환방식(Cash on Delivery : COD)과 서류상환방식(Cash against Documents : CAD)으로 구분된다.

첫째, 현물상환방식(Cash on Delivery : COD)은 수입업자가 소재하는 국가에 수출업자의 지사나 대리인이 있는 경우, 수출업자가 물품을 지사나 대리점에 송부하면, 수입업자가 물품의 내용이나 품질을 검사한 후 물품과 현금을 상환하여 물품대금을 송금하는 방식으로, 주로 귀금속 등 고가품 거래에 사용하는 것으로 수입업자가 물품의 인수 전에 직접 물품을 검사할 필요가 있는 경우에 활용된다.

둘째, 서류상환방식(Cash against Documents : CAD)은 수출업자가 물품을 선적하고 수입업자 또는 수출국에 소재하는 수입업자의 대리인이나 지사에게 선하증권 등 운송서류를 제시하면 서류와 상환하여 대금을 결제하는 방식이다. 이 방식의 거래에서는 수입업자의 지사나 대리인이 수출국 내에서 물품의 제조과정을 점검하고 수출물품에 대해서 선적 전 검사를 실시한다. 그런데 서류상환방식의 거래에서 수출업자가 운송서류를 외국환은행으로 경유하여 수입업자에게 보내면, 형식적으로는 지급인도조건(Document against Payment : D/P)과 유사하다. 그러나 D/P거래는 환어음이 발행되는 방식으로 수출업자가 외국환은행을 통해 보낸 환어음이 첨부된 운송서류를 수입업자가 수입대금을 지급하고 찾아가는 결제방식이다.

송금방식에 의한 결제를 약정할 경우에는 계약서에 다음과 같이 명시한다.

Payment Terms : Under T/T basis in U.S. Dollars.

Payment Terms : Under Banker's Check basis in U.S. Dollars.

## 2. 추심결제방식(collection basis)

추심결제방식(collection basis)은 수출업자가 전적으로 수입업자를 믿고 수입업자에게 직접 선하증권을 보내는 송금방식과는 달리 결제과정에, 첫째는 은행을 개입시켜 수입업자로 인해 신용위험을 커버하고, 둘째는 수입업자의 결제위험을 보완하는 수단으로 환어음을 개입시켜 이를 추심(Collection)하여 결제하는 방식을 말한다.

즉, 수출업자는 환어음(draft, bill of exchange)을 발행하고 여기에 운송서류 등을 첨부하여 자신의 거래은행을 통하여 수입업자의 거래은행에 환어음의 추심을 의뢰하면 수입업자가 환어음 금액을 지급하거나 환어음을 인수할 경우에 한하여 물품을 찾는 데 필요한 운송서류 등을 수입업자에게 인도하도록 하는 결제방식을 말한다.

추심결제방식(collection basis)은 은행으로 하여금 추심(collection)이라는 단순한 심부름꾼의 역할을 하도록 하는 것으로써, 은행은 환어음의 지급과 관련하여 일체의 책임이 없으므로 수입업자가 환어음의 대금을 지급하지 않거나 운송서류를 요청하지 않을 경우에는 수출업자에게 환어음과 운송서류를 되돌려 주면 그만이다. 따라서 이후의 문제는 수출업자가 직접 해결해야 하는 것으로, 만약 시장상황이 불리하게 변화하여 수입업자가 물품대금을 지급하지 않을 경우, 수출업자는 아무런 대책을 마련할 수 없는 상태에 놓이게 된다.

추심결제방식은 결제기간에 따라 지급인도조건(Document against Payment : D/P)과 인수인도조건(Document against Acceptance : D/A) 두 가지 형태가 있으며, 우리나라의 대외무역법에서 이 방식에 의한 무역대금결제를 인정하고 있으며, 현재 D/P, D/A거래는 당사자 간에 달리 합의된 사항이 없으면 국제상업회의소(international chamber of commerce)가 2008년에 개정한 「추심에 관한 통일규칙(Uniform Rules for Collections, 2008 Revision ICC Publication No.725)」의 적용을 받는다.

### 1) 지급인도(Document against Payment : D/P)조건

지급인도조건은 수출대금의 지급과 상환하여 운송서류를 수입업자에게 인도하는 어음지급 서류인도조건이다. 즉, 수출업자가 매매계약에 따라서 선적을 완료한 후 일람불환어음(Sight Bill)을 발행하여 운송서류와 함께 수입업자의 거래은행(추심은행)으로 하여금 수출대금의 추심을 의뢰하면 추심은행은 수입업자에게 어음을 제시하여 어음금액의 일람지급을 받고 운송서류를 인도하는 방식이다. D/P방식의 거래에서 수입업자는 반드시 대금지급을 완료해야만 운송서류를 찾을 수 있으며, 대금은 추심은행을 경유하여 수출업자에게 전달된다. 만약 수입업자가 환어음에 대한 지급을 거절하면 관계서류는 수출업자에게 되돌아온다.

### 2) 인수인도(Document against Acceptance : D/A)조건

인수인도조건은 수입업자가 환어음에 대한 인수(Acceptance)만으로 운송서류를 찾아갈 수 있는 어음인수 서류인도조건이다. 이 조건에서는 수출업자가 기한부환어음(Usance Bill)을 발행하고 수입업자는 어음에 대한 지급의 약속으로 "Accepted"라고 쓰고 서명날인만 함으로써 운송서류를 인도받을 수 있으며 만기일에 수입대금을 추심은행에 지급하면 된다. 따라서 D/A조건은 외상거래에 해당되며 수입업자는 인도받은 운송서류로 화물을 찾아 판매한 후 그 대금으로 어음기일 내에 대금결제를 하며, 수출업자는 만기일에 수출대금을 추심은행을 통해서 받게 되는 방식이므로, 대금결제에 대한 신용위험을 수출업자가 전부 감수해야 하는 조건이다.

이처럼 D/P, D/A 거래방식은 은행이 대금지급에 대한 확약은 없이 오직 수입상의 신용만을 믿고 매매당사자의 계약서만을 근거로 대금을 추심하는 방식이기 때문에 본지사 간 거래나 신용이 있는 거래선 사이에만 이용하는 것이 결제상의 위험을 줄일 수 있다.

### 3) 추심결제방식(D/P, D/A)의 관계당사자

#### 가) 추심의뢰인(principal)

물품을 선적하고 거래은행에 추심을 지시하는 수출상(seller, exporter)을 말하며, 어음발행인(drawer), 송하인(consignor)으로도 불리운다.

### 나) 추심의뢰은행(remitting bank)

추심의뢰인(수출자)으로부터 추심을 지시받은 수출국의 은행으로 수입국의 은행에 추심을 의뢰하는 은행이다.

### 다) 추심은행(collecting bank)

수출국의 추심의뢰은행이 요청한 추심의뢰서(collect order)와 서류를 받아 지급인에게 추심하여 대금을 송부하는 수입국의 은행을 의미한다. 지급인이 자기은행의 고객이면 직접 제시를 하고, 그렇지 않으면 지급인의 거래은행(제시은행)으로 송부한다.

### 라) 제시은행(presenting bank)

추심은행으로부터 서류를 송부받아 지급인에게 제시를 하는 수입국의 은행을 의미한다. 추심의뢰은행으로부터 추심의뢰를 받은 추심은행은 수입자와의 거래관계 등으로 인하여 직접 수입자에 대한 서류의 제시가 곤란한 경우에는 다른 추심은행(제시은행)으로 추심서류를 송달하여 다시 추심의뢰하게 된다(대부분의 경우는 추심은행이 수입상의 거래은행이 되도록 추심은행을 선정한다. 즉, 조속한 추심을 위하여 최초의 추심은행이 제시은행이 되도록 하는 것이다).

### 마) 지급인(drawee)

추심당사자는 아니지만 지급인(drawee)은 추심의뢰서에 따라 제시은행으로부터 지급 또는 인수를 위한 제시를 받고 만기일에 대금을 지급하는 자를 말하며 추심의뢰서에 따라 제시를 받아야 할 수입상(buyer, importer)을 의미한다.

D/P, D/A거래방식을 사용하기 위해서는 다음의 예와 같이 그 결제조건을 약정한다.

Payment Terms : Under D/P at sight in U.S. Dollars.

Payment Terms : Under D/A at 30 days after sight in U.S. Dollars.

## 3. 신용장결제방식(Letter of Credit ; L/C Basis)

앞에서 언급한 송금방식이나 추심결제방식은 무역거래에서 발생하는 신용위험을 일방의 당사자가 전부 부담하게 되는 불합리한 점이 많이 있다. 이러한 단점을 보완하여 보다 효율적인 무역거래의 활성화를 위해 매매당사자들 사이에 은행을 개입시켜, 양 당사자들의 신용을 보다 공신력이 높은 은행의 신용으로 전환시켜 대금결제를 원활히 하고자 하는 것이 바로 신용장의 기본원리이다.

수출업자는 수입업자의 신용을 근거로 하는 것이 아니라 은행의 신용, 다시 말해서 수입업자의 거래은행(신용장개설은행)의 대금지급확약을 기초로 계약물품을 선적하게 되며, 은행의 지급확약서, 즉 수출업자에게 수출대금을 지급할 것을 확약하는 증서를 은행의 신용이 담긴 편지라는 의미에서 신용장(Letter of Credit : L/C)이라고 한다. 이와 같이 신용장은 수출업자에 대한 개설은행의 조건부 지급 확약이라고 할 수 있다. 즉, 수익자(수출업자)가 신용장상에서 요구하고 있는 제반 사항을 갖추게 되면, 개설은행은 수익자가 발행한 환어음을 자신이 직접 지급하거나 매입 또는 인수를 한다. 그렇지 못한 경우에는 다른 은행으로 하여금 이를 대신할 수 있도록 권한을 부여하기도 한다.

신용장 방식은 무역으로 인한 신용 위험을 대폭 감소시키는 윤활유와 같은 역할을 담당하고 있으므로, 신용장의 의의와 특성 그리고 관계당사자 등 좀 더 상세하게 알아본다.

## 1) 신용장의 의의와 특성

### 가) 신용장의 의의

신용장(Letter of Credit : L/C)은 무역거래에서 대금결제를 원활하게 하기 위하여 수입업자(신용장개설의뢰인)의 요청과 지시에 따라 거래은행(신용장개설은행)이 수출업자(수익자)에게 신용장에 명기된 조건과 일치하는 운송서류를 제시하면 수출업자가 발행한 환어음을 인수, 지급 또는 매입하겠다는 조건부 지급확약서이다.

### 나) 신용장의 특성

신용장거래는 매매당사자들 간의 대금회수와 상품입수를 원활히 하기 위하여 은행이 개입된 거래이기 때문에, 이 신용장에는 독립성과 추상성이라는 고유한 특성이 있다. 신용장의 독립성과 추상성이 보장되지 않으면 신용장은 그 기능을 발휘할 수 없게 된다.

#### (1) 독립성

신용장은 대금결제 수단으로 매도인과 매수인이 매매계약을 체결할 때 결제방법을 신용장으로 할 것을 약정함으로써 성립하게 된다. 그러나 신용장은 비록 매매계약서를 근거로 개설되지만 일단 신용장이 개설되면 이 신용장은 그 근거가 되는 매매계약과는 완전히 독립적이며, 매매계약의 내용이 신용장에 전혀 영향을 주지 못하고 신용장은 어디까지나 독자적인 법률성을 갖게 되는 것이 바로 신용장의 독립성이다.

이러한 독립성이 신용장거래에서 보장되어야 하는 이유는, 매매계약은 수출업자와 수입업자 사이에 체결되는 것이지만, 신용장은 매매계약의 당사자와는 별도인 은행과 체결되는 계약이기 때문이다. 이에 따라 신용장통일규칙(UCP 600) 제4조에서도 "신용장은 그 성질상 그것이 근거될 수 있는 매매계약이나 기타 계약과는 독립된 거래이다. 은행은 그러한 계약에 관한 어떠한 참조사항이 신용장에 포함되어 있다 하더라도 그러한 계약과는 아무런 관계도 없으며 또한 이에 구속되지 아니한다."라고 규정하여 신용장의 독립성을 명백히 인정하고 있다.

신용장의 독립성으로 인하여 가장 혜택을 많이 누리는 당사자는 수출업자인 수익자로서, 수출업자의 입장에서 매매계약이 체결되었다고 해서 곧 수출이행까지 보장된 것이라고는 볼 수 없다. 이것은 수입업자가 일방적으로 계약을 파기하거나 계약이행을 지연시킬 수 있기 때문이다. 그러나 신용장이 일단 개설되면 신용장의 독립성으로 인하여 매매계약이 설령 파기가 되더라도, 개설된 신용장은 계약과는 별도로 유효하기 때문에 수출업자는 확실하게 수출을 이행할 수 있게 된다. 이러한 신용장의 특성이 있기 때문에 수출업자가 가장 선호하는 대금결제방법이 바로 신용장이다.

### (2) 추상성

신용장상의 모든 당사자는 서류를 근거로 하여 매매계약의 이행 여부를 결정하기 때문에 수출업자는 신용장조건에 부합하는 운송서류를 제시하면 서류의 심사만으로 대금을 지급하거나 매입하게 되는 것이 신용장의 추상성이다.

이러한 신용장의 추상성이 필요한 이유는 신용장으로 인해서 무역에 개입하게 되는 은행은 무역거래 당사자 간에 거래되는 상품에 대해서는 전문적인 지식이 없을 뿐만 아니라 또한 은행이 직접 상품을 확인하고 계약의 이행 여부를 판단하려면 많은 시간과 비용이 들기 때문에 추상성이 보장되는 것이다.

신용장통일규칙(UCP 600) 제5조에서는 "Banks deal with documents and not with goods, services or performances to which the documents may relate.(은행은 서류로 거래하는 것이며, 그 서류가 관계된 물품, 서비스 또는 의무이행으로 거래하는 것은 아니

다.)"라고 명시적으로 규정하고 있다. 이에 따라 수출업자가 제시한 환어음을 지급, 인수 또는 매입하는 은행은 어디까지나 제시된 서류가 신용장의 요건을 충족시켰는가를 서류상으로만 확인하고 수출대금을 결제해야 한다. 마찬가지로 개설은행도 서류상 아무런 하자가 없으면 대금을 상환해야 할 의무가 있다.

수입업자도 신용장의 추상성에 따라 서류만 확인하고 수입대금을 개설은행에 지급해야 한다. 만약 거래물품을 직접 확인한 후 서류를 인수하겠다고 주장하게 되면 이것은 명백히 신용장의 추상성에 위배되기 때문에 이러한 주장은 성립되지 못한다.

#### (3) 한계성

위에서 언급한 바와 같이 신용장은 독립성과 추상성을 바탕으로 국제거래를 촉진시켜 주는 편리한 결제수단이다. 그러나 원만한 계약이행을 위해서는 매매당사자의 성실성이 중요한 것이지, 신용장이 개설되었다고 모든 것이 다 원만하게 해결되는 것은 아니다.

이러한 신용장의 독립성과 추상성의 특성으로 신용장거래는 다음과 같은 몇 가지 제약점이 있다.

먼저, 수출업자는 계약의 내용과 일치하는 품질이 좋은 물품을 선적하여 성실하게 계약을 이행했더라도 신용장의 조건과 일치하는 서류를 제시하지 못하면 무역대금을 받을 수 없게 된다. 반면에, 수출업자가 악의적으로 계약의 내용에 부적합한 불량품을 선적하였더라도 신용장의 조건과 정확히 일치하는 운송서류를 제시하였다면 무역대금의 결제를 받을 수 있는 경우가 발생한다. 이것이 뜻하는 바는, 신용장은 오랫동안 무역거래의 관행에서 탄생한 원만하고 편리한 대금결제의 수단에 불과한 것이지, 이것 자체가 절대적이거나 영원불변한 대금결제수단이 될 수 없다는 것이다. 따라서 신용장을 이용할 때는 신용장의 어떤 기술적인 문제의 제약보다는 국제간의 상품거래를 원활하게 할 수 있다는 신용장의 목적을 이해하는 것이 더 필요하다.

### 2) 신용장거래의 관계당사자

신용장거래에 관계되는 자를 총칭하여 신용장의 당사자(concerned parties)라고 하며, 각 당사자의 기능을 살펴보면 다음과 같다.

#### 가) 수익자(Beneficiary)

수출업자는 매매계약에 약정된 물품을 수입업자에게 인도해야 할 의무가 있으며, 신용장거래에서 가장 많은 혜택을 보는 당사자라고 하여 수익자라 하는데 이는 곧 수출업자가 신용장 조건에 의해서 환어음을 발행하거나 지급을 청구할 수 있기 때문이다. 수익자를 다른 말로 표현하면, 수출대금을 찾기 위해 환어음을 발행한다고 하여 발행인(Drawer), 신용을 수혜하는 자(Accreditee), 신용장을 받아 보는 당사자(Addressee), 신용장을 사용하는 자(User) 등으로 불린다.

### 나) 개설의뢰인(Applicant)

수입업자는 매매계약에 따라서 수출업자 앞으로 신용장을 개설해 줄 의무가 있는 당사자로서, 신용장 개설을 요청하고, 그 내용을 지시한다고 하여 개설의뢰인이라고 한다. 이 개설의뢰인은 최종적으로 수입대금을 지급해야 할 의무가 있는 채무자(Accountee), 물품의 수하인(Consignee) 그리고 Opener 등으로 통한다.

### 다) 개설은행(Issuing Bank, Opening Bank)

개설은행은 주로 수입업자의 거래은행으로 자기고객인 개설의뢰인의 요청과 지시에 따라 수출업자 앞으로 신용장을 개설하는 은행이다. 개설은행은 신용장의 요건에 따라 발행된 환어음을 지급, 인수 또는 매입할 것을 수출업자나 그 밖의 선의의 소지인에게 약정한다. 신용장거래는 개설은행의 신용을 토대로 모든 거래가 이루어지기 때문에 개설은행의 역할이 아주 중요하다.

### 라) 통지은행(Advising Bank, Notifying Bank)

수출국에 있는 통지은행은 개설은행이 발행한 신용장을 수출업자에게 전달해 주는 은행이다. 개설은행은 관례적으로 수출업자가 소개하는 은행을 통지은행으로 선정하여 이를 통하여 수출업자에게 신용장을 전달해준다. 그러나 통지은행의 지정에 대한 특별한 요청이나 지시가 없으면 개설은행은 본·지점이나 환거래관계를 맺고 있는 은행을 선택하게 된다.

통지은행은 단순히 신용장을 수익자에게 전달해주는 중간은행의 입장이므로, 신용장거래 당사자 중 가장 가벼운 책임을 부담한다. 그러나 통지은행은 통지하고자 하는 신용장이 진짜인지 가짜인지를 외관상으로 판단하기 위하여 상당한 주의를 기울하며, 만일 이를 확인할 수 없으면, 통지은행은 이 사실을 신용장 개설은행에게 알려야 한다.

#### 마) 매입은행(Negotiating Bank)

신용장의 수익자는 수출대금을 찾기 위해서 환어음을 발행하여 거래은행에게 환어음의 매입을 의뢰하는데, 이때 환어음을 자기 자금으로 매입해 준 은행을 매입은행이라고 한다. 매입은행은 환어음과 관련서류를 개설은행으로 보내서 자신이 지불해준 대금을 다시 돌려받는다. 신용장거래에서 매입은행은 환어음을 선의로 소지하고 있는 당사자(Bona-fide holder)로서 개설은행으로부터 수익자와 더불어 지급의 확약을 받는다. 이러한 신용장을 매입신용장(Negotiating credit)이라 하며 무역거래에서는 대부분 매입신용장을 사용하고 있다.

#### 바) 상환은행(Reimbursing Bank)

대부분의 신용장거래에서는 매입은행이 수익자로부터 환어음과 운송서류를 매입하면 이를 개설은행으로 보내서 대금의 상환을 요청한다. 개설은행은 받은 서류가 신용장 조건과 일치하면 결제자금을 매입은행 앞으로 상환해준다. 그러나 매입은행의 운송서류는 개설은행 앞으로 보내지만, 환어음은 제3의 은행으로 보내 대금을 돌려받는 경우가 있는데 이와 같이 매입은행에게 자금을 상환해주는 제3의 은행을 상환은행(Reimbursing Bank) 또는 결제은행(Settling Bank)이라고 한다.

수출국의 매입은행과 수입국의 개설은행이 서로 예치환거래 관계가 없을 경우, 양국의 은행 모두와 예치환거래를 맺고 있는 제3의 은행을 상환은행으로 개입시켜 매입은행은 상환은행에 예치되어 있는 개설은행의 계좌로부터 대금을 상환받을 수 있다.

### 3) 신용장의 효용성

무역거래에서 신용장이 가장 많이 이용되고 있는 이유는 다음과 같다.

#### 가) 수출업자에게 편리한 점

첫째, 수출대금의 회수가 확실하게 보장되므로 안심하고 거래에 임할 수 있다.

신용장은 은행의 조건부 지급확약서이기 때문에 수출업자가 신용장을 갖는다는 것은 곧 개설은행으로부터 수출대금의 지급을 확약 받는 것이나 마찬가지이다. 더구나 신용장거래에서 은행의 지급확약은 수입업자의 재정능력에 상관없으며, 개설은행이 파산하거나, 불가항력의 경우를 제외하고 수출업자는 반드시 수출대금의 회수를 보장받을 수 있다.

둘째, 거래내용이 확정되어 매매계약 이행불능의 위험을 제거할 수 있다.

신용장은 당사자 간의 매매계약에 의해서 생성되지만 일단 신용장이 개설되면 신용장은 매매계약하고는 전혀 상관없는 독립성을 갖게 된다. 매매계약이 체결된 후 경기변동이나 재정상태의 악화로 수입업자가 일방적으로 매매계약을 취소하더라도 신용장은 법적으로 아무런 변동이 없다. 즉, 매매계약이 체결되었다고 해서 반드시 계약이 이행될 것이라고 장담은 못하지만, 일단 신용장이 개설되면 매매계약은 반드시 이행될 수 있다.

셋째, 수출대금의 원활한 회수를 도와준다.

수출업자는 신용장상에 요구하는 조건만 갖추게 되면 선적이 끝나는 즉시 수출대금을 회수할 수 있어 선적시기를 예상한 자금의 유통계획을 세울 수 있다. 그리고 신용장에 근거하여 발행되는 기한부환어음은 국제금융시장에서 유리한 조건으로 할인할 수 있어 설령 기한부 조건으로 수출하더라도 수출대금은 일람불조건과 마찬가지로 즉시 회수될 수 있다.

넷째, 무역금융의 혜택을 받을 수 있다.

신용장을 담보로 은행으로부터 무역금융의 혜택을 받을 수 있다. 수출업자는 이 금융으로 수출물품의 제조·가공하는데 필요한 원자재 및 생산자금을 소달할 수 있어 자기자금이 없더라도 수출이 가능하다.

### 나) 수입업자에게 편리한 점

첫째, 상품입수불능의 위험을 제거할 수 있다.

무역거래에서 수입업자가 갖는 가장 큰 불안은 과연 물품을 제때에 입수할 수 있는가의 여부이다. 신용장을 이용하게 되면 물품을 대표하는 선하증권과 교환조건으로 수입대금을 지급하기 때문에 수입업자는 상품입수불능의 위험을 제거할 수 있다.

둘째, 상품의 입수시기를 예측할 수 있다.

신용장상에는 유효기일과 최종선적일이 명시되어 있어서, 수입업자는 물품을 찾을 수 있는 시기를 정확하게 예측할 수 있으며, 이에 따른 판매계획을 세울 수 있다. 그리고 신용장의 유효기일과 최종선적일은 개설은행의 동의 없이는 연장될 수 없으므로 수출업자는 신용장에 명시된 기일 내에 반드시 선적을 이행하게 된다.

셋째, 수입업자는 신용이 강화되어 유리한 조건으로 매매계약을 체결할 수 있다.

신용장이 개설되면 수입업자의 신용은 곧 개설은행의 신용으로 승격되므로 수입업자는 물품의 가격, 선적시기 등 매매계약상의 여러 조건들을 협상할 때, 자기에게 유리하도록 계약을 체결할 수 있다.

넷째, 수입금융의 혜택을 받을 수 있다.

수입업자는 은행의 신용을 이용하여 자기자금이 없이도 수입이 가능하다. 즉, 기한부조건으로 물품을 수입하면 환어음에 대한 인수와 더불어 운송서류를 찾을 수 있어 수입상품을 판매한 후 만기일에 수입대금을 결제할 수 있다. 따라서 기한부조건으로 수입하더라도 신용장 조건을 따르게 되면 수출업자가 일방적으로 불리한 거래조건을 제시할 수 없다.

### 4) 신용장의 종류

신용장의 종류를 각 유형별로 분류하면 다음과 같다. 신용장에 사용된 단어에 따라서 다양한 형태의 신용장이 동시에 존재할 수 있다. 즉, 동시에 취소불능신용장이면서 화환신용장, 매입신용장, 일람불신용장 그리고 확인신용장일 수 있다. 그러나 아래에 나오는 분류기준에 따른 분류항목에 동시에 속할 수는 없다. 즉, 취소불능신용장이면서 동시에 취소가능신용장일 수는 없다.

**표 4-7 신용장의 종류**

| 분 류 | 신용장의 종류 |
|---|---|
| 취소가능여부에 따른 분류 | 취소가능신용장(Revocable L/C)<br>취소불능신용장(Irrevocable L/C) |
| 선적서류 첨부여부에 따른 분류 | 화환신용장(Documentary L/C)<br>무화환신용장(Clean L/C) |
| 결제방법에 따른 분류 | 지급신용장(Payment L/C)<br>연지급신용장(Deferred Payment L/C)<br>인수신용장(Acceptance L/C)<br>매입신용장(Negotiation L/C) |
| 결제기간에 따른 분류 | 일람출급신용장(Sight L/C)<br>기한부신용장(Usance L/C) |
| 양도가능여부에 따른 분류 | 양도가능신용장(Transferable L/C)<br>양도불능신용장(Non-Transferable L/C) |
| 확인여부에 따른 분류 | 확인신용장(Confirmed L/C)<br>미확인신용장(Unconfirmed L/C) |
| 매입은행 지정여부에 따른 분류 | 자유매입/일반신용장(General L/C)<br>제한신용장(Restricted L/C) |
| 발행지 기준에 따른 분류 | 원신용장(Master L/C)<br>내국신용장(Local L/C) |

| | |
|---|---|
| 상환청구가능여부에 따른 분류 | 상환가능신용장(With Recourse L/C)<br>상환불능신용장(Without Recourse L/C) |
| 기 타 | 회전신용장(Revolving L/C)<br>전대신용장(Red Clause L/C)<br>동시개설신용장(Back to Back L/C)<br>기탁신용장(Escrow L/C)<br>토마스신용장(Tomas L/C) 등 |

**참고**

신용장결제방식으로 약정하는 조건은 다음과 같다.

Payment Terms : Under irrevocable L/C at sight to be opened in favor of Baewha Trading Co., Ltd., Seoul, Korea.

Payment Terms : By an irrevocable L/C at 60 days after sight to be opened in our favor.

## 제2절 대금결제의 시기

### 1. 환어음의 지급기한

신용장결제방식과 추심결제방식의 D/P, D/A조건은 보통 환어음(bill of exchange ; draft)에 의하여 결제가 이루어진다.

환어음(bill of exchange : draft)이란 어음발행인(drawer)인 채권자가 지급인(drawee)인 채무자에 대하여 어음금액을 수취인(payee) 또는 그 지시인(orderer) 또는 소지인(bearer)에게 일정한 기일 및 장소에서 무조건적으로(unconditionally) 지급할 것을 은행에 위탁(order)하는 형식을 갖춘 유가증권(formal instrument)이자 유통증권(negotiable instrument)이다.

환어음은 외국환어음과 내국환어음으로 나눌 수 있으며, 수출입거래의 대부분은 외국환어음을 사용하여 대금을 결제하고 있다. 외국환어음으로 대금을 결제할 경우에는, 어음당사자가 2개 국가 이상이기 때문에 어느 나라의 어음법이 적용되어야 하느냐 하는 문제가 발생한다. 즉, 대부분 국가의 법률은 어음행위는 행위지법의 적용을 받는다고 규정하고 있으므로 발행, 인수, 지급 등은 각각의 행위가 행하여진 국가의 법률을 적용하게 된다. 예를 들면 우리나라에서 발행된 어음의 지급인이 미국에 있는 경우에 발행행위는 우리나라의 어음법이 적용되고, 인수 및 지급행위는 미국의 법이 적용된다.

무역거래에서 수출상은 계약물품을 선적한 후 대금결제를 위해 요구하는 서류를 준비하여 환어음을 발행한다. 이때 발행되는 환어음의 지급기간(tenor of draft)에 따라 일람출급환어음(sight bill)과 기한부환어음(usance bill)으로 분류된다.

### 1) 일람출급환어음(sight bill)

일람출급환어음(sight bill)은 매도인이 발행한 어음이 어음지급인에게 제시되면, 이를 일람함과 동시에 환어음금액을 지급하는 것으로 무역거래에서 결제가 이루어지는 기간은 그 결제기간에 소요되는 우편일수 이내이므로 결제가 신속하게 이루어지게 된다.

일람출급환어음의 요구문언은 보통 "....drafts drawn at sight…" 와 같이 표현한다.

### 2) 기한부환어음(usance bill)

기한부환어음(usance bill)은 매도인이 발행한 어음이 어음지급인에게 제시되면, 지급인이 그 환어음을 인수하여 일정기간 지급유예를 받고 만기일에 지급하는 것으로, 여기에는 "at 30 days from B/L date"와 같이 선하증권일자를 기산일로 만기일에 지급이 이루어지는 발행일자후 정기출급, "on December 15, 2020"처럼 특정일에 지급이 이루어지는 확정일출급 등이 있다.

매매계약시에 주의하여야 할 사항은 일람출급 또는 기한부방식의 구분은 당연한 것이지만, 특히 기한부환어음의 경우에 지급을 유예하여 주는 기간 동안의 이자를 매도인과 매수인 중 누구의 부담으로 하는가를 정확하게 확약하여야 한다. 예컨대, "Usance interest(or Discount charge) to be covered by buyer"와 같이 약정하여야, 수입상이 신용장발행을 의뢰할 때 Usance기간 동안의 이자부담자는 "buyer"라고 신용장에 명시하도록 요청하게 되는 것이다. 여기서 Usance라는 의미는 "지급을 유예한다"라는 뜻으로 수입상에게 기한부만큼의 기간 동안 지급을 유예시키는 당사자가 누구인가에 따라, Shipper's Usance (Seller's Usance)와 Banker's Usance(Buyer's Usance)로 분류한다.

**▌표 4-8▐ 대금결제시기에 따른 구분**

| 구 분 | 종 류 | 내 용 |
|---|---|---|
| 선 불 | •주문불(cash with order)<br>•송금방식(remittance basis)<br>•선대신용장(red clause L/C) | •주문과 동시에 매수인이 매도인에 지급<br>•선적지에 매수인이 매도인에게 대금송금<br>•선적 전에 신용장을 매입시킬 수 있는 조건 |
| 동시불 | •현금지급방식(COD)<br>•서류상환불(CAD)<br>•지급인도방식(D/P)<br>•일람불어음(at sight) | •물품과 상환으로 대금지급<br>•선적서류와 상환으로 대금지급<br>•무신용장에 의하여 선적서류와 상환으로 어음대금 지급<br>•신용장에 의하여 선적서류와 상환으로 어음대금 지급 |
| 후 불 | •기한부어음(usance)<br>•인수인도방식(D/A)<br>•중장기연불조건(deferred payment on long or medium term basis) | •신용장에 의하여 일정기간 경과 후 어음대금지급<br>•무신용장에 의하여 일정기간 경과 후 어음대금지급<br>•설비 등의 수출입시 중장기로 연불하는 조건 |

## 2. 선지급(payment in advance)

물품이 선적 또는 인도되기 전에 미리 대금을 지급하는 조건으로 주문과 함께 송금수표나 우편송금환 또는 전신송금환 등에 의하여 송금되는 단순송금방식(advance remittance base), 수출상이 신용장수령과 더불어 미리 대금부터 결제되는 전대신용장(advance payment credit, packing credit, red clause credit), 그리고 물품의 주문과 동시에 그 대금을 지급하는 “주문불방식(Cash with Order : CWO)” 등과 같은 방법이 있는데, 이 경우 수출상은 대금을 미리 받고 물품을 선적하게 되므로 수출상은 위험을 부담하지 않는 매우 유리한 지급조건이다.

## 3. 동시지급(concurrent payment)

계약한 물품을 직접 인도받거나 약정한 물품을 인수할 수 있는 운송서류를 인도받음과 동시에 대금지급이 이루어지는 대금결제방식이다. 이에는 매도인이 비용과 위험을 부담하고 수입지에서 현품과 교환하여 대금지급이 이루어지는 현품인도지급(Cash on Delivery : COD) 방식과 선하증권을 포함한 기타 계약에서 요구된 운송서류와 교환하여 대금지급이 이루어지는 서류상환지급(Cash against Documents : CAD)방식이 있다. 먼저 현품인도지급(Cash on Delivery : COD)방식은 매수인에게 매우 유리한 방식이다. 이와 같이 동시지급이 이루어지기 위해서는 수입지에 매도인의 지점이나 대리인 또는 지정은행이 있어야 하고, 서류상환지급(CAD)방식의 경우에도 수입지에 매도인의 지점이나 대리인 또는 지정은행이 있어야 거래가 가능하기 때문에 계약시에 이와 같이 동시상환지급이 가능한가를 고려하여야 한다.

## 4. 연지급(Deferred Payment)

매도인이 먼저 물품을 선적하고 또는 운송서류를 인도한 후 일정한 기간이 경과된 이후에 대금지급이 이루어지는 결제방법, 즉 외상거래방식인 후불 또는 연지급(deferred payment) 결제조건이다. 이 결제방법에는 Usance base, D/A base, Escrow account base 및 Open account base가 있다. 결제는 보통 기한부신용장(usance L/C)이나 D/A거래와 같이 1년 이내의 기간에 지급되는 것을 단기연지급 그리고 1년 이상의 거래를 중장기연지급이라고 한다.

### 1) Usance base(기한부방식)

Usance base는 "기한부방식"이라 부르는데, 이는 usance L/C(time L/C)에 의하여 발행되는 화환어음에 의하여 결제되는 후지급방식으로서 d/s base와 d/d base가 주로 사용되고 있으며, 때로는 연월일로 표시되는 확정일불방식(on a fixed date base)에 의하여 화환어음의 결제일이 표시되기도 한다.

d/s base(일람후 정기불방식 : after sight)는 개설은행이나 확인은행에 화환어음이 제시되면 이를 일람한 날로부터 일정기간이 경과한 날에 결제되는 방식이다. 예컨대 어음지급일을 "payable at 120 days after sight" 등으로 표시하는 형태이다.

한편 d/d base(일부후 정기불방식 : after date)는 "payable at 60 days after date"와 같이 어음이나 B/L의 발행일로부터 일정기간이 경과한 날에 결제되는 방식이다.

### 2) D/A base

D/A(Documents against Acceptance)는 무신용장거래인 추심결제방식의 후지급조건으로 결제수단으로는 화환어음이 사용된다.

추심과정은 D/P에서 설명한 바와 같고, 다만 환어음 지급일이 장래의 어느 날이 되는 일종의 외상거래에 해당한다는 점이 다를 뿐이다. 즉 추심은행을 통하여 화환어음이 어음지급인에게 제시되면 지급인은 그 어음지급기일에 이를 지급하겠다고 확약함으로써 어음인수만 하면 운송서류가 지급인에게 인도되는 '인수인도 조건'인 것이다.

### 3) Open account base

O/A, 즉 Open account(Current account) base는 청산결제방식 또는 장부결제방식으로 양 당사자 사이에 수출도 하고 수입도 하는 경우처럼 채권과 채무가 교차적으로 발생되는 때에 그 수출입대금 내지 채권채무 관계를 일일이 결제하지 않고 서로 상대방 계정에 기장만 해두었다가 기말에 마감하여 그동안의 대차내용을 상계하고 그 차액만을 결제하는 방식이다.

이러한 O/A base의 거래는 상대방이 외화가 부족한 국가인 경우 또는 거래의 간편성을 도모하려는 경우에 흔히 이용된다.

# CHAPTER 06 보험조건(terms of insurance)



## 제1절 해상보험의 개요

### 1. 해상보험의 의의

무역거래의 당사자들은 물품을 운송하는 과정에서 선박의 좌초(stranding), 침몰(sinking), 충돌(collision) 등과 같은 해상고유의 위험(perils of the seas)이나 전쟁(war) 등과 같은 인위적 위험뿐만 아니라, 수출업자 소재지의 창고에서 출고, 본선에의 적재와 항해, 양륙항에서의 취급과 보세장치, 보세창고에의 보관 중에 위험을 만날 가능성이 있다.

이런 위험을 담보받기 위하여 화재보험, 운송보험, 해상보험 등 모든 보험에 부보(cover)함으로써 만일의 손해발생에 대비하여야 한다. 그러나 실제거래에서는 이들 화재보험, 운송보험, 해상보험 등에 모두 부보(cover)하지 않고 해상보험만 부보하고 여타 보험은 특약사항으로 부가시킴으로써 무역상품의 선적, 항해, 양륙, 착하에서 발생할지도 모르는 운송상의 위험이나 화재의 위험을 모두 커버하고 있다. 그래서 해상보험은 성격상 해상손해뿐만 아니라 항해에 부수되는 육상이나 항공위험까지도 확장 담보해주는 육상·해상혼합보험의 성격을 가지고 있다.

### 2. 보험계약 관련당사자

무역거래에서 무역계약당사자는 정형거래조건의 약정조건에 따라, 보험에서는 보험계약자 입장이 되거나 아니면 피보험자 입장이 되기도 하며, 어떤 경우에는 보험계약자인 동시에 피보험자가 되기도 한다.

### 1) 보험자(insurer, assurer, underwriter)

보험자(insurer, assurer, underwriter)란 보험업을 전문으로 하는 보험계약의 당사자로서, 보험계약을 인수하고 보험료를 받고 담보위험으로 인해 사고가 발생하면 그 손해(loss or damage)의 보상을 약속한 자이다. 다시 말해 보험계약에 의해 보험료를 받고, 위험을 담보하며, 담보위험으로 인하여 손해가 발생하면 이를 보상할 것을 약정한 개인 혹은 회사를 말한다. 영국에서는 Lloyd's와 같은 개인보험자도 있지만, 우리나라에서는 주식회사 형태의 보험자만 인정한다.

### 2) 보험계약자(policy holder)

보험계약자(policy holder)란 보험자와 함께 보험계약의 당사자로서 보험자와 보험계약을 체결하고 보험료(insurance premium)를 지급하기로 약속한 자이다. 보험계약자는 통상 피보험자와 동일한 사람이 되나 그렇지 않은 경우도 있다.

즉, FOB계약에서는 매수인이 자신을 위해 보험계약을 체결하고 손해 발생시 보험금을 수취하므로 보험계약자인 동시에 피보험자가 되지만, 타인을 피보험자로 하여 보험을 부보하는 CIF계약의 경우에는 매도인이 보험계약자가 되며, 매수인은 피보험자 혹은 보험금수취인(beneficiary)이 된다.

### 3) 피보험자(insured, assured)

피보험자(insured, assured)란 피보험이익(interest insured)을 갖는 자, 즉 피보험목적물이 손해를 입었을 때 보험자로부터 보험금을 지급받는 자를 말한다. 다시 말해 피보험자는 보험사고의 발생시 보험자로부터 손해의 보상으로 보험금을 영수하는 자이다.

## 3. 해상보험의 기본용어

무역계약 체결시 약정물품을 각종 위험으로부터 보호하기 위해 보험조건을 정하게 되는데, 보험관련 전문용어를 정확하게 알고 있어야 정확하게 보험계약을 체결할 수 있다. 여기서 해상보험관련 기본용어들의 개념을 약술하면 다음과 같다.

### 1) 피보험목적물(subject-matter insured)

피보험목적물(subject-matter insured)은 해상보험에서 보험을 통하여 보호되는 대상(객체)을 말하며, 보험목적물이라고도 한다. 해상보험에 있어서 피보험목적물이 될 수 있는 것은 적하(cargo), 선박(hull), 운임(freight) 및 희망이익(profit and commission) 등이 있으며, 일반적인 무역거래에서 매매되는 화물이 주종을 이룬다.

### 2) 보험가액(insurable value)

보험가액은(insurable value) 보험의 목적, 즉 피보험이익을 금전으로 평가한 금액으로서, 보험사고 발생시 피보험자가 손해보상을 받게 되는 최고한도액을 말한다. 다시 말해 보험자가 보상할 최대한의 손해액으로 보험자의 보상책임에 대한 한도액을 말한다. 그런데 보험가액은 물가의 변동, 시간의 경과, 공간의 이동 등에 의해 계속 변동된다. 즉, 위험의 개시시의 가액과 사고발생시의 가액이 차이가 난다. 따라서 보험계약을 체결할 때 당사자가 일정금액으로 협정하고 이를 변하지 않는 것으로 하는데, 이를 "보험가격불변의 원칙"이라 한다.

### 3) 보험료(premium)

보험료(premium)는 보험자의 손해보상에 대한 약속의 반대급부로 보험계약자가 지불하는 수수료를 말하며, 이는 통상 보험계약 체결시에 확정되게 된다. 보험계약자의 보험료납부와 보험자의 보험증권 발행의무는 동시이행조건이기 때문에, 보험자는 보험료가 납부될 때까지는 보험증권 발행의무가 없다.

보험료율은 보험(가입)금액에 대하여 백분율(%)로 표시되며, 보험료의 산출은 보험금액(CIF value×110%)에 보험요율(premium rate)을 곱해서 산출한다.

### 4) 보험금액(insured amount)

보험금액(insured amount)은 사고가 발생하였을 때에 보험자가 계약상 피보험자에게 지급하여야 하는 손해보상의 최고한도액을 말하며, 실제로 부보된 금액으로 보험증권에 나타난 금액을 말한다. 이를 "보험가입금액"이라고도 한다. 그래서 보험자는 이를 한도로 하여 보상책임을 부담하게 되며, 보험가액을 초과하게 되면 이중보험이 되어 초과부분에 대해서는 보상하지 않고 무효가 된다. 보험금액과 보험가액과의 관계에서 양자가 동일한 경우를 전부보험(full insurance)이라 하고, 보험금액이 보험가액보다 적은 경우를 일부보험(partial insurance, under insurance) 그리고 보험금액이 보험가액보다 큰 경우를 초과보험(over insurance)이라 한다.

### 5) 보험금(claim amount)

보험금(claim amount)은 담보위험에 의하여 손해가 발생한 경우에 보험자가 보험증권에서 합의한 바에 따라 피보험자에게 지급하는 손해보상금의 명목으로 지급되는 금액을 말한다.

### 6) 피보험이익(insurable interest)

피보험이익(insurable interest)은 보험의 목적물, 즉 피보험목적물에 대해 특정인이 갖는 이해관계를 말한다. 즉, 보험목적물에 손실 또는 손상됨으로써 경제적 손실을 입게 되는 특정인이 보험계약에 의거하여 보험자로부터 보호받는 이익을 말한다. 따라서 해상보험계약에서 보호되는 것은 피보험목적물이 아니라 피보험이익이라 할 수 있으며, 보험금은 바로 이러한 피보험이익을 금액으로 환산한 것이라 할 수 있다.

피보험이익이 없는 곳에 보험도 없다(no interest, no insurance)는 말과 같이 피보험이익이 존재하지 않으면 사고가 발생해도 손해를 보지 않으므로 해상보험은 성립하지 않는다. 피보험이익이 성립하려면 적법성, 경제성, 확정성 등 피보험이익의 요건을 반드시 갖추어야 한다.

### 7) 보험기간(duration of insurance)

보험기간(duration of insurance)은 피보험목적물에 대해 보험자의 위험부담책임의 개시시로부터 그 종료시까지의 위험부담책임의 존속기간, 즉 피보험자가 보험자로부터 부보받을 수 있는 시간적 한계를 의미하는 것으로 위험기간(duration of risk)이라고도 한다.

보험기간을 정하는 방법에는, 첫째 기간보험(time policy)으로 이는 일정한 기간을 표준으로 하는 것으로 선박보험의 경우에 많이 사용된다. 둘째, 항해보험(voyage policy)으로 이는 일정한 항해를 표준으로 하는 것으로 적하보험의 경우에 많이 적용된다.

### 8) 보험계약기간(duration of policy)

보험계약기간(duration of policy)은 보험기간의 개시 여부에 관계없이 보험계약이 유효하게 존속하는 기간, 즉 보험계약의 존속기간을 말한다. 통상적으로 보험계약기간은 보험기간과 거의 동일하나, 예정보험(open cover, open policy)의 경우는 예외이다.

#### 9) 보험료기간(premium period)

보험료기간(premium period)은 당사자가 계약에서 정한 보험료 급부에 대한 단위기간으로 보험료산출을 위하여 표준으로 삼는 기간을 말한다.

## 제2절 보험부보의 의무

무역계약을 체결할 때 계약당사자는 약정물품의 보험부보의 의무를 매도인과 매수인 중 누구로 할 것인지, 즉 보험계약자(applicant, policy holder)와 피보험자(insured, assured)를 누구로 할 것인지의 여부를 결정하여야 한다. 보험부보의 의무 약정은 인코텀즈(Incoterms)의 거래조건 중 어떤 거래조건을 선택하는지에 따라 결정된다.

### 1. 보험부보의 당사자

계약당사자가 인코텀즈상 CIF와 CIP조건을 제외한 나머지 조건, 즉 EXW, FCA, FAS, FOB, CFR, CPT, DAP, DPU, DDP 등과 같은 계약조건을 선택한 경우에는, 매도인 또는 매수인은 각각 자기 자신을 위하여 보험에 부보하여야 한다. 이 경우, 매도인 또는 매수인은 보험에 부보할 의무가 있는 것은 아니다. 왜냐하면, 의무라고 하는 것은 상대방을 위하여 어떤 행위를 해야 하는 것을 의미하므로, 자기 자신을 위하여 보험에 부보해야 하는 것은 의무가 아니기 때문이다. 따라서, 이러한 조건으로 매매계약을 체결한 경우에는 매도인 또는 매수인은 자신의 판단에 따라 보험계약의 체결 여부를 결정할 것이므로 보험계약을 체결하지 않더라도 계약상대방에 대하여는 아무런 문제가 발생하지 않는다.

그러나, 계약당사자가 CIF 또는 CIP조건으로 매매계약을 체결하는 경우에는, 매도인은 매수인을 위하여 보험계약을 체결하여야 한다. 따라서, 이러한 조건하에서 매도인이 매수인을 위하여 보험에 부보하지 않는 경우에는 매도인은 계약위반의 책임을 부담하여야 한다.

CIF조건에서는 원칙적으로 매도인은 매수인의 위험부담으로 되는 선적 이후부터의 구간에 대하여 매수인을 피보험자로 하여 해상보험에 부보하여야 하는 것이지만, 실무적으로 매도인은 자신의 위험부담으로 되는 선적 이전까지의 구간 및 매수인의 위험으로 되는 선적이후의 구간을 합한 구간에 대하여 자신을 피보험자로 하여 보험에 부보한다. 이 경우, 매도인이 보험증권의 이면에 배서하여 매수인에게 인도함으로써 보험상의 권리가 매수인에게 양도되기 때문에 매수인은 선적 이후의 구간에 대한 위험에 대하여 보험상의 보호를 받을 수 있게 되는 것이다.[2)]

## 2. 부보금액의 약정

무역계약시 보험조건을 약정할 경우에는 보험목적물인 물품에 대하여 보험부보금액과 보험을 부보하는 목적물의 성질에 따라 어떠한 담보조건으로 부보할 것인가, 즉 보상범위의 선택이 중요하다. 적하보험을 부보하기 위해서는 보험금액을 얼마로 할 것인가를 고려하여야 한다. 보험금액이란 보험사고 또는 소정의 손해가 발생한 경우 보험자가 지급해야 하는 금액 또는 그 최고한도의 금액으로 보험계약의 체결에 있어 보험자와 피보험자 간에 약정된 금액을 말한다.

보험금액을 정하기 위해서는 매도인과 매수인 사이에 매매계약을 체결하면서 "the amount of invoice plus 10%" 또는 "115 percent of the CIF invoice value"와 같이 송장금액에 10%를 가산한 금액으로 부보할 것인가 또는 15%를 가산한 금액으로 부보할 것인가를 약정하여야 한다. 가산비율에 따라서 보험료도 달라지기 때문에 부보금액을 약정할 때 매도인은 보통 최소부보금액으로 송장금액에 10%를 가산하여 부보하는 것으로 합의하는 것이 일반적이다. 그러나 이 점에 관하여 사전협정이 없으면 때로는 송장금액의 120% 등을 요구하는 매수인도 있다.

아무런 언급이 없는 경우, 신용장통일규칙(UCP 600 제28조)상 CIF 또는 CIP가격의 110%를 부보하는 것이 원칙이다. 보험조건에 대하여 아무런 언급이 없으면 INCOTERMS 규정상 ICC(FPA) 또는 ICC(C)로 부보하면 된다. 부보 통화는 환차손을 방지하기 위하여 환어음 통화와 동일한 통화로 하는 것이 일반적이다. ICC(A), ICC(B), ICC(C)는 전쟁위험이나 동맹파업위험을 담보하지 않기 때문에 특약으로 추가 담보가 가능하다.

---

2) 전순환, 무역실무, 한올출판사, 2007, p.160.

# 제3절 담보조건의 선택

적하보험에서 보상의 범위는 계약에서 명시한 특정 원인에서 발생한 멸실 및 손상에 한정되어 있기 때문에 어떠한 멸실이나 손상이 발생되었다 해도 약관상 특별히 제외되어 있는 경우에는 보상받지 못한다. 그러므로 매매계약 체결시에 계약당사자는 보험약관에 대한 구체적인 사항을 약정하여야 한다. 즉 계약당사자는 보험조건(conditions of insurance)에 관한 약정, 즉 담보위험과 면책위험의 범위, 보험기간(duration of insurance or coverage), 보험금액(insured amount) 등을 어떻게 할 것인지의 여부를 약정하여야 한다.

**표 4-9 신 · 구 ICC약관의 비교**

| 분류 | 약관번호 | ICC(A) (신약관) | ICC(A/R) (구약관) | | | |
|---|---|---|---|---|---|---|
| | | 약 관 명 | 약관번호 | 동일표현 | 표현변경 | 신설 |
| 담보위험 | 1 | Risks Clause | 5 | | ○ | |
| | 2 | General Average Clause | 5 | | ○ | |
| | 3 | "Both to Blame Collision" Clause | 11 | ○ | | |
| 면책위험 | 4 | General Exclusion Clause | 5 | | ○ | |
| | 5 | Unseaworthiness & Unifitness Exclusion Clause | 8 | | ○ | |
| | 6 | War Exclusion Clause | 12 | | ○ | |
| | 7 | Strikes Exclusion Clause | 13 | | ○ | |
| 보험기간 | 8 | Transit Clause | 1 | ○ | | |
| | 9 | Termination of Contract of Carriage Clause | 2 | | ○ | |
| | 10 | Charge of Voyage Clause | 4 | | ○ | |
| 손해사정 | 11 | Insurable Interest Clause | | | | ○ |
| | 12 | Forwarding Charges Clause | | | | ○ |
| | 13 | Constructive total Loss Clause | 6 | ○ | | |
| | 14 | Increased Value Clause | | | | ○ |
| 보험이익 | 15 | Not Insure Clause | 10 | ○ | | |

| | | | | | | | |
|---|---|---|---|---|---|---|---|
| 손해<br>경감 | 16 | Duty to Assured Clause | 9 | | ○ | | |
| | 17 | Waiver Clause | | | | ○ | |
| 미연<br>방지 | 18 | Reasonable Despatch Clause | 14 | ○ | | | |
| 법률<br>관습 | 19 | English Lae & Practice | | | | ○ | |

## 1. 담보조건의 개요

보험회사가 담보하는 손해담보의 종류를 들어보면, 구 보험조건으로 1912년의 협회적하약관에는 기본적 손해담보의 범위를 ① 분손부담보 또는 단독해손부담보(Free from Particular Average : FPA), ② 분손담보 또는 단독해손담보(With Average, With Particular Average : WA, WPA), ③ 전위험담보(All Risks : A/R)의 세 가지로 구분하여 왔으나, 신협회적하약관에서는 전위험담보(A/R)는 그대로 ICC(A)약관의 양식으로 유지하였으며, FPA와 WA는 각각 유사한 ICC(C)약관, ICC(B)약관을 담보하는 손해의 정도가 가장 좁아 보험료가 가장 싸며, A/R와 ICC(A)의 담보범위는 반대로 가장 넓은 반면 보험료는 고율이다.

해상적하보험의 경우에는 런던보험업자협회(The Institute of London Underwriters)가 "Lloyd's S.G. Policy"를 기초로 이른바 구약관은 '협회적하약관'에서는 기본적인 약관으로 전위험담보조건(A/R)인 ICC(A/R), 분손담보조건(WA)인 ICC(WA), 단독해손부담보조건(FPA)인 ICC(FPA) 등이 있고, 런던보험업자협회와 로이드보험협회의 합동작업에 의한 새로운 보험증권양식과 새로운 협회적하약관은 ICC(A), ICC(B), ICC(C)를 1982년 1월 1일부터 적용하고 있다.

ICC(A)는 ICC(A/R), ICC(B)는 ICC(WA) 그리고 ICC(C)는 ICC(FPA)에 대응하는 것이지만 ICC(B)와 ICC(C)의 위험담보내용은 약간의 차이가 있다. ICC의 신협회적하약관은 보험자의 담보위험과 면책위험을 명확하게 구분하고 있어 비교적 이해하기 쉽게 되어 있다.

매매당사자 간에 보험조건을 약정할 경우에는 보험자의 담보위험과 면책위험을 검토하여야 한다. 만일 ICC(A)로 부보하지 않고, ICC(B)나 ICC(C)조건으로 부보시킬 경우에는 담보가 되지 않는 것이 많으므로, 물품의 성질과 운송상의 사정 등을 감안하여 예컨대, 깨지기 쉬운 유리제품이나 도자기 등은 추가 담보하는 등의 부가위험을 추가하여 적하보험을 부보하여야 한다.

매매계약시에 해상적하보험의 부보와 관련한 보험조건의 예를 들면 다음과 같다.

"Insurance Terms : All shipments shall be covered subject to ICC(B) for sum equal to the amount of the invoice plus 10(ten) percent.

War risk and/or any other additional insurance required by buyer shall be covered at his own expenses. All policies shall be made out in U.S, Dollars and payable in New York."

## 2. 구협회적하약관의 담보조건

구협회적하약관에는 ① 협회적하 분손부담보약관(Institute Cargo Clauses, FPA), ② 협회적하 분손담보약관(Institute Cargo Clauses, WA) 및 ③ 협회적하 전위험약관(Institute Cargo Clauses, A/R) 등이 있다. 이 종래의 FPA, WA, A/R의 협회적하약관은 각각 14개조의 여러 약관과 하나의 주의규정으로 구성되어 있다.

**표 4-10 구약관상 기본조건에서 보상하는 손해**

| 구 분<br>보상하는 손해 | FPA | WA | A/R |
|---|---|---|---|
| ① 화물의 전손(현실전손 및 추정전손) | ○ | ○ | ○ |
| ② 공동해손 | ○ | ○ | ○ |
| ③ 비용손해(구조비용, 특별비용 등) | ○ | ○ | ○ |
| ④ 본선·부선의 침몰, 좌초, 충돌, 화재로 인하여 발생한 단독해손 | ○ | ○ | ○ |
| ⑤ 선적·환적·양하작업중 추락으로 인하여 발생한 포장단위당 전손 | ○ | ○ | ○ |
| ⑥ 피난항에서의 양하로 인한 손해 | ○ | ○ | ○ |
| ⑦ 상기 ④~⑥ 이외의 단독손해 | × | ○ | ○ |
| ⑧ 악천후에 의한 해수손 | × | ○ | ○ |
| ⑨ 아래 면책사항 이외의 모든 외부적·우발적에 의한 손해 | × | × | ○ |

14개조의 약관으로 구성된 세 가지의 협회적하약관은 각 제5조 부분만이 FPA담보약관, WA담보약관, A/R담보약관으로서 그 내용을 달리하고 있고, 나머지 13개조의 약관은 같은 취지의 동일한 내용이다.

### 1) 분손부담보조건(Free from Particular Average Clause : FPA)

일반적으로 FPA조건으로 불리어지고 있으며, 분손(단독해손)은 원칙적으로 담보하지 않는 조건이며, WA 및 All Risk와 구별되는 약관이다.

그러나 FPA조건에는 보험자가 담보하지 않는 분손과 담보하는 분손이 있다는 것을 명심해야 한다. 이 조건에서는 좌초나 침몰 또는 화재가 발생하지 않는 한 분손(단독해손)은 담보하지 않는 것이 원칙이다. 그러나 보험회사 사이의 경쟁 결과 보험자의 담보범위가 확대되어, ① 전손, ② 하역 또는 환적작업 중에 발생한 적하품의 한 개의 포장단위(package)의 전손, ③ 공동해손(general average), ④ 해난구조비, 소송 및 손해방지비용(sue and labor expenses), ⑤ 본선 또는 부선의 침몰, 좌초, 모래 접촉, 화재 또는 물 이외의 다른 물체(석유, 빙산, 향료 등)와 접촉, 혼적 및 충동 등으로 발생한 손해, 즉 유류와 혼적하였기 때문에 담배나 식품 등에 나쁜 냄새가 스며든 것 등의 손해는 보험자가 예외적으로 담보한다.

### 2) 분손담보조건(With Average : WA)

이 조건은 WA의 조건으로 불리어지고 있고 보험자가 보통의 항해에 있어서 입는 보통 해상손해의 전부를 담보하는 보험조건이다. 이 조건으로 보험을 부보하면 그 부보화물에 관한 전손, 공동해손, 분손(단독해손)도 법률이나 보험약관에서 제외된 것 외에는 모두 보상받을 수 있다.

### 3) 전위험담보조건(All Risks : A/R)

이 조건은 A/R로 불리어지고 있으며, WA보다 보험자가 담보하는 범위가 더 넓으며 항해의 지연이나 부보화물의 고유한 성질 및 하자에 기인하여 발생한 손실 및 비용은 담보하지 아니한다.

## 3. 신협회적하약관의 담보조건

새로 개정된 ICC(A): A Clause(A/R조건과 유사), ICC(B): B Clause(WA조건과 유사), ICC(C): C Clause(FPA조건과 유사)는 8개의 그룹약관으로 구성되어 있다.

또한 신약관은 19개의 개별약관으로 구성되어 있고, 담보위험을 명기하는 제1조 위험약관(risks clause)만 다르고 기타 조항은 내용이 동일하다. 각 조항별 내용은 다음과 같다.

**| 표 4-11 | 신약관상의 담보위험**

| 약관조항 | 담보위험 | A | B | C | 비 고 |
|---|---|---|---|---|---|
| 제1조 | 1. 화재·폭발 | ○ | ○ | ○ | 좌기의 사유에 상당인과 관계가 있는 멸실·손상 |
| | 2. 선박·부선의 좌초·교사 ·침몰·전복 | ○ | ○ | ○ | |
| | 3. 육상운송용구의 전복·탈선 | ○ | ○ | ○ | |
| | 4. 선박·부선·운송용구의 타물과의 충돌·접촉 | ○ | ○ | ○ | |
| | 5. 조난 항에서의 화물의 양화 | ○ | ○ | ○ | |
| | 6. 지진·분화·낙뢰 | ○ | ○ | × | |
| | 7. 공동해손의 희생 | ○ | ○ | ○ | 좌기 사유로 인한 멸실·손상 |
| | 8. 투 하 | ○ | ○ | ○ | |
| | 9. 갑판유실 | ○ | ○ | × | |
| | 10. 해수·조수·하천수의 운송용구·컨테이너·지게자동차·보관장소에의 침수 | ○ | ○ | × | |
| | 11. 적재·양하 중의 수몰·낙하에 의한 짐꾸림 1개당의 전손 | ○ | ○ | × | |
| | 12. 상기 이외의 일체의 위험 | ○ | × | × | |
| 제2조 | 공동해손조항 | ○ | ○ | ○ | |
| 제3조 | 쌍방과실충돌조항 | ○ | ○ | ○ | |

※ ○는 보상되는 담보위험, ×는 보상되지 않는 담보위험의 표시임.

**| 표 4-12 | 신협회적하약관상의 면책위험**

| 약관조항 | 면책위험 | A | B | C |
|---|---|---|---|---|
| 제4조 | 1. 피보험자의 고의적인 불법행위 | × | × | × |
| | 2. 통상의 누손, 중량 또는 용적의 통상의 감소, 자연소모 | × | × | × |
| | 3. 포장 또는 포장준비의 불완전·부적합 | × | × | × |
| | 4. 물품고유의 하자·성질 | × | × | × |
| | 5. 지 연 | × | × | × |
| | 6. 선박소유자·관리자·용선자 또는 운항자의 지급불능 또는 채무불이행 | × | × | × |
| | 7. 어떤 자의 불법행위에 의한 의도적인 손상 또는 파괴 | ○ | × | × |
| | 8. 원자핵무기에 의한 손해 | × | × | × |
| 제5조 | 9. 피보험자 또는 그 사용인이 인지하는 선박의 내항성 결여·부적합 | × | × | × |
| 제6조 | 10. 전쟁위험(War Exclusion) | × | × | × |
| 제7조 | 11. 동맹파업(SRCC) | × | × | × |

### 1) ICC(A) 약관상의 위험약관

ICC(A)의 제1조는 this insurance covers all risk of loss of or damage to the subject-matter insured except as provided in clauses 4, 5, 6, 7로 규정되어 있다. ICC(A)는 보험자가 부담하는 위험면에서 전위험담보약관과 비슷하다. 전위험담보약관에 의하면 보험자는 법률 또는 약관에 의해 면책되는 위험 이외의 일체의 위험을 담보하는 조건이지만 말 그대로 모든 손해를 보상하는 것은 아니다.

즉, 전쟁위험, 동맹파업위험, 선박의 불내항에 기인하는 손해, 항해의 지연에 기인하는 부패의 손해, 쥐, 벌레에 의한 손해, 절도·불착의 손해, 피보험자의 고의적인 불법행위, 보험목적물의 고유의 하자나 성질에 기인하는 손해 등의 경우에는 보험자의 면책이다. 이러한 점은 협회적하약관 ICC(A)의 경우에서도 마찬가지이다.

### 2) ICC(B) 약관상의 위험약관

ICC(B)는 제1조에서 보험자가 부담하는 위험을 다음으로 열거하고 있다.

첫째, 위험과 손해 간에 상당 인과관계가 요구되는 위험으로 ① 화재 또는 폭발, ② 본선 또는 부선의 좌초, 교사, 침몰 또는 전복, ③ 육상운송용구의 전복 또는 탈선, ④ 본선, 부선 또는 운송용구와 물 이외의 타 물체와의 충돌 또는 접촉, ⑤ 피난항에서의 화물의 양하, ⑥ 지진, 화산의 분화 또는 낙뢰 등 여섯 가지의 세목으로 규정하고 있다.

둘째, 단순한 인과관계만을 요구하는 위험으로 ① 공동해손 희생손해, ② 투하 또는 갑판유실, ③ 본선, 부선, 선창, 운송용구, 컨테이너, 지게자동차 또는 보관 장소에 해수, 호수, 하천수의 유입 등이다.

셋째, 인과관계가 필요 없는 본선, 부선에 선적 또는 양하작업 중 바다나 갑판에 추락한 포장단위당 전손이다. 제4조 내지 제7조상의 면책조항은 ICC(A)와 동일하나 제4조 제7항의 보험목적물 및 그 일부에 대한 어떤 자나 어떤 자들의 불법행위에 의한 의도적인 손상이나 파괴는 추가로 면책된다. ICC(B)와 ICC(C)가 구약관의 WA와 FPA에 각각 대응한 것이라고 하지만, 그것은 편의상 신·구약관을 대비한 것에 불과하고 부담위험에 관한 접근방법과 그 내용에 있어서는 서로 상이한 새로운 약관이라고 할 수 있다.

### 3) ICC(C) 약관상의 위험약관

ICC(C)는 제1조에서 보험자가 부담하는 위험을 다음으로 열거하고 있다.

첫째는 위험과 손해 간에 상당인과관계가 요구되는 위험으로 ① 화재 또는 폭발, ② 본선 또는 부선의 좌초, 교사, 침몰 또는 전복, ③ 육상운송용구의 전복 또는 탈선, ④ 본선, 부선 또는 운송용구와 물 이외의 타 물체와의 충돌 또는 접촉, ⑤ 피난항에서의 화물의 양하 등 다섯 가지의 세목으로 규정하고 있다.

둘째는 단순한 인과관계만을 요구하는 위험으로 공동해손 희생손해와 투하를 규정하고 있다. 면책조항에 관해서는 ICC(B)와 같다. 구약관에서는 선박이나 부선이 침몰 또는 큰 화재를 입은 경우를 제외하고는 화물의 단독해손은 부담하지 않았으나, 신약관에서는 좌초나 침몰 등 위험조항에서 열거된 부담위험으로 인한 화물의 멸실이나 손상은 단독해손을 포함한 분손이나 전손을 불문하고 모두 부담하고 있다. FPA와 대비한 ICC(C)의 기타의 특징은 ICC(B)에서의 설명과 동일하다.

**표 4-13 신약관상 기본조건에서 담보하는 손해**

| 보상하는 손해 \ 구분 | FPA | WA | A/R |
|---|---|---|---|
| ① 화재 또는 폭발 | ○ | ○ | ○ |
| ② 본선 또는 부선의 좌초, 교사, 침몰, 전복 | ○ | ○ | ○ |
| ③ 육상운송 용구의 전복 또는 탈선 | ○ | ○ | ○ |
| ④ 본선, 부선, 운송용구의 타 물체와의 충돌·접촉 | ○ | ○ | ○ |
| ⑤ 피난항에서의 화물의 하역 | ○ | ○ | ○ |
| ⑥ 지진, 화산의 분화, 낙뢰 | × | ○ | ○ |
| ⑦ 공동해손 희생 | ○ | ○ | ○ |
| ⑧ 투하로 인한 손해 | ○ | ○ | ○ |
| ⑨ 갑판유실 | × | ○ | ○ |
| ⑩ 본선, 부선, 선창, 운송용구, 컨테이너, 지게차 또는 보관장소에 해수, 호수, 강물의 유입 | × | ○ | ○ |
| ⑪ 본선, 부선에 선적 또는 하역작업 중 바다에 떨어지거나 갑판에 추락하여 발생한 포장단위당 전손 | × | ○ | ○ |
| ⑫ 상기 이외의 멸실·손상의 일체의 위험 | × | × | ○ |
| ⑬ 공동해손 구조비 | ○ | ○ | ○ |
| ⑭ 쌍방과실 충돌(Both to Blame Collision) | ○ | ○ | ○ |

(주) ICC(A)의 경우 A/R면책사항은 담보되지 않음.

# CHAPTER 07 포장조건(terms of packing)



## 제1절 포장의 개요

포장조건(terms of packing)으로 어떤 포장재료를 사용할 것인가, 포장의 단위와 포장의 방법(packing method)은 어떻게 할 것인가 그리고 포장에 어떻게 하인(shipping marks)을 표시할 것인가 등에 관한 내용을 명확하게 약정하여야 한다.

### 1. 수출포장의 의의

수출포장(export packing)은 해외시장과의 무역거래에서 행해지는 운송포장으로서 수출물품의 선적 및 수송, 하역, 보관 및 매매 등의 처리에 있어서 국내거래를 위한 포장과는 달리 해외의 목적지까지 각종 운송수단에 의한 장거리의 운송, 장기간의 보관, 수차례의 하역을 수반하고 이에 따른 장해나 위험도가 높기 때문에 그 물품의 내용과 외형을 질적 및 양적으로 보호하고 상품으로서의 가치를 유지하기 위하여 이를 견딜 수 있는 안정성과 취급의 편의성을 고려하여 합리적으로 경제적으로 상품을 보호할 수 있는 적절한 재료나 용기로 포장하는 기술적인 작업 및 상태를 말한다. 더구나 무역거래는 관습이나 법률제도가 전혀 다른 외국과의 거래이기 때문에 수출포장은 그 상대방 국가의 관계법령에 합치하고 수입업자의 요구조건에 부응하는 상태로 물품을 운송할 수 있도록 포장되어야 한다.

### 2. 수출포장의 기능

수출포장(export packing)은 이를 충분히 튼튼하게 하여야 하나 화물의 중량 및 용적이 필요 이상으로 크게 되면 운송비의 부담이 커진다. 따라서 수출포장은 가볍고, 부피가 작고, 튼튼하고, 값싸고 그리고 보기가 좋은 것으로 하되, 수출상품의 종류, 성질 또는 도착지와 운송 도중의 기후와 환적의 횟수 및 도착국의 화물포장 등에 관한 법규 및 상관습 그리고 포장비, 운임 등을 충분히 고려하여 가장 합리적이고 안전한 포장을 하여야 한다. 이러한 수출포장의 기능을 세 가지로 정리하면 보호성, 편리성 그리고 판매촉진성 등으로 요약할 수 있다. 첫째 수출포장의 보호성(silent guardway)은 외부의 충격이나 환경으로부터 내용물을 보호해 주는 포장의 가장 기본적인 기능이 된다. 둘째 수출포장의 편리성(silent helper)은 내용물의 운송, 보관, 사용 및 폐기에 이르기까지 취급을 편리하게 하는 기능이다. 셋째, 수출포장의 판매촉진성(silent salesman)은 상품의 외형을 미화시켜 소비자로 하여금 구매의욕을 불러일으키도록 하는 기능을 말한다.

## 제2절 포장의 방법과 종류

포장조건에서는 포장의 재료, 포장의 방법과 포장의 종류를 정할 수 있는데, 운송되는 물품의 특성을 고려하여 포장재를 선택하고, 1단위 포장화물의 중량과 용적이 운송경로, 운송방법 그리고 목적지에서 하역이 용이하도록 하기 위하여 상품의 매 포장당(per package)의 수량을 조건으로 정할 수 있다.

### 1. 수출포장의 방법

수출포장은 물품의 성질과 종류에 따라 종이 또는 나무상자, 곤포(bale), 포대(bag), 나무통(barrel 등), 특수용기 등의 용기포장과 두루마리(coil, roll), 물레(reel), 다발 등의 무용기포장 그리고 곡물이나 광물과 같은 Bulk cargo의 무포장 등이 있다. 물품의 수량을 측정하기 위하여 어느 정도의 포장의 무게를 포함할 것인지 하는 포장단위의 문제가 발생하기 때문에, 매매계약 체결시에 계약당사자는 물품의 형태와 특성, 운송수단의 종류, 운송경로와 운송거리, 환적여부, 기후조건, 포장비 및 운임, 당사국의 포장과 관련된 규정이나 상관습 등을 고려하여 과대포장(over packing)이 되지 않도록 계약당사자는 물품포장의 종류별로 물품의 종류나 성질에 적합한 포장재료와 포장단위를 선택하여 약정하여야 한다.

특히 무역거래에서 사용되는 수출물품의 포장에서, 포장재료는 내항성, 경제성, 식별성 등의 요건이 구비될 수 있도록 적정하게 선택되어야 하며, 포장의 단위는 다량의 물품을 무리하게 하나의 포장단위로 집적시키거나 지나치게 소량의 포장단위로 포장하여서는 안 된다. 따라서 계약당사자 간에 포장조건에 대한 별도의 약정이 없는 한, 매도인의 임의판단에 의하여 포장이 행해지지만, 분쟁의 예방을 위하여 포장재료나 포장단위에 대하여 계약당사자 간에 미리 약정해 두는 것이 바람직할 것이다.

포장의 방법은 소매의 단위가 되는 개품 또는 최소의 묶음을 개별적으로 하는 소포장인 개장과 개장물품을 운송 또는 취급하기에 편리하도록 몇 개의 개장을 합하여 행하고 내부 결속, 충진, 칸막이 등을 행하는 내장 그리고 한 개의 포장물의 외부용기에 대한 포장을 고려하여 약정하여야 한다. 매매계약 체결시에 계약당사자 간에 약정되는 포장 및 하인조건의 약정조건은 다음과 같이 할 수 있다.

**예문**

"Packing and Marking: 20pieces shall be packed in a small carton box on which the words, "Made in Korea". Description of the article, Size and Article No. shall be stamped with.

## 2. 수출포장의 종류

수출포장은 물품의 변질이나 멸실 및 손상을 방지하여 수출물품을 보호하는 것이 가장 근본적인 목적이므로 그 목적을 달성할 수 있는 가장 적합한 수출포장의 종류를 선택해야 할 것이다. 수출포장은 의류, 완구 등 가벼운 일반잡화인 경우에는 종이상자를 사용하는 것처럼 포장의 종류에 따라 상자, 베일, 부대, 통, 특수용기의 경우에는 용기포장, 살물(bulk cargo)의 경우에는 무용기포장으로 하고 있다. 따라서 수출물품의 재질, 크기, 중량, 유통방법 및 판매형태에 따라 적당한 포장의 종류를 선택하여야 한다.

### 1) 개장(unitary packing)

개장(unitary packing)은 소매(retail)의 단위가 되는 최소의 묶음을 개별적으로 하나씩 행하는 포장방법이다. 개장에는 상표(trade mark)나 통명(brand) 또는 제조업체의 이름이 기재되고 보기 좋게 디자인된 포장지가 사용된다. 따라서 물품의 보전이라는 기능을 가지게 할 뿐만 아니라 상점에 진열될 경우 구매자의 주의를 끌어 사고 싶은 욕구를 일으킬 수 있도록 디자인이나 색채에 신경을 써야 한다.

### 2) 내장(interior packing, inner protection)

내장(interior packing)은 개장물품을 수송 또는 취급하기에 편리하도록 보통 몇몇의 개장을 합하여 행하는 포장방법이다. 내장은 소포장한 물품 몇 개씩을 한 개의 수송용기에 수용물포장(interior packing)과 물품을 한 개의 수송용기에 수용하는 데 있어서 수분이나 충격 등을 고려하여 그 예방조치로 내부의 칸막이 등과 같은 보호적 내장(interior packing)의 두 가지가 있다. 내장은 외부포장보다 튼튼한 포장재가 사용되어 내용물이 수분이나 습기, 광선이나 진동 등에 의해 손상되지 않도록 외부포장의 내부에 판지나 목모(excelsior, wood wool), 솜, 플라스틱 등을 채우거나 칸막이를 하는 것이므로 보통 판지나 합성수지가 사용된다.

### 3) 외장(outer packing)

외장(outer packing)은 무역화물의 수송 도중에 발생 가능한 변질이나 파손, 도난, 유실 등의 위험을 사전에 예방하고 화물취급업자들로 하여금 화물의 취급을 보다 더 간편하게 하기 위하여 내장별로 또는 몇 개의 내장을 모아 다시 행하는 포장방법을 말한다. 외장은 내장보다 더 튼튼한 소재로 하는 것이 일반적이며, 정형화된 포장격식이 사용되기 때문에 송판으로 된 나무상자(wooden case)나 판지상자(carton), 부대(bag), 드럼(drum) 등을 많이 사용한다.

# 제3절 하인(shipping marks)의 조건

## 1. 하인(shipping marks)의 의의

하인(shipping marks)이란 화물의 특성에 맞는 적절한 포장을 한 후, 매도인의 창고에서 매수인의 창고까지 전 운송기간 동안의 화물을 확인하며 혼란과 지연 없이 도착지까지 신속·원활·안전한 운송과 화물 및 화물관련 서류의 대조·점검을 위하여 각 화물포장의 외장에 기입하는 특정의 기호와 포장의 번호, 목적지 또는 목적항구, 수하인, 원산지국명, 화물번호, 개수, 목적지, 취급상의 주의 등 각종 표식을 정확하게 하여 화물포장을 잘 식별하여 편리하게 화물을 취급할 수 있도록 화물포장의 외장에 기입하는 표시의 총칭을 말한다.

무역계약을 체결할 경우, 하인(shipping marks)은 보통 매수인이 요청하게 되는데 이 경우에는 그 지시대로 이행하여야겠지만, 매수인의 별도 요청이 없을 경우에는 매도인의 임의대로 하인을 하면 된다. 하인은 반드시 각종 mark를 모두 표시하는 것은 아니며, 목적항구, 포장번호, 수입업자명 등의 기본하인(main marks)을 제외하고는 임의적으로 표시하는 것이 일반적이다. 매매계약 체결시 포장(packing)과 하인(shipping marks)에 대한 약정은 다음과 같이 할 수 있다.

**예문 1**

"Packing and Marking : Packing of the products shall be made in the manner usually effected by the seller in its export of such kind of the products. Shipping Marks shall be as follows :........."

**예문 2**

"Packing and Marking : The seller shall securely pack the products so as to avoid the damage in transit under normal condition. Every package of the products shall be clearly Shipping Marks as follows.: ..........."

## 2. 하인의 표시방법

하인(Shipping Marks)은 선적할 화물을 안전하게 취급하거나, 양륙된 화물 중에서 선하증권이나 송장과 대조하여 수하인에게 용이하게 화물을 인도하는 등 취급화물 및 기타화물을 용이하게 식별하기 위하여 외장에 표시하는 것이므로, 포장화물이 완전하더라도 하인이 명확하지 않다면 완전포장이라 할 수 없다.

하인은 다음과 같은 각종 표시(mark)를 모두 표시하는 것이 아니라, 필수적으로 표시해야 하는 주하인(Main Mark), 양륙항표시(Port Mark) 및 화번(Case Number)을 제외하고는 매수인의 별도의 요청이 없다면 매도인이 임의로 하인을 표시한다. 즉, 매도인은 매매계약 체결시에 매수인으로부터 하인의 표시방법에 대하여 별도의 요청이 있는 경우에는 그 요청에 따라 하인을 표시하여야 한다. 만일 하인의 기호와 번호가 불완전하게 표시된 포장으로 말미암아 일어나는 사고에 대하여는 매도인이 책임을 져야 한다.

### 1) 주하인(Main Mark, Principal Mark)

주하인은 타 화물과 식별을 용이하게 하기 위해 포장 외면에 삼각형(triangle), 사각형(square) 등을 표시한 후, 그 안에 상호 등의 약자를 넣는 도형으로서, 일반적으로 송하인이나 수하인을 표시하는 특정한 기호에 대표문자를 넣어 만들거나 상표를 그대로 사용한다. 삼각형 등의 도형이 없이 문자나 숫자만의 주하인도 있으나, 주하인은 크고 명확하게 표시해야 한다.

### 2) 부하인(Counter Mark, Sub Mark)

부하인은 주하인의 보조로서, 주하인만으로 타 화물과의 구별이 어려운 경우, 화물의 등급이나 규격을 표기해야 하는 경우, Lot의 화물 중  구별을 할 필요가 있을 경우, 생산자 또는 공급자의 약호를 붙여야 하는 경우에 표시한다.

### 3) 양륙항표시(Port Mark)

양륙항의 표시는 화물의 적재(loading)나 양륙(unloading; discharging)작업을 용이하게 하고 화물이 잘못 운송되지 않도록 화물이 도착되는 양륙항이나 목적지를 표기한다. 예를 들면 "Chicago Overland via Seattle"과 같이 경유지까지 표시하기도 한다. 참고로, 양륙항 표시(Port Mark)가 누락된 것을 무인화물(NM Cargo; No Mark Cargo)이라고 한다.

### 4) 화물번호(Case Number)

각 화물을 송장(invoice)이나 적하목록(manifest) 또는 기타 운송서류(transport documents)와 대조하여 식별·확인할 수 있도록 화물의 개수와 순서를 일련번호로 기재한다.

### 5) 중량표시(Weight & Measurement Mark)

운임계산, 통관, 하역작업 등을 용이하게 할 수 있도록 화물의 순중량(net weight), 총중량(gross weight) 및 용적(measurement)을 표기한다.

### 6) 원산지표시(Country of Origin Mark)

화물의 원산지를 국가명으로 표기한다. 예를 들어 우리나라가 원산지인 경우 Made in Korea로 표시한다.

### 7) 주의표시(Caution Mark; Care Mark)

화물의 운송 및 보관시 취급상의 주의를 필요로 하는 경우에 취급자가 용이하게 판독할 수 있도록 붉은 잉크나 페인트를 사용하여 명료하게 표시한다. 보통 측면에 표시하기 때문에 side mark라고도 한다.

### 8) 품질표시(Quality Mark)

화물의 품질수준이나 등급, 공인검사기관의 품질검사 합격 등을 송하인이나 수하인이 알 수 있도록 표시하는 기호로서, 매수인의 요구에 따라 표시한다. 만일 동일 종류의 상품이 품질등급이 서로 달라 혼돈이 생길 우려가 있는 경우에는 A1, A2, A3 또는 A, B, C 등으로 명확하게 구분 표시하는 것이 안전하다.

### 9) 기타 표시

매수인의 요구에 의해 수입화물의 분류나 통관 등의 편의를 위한 주문번호(order No.), 송장번호(invoice No.) 또는 지시표시(attention mark) 등 필요사항을 외장에 표시하도록 지시하는 경우가 있다.

국제무역계약

CHAPTER 08

# 분쟁해결에 관한 조건



## 제1절 분쟁해결 관련 조항

무역거래에서 매도인과 매수인 간에 상품의 품질, 수량, 선적기일, 대금결제 및 포장 등에서 예상하지 못한 문제로 계약당사자 간에 클레임(claim)이 제기되고 이것을 원활하게 해결하지 못하여 분쟁(dispute)으로까지 확대되는 경우가 있다. 따라서 클레임(claim) 예방을 위해 제반 계약조건을 상호 명확히 함으로써 분쟁을 최대한 방지하여야 할 것이나 계약을 체결할 때는 매매와 관련된 기본조건 외에도 계약이행 이후에 발생될지도 모르는 클레임 및 분쟁 그리고 계약내용에 대한 법적 구제조건들에 대하여 약정하여 두는 것이 매우 중요하다. 이에 대해서는 불가항력조항, 클레임과 중재조항, 재판관할조항 그리고 준거법조항 등이 있다.

### 1. 불가항력조항(Force Majeure Clause)

불가항력(Force Majeure)이란 "당사자가 통제할 수 없는 우발사태나 사고(contingencies or accidents beyond seller's control) 등 모든 사건"을 말한다. 그러한 사건에는 자연적인 불가항력, 즉 천재지변(act of God)과 인위적인 불가항력이 있다. 전자의 예로는 태풍, 홍수, 해일, 지진 등을 들 수 있고, 후자의 예로는 전쟁, 동맹파업, 폭동 소요 등을 들 수 있다.

특히 계약당사자는 계약체결시에 미리 불의의 사태로 인하여 '프러스트레이션(frustration)'이 되는 경우를 대비해서 계약조항 가운데 불가항력조항(force majeure clause)을 삽입하여 당사자의 권리와 의무를 규율하는 것이 실무상 일반화되어 있다.

그러나 불가항력조항은 계약상 중요한 위치를 차지하고 있으나 구체적으로 어떠한 경우가 불가항력이라고 단정하기는 어렵기 때문에 매매당사자는 계약의 성질이나 거래의 특수성에 따라 불가항력의 범위를 구체적으로 설정하여야 한다. 또한 불가항력조항에는 불가항력사태가 발생하였을 경우, 매도인이 그 사실을 매수인에게 지체 없이 통지하고 불가항력사태에 대한 입증자료도 제시하도록 하여야 한다.

불가항력조항(Force Majeure Clause)은 ① 매매당사자의 귀책사유가 아닌 불가항력으로 인하여 약정된 선적기일 내지 인도기일 이내에 선적 또는 인도를 하지 못한 경우 등과 같이 계약내용을 이행하지 못한 경우에는 이를 계약불이행으로 보지 않고 그 당사자는 면책된다는 것과 ② 불가항력의 정의 또는 예시 및 ③ 면책받기 위하여 그 당사자가 해야 하는 조치들을 그 내용으로 한다. 무역계약시에 불가항력조항(Force Majeure Clause)은 다음의 예와 같이 약정할 수 있다.

**예문 1**

"Force Majeure : the seller not be responsible for the delay of shipment due to force majeure, including mobilization, war, strike, riots, civil commotion, hostilities, blockade, requisition of vessels, prohibition of export, fires, floods, earthquakes, tempests, any other contingencies, which prevent shipment within the stipulated period. in the event of any of the aforesaid causes arising, documents proving its occurrence or existence shall be sent by the seller to the buyer without delay."

**예문 2**

Neither party shall be liable to the other party for nonperformance or delay in performance under this Agreement due to war, strikes, riots, civil commotion, revolution, requisition of vessel, fire, flood, typhoon or hurricane, tornado, tempest, earthquake or any other contingencies and causes beyond the control of the parties. In the event of any of the aforesaid contingencies and causes arising, documents proving its occurrence or existence shall be sent by the party to the other party. Immediately after such condition is removed, the affected party shall perform such obligation with all speed.

## 2. 클레임(Claim)과 중재조항

외국인과의 무역거래에 수반된 분쟁(dispute)이나 클레임(claim)은 당사자 간에 화해(amicable settlement)에 의하여 해결하는 것이 가장 좋을 것이지만, 그렇지 못할 때에는 알선(compromise, composition)이나 조정(conciliation, mediation) 또는 재판(litigation)에 의하여 해결할 수도 있다. 그러나 저렴한 비용으로 신속한 분쟁해결을 도모할 수 있고 외국에서도 강제집행이 가능한 중재(arbitration)[3]에 의하여 해결하는 것이 가장 효율적이다.

우리나라 중재법 제8조 제3항에서 "중재합의[4]는 당사자들이 서명한 문서에 중재합의가 포함되어 있는 경우, 서신 · 전보 · 전신 및 모사전송 기타 통신수단에 의하여 교환된 문서에 중재합의가 포함되어 있는 경우"로 규정하고 있어 중재합의(arbitration agreement)의 서면주의를 명문화하고 있다. 동 계약은 중재의 대상이 되는 분쟁이 발생하기 전에 합의해 두는 사전 중재합의방식과 이미 발생되어 있는 분쟁을 중재로 해결하기 위하여 합의하는 사후 중재합의방식으로 나눌 수 있다. 그러나 대부분의 경우 분쟁이 발생한 후에는 중재합의가 이루어지기가 어려우므로 주된 계약체결시에 계약서의 한 조항으로서 중재조항을 삽입하여 두는 것이 가장 바람직하다. 중재합의를 할 때에는 중재를 행할 중재지, 중재기관 및 적용할 준거법 등을 명확하게 명시하여 중재절차 진행시 이 같은 기본적 사항에 대한 다툼의 소지를 없애는 것이 가장 바람직하다.[5] 이러한 점을 감안하여 대한상사중재원에서는 표준중재조항(standard arbitration clause)을 마련하고 이를 무역계약서에 삽입하도록 권고하고 있다. 다음은 클레임의 제기시한과 입증에 대한 약정 예문이다.

예문

"Claims : No claim shall be entertained before the payment is made or draft is duly honored. Each claim shall be advised by cable to seller within fourteen(14) days after the arrival of the goods at destination specified in the relative Bill of Lading and shall be confirmed by airmail with surveyor's report within fifteen(15) days thereafter. No claims shall be entertained after the expiration of such fourteen days."

클레임에 대하여 타협이 이루어지지 않을 때에는 가장 보편적인 해결방법으로 중재를 이용하고 있다. 소송과 비교하여 중재가 널리 채택되는 이유는, 첫째 단심제이므로 분쟁을 신속히 종결시킬 수 있고, 둘째 비용이 적게 들어 경제적이며, 셋째 무역전문가의 판정으로 보다 현실적이며 합리적 해결이 기대되고, 넷째 중재심리가 비공개로 진행되므로 당사자의 비밀이 보장되며, 다섯째 중재판정의 결과는 뉴욕협약에 의해 국제적으로 집행력을 보장받

3) "중재"라 함은 당사자 간의 합의로 사법상의 분쟁을 법원의 재판에 의하지 아니하고 중재인의 판정에 의하여 해결하는 절차를 말한다(중재법, 제3조 제1항).

4) "중재합의"라 함은 계약상의 분쟁인지의 여부에 관계없이 일정한 법률관계에 관하여 당사자 간에 이미 발생하였거나 장래 발생할 수 있는 분쟁의 전부 또는 일부를 중재에 의하여 해결하도록 하는 당사자 간의 합의를 말한다(중재법 제3조 제 2항).

5) 대한상사중재원(www.kcab.or.kr) 자료

기 때문이다.

우리나라의 경우에는 중재기관으로 대한상사중재원(The Korea Commercial Arbitration Board)이 설립되어 있으며, 다음과 같은 표준중재조항들을 제정하여 모든 계약서상에 삽입하여 분쟁이 발생할 경우에 대비하도록 권장하고 있다.

**예문**

"Arbitration : All disputes, controversies, or difference which may arise between the parties, out of or in relation to or in connection by arbitration in Seoul. Korea in accordance with the Commercial Arbitration Rules of the Korea Commercial Arbitration Board and under the final and binding upon both parties concerned."

### 1) 대한상사중재원의 중재규칙 일반절차에 의한다는 중재합의 예문

**예문**

"Any dispute arising out of or in connection with this contract shall be finally settled by arbitration in Seoul in accordance with the Arbitration Rules of the Korean Commercial Arbitration Board."

---

"이 계약으로부터 또는 이 계약과 관련하여 발생하는 모든 분쟁은 서울에서 대한상사중재원의 중재규칙에 따라 중재에 의해 최종 해결한다."

### 2) 중재인을 당사자가 직접 선정하는 조건의 중재합의 예문

**예문**

"All disputes which may arise between the parties, in relation to this contract, shall be finally settled by arbitration in Seoul, Korea in accordance with the Arbitration Rules of the Korean Commercial Arbitration Board and under the Law of Korea. The arbitral tribunal consists of three arbitrators, each party shall appoint one arbitrator and the two arbitrators chosen by them shall appoint a third arbitrator, as a presiding arbitrator."

---

"이 계약과 관련하여 당사자 간에 발생하는 모든 분쟁은 대한민국 서울에서 대한상사중재원의 중재규칙과 대한민국법에 따라 중재에 의하여 최종적으로 해결한다. 중재판정부는 3인으로 구성하되 각 당사자는 각자 1인의 중재인을 선정하고, 이에 따라 선정된 2인의 중재인들이 합의하여 의장중재인을 선정한다."

### 3) 대한상사중재원 중재규칙의 신속절차 및 대한민국 법에 따른다는 중재합의 예문

예문

"All disputes which may arise between the parties, in relation to this contract, shall be finally settled by arbitration in Seoul, Korea in accordance with the Expedited Procedures in Arbitration Rules of the Korean Commercial Arbitration Board and under the Law of Korea."

"이 계약과 관련하여 당사자 간에 발생하는 모든 분쟁은 대한민국 서울에서 대한상사중재원 중재규칙의 신속절차 및 대한민국법에 따라 중재에 의하여 최종적으로 해결한다."

### 4) 신청인의 국가를 중재지로 정하는 중재합의 예문(한 · 중 기업 간의 예)

예문

"All disputes in relation to this contract shall be finally settled by arbitration in the country of the claimant. In case the claimant is (a Korean enterprise), the arbitration shall be held at the Korean Commercial Arbitration Board. In case the claimant is (a Chinese enterprise), the arbitration shall be held at the China International Economic and Trade Arbitration Commission."

"이 계약과 관련하여 발생하는 모든 분쟁은 신청인의 국가에서 중재로 최종 해결한다. 만일 신청인이 (한국기업)일 경우 대한상사중재원에서, 만일 신청인이 (중국기업)일 경우 중국국제경제무역중재위원회에서 진행한다."

### 5) 피신청인의 국가를 중재지로 정하는 중재합의 예문(한 · 일 기업 간의 예)

예문

"All disputes related to this contract shall be finally settled by arbitration in the country of the respondent. In case the respondent is (a Korean enterprise), the arbitration shall be held at the Korean Commercial Arbitration Board. In case the respondent is (a Japanese enterprise), the arbitration shall be held at the Japan Commercial Arbitration Association."

"이 계약과 관련하여 발생하는 모든 분쟁은 피신청인의 국가에서 중재로 최종 해결한다. 만일 피신청인이 (한국기업)일 경우 대한상사중재원에서, 만일 피신청인이 (일본기업)일 경우 일본상사중재협회에서 진행한다."

참고

중재법 제8조(중재합의의 방식)

① 중재합의는 독립된 합의 또는 계약 중 중재조항의 형식으로 할 수 있다.

② 중재합의는 서면으로 하여야 한다.

③ 다음 각 호의 1에 해당하는 경우에는 이를 서면에 의한 중재합의로 본다.

1. 당사자들이 서명한 문서에 중재합의가 포함되어 있는 경우
2. 서신·전보·전신 및 모사전송 기타 통신수단에 의하여 교환된 문서에 중재합의가 포함되어 있는 경우
3. 일방 당사자가 당사자 간에 교환된 문서의 내용에 중재합의가 있는 것을 주장하고 상대방 당사자가 이를 다투지 아니하는 경우

④ 계약이 중재조항을 포함한 문서를 인용하고 있는 경우에는 중재합의가 있는 것으로 본다. 다만, 그 계약이 서면으로 작성되고 중재조항을 그 계약의 일부로 하고 있는 경우에 한한다.

## 3. 재판관할조항

무역계약은 당사자 자치의 원칙이 존중되므로 분쟁의 해결을 중재에 의하지 않고 법원판결에 의하기로 하거나, 뉴욕협약에 가입이 되어 있지 않거나 기타의 사유로 중재합의가 이루어지지 못하는 거래에는 어느 특정 국가의 법원을 관할법원으로 할 것인가에 대한 재판관할조항을 설정하여 두는 것이 좋다. 다음은 한국의 법원을 합의관할로 하는 예이다.

예문

"Jurisdiction : The Courts of the Republic of Korea shall have jurisdiction over all disputes which may arise between the parties with respect to the execution, interpretation and performance of this con-tract and the parties shall waive any other forum to which they might be entitled by virtue of domicile or otherwise."

## 4. 준거법조항

무역계약의 성립과 이행 그리고 그 해석에 관하여 어느 나라 법을 적용할 것인가, 즉 준거법이 문제가 될 수 있다. 준거법을 결정하는 데는 국가별로 법제의 해석기준이 상이하기 때문에 계약당사자가 준거법을 어느 국가의 법으로 하느냐를 명확히 약정하여야 한다. 준거법에 관하여 명시적 합의가 있으면 이를 우선 적용하며, 매매당사자의 의사가 불분명할 경우에는 국제사법에 따라 행위지법이나 법정지의 국제사법이 준거법이 된다. 만일 상대방이 무작정 자국법을 준거법으로 삼기를 고집할 경우에 재판관할의 선택 여하에 따라 실질적으로 준거법의 효력이 상실되는 수도 있다. 무역계약시 준거법에 대한 약정은 다음과 같이 한다.

**예문 1**

"Governing Law : this contract shall be governed, construed and performed by the laws of the republic of Korea"

특히 물품매매계약서의 준거법 설정에서는 위와 같은 준거법조항에 추가하여 FOB, CIF 등 정형거래조건은 어느 국제관습에 의할 것인가에 대해서도 다음과 같이 약정하여야 한다.

**예문 2**

"Trade Terms : The trade terms used under this contract shall be governed and interpreted by the provisions of INCOTERMS 2000."

# 제2절 수출입관련 여러 가지 조항

무역계약 체결시에는 여러 가지 조건(terms and conditions)들을 잘 숙지하고, 무역계약에서 많이 적용되는 여러 가지 조항(약관, clause)들을 정확하게 이해함으로써 그 중에서 필요한 조항들을 무역계약 조건의 일부분으로 적용하여 무역계약서에 적절하게 설정하여 활용하여야 한다. 앞에서 설명한 무역계약의 기본조건들은 Case by Case로 매 거래시 마다 다르게 제시될 수 있어 가변적인(changeable) 것이지만, 다음에서 설명할 여러 조항들은 거래관계 개설시에 작성하는 「일반거래조건약정서」(Agreement on General Terms and Conditions of Business) 또는 「포괄매매계약서」(Master Sales Contract)에 한번 설정되면 영구히 적용되기 때문에 불변적인(unchangeable) 것이라 할 수 있다.[6)]

## 1. Delayed Performance Clause(지연이행조항)

Delayed Performance Clause(지연이행조항)은 불가항력에 의하여 계약이행이 이루어지지 못한 경우에는 그 이행기를 며칠간 연장한다는 것과 그렇게 연장된 기간 내에도 불가항력의 지속이나 그 후속사태의 여파로 여전히 계약이행이 불가능하여 연장기간 경과 후에 계약내용의 이행이 있는 경우 이를 수용할 것인가의 여부에 관한 사항을 약정하는 조항이다.

**예문**

In all cases of force majeure the period of shipment stipulated shall be extended for a period of twenty one(21) days. In case shipment within the extended period should still be prevented by a continuance of the causes of force majeure or the consequences of any of them, it shall be at Buyer's option either to allow the shipment of late goods or to cancel the order by giving Seller the notice of cancellation without delay.

## 2. Hardship Clause(사정변경조항)

계약체결 당시에는 전혀 예기하지 못했던 경제적 또는 정치적 사태가 계약체결 후에 발생함으로써, 당초의 계약된 대로의 이행이 불가능해지거나 또는 심히 곤란해져 계약의 본질적 변경이 불가피해 진 경우에는 당사자는 계약내용의 변경을 요구할 수 있고, 그때에 상대방은 반드시 이에 응해야 한다는 조항을 hardship clause(사정변경조항 또는 이행가혹조항)이라 한다.

이 조항은 주로 산업설비(plant)나 대형선박 등 그 제작에 장시간이 소요되는 경우에 계약금액의 변경이나 공사기간의 조정 또는 인도기일의 연장, 사양(규격)의 변경 등을 위하여 설정된다. 특히 가격만의 변경을 허용하는 조항은 escalation clause(신축조항)이라 부른다.

---

6) 한국무역협회, 무역계약, 2007, pp.87~96 참조.

## 3. Entire Agreement Clause(완전합의조항)

계약체결의 이전단계에서 그 계약과 관련되어 이루어졌던 의견교환이나 합의 또는 약속 등은 정식으로 체결된 계약의 내용에 완전히 흡수 통합되어 소멸하고, 따라서 기존의 것과 계약내용이 상치되더라도 과거의 것을 주장할 수 없고 오직 정식으로 체결된 계약내용만이 유효하다는 조항을 entire agreement claus(entirety clause, merger clause, 완전합의조항, 완전계약조항)라 한다. 이처럼 이 조항은 과거의 합의나 약속과 본 계약상의 약정이 모순되거나 상이할 경우에 발생될 수 있는 당사자 간의 분쟁을 예방하고 거래관계를 명확히 하기 위하여 필요한 조항이다.

예문

This Agreement merges and supersedes all prior discussions, understandings written or verbal confirmations and any kinds of agreements made between both parties, and neither party shall be bound by any definitions, conditions or warranties other then them in this Agreement.

## 4. Secrecy Clause(비밀유지조항)

무역거래나 기술도입(제휴)의 과정에서 알게 된 비밀정보(confidential information)는 철저히 보호되어야 하며, 따라서 상대방의 비밀정보를 누설하거나 도용해서는 안 된다는 조항을 secrecy clause(confidentiality clause, non-disclosure clause, 비밀유지조항)라 한다.

여기서의 비밀정보라 함은 기술적 지식, know-how, 자료, 영업비밀(trade secret), 그리고 재무관리, 제조공정, 원・부자재, 제품의 규격과 디자인, 제조, 판매 등에 관련된 기타의 정보를 의미하여, 그 포괄범위가 방대하다. 한편 영업비밀이라 함은 우리나라 부정경쟁방지법(제2조)의 정의대로 "공중(公衆)에 알려져 있지 아니하고, 독립된 재산적 가치를 지닌 것으로서, 상당한 노력에 의하여 비밀로 유지된 생산방법, 판매방법 및 기타 영업활동에 유용한 기술상 또는 경영상의 정보"를 의미한다.

예문

① The Buyer acknowledges that the confidential information shall be the valuable asset of the Seller and agrees to hold it in strict confidence for the exclusive use and benefit of the Seller and not to use or disclose the same to any third party at any time hereafter regardless of the life of this Agreement.
This obligation shall not apply to acknowledge or information which Buyer possessed prior to the disclosure by Seller to Buyer or which is now or hereafter becomes generally known to the public through no default of Buyer.

② For the purpose of this Article, "confidential information" means any or all technical knowledge, know-how, standard calculations, data, trade secrets and/or other information regarding financial affairs, processes, materials, apparatus, research, yield, speccifications, design, manufacture, sale, use or other disposal of the products.

## 5. Infringement Clause(권리침해조항)

매수인이 제공한 규격에 따라 매도인이 물품을 생산하여 매수인에게 인도한 경우에는 그 생산으로 인하여 제3자의 산업재산권(산업소유권, industrial property) 내지 지적재산권(지적소유권, intellectual property)을 침해하게 된 경우에는 그로 인한 모든 책임은 매수인이 부담하며 매도인에게는 아무런 피해를 주어서는 안된다는 조항을 infringement clause(또는 industrial property clause, 권리침해조항, 산업재산권조항)라 한다.

예문 1

The Seller shall not be responsible for any infringement with regard to patent rights, utility model right, trademarks, commercial designs or copyrights of a third party in case they are originated or chosen by the Buyer. Upon request by the Seller, the Buyer shall take necessary step on his own account and responsibility to hold the Seller harmless from ad against suits and claims brought by the third parties due to such infringement.

그러나 위의 상황과 반대로 흔히 발생하는 상표도용과 같은 지적소유권의 침해가 발생되거나 모조품이 인도된 경우에 매도인이 그 책임을 지도록 명확히 약정해 두지 않으면 매수인이 예상치 못한 손해를 입을 수 있다. 이러한 경우에 대비하기 위하여 매도인이 모든 책임을 지고 매수인에게는 아무런 피해도 주지 않도록 해야 한다는 조항을 계약에 포함시키기도 한다.

**예문 2**

The Seller shall not harmless the Buyer from and against all losses and damages incurred and suits and claims brought by the third party due to any infringement of trademark, patent, copyright or other proprietary rights in connection with the Seller's manufacture and sale of the goods under this contract.

## 6. Product Liability Clause(제조물배상책임조항)

제조되고 판매되는 물품이 소비자나 기타의 제3자의 신체 또는 재산에 손상 또는 손해를 발생시킨 경우에는 그 제조자, 수출자, 수입자, 판매 내지 유통자, 원자재나 부품의 생산자 등 여러 사람에게 제조물배상책임(P/L : product liability)을 물을 수 있는 바, 이러한 책임을 매도인(수출자)과 매수인(수입자) 가운데 누가 부담할 것인가를 약정하는 조항을 product liability clause(제조물배상책임조항)라 한다.

**예문 1**

Seller shall not assume liability, including the products liability for any damage of Buyer's customer or users in using or handling the goods. In case suit be brought or a claim laid against Seller by such customers or user with respect to the goods, Buyer shall not take responsibility for loss of Seller incurred by the said claim.

**예문 2**

The Buyer shall defend, indemnify and hold the Seller harmless form and against any all loss, damage, liability or expense, including but not limited to the attorney's fees, arising out of or in relation to the product liability

brought by the third parties for death or injury to person(s) or damage to or destruction of property caused or resulting form the sale, resale, use, consumption or other disposal of the products after the delivery by the Seller thereof.

## 7. Non-Waiver Clause(비포기조항)

계약당사자의 어느 일방이 일시적으로 계약상의 어떤 조항에 의한 이행청구를 하지 않았더라도 이를 이유로 그 후의 동일 조항에 의한 이행청구권을 포기한 것으로 보거나 이를 박탈할 수 없다는 조항, 즉 과거에 행사하지 않은 이행청구권은 그 후의 동일내용의 이행청구권에 영향을 미치지 않고 상호 독립적임을 명시하는 조항을 non-waiver clause(비포기조항)라 한다. 이 조항은 특히 영미법계에서는 이른바 "표시에 의한 반금언"(estoppel by representation)의 법리가 법 영역에서 널리 적용되고 있어, 앞에서 말한 경우 이행청구권의 포기로 받아들여질 우려가 있기 때문에 계약관계를 명확히 유지하기 위하여 계약 속에서 이러한 조항을 설정하고 있는 것이다.

**예문**

The failure of delay of either party to require performance by the other party of any provision of this Agreement shall not constitute a waiver of, or shall not affect, its right to require subsequent performance of such provision.

## 8. Severability Clause(분리가능조항)

계약내용의 일부가 어떠한 사유로 실효 또는 무효화하더라도 그 계약 전체가 실효 또는 무효로 되는 것은 아니라는 조항을 severability clause(분리가능조항, 가분성조항)라 한다. 이러한 조항은 법원의 판결이나 법규의 강행규정에 의하여 계약내용의 일부가 실효 또는 무효로 되는 경우에 계약 전체가 실효 또는 무효화하는 것을 미연에 방지하기 위하여 설정되고 있다. 그러나 계약의 주요 부분이 실효 또는 무효화하면 계약 전체가 실효 또는 무효화할 수 있음을 유의할 필요가 있다.

**예문**

If any one or more of provisions in this contract shall be declared invalid, illegal or unenforceable in any respect under any governing law, by any arbitration or by court of competent jurisdiction, the validity, legality and enforceability of the remaining provisions contained herein shall not in any way be affected or impaired.

## 9. Liquidated Damages Clause(손해배상액 예정조항)

계약당사자의 어느 일방이 계약을 위반한 경우에는 그 상대방은 Claim의 제기를 통하여 손해배상을 청구하게 되는데 이때에는 계약위반사실과 손해액을 입증해야 한다. 그러나 손해액을 입증하는 것이 어렵거나 절차가 지나치게 까다로운 경우도 있을 수 있다. 거래의 성질상 그러한 점이 예견되는 경우에는 계약 절차시에 청구할 수 있는 손해배상액을 미리 약정하는 것이 좋다. 이를 위하여 설정하는 것이 liquidated damages clause(손해배상액 예정조항)이다.

예문

If opening the letter of credit should be delayed due to the causes for which the Buyer is liable, the Buyer shall not pay the Seller an amount equivalent to three tenths of one percent(0.3%) of the amount of relevant letter of credit per each full week as liquidated damages.

## 10. 기타 조항

이상에서 수출입거래에서 포함되는 중요조항들 뿐만 아니라, 이 밖에도 ① 제3자에 대한 계약의 양도제한에 관한 규정을 설정하는 assignment clause, ② 계약당사자 간의 각종 통지에 관련된 약정을 위한 notice clause(notification clause), ③ 정형무역거래조건(trade terms)에 있어서는 계약당시의 Incoterms를 적용한다는 trade terms clause, ④ 계약위반 내지 계약불이행에 대한 손해배상을 다루는 indemnification clause, ⑤ 계약과 일치하는 물품의 인도의무와 하자있는 물품을 인도하였을 경우의 조치에 대한 규정인 warranty clause(보증조항), ⑥ plant(산업설비)나 선박, 기타 대형 기계류처럼 공정에 장기간이 소요되는 물품의 경우 각종 원·부자재의 가격상승에 대응할 수 있도록 가격의 변경(조정)을 허용하기 위한 escalation clause(신축조항) 등도 수출입계약서의 내용에 포함될 수 있다.

# 제 5 부

# 무역계약의 실행

CHAPTER

# 01 무역계약의 이행



무역계약을 이행한다는 것은 계약조건을 준수하고 이에 따라 각 당사자는 자신의 의무를 완수하는 것을 의미한다. 무역계약의 이행에 있어서 매도인의 주요의무는 물품의 인도와 이에 따르는 소유권과 위험을 이전하고 필요한 경우에는 계약에서 정한 서류를 인도하는 것이다. 이에 대하여 매수인은 물품을 인수하고 이에 따른 대금을 지급할 의무가 있다.

## 제1절 매도인의 의무

### 1. 물품의 인도

#### 1) 계약물품의 인도

국제물품매매계약에 있어서 계약물품의 인도(delivery of goods)란 매도인이 매수인에게 계약목적물을 점유시키는 것을 말한다. 여기서 점유(possession)란 물품에 대한 사실상의 지배 또는 사실상의 물품보관을 의미한다. 그러므로 무역거래에서 인도(delivery)는 점유의 이전, 재산권의 이전, 위험의 이전, 대금지급과 관련하여 매우 중요한 의미를 가지고 있으나 국가나 법제에 따라 그 의미를 달리하는 경우가 있다.

우리나라 민법에서 매도인이 매매의 목적이 된 권리, 곧 재산권을 매수인에게 이전하여야 하고 매수인은 매도인에게 그 대가를 지급할 의무가 있다고 규정[1)]하고 있으나, 외국의 법제와는 달리 매도인의 목적물의 인도의무를 명시하지는 않고 있다. 물품의 매매계약은 재산권의 이전을 목적으로 하는 계약이지만 재산권의 이전 시기는 목적물의 인도시기와 반드시 일치하는 것은 아니다.

---

1) 한국 민법 제568조 제1항

영미법에서는 물품의 인도(delivery of goods)란 특정인이 타인에게 자의로 점유를 이전시키는 것(voluntary transfer of possession)이며,[2] 매매계약에 물품의 운송이 개입되는 경우에는 인도 장소에 대한 별도의 합의가 없으면 인도는 매도인이 매수인에게 송달을 위해 물품을 운송인에게 교부함으로써 이루어진다고 규정하고 있다.[3]

비엔나협약(CISG)에서는 물품의 계약적합을 인도의 요건으로 규정하지 않고, "물품을 인도한다"(deliver the goods)라고 하여 물품의 사실적 지배권을 규정한 것으로서 운송을 포함하는 때에는 목적물을 매수인에게 운송하기 위하여 최초의 운송인에게 교부하는 것이며, 매매계약이 물품운송을 포함하지 않는 경우로서 또한 불특정물의 물품으로서 당사자 쌍방이 계약체결시에 그 물품이 특정 장소에 존재하거나 혹은 제조 또는 생산되는 것을 알고 있었던 때에는, 그 장소에서 목적물을 매수인의 처분에 맡기는 것이며, 기타의 경우에 있어서는 계약체결시에 매도인이 영업소를 가지고 있던 장소에서 목적물을 매수인의 처분에 맡기는 것으로 하고 있다.

영국의 물품매매법(Sale of Goods Act)에서는 "인도(delivery)라 함은 일방이 상대방에게 자의에 의하여 점유를 이전하는 것을 말한다."고 규정하고 있다. 여기에서 점유권(possession)이란 법률상의 청구를 수반하는 물품에 대한 현실적 지배를 할 수 있는 권리를 말한다.

또한 유체동산의 국제매매에 관한 통일법(ULIS)에서는 "물품인도란 계약에 적합한 물품을 교부하는 것"이라고 정의하여 현실적인 인도에 한정시키지 않고 물품은 계약에 적합하여야 할 것을 인도의 현실적 요건으로 규정하고 있다. 물품매매계약에 있어서 목적물의 인도와 인수에 관한 것은 계약이론상 인도의 시기, 인도의 장소, 인도의 방식 등 세 가지 요소로 논의할 수 있다.

### 2) 물품의 인도시기

물품매매계약상 인도시기에 관한 약정은 '10월 인도'라는 방식에 의하지 않고 '10월 선적'이라는 방식의 선적기를 조건으로 하는 관습이 일반화되어 있다. 이는 지정적재지에서의 적재에 의한 매도인의 점유권 이탈시기를 정하는 관습이 행해지고 있으므로 매매계약상의 인도시기는 쌍방이 약정하는 물품의 적재시기가 된다. 물품의 인도시기에 관하여 비엔나협약(CISG)에서 "매도인은 a) 어느 기일이 계약에 의하여 지정되어 있거나 또는 결정될

2) SGA, 1979, §61(1).

3) SGA, 1979, §32(1).

수 있는 경우에는 그 기일, b) 어느 기간이 계약에 의하여 지정되어 있거나 또는 결정될 수 있는 경우에는, 매수인이 기일을 선택하여야 하는 사정이 명시되어 있지 않는 한 그 기간 내의 어떠한 시기, 또는 c) 기타의 모든 경우에는 계약체결후의 상당한 기간 내에 (within a reasonable time) 물품을 인도하여야 한다."[4] 적출지매매에서는 인도라는 용어 대신 해상운송의 경우는 선적, 본선적재, 복합운송의 경우에는 수탁, 항공운송의 경우에는 발송되는 시기를 기준으로 하여 물품의 인도시기를 약정하는 것이 좋다.

### 3) 물품의 인도장소

무역계약에서 물품의 인도를 매도인의 소재지에서 행하는가 또는 매수인의 소재지에서 행하는가에 따라서 적출지매매와 양륙지매매로 대별할 수 있다. 실제로는 인도장소가 가격구성요건으로 되어 'FOB Busan(부산항 본선인도)'라는 방식으로 가격조건에서 결정되는 것을 관례로 하고 있다. 매매당사자 간에 합의한 인도제공의 장소가 물품이동의 개시장소인 경우, 즉 출하지 제공조건인 매매계약을 적출지인도계약(place-of-shipment contract)이라 하고 물품이동의 종료장소인 경우, 즉 목적지 제공조건인 매매계약을 양륙지인도계약(place-of-destination contract)이라 한다. 매매계약이 적출지인도인가 또는 양륙지인도인가를 구분함에 있어 유의할 점은 선박에 적재되어 제공될 경우가 반드시 적출지인도이며, 양륙하여 제공하는 경우가 양륙지인도는 아니라는 점이다. 이 분류는 인도 제공되는 장소에서 소유권 및 위험이 이전되는가, 그리고 이 장소가 물품이동의 개시장소인가 종료장소인가에 따라 구분되는 것이다.

### 4) 물품의 인도방식

국제물품매매에서 인도방식은 인도물품이 현물인가, 서류와 같은 상징인가에 따라 실제로 물품의 점유를 이전시켜 행하여지는 현실적 인도, 약정품의 소유이전이 그대로 점유이전으로 간주되는 해석적 또는 추정적 인도 그리고 물품을 선하증권이나 철도화물수탁서 등으로 화체시켜 그 물권적 유가증권의 제공으로써 물품의 인도로 보는 상징적 인도가 있다.

매매계약에 있어서의 물품의 인도방식은 원칙적으로 무역거래조건에 의하여 정해지거나, 특약이 없는 한 CIF조건의 매매는 서류인도라는 상징적 인도에 의하며, FOB조건의 경우는 현실적 인도에 의하고 있다.

4) CISG, 1980, Article. 33.

여기에서 현실적 인도(actual delivery)는 매도인으로부터 매수인 또는 그의 대리인에게 현실적으로 물품을 인도함으로써 이행되는 것으로 보는 것이다.

현실적 인도는 공장인도조건의 매매계약에서와 같이 매도인의 영업장소 또는 창고 등에서 매수인에게 인도하는 직접적 인도와 본선인도조건에서와 같이 권리를 유보하고 매수인에게 송달할 목적으로 운송인에게 인도하는 간접적 인도가 있다.

추정적 인도(constructive delivery)란 실제로 물품의 수수를 행함이 없이 인도가 이루어지는 경우를 말하는데 이에는 당사자의 양도승인에 의한 인도(delivery by attornment)와 상징적 인도(symbolic delivery)가 있다.

양도승인에 의한 인도는 다음의 세 가지 경우가 있다.

### 1) 간이인도

매매가 이루어지기 전에 물품은 이미 매수인에 의해 점유되고, 매매 후 실제의 수수는 일절 행하지 않고 당사자의 의사표시로서 인도가 이루어져 매수인이 그 물품을 자기의 것으로 보유하는 경우를 말한다.

### 2) 점유개정

매도인의 물품을 점유하고 있다가 매매 후에도 점유권의 양도인인 매도인이 매수인의 대리인으로서 계속 물품을 점유하는 경우를 말한다.

### 3) 지시인도 또는 목적물반환청구권의 양도

물품은 매도인의 수탁자인 제3자에 의해 점유되어 있고, 매매 후 매수인에게 물품을 양도하였다는 취지를 매도인이 제3자에게 통지하면 그 이후 제3자는 매수인의 권리를 승인하고 그 수탁자로서 계속 물품을 보유하는 경우를 말한다.

상징적 인도는 CIF조건 매매에서와 같이 물품은 수탁자의 점유 하에 있고 매도인은 물품을 상징하는 선하증권과 같은 권리증권을 매수인에게 인도함으로써 매수인은 그것과 상환하여 대금을 지급하므로 매매계약이 이행되는 것이다. 이 경우 선하증권의 양도는 물품 그 자체의 인도와 동일한 효과를 갖는다.

FOB조건 매매는 거래관습상 현실적인도이지만 수출무역계약에서 일반적으로 행하여지는 환어음결제의 특약이 있을 경우에는 당사자 간의 합의에 의하여 상징적 인도가 행하여

**표 5-1** 양도승인에 의한 인도

| 구분 | 의미 |
|---|---|
| 간이인도 | 매매 이전에 물품은 매수인에 의해 점유되고, 매매 후 실제의 수수는 일절 행하지 않고 당사자의 의사표시로서 인도가 이루어져 매수인이 그 물품을 자기의 것으로 보유하는 경우 |
| 점유개정 | 매도인의 물품을 점유하고 있다가 매매 후에도 점유권의 양도인인 매도인이 매수인의 대리인으로서 계속 물품을 점유하는 경우 |
| 지시인도 또는 목적물 반환청구권의 양도 | 물품은 매도인의 수탁자인 제3자에 의해 점유되고, 매매 후 매수인에게 물품을 양도하였다는 취지를 매도인이 제3자에게 통지하면 그 이후 제3자는 매수인의 권리를 승인하고 그 수탁자로서 계속 물품을 보유하는 경우 |

진다고 할 수 있다. 물품의 인도는 직접이냐, 간접이냐에 따라 매도인이 물품을 매수인 또는 그 대리인에게 직접 인도하는 직접인도, 계약이나 관습에 의하여 제3자인 운송인이나 운송주선인을 통하여 인도하는 간접인도가 있다. 또한 매매의 목적물에 따라 매매의 목적물만을 인도하는 단순인도, 물품과 함께 서류 등을 수반하는 복합인도가 있다.

## 2. 소유권의 이전

### 1) 소유권(property)의 의의

소유권(property)이란 법률적 의미로 물품을 처분할 수 있는 권리, 즉 물품을 소비할 수 있는 권리, 폐기할 수 있는 권리, 보관할 수 있는 권리, 매각할 수 있는 권리, 저당 또는 담보로 제공할 수 있는 권리 등 기타 처분할 수 있는 권리이다. 물품에 대한 완전지배권을 의미하며 재산권과 동의어로 사용된다. 재산권은 경제적 이익을 기반으로 하여 금전으로 평가할 수 있는 권리를 의미하는데 물권, 채권, 무체재산권으로 구성된다. 소유권은 동산이든 부동산이든 유형이든 무형이든, 가시든 불가시든 관계없이 소유권에 기준하여 사람이 갖고 있는 물품에 대한 권리(rights) 또는 이익(interest)을 의미한다.

우리나라 민법에서는 소유권의 내용에 대하여 "소유자는 법률의 범위 내에서 그 소유물을 사용, 수익, 처분할 권리가 있다."라고 규정하고 있다.

영국의 물품매매법(SGA)에서는 "소유권이란 물품의 일반소유권(general property)을 말하고 특별소유권(special property)을 의미하지 아니한다."고 규정하고 있어, 매매의 본질은 대금을 지급받기 위하여 매도인이 매수인에게 물품의 완전지배권 또는 일반소유권을 이전하는 것이라고 할 수 있다.

### 2) 소유권이전의 원칙

#### 가) 소유권이전의 대원칙

소유권의 이전방식에 관해서는 형식주의와 의사주의가 있다. 형식주의는 소유권의 이전을 위해서는 물품의 인도, 요식행위 또는 불요식행위가 필요하다는 입장으로 로마법에서 시작되어 독일법, 한국민법에서 채용하고 있고, 의사주의는 소유권이전을 위해서는 매매계약당사자의 의사표시가 결정적인 것이라고 보는 입장으로 프랑스법, 영미법, 일본법에서 채용되고 있다.

소유권이전에 대한 대원칙으로는 영국의 물품매매법(SGA)에서 다음과 같이 규정하고 있다.

① 불특정물(unascertained goods)의 매매계약인 경우에는, 물품이 특정물(specific or ascertained goods)로 될 때 그 물품의 소유권은 매수인에게 이전한다.[5)]

② 특정물의 매매계약에 있어서 소유권은 매매당사자가 이전하기로 의도한 때, 즉 당사자의 분명한 의사표시에 따라 이전한다.[6)]

당사자의 의사를 확정할 때는 계약의 내용, 당사자의 행위 및 경우의 상황을 고려하여야 한다. 이와 같이 불특정물의 경우에는 소유권이, 이전된 특정물의 경우에는 당사자의 의사에 의해 이전된 2대원칙이 영국의 물품매매법(SGA)뿐만 아니라 미국의 통일상법전(UCC)에서도 같은 취지로 규정되어 있다.

#### 나) 소유권이전에 관한 의사확정기준

영국의 물품매매법에 의하면 매매당사자 간에 다른 의사표시가 없는 한, 물품의 소유권이 매수인에게 이전하는 시기에 관하여 당사자의 의사를 확정할 때에는 다음의 기준에 의한다고 규정하고 있다.[7)]

① **제1기준** : 인도 가능한 상태에 있는 특정물(ascertained goods, specific goods)의 무조건의 매매계약에 있어서는 물품의 소유권은 계약성립시에 매수인에게 이전한다. 지급 및 인도의 시기 중 일방 또는 쌍방이 연기되는 것은 이전에 영향을 미치지 아니한다.

---

5) SGA, 1979, §16.
6) SGA, 1979, §17-(1).
7) SGA, 1979, §18.

② **제2기준** : 특정물의 매매계약에 있어서 물품을 인도 가능한 상태로 하기 위하여 매도인이 일정한 행위를 해야 할 경우에는 매도인이 그 행위를 하고 매수인이 그 통지를 받기 전까지는 소유권은 이전하지 아니한다.

③ **제3기준** : 인도 가능한 상태에 있는 특정물의 매매계약에 있어서 대금을 확보하기 위하여 매도인이 물품에 관한 중량, 용적의 측정, 실험 검사 또는 기타의 행위를 하여야 할 필요가 있는 경우에는 매도인이 그 행위를 하고 매수인이 그 통지를 받기 전까지는 소유권은 이전하지 아니한다.

④ **제4기준** : 승인조건부(on approval) 또는 반환조건부(on sale or return), 기타 이와 유사한 조항에 의하여 물품이 매수인에게 인도되는 경우에는 소유권은 다음 각 호의 시기에 이전한다. ① 매수인이 승인 또는 승낙을 매도인에게 표명하거나 또는 그 거래를 시인하는 일정한 행위를 한 때, ② 매수인이 승인 또는 승낙을 매도인에게 표정하시 않고 거절의 통지도 없이 물품을 유치한 경우에 물품의 반환에 대한 기간이 정하여져 있는 때에는 그 기간이 만료한 때, 또한 기간이 정하여져 있지 않은 때에는 상당한 기간이 경과한 때, 다만 상당한 기간의 결정은 사실문제이다.

⑤ **제5기준** : 불특정물 또는 선물과 같이 명세에 의한 매매계약에 있어서 명세에 적합하고 인도 가능한 상태에 있는 물품이 매수인의 동의를 얻어 매도인의 의하여 또는 매도인의 동의를 얻어 매수인에 의하여 무조건으로 계약에 충당될 경우에는 그 물품의 소유권은 그 충당된 시점에 매수인에게 이전한다. 동의는 명시적 또는 묵시적으로 할 수 있으며, 또한 충당의 전후 어느 때라고 할 수 있다. 계약에 따라 매도인이 매수인에게 송부할 목적으로 물품을 매수인, 운송인 또는 기타의 수탁자 또는 보관자에게 인도하고 처분권을 유보하지 않은 경우에는 매도인은 무조건으로 물품을 계약에 충당한 것으로 본다. 소유권이전의 의사확정기준을 이상과 같이 5가지 기준으로 나누어 볼 때 제1기준 ~ 제4기준은 특정물에 대한 것이고, 제5기준은 불특정물에 대한 것이다.

한편 우리나라 민법은 동산에 관한 소유권의 이전에 대하여 형식주의 원칙을 채용하여 의사표시만으로는 효력이 발생하지 않고 인도를 하여야 비로소 그 효력이 발생되는 것으로 하고 있다. 환어음부 매매인 경우에 물품의 소유권은 매수인이 어음의 지급과 상환으로 선하증권을 취득할 때 매수인에게 이전한다. 그때까지 운송물의 소유권은 매입은행에 의한 선하증권의 취득이 동산질의 취득인 경우에는 매도인에게 있다. 또한 운송증권의 수하인이 매수인인 경우에는 은행인 매수인의 증권취득에 이르기까지의 단순한 전달기관에 불과한 것으로 보고 있다. 이 경우에도 매수인이 어음의 지급과 상환으로 선하증권을 취득한 때에 매수인에게 소유권이 이전되며 그때까지는 소유권이 매도인에게 유보된다.

### 3) 소유권 이전시기

특정물의 매매에서 소유권은 당사자의 의사에 따라 매매계약체결과 동시에 이전되며, 불특정물의 소유권은 물품을 인도 가능한 상태에 두고 무조건 계약에 충당시킬 때 이전된다.

미국 통일상법전(UCC)은 소유권이전시기에 대하여 매매목적물이 현실적으로 인도되는 경우와 그렇지 아니한 경우를 구분하여 규정하고 있다.

현실적 인도에 의할 경우에는 담보이익의 유보에도 불구하고 또한 권리증권(document of title)을 다른 시기와 장소에서 교부하기로 되어 있을지라도 매도인이 현실적 인도이행을 종료한 시기와 장소에서 소유권이 이전된다. 그리고 계약에서 목적물에 운송에 관하여 규정한 경우에는, 선하증권에 의한 여하한 담보이익의 유보에도 불구하고 적출지인도 계약하에서는 선적시기와 그 장소에서 소유권은 매수인에게 이정되며, 양륙지인도 계약하에서는 목적지에서 제공한 때 소유권이 이전된다.

현실적 인도에 의하지 않고 인도가 이루어질 경우에는 다른 명시적 합의가 없는 한 매도인이 권리증권을 교부하여야 할 때에는 매도인이 그 증권을 교부하는 시기와 장소에서 소유권은 이전되며, 권리증권의 교부가 필요하지 않고 계약체결시 이미 목적물이 특정된 경우에는 계약을 체결하는 시기와 장소에서 소유권이 이전된다. 또한 정당한 사유의 유무를 불문하고 매수인이 목적물의 수령 또는 목적물의 보유를 거절했거나 정당한 인수의 철회가 있는 경우에 매도인은 목적물에 대한 소유권을 회복한다. 그러한 소유권의 회복은 법률의 규정에 따른 효과이고 그 자체가 매매로 취급되지는 않는다.

일본 민법이나 영국법에서도 불특정의 매매에서는 특정물이 계약에 충당될 때, 즉 계약의 목적물이 특정될 때를 소유권의 이전시기로 해석하고 있다.

### 4) 처분권의 유보(reservation of right of disposal)

영국의 물품매매법(SGA)에서는 특히 처분권의 유보(reservation of right of disposal)에 대하여 다음과 같이 규정하고 있다.[8)]

8) SGA, 1979, §19.

① 특정물의 매매계약이 존재하거나 또는 물품이 계약의 체결 이후에 충당된 경우, 매도인은 계약의 내용 또는 충당에 의거하여 일정한 조건이 충족될 때까지 물품의 처분권을 유보할 수 있다. 또한 그러한 계약의 경우에는 매수인에게 송부할 목적으로 물품이 매수인, 운송인 또는 기타의 수탁자 혹은 보관자에게 인도되더라도 정하여진 조건이 충족되기까지는 물품의 소유권은 매수인에게 이전되지 아니한다.

② 물품이 선적되고 선하증권에 의해 매도인 또는 그 대리인의 지시하에 물품이 인도될 수 있는 경우에는 매도인은 처분권을 유보한 것으로 추정한다.

③ 물품의 매도인이 대금을 회수하기 위하여 매수인 앞으로 환어음을 발행하고, 또 환어음의 인수 또는 지급을 위하여 매수인에게 선하증권과 함께 이를 송부한 경우에는, 매수인은 환어음을 수리하지 않은 경우에는 그 선하증권을 반송하여야 한다. 또 매수인이 불법으로 선하증권을 유치하더라도, 물품의 소유권은 그에게 이전되지 아니한다. 매수인이 불법적으로 선하증권을 유보하는 경우에는 물품의 소유권은 매수인에게 이전되지 아니한다. 소유권이전에 대하여 미국의 법학자인 윌리스톤(Williston)과 볼드(Vold)는 분할소유권이익이론을 주장하여 소유권을 수익이익과 담보이익으로 분할 가능한 것으로 하여 현실적 인도시에 수익이익은 매수인에게 이전되지만, 추정적 인도가 있기까지는 담보이익은 직·간접적으로 매도인 측에 남는다는 견해를 취하고 있다. 소유권의 내용 자체가 사용, 수익, 처분 등의 권리를 포함한 광범위한 것이지만, 그 가운데서 일부를 어떤 사람이 가지고 나머지 권리를 타인이 가지게 되는 경우를 보아서 소유권을 수익이익과 담보이익으로 나누어 생각해 볼 수 있다. 여기서 담보이익이란 채권자가 갖고 있는 채권이 견제되지 않는 경우에 물품을 처분할 수 있는 권리를 말하고, 수익이익이란 담보이익을 소유자가 갖는 권리, 즉 소유권으로부터 담보이익을 차감한 나머지 권리를 말한다. 실제로 CIF조건매매에서 소유권의 이전은 선하증권의 발행방식, 즉 선하증권의 수하인(consignee)란의 기재내용에 따라 배서 또는 교부에 의하여 이루어지게 된다.

## 3. 위험의 이전(transfer of risks)

위험(risk)이란 물품의 우발적 손해나 손실을 의미하는데, 위험의 이전(transfer of risks)에 관하여 무역계약에서는 "INCOTERMS 2020"에 준거하여 FOB나 CIF조건 매매를 채택하기로 합의하였다면 당사자의 의무가 명확해지지만, 그러하지 못한 일반적인 경우 위험부담

내지 위험이전에 대한 입법주의는 다양하기 때문에 위험귀속자에 대하여 단정하기 어렵다. 그러나 전통적으로 위험의 이전은 물품의 소유권이 이전할 때 이전한다는 소유자주의 또는 채권자주의가 지배적이다. 그러나 현대의 무역거래에서 소유자주의의 원칙에는 많은 변화가 발생하였고, 각국의 법제와 국제무역법규상에는 위험의 이전시기가 다소 상이하게 규정되어 있다. 그러나 위험부담의 문제는 물론 매매당사자 간의 계약에서 이를 결정할 수 있으며, 이러한 당사자 간 특약은 모든 법규보다 우선하여 적용하게 된다. 그러나 이러한 위험부담에 대한 합의를 당사자가 하지 않은 경우에 문제가 발생할 수 있는데 이런 경우에는 계약의 준거법에 따라 결정되어진다.

영국의 물품매매법(SGA)에서는 "당사자 간 다른 약정이 없는 한, 물품의 소유권이 매수인에게 이전하기까지는 그 물품에 대한 위험은 매도인이 부담하고 소유권이 매수인에게 이전한 때에는 인도의 유무에 불구하고 그 물품에 대한 위험은 매수인이 부담한다."고 규정하고 있어 위험의 소유자주의로 추정하고 있다.

## 제2절 매수인의 의무

매매계약의 이행은 매수인의 입장에서 보면 물품을 검사하고 이 경우 물품이 계약과 일치하면 이를 인수하고 그 대금을 지급하는 과정과 일치하지 않을 경우 물품을 거절하고 계약위반 여부와 그 정도에 따라 손해배상을 청구하게 되는 일련의 과정을 의미한다.

### 1. 물품의 인수

일반적으로 매매계약에 있어 매도인이 인도한 물품을 매수인이 인수한 것으로 간주하는 경우는 다음과 같다. 이러한 물품의 인수(acceptance of the goods)에 관하여는 영국의 물품매매법(SGA)에서, "매수인이 물품을 인수한 사실을 매도인에게 통지한 때, 또는(동법 제34조에 별도의 규정이 되어있는 경우는 제외하고) 물품이 매수인에게 인도되고 또한 매수인이 물품에 관하여 매도인의 소유권과 일치하지 아니한 어떠한 행위를 한때, 또는 매수인이 물품을 거절한 사실을 매도인에게 통지하지 아니하고 상당한 기간의 경과 후에도 이를 보유한때, 매수인은 물품을 인수한 것으로 간주한다."[9]라고 규정하고 있다.

### 1) 분할인도 경우의 인수

계약물품의 인도조건을 분할로 인도하기로 약정한 경우, 매도인이 약정된 인도시기를 위반하거나 또는 한번 또는 여러 번에 걸쳐 하자있는 물품을 인도하였다면 매수인은 위반된 할부분에 대해서만 인수거절할 수 있는지 아니면 나머지 계약에 대하여 전부를 거절할 수 있는지 문제이다. 이런 문제에 대해 영국의 물품매매법(SGA)에서는 각각의 계약내용 및 상황에 따라 판단할 문제라고 규정하고 있다.[10] 그러나 계약에서 분할인도를 약정하고 있지 않은 경우, 매수인은 분할인도된 물품 또는 일부만 인도된 물품에 대해서는 인수할 의무는 없다.

### 2) 분할인도 금지의 매매계약

분할인도를 금지하는 경우, 즉 수량 전부를 한 번에 전량 선적하기로 약정하는 불가분의 매매계약(entire contract)에서 약정한 수량을 전부 선적하지 않고 일부만 인도한 경우 매수인은 인수를 거절할 수 있다. 그러나 매수인이 거절하지 않고 적게 인도된 수량을 인수한다면 계약비율만큼 대금을 결제하여야 한다. 이렇게 불가분의 계약에서 분할 인도된 물품을 인수한 경우에 매수인은 남아있는 물품에 대하여는 인수거절을 할 수 없다.

### 3) 약정수량 초과의 인수

약정한 수량을 초과하여 매도인이 물품을 매수인에게 제공하거나 또는 계약물품과 다른 종류의 물품이 혼합되어 수량을 초과하여 물품을 제공하는 경우, 매수인은 물품 전부를 거절할 수 있으며 또는 계약에 일치하는 물품만을 인수하고 나머지 물품은 거절할 수 있다. 이러한 경우, 매수인은 자신이 인수한 물품에 대하여만 대금을 결제할 수 있다.

---

9) SGA, 1979, §35-(1).
10) SGA, 1979, §31-(2).

### 4) 인수의 해태 및 거절한 매수인의 책임

매도인이 계약물품을 인도할 준비를 완료하고 매수인에게 인수받을 것을 통지하였음에도 불구하고 매수인이 상당한 기간 이내에 인수하지 아니한 때에는 매수인은 자신의 태만이나 거절로 인하여 발생한 손해와 물품의 보관에 소요된 비용을 매도인에게 배상할 책임을 진다.[11] 이 경우 물품에 대한 위험부담도 매수인이 인수를 하지 못함으로써 계약을 위반하였을 경우 매수인이 부담한다. 그러므로 매수인이 물품인수를 태만히 하여 매수인의 의무를 이행하지 못한 경우에는 계약위반으로 간주한다.

## 2. 대금의 지급

무역계약에서 매수인은 자신이 매입한 물품의 대금지급의무를 부담한다. 그러므로 매수인은 별도의 약정이 없는 한, 매도인의 물품인도에 대하여 대금지급을 해야 하며 이는 동시이행조건(concurrent conditions)이다. 대금의 지급방법, 지급시기, 지급장소, 지급통화 등은 보통 무역계약에서는 대금결제조건으로 일람불신용장, 기한부신용장 또는 추심결제방식의 D/P, D/A 등으로 약정을 하게 된다. 여기서는 무역계약상 대금지급의무와 관련하여 대금지급의 시기와 장소에 대하여 고찰하기로 한다.

### 1) 대금의 지급시기

무역계약의 이행은 매도인이 계약의 조건에 따라 매수인에게 약정물품에 대한 소유권을 이전하고 물품을 인수한 매수인은 매도인에게 대금결제를 하는 것이다. 이에 대하여 영국의 물품매매법(SGA)은 "당사자 간에 다른 약정이 없는 한, 물품의 인도와 지급은 동시이행조건이다. 즉 매도인은 대금과 상환으로 물품의 점유권을 매수인에게 이전할 수 있어야 하고 매수인은 물품의 점유와 상환으로 대금을 지급할 수 있어야 한다."[12]고 규정하고 있다.

비엔나협약(CISG)은 "매수인이 대금을 어느 특정한 기일에 지급할 필요가 없는 때에는 매도인이 계약에 정하는 바에 따라 물품 또는 그 처분을 지배하는 서류가 매수인의 처분(buyer's disposal)에 맡겨진 경우에 매수인은 대금을 지급하여야 한다.[13]"고 규정하고 있는데 이는 물품인도와 대금지급은 동시이행관계에 있다고 할 수 없으며, 물품을 매수인의

11) SGA, 1979, §37-(1).
12) SGA, 1979, §28.
13) CISG, 1980, Article 58(1).

처분가능상태에 둔 때에 대금이 지급되어야 하는 관계로 보아야 할 것이다. 즉 비엔나협약(CISG)은 소유권이전시기에 관하여 침묵을 지킴으로써 물품의 소유권과 대금지급의 동시이행이라는 구성을 포기하는 대신, 당사자의 이익을 가장 균형적으로 고려할 수 있는 방법으로 물품 또는 서류의 제공과 대금의 지급이 동시에 이루어지도록 한 것이다. 매도인은 물품 또는 서류를 인도함에 있어 대금의 지급을 인도의 조건으로 할 수 있으며, 계약에 물품운송이 포함된 경우에는 대금지급과 상환으로 물품 또는 서류를 인도한다는 조건을 붙여 물품을 발송할 수 있는데, 이 경우에 대금이 지급될 때까지는 물품의 처분권은 매도인에게 유보된다고 할 것이다.

### 2) 대금의 지급장소

대금의 지급장소에 대하여 비엔나협약(CISG)에서는 "대금지급은 매수인이 기타 어느 특정한 장소에서 대금을 지급하여야 할 의무가 없는 경우에는, 매수인은 매도인의 영업소, 또는 지급이 물품 또는 서류의 교부와 상환으로 이루어져야 하는 경우에는, 그 교부가 행하여지는 장소에서 매도인에게 이를 지급하여야 한다."[14]고 규정하고 있다. 이것은 일반적인 계약관행에도 부응하는 원칙이라고 할 수 있다. 그러나 영국의 물품매매법(SGA)상에는 명문화된 규정이 없다. 미국통일상법전(UCC)에서도 대금의 지급은 매수인이 물품을 수령한 때와 장소에서 하여야 하며, 발송지가 인도장소일 때도 같다고 정하고 있다.[15]

우리나라 민법은 "채무의 성질 또는 당사자의 의사표시로 변제장소를 정하지 아니한 때에는 특정물의 인도는 채권성립 당시에 그 물건이 있던 장소에서 하여야 하며, 특정물 인도 이외의 채무변제는 채권자의 현주소에서 하여야 하되 영업에 관한 채무의 변제는 채권자의 현 영업소에서 하여야 한다."고 하여 채권자의 주소를 이행지로 하는 지참채무의 입장을 취하고 있어 영미법의 견해와 별 차이가 없다고 할 수 있다.[16]

---

14) CISG, 1980, Article 57(1).

15) UCC, 1988, §2-310.

16) 한국 민법 제467조

국제무역계약

CHAPTER

# 02 무역계약의 위반과 구제



매매당사자의 계약이행의무는 기본계약상에 명시적인 약정이 없는 한 기본계약서에서 채택한 정형거래조건에 따라서 결정된다. 그러나 정형거래조건의 해석에 관한 국제규칙인 INCOTERMS에서는 계약의 성립요건과 상대방의 계약위반(Breach)에 대한 구제(Remedies)에 관하여는 명시하고 있지 않기 때문에 이러한 것에 대하여는 계약상의 준거법에 따른다. 일반적으로 준거법은 특정국가의 국내법보다는 UN에서 정한 국제물품매매계약 관한 UN협약(일명 Vienna협약)을 채택하는 것이 바람직하다.

## 제1절 무역계약의 위반

개별적인 거래시 계약의 이행불능이 성립되는 요건은 계약대상물이 파괴되거나, 전쟁의 발발과 수출입의 금지 등 위법, 사정의 근본적인 변화, 수출입승인과 수입할당 등이 있으나 무역거래시에 그 구체적인 성립 여부에 대하여는 논란의 소지가 있을 수 있다. 그러므로 계약당사자 간의 계약서에 불가항력조항(Force Majeure Clause)을 삽입하여 이에 대한 분쟁발생에 대비하여야 할 것이다.[17)]

### 1. 계약위반의 의의

계약위반(breach of contract)이란 매매당사자가 자기에게 책임 있는 사유(귀책사유)로 채무의 내용에 따른 이행을 하지 않는 것, 곧 채무자가 채무의 내용에 적합한 급부를 하지

17) 강원진, 무역계약론, 박영사, 2005. 2, pp.355~358.

않는 것을 의미한다. 여기서 계약 내용에 적합한 급부를 하지 않는다는 것은 국제상거래관습, 당해 계약의 명시적·묵시적 약정, 당해계약의 취지, 각종 조약 및 강행법규에 적합한 급부나 이행을 하지 않은 것으로, 다시 말하면 계약내용의 불이행(non-performance)을 의미하는 것이다. 국제물품매매계약의 체결 후 계약당사자의 과실에 기인하지 않은 사유로 계약을 이행할 수 없게 되거나, 이행이 요구되어지는 상황이 계약서 작성시에 예상하였던 것과는 완전히 달라져서 더 이상 계약을 이행할 가치가 없어진 경우가 있다. 이를 계약의 이행불능(Frustration of ontract)이라고 하며, 이러한 사태가 발생하면 계약당사자는 향후 계약이행의무가 면제될 수 있으면 또는 계약이 해지될 수도 있는 가장 전형적인 계약위반이다.

계약위반은 영미법에서 사용되는 용어로 금전채무를 대상으로 하나 한국 민법이나 대륙법에서는 금전채무에 국한하지 않고, 모든 종류의 채무를 대상으로 하며 계약의 불이행 또는 채무의 불이행이라고 한다. 계약위반의 유형에 대한 표현이나 정의는 학설이나 각국의 입법례에 따라 약간 차이가 있다.

## 2. 계약위반의 유형

일반적으로 계약위반의 유형에 대하여 영미법에서는 이행지체(delay in performance), 이행거절(repudiation ; renunciation), 이행불능(impossibility of performance)으로 구분하고 있으며, 한국 등 대륙법계에서는 채권자 지체를 포함한 이행지체, 이행불능, 불완전이행(incomplete performance)으로 구분하고 있다. 또한 비엔나협약(CISG)에서는 매도인의 계약위반과 매수인의 계약위반으로만 규정하여 영미법계와 대륙법계의 조화를 시도하고 있다.

### 1) 이행지체(delay in performance)

이행지체(delay in performance ; failure to perform)란 당사자가 계약의 이행 자체가 가능함에도 불구하고 이행기에 이행하지 않고, 고의 또는 과실에 의하여 채무를 이행하지 않고 지연하는 것을 말한다. 이러한 계약위반은 현실적으로 확인될 수 있기 때문에 현실적 계약위반이라고도 불리워진다. 즉 이행지체는 다른 유형의 계약위반의 경우와 같이 이행기 전이나 이행기 중에도 발생하는 것이 아니라, 현실적으로 이행기가 도래한 때에만 발생한다. 이행지체(delay in performance ; failure to perform)는 전부이행지체와 일부이행지체로 구별할 수 있다.

우리나라 민법에서는 이행기와 이행지체에 대하여 채무이행의 확정한 기한이 있는 경우에는 채무자는 기한이 내도한 때로부터 지연책임이 있으며, 채무이행의 불확정한 기한이 있는 경우에는 채무자는 기한이 내도함을 안 때로부터 지연책임이 있고, 채무이행의 기한이 없는 경우에는 채무자는 이행청구를 받은 때로부터 지연책임이 있다고 규정하고 있다. 또한 채권자 지체에 관하여 채권자가 이행을 받을 수 없거나 받지 아니한 때에는 이행의 제공이 있는 때로부터 지연책임이 있으며 채무자는 고의 또는 중대한 과실이 없으면 불이행으로 인한 모든 책임이 없다. 또한 채권자 지체로 인하여 그 목적물의 보관 또는 변제의 비용이 증가된 때에는 그 증가액은 채권자의 부담으로 한다.

쌍무계약에서 당사자의 채무는 서로 독립적인 것이냐 관련성이 있는 것이냐에 기준을 두어 구별하는 경우도 있다. 만일 그것이 독립적인 것일 때에는 일방의 채무불이행은 상대방이 이행을 면제하지 않는다. 따라서 그 당사자가 채무를 이행하지 않을 때에는 이행지체의 책임을 면치 못하게 된다. 이에 반해서 그것이 만일 관련성이 있는 것이라면 일방의 채무불이행은 상대방의 불이행을 용인하지 않으면 안 된다.

### 2) 이행거절(repudiation ; renunciation)

이행거절(repudiation ; renunciation)은 당사자의 일방이 계약의 이행기가 도래하여도 자신의 채무를 이행할 의사가 없거나 이행하는 것이 불가능하다는 것을 표명하는 것을 말한다. 즉 이행거절은 계약당사자의 명시적인 의사표시뿐만 아니라 계약의 이행을 불가능케 하는 채무자의 자발적·적극적인 행위에 의해서도 성립된다. 이행거절의 의사는 이행기 내도 전후를 불문하고 언제든지 표명할 수 있으며, 특히 이행기 전의 이행거절을 "이행기 전 계약위반(anticipatory breach of contract)"이라고 한다. 이는 계약 중에 정해진 이행기 이전에 채무자가 명확하고 무조건적으로 이행을 거절하는 것이다. 이 경우에는 이행기의 내도를 기다리지 않고 거절의 의사가 상대방에게 통지된 때에 계약위반으로 본다.

영미법에서 이행거절을 계약위반의 한 유형으로 인정하는 이유는 이행을 거절한 당사자에게 이행기까지 기다리거나 혹은 자신의 변제를 제공해야만 하는 불합리한 낭비를 제거하기 위해서이다. 이행거절에 대한 효과는 이행기 전에 의사표시가 있을 경우에는 상대방은 이행기의 내도를 기다릴 필요 없이 바로 계약을 해제하고 손해배상을 청구할 수 있다. 계약의 해제 여부 선택은 상대방의 자유이며 만일 계약을 해제하지 않았을 경우에는 그 계약은 당사자를 위하여 그대로 존속된다. 만일 그 이후에 그 계약이 당사자의 책임에 기하지 않는 사유로 이행불능이 된 경우에는 전 채무가 소멸된다. 따라서 이러한 경우에는 이행거절을 이유로 한 손해배상 청구소송은 제기할 수 없다.

현실적 계약위반(present breach of contract)의 경우에는 이행이 불가능하다는 것이 합리적으로 이해될 정도로 이행거절의 의사표시가 적극적이고 명확하며 무조건으로 상대방에게 통지된 때에 계약위반이 성립되고, 그 위반의 중요성에 따라 계약이 해제되거나 손해배상을 청구할 수 있다.

### 3) 이행불능(impossibility of performance)

이행불능(impossibility of performance)은 채권이 성립한 후에 채무자의 행위에 의해서 계약의 이행을 불가능하게 만드는 것이므로 이것을 묵시적 이행거절이라고도 한다. 이행불능은 채무당사자의 행위에 의해서 이행불능이 되는 경우 이 외에 계약체결 후에 예기치 못한 사태가 발생하여 계약의 이행이 불가능하게 되는 경우, 즉 채무자의 행위에 의하지 않은 것도 있다. 또한 채무자의 행위에 의한 이행불능에는 이행기일 전의 이행불능과 기일 후의 이행불능이 있다. 이행기 전 계약위반에는 이행불능기일 전의 이행불능까지도 포함된다. 이행거절의 경우는 이행거절의 의사를 상대방에게 명료하게 표시해야 하나 이행불능의 경우에는 상대방에 대하여 명료하게 의사를 표시할 필요는 없다.

한편 채무자의 행위에 의하지 않은 이행불능은 계약체결 후에 발생한 사태로 인하여 계약목적을 달성할 수 없게 되는 경우로 이것에는 원시적 불능(initial impossibility)과 후발적 불능(supervening impossibility)이 있다. 또한 원시적 불능에는 계약체결시에 이미 이행불능이 된 경우와 이미 계약의 목적물이 소멸된 경우가 있다. 계약당사자의 책임에 기하지 않는 사유에 의해서 발생한 이행불능은 후발적 불능의 경우에 한한다.

특히 이행불능과 이행기에 대해서는 이행불능이 이행기 이후에만 생기는 것이 아니고 이행기에도 불능이란 것이 확실한 경우에는 이행기를 기다리지 않고 이행불능이 생길 수 있다.

### 4) 불완전이행

불완전이행은 일단 채무자가 이행을 행하였지만, 그 이행이 하자있는 불완전한 이행을 한 경우를 의미한다. 불완전이행의 요건은 급부된 목적물에 하자가 있는 경우, 이행방법이 불완전한 경우, 그리고 급부하기 전에 필요한 주의를 태만한 경우이다. 불완전이행의 효과는, 첫째 채권자는 목적물을 수령하더라도 입은 손해의 배상을 청구할 수 있는 완전이행청구권을 가지며, 둘째 채무가 계약에 입각한 것이면 계약해제권이 발생한다. 셋째, 완전이행이 가능한 경우에는 채권자가 상당한 기간을 정하여 이행지체에 준하여 최고(催告)를 할 수 있고 최고(催告)하여도 이행하지 않을 때는 계약을 해제할 수 있다.

## 제2절 무역계약의 위반에 대한 구제

### 1. 구제(remedy)의 의의

구제(remedy)라 함은 일정한 권리가 침해당하게 되는 경우에 그러한 침해를 방지하거나 시정하거나, 보상하게 하는 것을 말한다. 국제물품매매계약에서 계약을 위반한 경우에는 그 계약위반으로 인하여 계약상대방이 입은 손해를 배상해야 하는 것은 당연한 것이다. 매매계약을 위반하였을 경우 매수인에 대한 배상을 매수인의 구제(buyer's remedy)라 하고, 매도인에 대한 배상을 매도인의 구제(seller's remedy)라 한다.

#### 1) 매수인이 계약이행의무를 위반할 경우, 매도인이 행사할 수 있는 구제방법

매수인이 계약이행의무를 위반할 경우, 매도인이 행사할 수 있는 구제방법으로 대인구제와 대물구제로 분류하여 살펴볼 수 있다. 매도인이 매수인에 대하여 행사할 수 있는 대인구제는 구체적으로 계약해제권, 대금청구권, 손해배상청구권이 있으며, 대물구제는 매도인이 매수인으로부터 대금지급을 받지 못한 경우 자신이 인도한 물품에 대하여 갖는 권리로서 이는 구체적으로 물품에 대한 유치권 및 재매각권이 있다.

#### 2) 매도인이 계약이행의무를 위반할 경우, 매수인이 행사할 수 있는 구제방법

반면에 매도인이 계약이행의무를 위반할 경우, 매수인이 행사할 수 있는 구제방법에는 물품이 계약내용과 불일치하는 경우 물품거절권, 손해배상청구권 또는 대금반환청구권 등이 있다. 신용장방식의 무역거래에서 매도인은 물품을 인도하고 선적서류와 환어음을 준비하여 자신의 거래은행에 매입의뢰하거나, 지급 또는 인수 등의 방법으로 대금을 회수하기 때문에 구제 권리를 행사할 여지가 별로 없다. 그러나 매수인은 물품이 아니라 서류에 의하여 대금을 지급하기 때문에 물품이 계약내용과 일치하지 않으며 불가피하게 구제조치를 취하여 손해배상청구권이나 대금반환청구권을 행사하게 되는 것이다.

## 2. 구제의 방법

계약위반에 대한 구제방법으로서 중요한 것은 현실적 이행을 강제하는 방법과 손해를 배상케 하는 방법으로 크게 나누어 살펴볼 수 있다.

영미법계에서는 계약위반의 경우 약속된 채무에 대체되는 수단으로서 보상적 구제(substitutional relief), 즉 금전배상을 명하는 손해배상을 원칙으로 하고 예외적으로 현실적 강제이행을 인정하고 있다. 한편, 한국 민법을 비롯한 대륙법계에서는 될 수 있는 대로 본래 계약에서 약속되었던 급부의 내용을 그대로 실현토록 함이 채권자에게 유리하며, 계약의 본래 취지에도 부합한다는 이유로 현실적 이행강제의 방식을 원칙으로 하되 예외적으로 손해배상에 대한 구제방식을 채택하고 있다.

비엔나협약(CISG)은 일방 당사자가 비엔나협약 혹은 국제물품매매계약을 위반하였을 경우 상대방이 어떻게 구제되고 보호될 수 있는가의 문제를 다룸에 있어 대륙법계와 영미법계의 법리를 적절히 타협·조절한 내용의 구제방식을 채택하고 있다.

### 1) 영미법상의 구제방법

영국의 물품매매법에서 매수인의 구제방법으로는 인도불이행에 따른 손해배상(damages for non-delivery)과 특정이행(specific performance) 및 담보위반에 대한 구제(remedy for breach of warranty)가 있다.

#### 가) 인도불이행에 대한 매수인의 손해배상(damages for non-delivery)

인도불이행에 대한 매수인의 손해배상(damages for non-delivery) 청구는 인도불이행에 대한 손해배상 청구와 인도된 물품의 조건위반에 대한 손해배상청구이다. 매도인이 불법적으로 매수인에게 물품의 인도를 해태하거나 또는 거절한 때에는, 매수인은 인도불이행에 대하여 매도인에게 손해배상청구의 소를 제기할 수 있다. 손해배상액은 매도인의 계약위반으로 인하여 통상적인 경우에 직접적이고 당연히 발생하는 추정손실(estimated loss)에 의하여 정한다. 손해배상액의 산정은 계약가액과 물품을 인도하여야 할 때의 시가 또는 상시가격(market or current price)과의 차액에 의하는 것으로 추정한다. 인도의 시기에 관하여 정함이 없을 때에는 인도를 거절할 당시의 시가 또는 당시가격에 의하는 것으로 추정한다.

### 나) 특정이행(specific performance)

특정이행(specific performance)은 금지명령(injunction)과 더불어 모두 형평법(equity)상의 구제방법으로 보통법에 의하여 충분한 구제를 받을 수 없는 경우에 한하여 이것을 보완하기 위한 것이다. 특정이행이란 계약내용인 채무를 약속대로 적극적으로 이행할 것을 명하는 구제방법이다. 또한 금지명령은 일정한 행위를 금지하는 법원의 명령, 즉 행위금지의무의 준수를 강행시키는 것을 말한다. 영국물품매매법에서 특정물품 또는 확정물품의 인도에 따른 계약위반에 대한 소송에 있어서는, 법원은 당연하다고 인정할 경우에는 원고(plaintiff)의 신청에 의하여 피고(defendant)에 대하여 손해를 배상하고 물품을 보유할 자유를 인정하지 아니하고 약속대로 이행할 것을 판결로써 명할 수 있다.

### 다) 담보위반에 대한 구제(remedy for breach of warranty)

담보위반에 대한 구제에 대하여는 매도인이 담보책임에 위반하거나 또는 매수인이 매도인의 계약조건위반(breach of condition)을 담보책임으로 취급하거나 담보책임으로 취급하는 것이 부득이 한 경우에는 매수인은 그 담보책임만을 이유로 물품의 수령을 거절할 수 없다. 그러나 매수인은 담보책임의 위반을 이유로 대금의 감액 또는 소멸로써 매도인에게 대항할 수 있고, 손해배상의 소를 제기할 수 있다.

반면 영국의 물품매매법(SGA)에서 매도인의 구제방법으로는 대금청구소송(action for the price), 물품수령불이행으로 인한 손해배상의 청구권(damages for non-acceptance)이 있다. 이 밖에 대금을 지급받지 못한 매도인에 대해서는 물품에 대한 유치권(lien), 운송정지권(right of stoppage in transit) 및 재매각권(right of resale)이 있다. 여기서 유치권이란 매수인에 의하여 대금지급이 될 때까지 물품을 보유하는 권리를 말한다. 유치권이 발생되기 위해서는 대금지급을 받지 못한 매도인이어야 하고, 매도인이 물품을 점유하고 있어야 한다. 또한 운송정지권은 특정인에게 매각된 물품을 재취득하여 그 물품이 특정인의 부채의 지급에 적용되는 것을 막는 권리로서 대금지급을 받지 못한 매도인의 권리이다. 유치권과 운송정지권은 매도인으로 하여금 점유를 시켜 대금지급이 있을 때까지 유치할 수 있으나 매수인으로부터 나중에 대금지급을 받게 되면 물품을 재송부하여야 한다.

또한 대금지급을 받지 못한 매도인은 물품을 점유하였을 경우에 비록 소유권이 이전하였다 하더라도 매도인이 유치권 또는 운송정지권을 행사한 경우에 물품에 대한 재매각권을 갖는다. 한편 미국의 통일상법전(UCC)에서 계약위반에 대한 매수인의 구제방법은 계약위반이 계약 전체의 가액을 멸손하였을 경우에는 계약해제권, 이미 지급한 대가에 대한 손해배상청구권, 불인도에 대한 손해배상청구권이 있으며 매도인의 구제방법은 물품인도유보권, 운송정지권, 재매각권 수령거절에 대한 손해배상청구권, 매매계약취소권이 있다.

#### 2) 한국법상의 구제방법

우리나라 민법에서는 매매의 목적물에 하자 또는 수량부족이 있는 경우에는 매도인이 하자담보책임을 진다. 담보책임은 매매에 의하여 매수인이 취득하는 권리 또는 권리의 객체인 물건에 하자(흠) 내지 불완전한 점이 있는 때에 매도인이 매수인에게 부담하는 책임을 말한다.

매수인의 구제방법으로는 대금감액청구권, 계약해제권, 손해배상청구권을 갖게 된다. 이 밖에 계약해제나 손해배상청구는 하지 않고 하자가 있는 물품을 하자 없는 물품으로 대체청구할 수 있는 이른바 종류매매에 관하여 규정하고 있다.[18]

#### 3) 비엔나협약상의 구제방법

계약당사자인 매도인이 의무를 이행하지 아니하는 경우, 매수인의 구제방법으로는 매수인은 매도인에게 손해배상청구권, 의무이행청구권, 계약해제권, 대금감액권이 있고 매도인의 구제방법으로는 손해배상청구권, 의무이행청구권, 계약해제권이 있다.

비엔나협약(CISG)은 국제물품매매당사자의 의무로서 매도인의 계약위반책임과 매수인의 계약위반으로만 구분하여 총괄적으로 규정하면서 계약의 특성과 국제성을 고려하여 영미법계를 그 바탕으로 삼으면서도 대륙법계와의 조화를 시도하려는 입장을 취하고 있다.

## 제3절 무역계약에서의 프러스트레이션

### 1. 프러스트레이션(frustration)의 의의

영국법에서 프러스트레이션(frustration)[19]은 당사자의 고의나 과실없이 발생한 후발적

18) 한국 민법 제581조 제2항
19) frustration의 용어는 '계약목적의 달성불능','계약의 좌절' 또는 '이행불능'의 뜻으로 정리할 수 있다.

사정(supervening circumstances)으로 계약이 해제됨으로써 당사자가 추구했던 계약목적이 좌절되는 법리를 말한다. 벤자민(Benjamin)에 의하면 계약이 성립된 후 물품의 소유권이 매수인에게 이전되기 전에 어느 쪽도 채무불이행 없이 계약이 법적 이행이 불가능하게 되든지 또는 이행이 요구되어진 상황이 계약체결시 예상하였던 것과는 현저하게 변하였기 때문에 이행할 수 없게 되는 경우 매매계약은 좌절된다고 하고 있다. 이처럼 영국에서의 프러스트레이션의 의미 속에는 이행의 불능(impossibility of performance)과 계약목적의 달성불능(frustration of the purpose of contract)이라는 뜻이 포함되어 있다.

미국도 영국의 영향을 받아 초기에는 엄격한 보통법상의 원칙을 준수하다가 그 엄격성을 점차 완화시킴으로써, 이행이 절대적으로 불능(impossibility)이 된 경우뿐만 아니라 계약이행이 극도로 비현실성(impracticability)이 된 경우 및 계약목적 달성불능(frustration)이 된 경우에도 계약당사자의 면책을 인정하는 것으로 미국의 계약법 리스테이트먼트(Restatement)와 통일상법전(UCC)에 규정하기에 이르렀다. 특히 비현실성이라는 용어의 사용은 프러스트레이션 원리를 보다 포괄적이고도 융통성 있게 수용할 수 있게 하고 있는데, 이 원칙에 의하여 매매당사자들은 이행상의 면책을 위하여 명시적 계약조항에 의존하려는 경향을 보이고 있다. 결과적으로 "impossibility", "impracticability", "frustration"은 용어상의 차이일 뿐 그 본질적인 의미나 기능은 동일하다고 볼 수 있다.

대륙법에서는 계약의 해제권 발생에 대하여 사정변경의 원칙이 인정되고 있다. 사정변경의 원칙이라 함은 모든 계약은 암묵리에 그 계약이 체결된 때의 사정이 그대로 존속하는 한에 있어서만 효력을 가지는 것으로 그 사정이 변경한 때에는 계약은 구속력을 가지지 않는다고 하는 것이다. 로마법에서는 "계약은 이행되어야 한다."는 원칙이 인정되었지만 그 후 계약은 사인(私人) 간의 관계를 합리적으로 처리하는 수단에 지나지 않는다고 생각됨에 따라 사정변경의 원칙이 적용되는 범위가 넓어져 왔다.

한국 민법에는 사정변경의 원칙을 직접 규정한 일반적 규정은 없지만, 이 원칙에 입각한 규정은 산재(散在)하고 있으며, 신의성실의 원칙에서 파생된 것이라고 할 수 있다. 그러나 판례는 사정변경의 원칙에 의한 해제권의 발생을 부정하고 있다.

사정변경의 원칙의 일반적 요건은 다음과 같다. 첫째, 당사자가 예상하지 않았고 또한 예상할 수도 없었던 현저한 사정의 변경이 생겼어야 한다. 그리고 이러한 변경은 계약을 체결한 후 해제할 때까지의 사이에 생긴 사정을 고려하여 결정하여야 한다. 둘째, 사정의 변경이 해제권을 취득하는 당사자에게 책임 없는 사유로 생겼어야 한다. 셋째, 계약 본래의 구속력을 인정하기 위해서는 신의칙(信義則)에 반하는 결과가 되어야 한다. 넷째, 최고

(催告)를 요약하지 않는다. 비엔나협약에서는 당사자는 의무 불이행이 자기의 지배를 벗어나는 장해(障害)(impediment)에 기인한 것으로서 계약체결 당시 그 장해를 고려하거나 또는 그 결과를 회피 및 극복하는 것이 합리적인 견지에서 보아 기대할 수 없었음을 입증하는 경우에는 그 의무불이행에 대하여 책임을 부담하지 아니한다고 규정하고 있다. 이처럼 국제물품매매에서는 프러스트레이션이나 불능 또는 비현실성이라는 용어는 사용하지 않고 면책을 허용하는 데 있어서 매매당사자의 지배를 벗어나는 장해에 기인하는 의무불이행에 관한 면책규정을 두어 각국의 다양한 국내법상의 원칙적용에 대한 일련의 참조를 회피하고 있다.

## 2. 프러스트레이션(frustration)의 성립

무역계약에서 프러스트레이션(frustration)의 성립은 당해 사건의 제반 상황을 고려하여야 한다. 주요 법제에서 정하고 있는 프러스트레이션의 성립되는 요건을 보면 다음과 같다.

영국의 물품매매법(SGA)에서는 특정물에 관한 매매의 합의가 성립한 후 매수인에게 위험이 이전하기 전에 물품이 매도인 또는 매수인의 과실에 의하지 아니하고 멸실한 때 그 합의는 효력을 상실한다고 규정하고 있고, 미국 통일상법전(UCC)에서는 우발적 사건이 발생하고 위험을 당사자의 합의나 관습에 의하여 부담하지 않고 우발적 사건발생이 그 이행상 비현실성(impracticable)이 있어야 하며, 비엔나협약(CISG)에서는 당사자의 의무불이행이 자기의 지배를 벗어나는 장해(障害)(impediment)로 기인한 의무불이행에는 면책이 된다고 규정하고, 한국 민법에서는 물리적 불능에 한하지 않고 거래의 관념을 판단기준으로 하여 채무자의 고의·과실 없이 불이행되는 경우를 규정하고 있다.

무역거래에서 다음과 같은 경우는 프러스트레이션(frustration)으로 인정되어 계약이 소멸된다. 첫째, 당사자의 사망(death of party)이 있을 때이다. 예컨대, 용선계약에서 한 당사자가 사망하여 영원히 특정 이행을 하지 못할 경우이다. 둘째, 목적물의 멸실(destruction of the subject-matter)이 될 때이다. 예컨대, 목적물이 실질적인 멸실 손상되는 경우로 선주의 과실이 아닌 폭발사고로 선적불이행이 되는 경우이다. 셋째, 후발적 위법(supervening illegality)이 있을 때이다. 계약성립 이후에 계약이행이 좌절되는 경우로 예컨대, 전쟁의 발발, 법률의 변경, 정부의 수출입금지조치와 간섭, 수출입허가제나 할당제(quota system) 등의 제한조치가 실시되는 경우이다. 넷째, 사정의 본질적 변화(fundamental change in circumstances)가 있을 때이다. 주변사정이 예상외로 변화됨으로써 묵시적 계약내용을 합리적으로 판단해 볼 때 계약의 기초가 상실되었거나, 만일 계약이 유효할 경우, 그것이 계약당사자가 원래 체결한 것과 근본적으로 다른 새로운 계약으로 변경되었다는 결론에 달했을 때와 같은 경우, 예컨대 선박이 나포된 경우이다. 이 밖에 프러스트레이션이 성립되는 경우는 당사자의 파산(bankruptcy), 우발적인 상황이 발생할 때 등이다.

**표 5-2 프러스트레이션으로 인정되어 계약이 소멸되는 경우**

| Frustration으로 인정되는 경우 | 사례 |
|---|---|
| 당사자의 사망 (death of party) | 용선계약에서 한 당사자가 사망하여 영원히 특정 이행을 하지 못하는 경우이다. |
| 목적물의 멸실 (destruction of the subject-matter) | 목적물이 실질적인 멸실 및 손상되는 경우로, 선주의 과실이 아닌 폭발사고로 선적이 불이행되는 경우이다. |
| 후발적 위법 (supervening illegality) | 계약체결 이후, 계약이행이 좌절되는 경우로 전쟁의 발발, 법률의 변경, 정부의 수출입금지조치와 간섭, 수출입허가제나 할당제(quota system) 등의 제한조치가 실시되는 경우이다. |
| 사정의 본질적 변화 (fundamental change in circumstances) | 주변상황이 예상외로 변화됨으로써 묵시적 계약내용을 합리적으로 판단해 볼 때, 계약의 기초가 상실되었거나, 만일 계약이 유효할 경우, 그것이 계약당사자가 원래 체결한 것과 근본적으로 다른 새로운 계약으로 변경되었다는 결론에 달했을 때와 같은 경우로 선박이 나포된 경우이다. |
| 기타의 경우 | 당사자의 파산(bankruptcy), 우발적인 상황이 발생하는 경우이다. |

그러나 다음과 같은 경우에는 프러스트레이션 성립이 배제되는 경우가 있다. 즉 스스로 이행불능을 자초한 경우, 계약서상에 명시적 규정이 있을 규정이 있을 경우, 예측된 사건의 경우, 단기간의 이행불능, 이행상의 비용증가, 한 당사자에 의해 의도된 계약목적달성불능, 다른 대안이 존재할 때이다.

## 3. 프러스트레이션(frustration)의 효과

프러스트레이션(frustration)이 성립되는 경우, 어떠한 사건이 발생되면 당해 사건발생시점으로부터 계약은 자동적으로 소멸되어, 사건발생시점 이후의 계약이행의무가 면제된다.

그러나 수출입의 금지조치(prohibitions)가 내려진 경우에는, 곧 프러스트레이션으로 되는 것이 아니라, 처음에는 그 금지조치가 일시적인 것인가 영속인 것인가가 확정되기까지 유보될 수도 있다. 계약체결 후 그 이행 전에 수출입에 대한 단순한 제한조치(restrictions)가 실시된 경우에는, 대체로 주변사정에 달려 있으며, 특히 주변사정의 영향을 받은 당사자가 허가(licence)를 취득할 입장에 있는가 없는가의 문제이다. 당사자가 허가를 취득할 수 있음에도 불구하고 상당한 노력을 다하지 않았다면, 그는 계약위반을 면치 못하지만, 최선을 다한 끝에 금지조건으로 인해 허가를 얻지 못하였다면 그 결과는 아마 프러스트레이션으로 될 것이다.

프러스트레이션을 적용하는 데 있어서 불공평한 점을 시정하기 위하여 영국에서는 1943년 이후부터 「법률개정(목적달성불능계약)법」(The Law Reform (Frustrated Contracts) Act 1943)에 의하여 적용시키고 있다. 이 법이 적용되는 경우에는, 당사자는 법원에 대하여 당사자 간의 책임을 공평하게 조정해 주도록 요구하고, 법원은 매도인에 대하여 선지급의 일부를 보유하거나 그 비용의 일부를 회수하거나 또는 계약상 이익을 받는 당사자는 상대방에 대하여 보상하도록 요구할 수가 있는 것이다.

## 4. 무역계약과 프러스트레이션(frustration)

무역거래에서 매매당사자는 프러스트레이션(frustration)이 성립되는 경우를 고려하여 계약을 체결한 때 불가항력조항(force Majeure Clause) 등을 명시적으로 삽입하여 대비토록 하여야 한다. 프러스트레이션과 불가항력의 사유가 발생할 경우에는 계약이행이 불가능한 점에서는 공통점이 있으나 전자는 계약 자체를 소멸시키지만, 후자는 계약조건의 불이행에 따른 면책을 인정할 따름이다. 프러스트레이션의 원리의 적용이나 불가항력조항의 설정 등은 계약목적의 달성불능 또는 이행불능에 따른 매매당사자의 면책을 인정하여 주기 때문에 본질적인 역할은 같고 상호보완적이 된다고 할 수 있다.

프러스트레이션이 성립되는지 여부는 계약법상의 원칙으로 사건별로 판단되지만 무역거래에서 이 원칙으로만 해결하기보다는 불가항력조항에 의하여 면책 여부의 판단을 하는 것이 바람직하고 용이하다고 할 수 있다.

따라서 무역계약을 체결할 경우에 불가항력조항의 설정은 필수적이라고 할 수 있는데 다음과 같은 내용을 포함하도록 하는 것이 중요하다.

첫째, 매매계약서상의 불가항력조항에 발생 가능한 불가항력 사태의 내용을 계약의 특성에 합당하게 구체적으로 열거한다. 그러나 유사한 내용을 모두 망라하는 것은 어렵기 때문에 "기타 당사자가 지배할 수 없는 모든 사유"(any cause beyond the control of the parties)와 같은 문언을 추가하도록 한다.

둘째, 불가항력조항에 포함되는 용어는 법률적으로 명확하여야 한다.

셋째, 불가항력 사태가 발생하였을 경우에 신속하게 통지의무를 부담하는 내용이 포함되어 있어야 한다. 당사자의 이해관계와 입장은 서로 상반될 수 있기 때문에 불가항력이 발생되면 며칠 이내에 어떠한 통신수단으로 동 사실을 상대방에게 통지하여야 할 것인가를 약정해 두어야 한다.

넷째, 불가항력 사태발생이 객관적으로 입증될 수 있도록 증명서 또는 자료 등을 제출하는 의무부담에 대하여 약정하여야 한다. 이는 일방적이고 주관적인 불가항력 사태발생을 악의로 주장할 수 있는 것을 방지하기 위한 방법이라고 할 수 있다.

한편 국제 간 장기계약의 경우에 매매계약이 체결된 이후에 당사자의 통제 불능인 정치·경제사정의 본질적 변화로 계약이행이 곤란하게 되는 경우가 있다.

이것은 프러스트레이션이나 불가항력의 적용과 유사한 것 같지만 당사자의 의도는 다르다. 즉, 계약소멸은 원하지 않고 계약이행은 하고 싶은 경우로 이와 같은 상황에 부응하기 위하여 계약서상에 이른바 하드십 조항(Hardship Clause)을 설정한다.

이 조항은 사정변경이 발생하는 경우에, 즉 가격조정(adjustment of the price), 시간의 연장 및 기타의 변경 등 원래의 약정사항을 당사자의 우호적인 타협에 의하여 계약을 이행하고자 하는 취지로 사정변경에 능동적으로 대응하기 위한 조항이다.

국제상업회의소(ICC)에서는 하드십 조항의 표준조항을 제시하면서 당사자에게 계약이행이나 소멸에 대한 선택권을 부여하고 당사자 합의가 실패할 경우에는 국제상업회의소의 계약관계규정상설위원회(ICC Standing Committee for the Regulation of Contractual Relations)에 당해 사건처리를 위임할 수 있고, 강제력이 발생하는 법원이나 중재판정부에 계약내용의 변경문제에 대하여 판정요청을 할 수 있도록 하는 것이 이 조항의 유용성을 더해주는 것이라고 권고하고 있다. 따라서 거래의 성격이나 계약대상물품, 거래기간 등의 특수성을 고려하여 이와 같은 조항을 이용하는 것도 계약자유의 원칙의 한 방편이다.

▌표 5-3▐ 하드십 조항(Hardship Clause)

| 구분 | 내용 |
|---|---|
| 의의 | 장기간 계약에 있어서 정치, 사회, 경제적 상황이 당사자들이 예상하지 못했거나 예상할 수 없을 정도로 근본적으로 크게 변하여 당사자 의무에 대한 당초의 균형이 근본적으로 변한 경우에 계약의 수정을 규정하는 조항을 말한다. |
| 적용요건 | ① 당사자 모두 통제 불능의 사건에 의해 발생<br>② 계약 체결시에 양 당사자가 예상하지 못했고 예상이 불가능한 이행상의 장애가 발생<br>③ 장애사건의 발생으로 계약의 균형이 근본적으로 변경되어 계약적 의무의 이행이 과중한 부담이 되어야 함. |
| 효과 | 하드십의 성립으로 계약의 수정이 요구되었을 때, 양 당사자는 어떠한 당사자도 과중한 불이익을 당하지 않도록 균형의 원칙에 따라 상호계약의 수정에 따른 견해를 교환한다. |

# CHAPTER 03 무역계약의 종료



## 제1절 개 요

### 1. 무역계약 종료의 의의

무역거래에서 당사자 간의 매매계약은 매도인이 계약물품을 인도하고 물품에 대한 소유권이전, 위험이전, 서류인도 및 매수인의 대금지급을 완료함으로써 사실상 무역계약이 종료하게 되는 것이 일반적이다. 그러나 계약의 이행이 원활하게 이행되지 않고 계약이행 중에 또는 이행된 후에 발생하는 계약위반상의 법적 문제나 무역클레임이 제기되면 이를 해결할 때까지 연장될 수밖에 없다. 따라서 계약의 체결과 충실하게 이행하는 것도 중요하지만 계약의 종료과정도 계속적인 상대방과의 신용관계 및 계약위반에 따른 피해당사자의 구제 등의 측면에서 매우 중요하다.

여기서 계약의 종료(termination of contract)란 매매당사자 간에 유효하게 성립된 계약이 여러 가지 사유로 그 효력이 소멸(discharge)되고 계약이 없었던 상태로 만드는 것을 말한다. 이를 계약의 해제라고 하며, 계약의 해제는 곧 계약이 종료되는 것이라고 할 수 있다.

### 2. 매매계약의 해제

매매계약을 종료시키는 사유는 ① 합의에 의한 해제, ② 이행에 의한 해제, ③ 계약위반에 의한 해제 그리고 ④ 이행의 불능 또는 계약목적의 달성불능, 즉 프러스트레이션(frustration)에 의한 해제 및 법률규정에 의한 해제가 있다. 이 가운데 ① 합의에 의한 해제와 ② 이행에 의한 해제의 경우에는 아무런 문제가 없으나 ③ 계약위반에 의한 해제와 ④ 프러스트레이션(frustration)에 의해 계약이 해제되면 그 후 법률적인 문제가 계속 남아있게 되므로 계약조항 중에 있는 클레임이나 중재조항, 재판관할권조항 등은 당사자 간의 분쟁해결을 위하여 중재가 열리게 되면 계약은 그러한 중재나 소송이 끝날 때까지 연장되는 것이다.

비엔나협약(CISG)에서는 매수인 또는 매도인이 계약을 해제할 수 있는 사유로 매도인의 의무불이행이 중대한 계약위반으로 되는 경우와 인도의 불이행에 관하여 부가기간 내에 매도인이 목적물을 인도하지 아니한 경우, 또는 매도인이 정한 기간 내에 그 의무를 이행하지 아니함을 명확히 한 경우에 관하여 규정하고 있고,[20] 계약해제의 의사표시는 상대방에게 통지를 한 경우에 효력이 있다[21]고 규정하고 있다. 또한 비엔나협약에서 당사자는 계약체결 후 이행기 전 계약위반에 대하여는 상대방에게 의무이행 정지권과 계약해제권[22]을 부여하고 있고, 목적물을 분할하여 인도하는 계약에서는 어느 분할부분에 관한 일방 당사자의 의무의 불이행이 그 분할부분에 대하여 중대한 계약위반으로 되는 경우에는 상대방은 계약을 해제할 수 있다[23]고 규정하고 있다.

영미법계에는 당사자의 일방에게 의무불이행 등의 사유가 있는 경우, 타방당사자로 하여금 계약의 구속으로부터 벗어나게 하는 일반적 계약해제에 관한 제도는 발달하지 아니하였으나 계약의 취소사유로 부실표시, 강박, 부당위압 외에 계약상 의무불이행이 포함되어 있어, 그 불이행이 심한 경우 및 조건위반인 경우 등에는 계약의 취소를 인정하고 있다.

영국의 물품매매법(SGA)에서는 조건(condition)과 담보(warranty)를 구별하고 조건위반인 경우에는 그 물품의 수령을 거절할 수 있으나, 담보위반인 경우에는 손해배상청구만 할 수 있도록 규정하고 있다. 미국의 통일상법전(UCC)은 완전이행제공원칙(perfect tender rule)에 따라 매수인의 거절권을 인정하면서 실질적 위반 여부의 기본(substantial breach test)을 보충적으로 채택하고 있다.

20) CISG, 1980, Article 49(1), Article 64(1).
21) CISG, 1980, Article 26.
22) CISG, 1980, Article 72.
23) CISG, 1980, Article 73.

# 제2절 무역계약의 해제 사유

## 1. 합의에 의한 해제

계약은 양 당사자의 합의에 의해 성립할 수 있듯이, 또한 계약당사자의 합의에 의해 해제할 수 있다. 계약해제에 대한 합의는 다음과 같은 네 가지 형태로 이루어진다.

### 1) 서명날인에 의한 해제

계약이행에 대한 권리는 날인에 의한 해지(release under seal)에 의해 포기될 수 있다. 즉 양 당사자가 미이행된 채무에 대해 서로 자신의 권리를 날인에 의해 포기함으로써 계약은 소멸할 수 있고, 이때 계약이 미이행계약(executory contract)이든 이행계약(executed contract)이든 간에 상관없이 소멸한다. 다시 말해서 계약이 완전히 미이행된 경우는 물론이고 당사자 중 어느 일방은 채무를 이행했고 타방의 채무는 남아 있다 할지라도 날인증서(sealed instrument)에 의해 계약을 소멸키로 합의를 한 경우에는 계약이 소멸된다.

일반적으로 계약당사자들은 자신의 권리를 포기할 때에는 그에 대한 대가, 즉 약인을 제공받으려고 하겠지만 이 경우에는 그러한 날인이 약인을 요구하지 않는 것이 보통이다. 따라서 계약상의 의무 해제가 날인증서에 의해 이루어질 때에는 이러한 날인증서는 약인의 유무에도 불구하고 계약해제의 구속력을 갖는다고 보고 있다.

### 2) 대물변제

한 당사자의 계약상 의무이행 이외에 어떤 만족할 만한 약인을 제공함으로써 그 당사자의 채무를 소멸시킬 수가 있는데 이를 대물변제(accord and satisfaction)의 원리라 한다. 이것은 의무 그 자체의 실질적 이행 대신에 어떤 가치 있는 약인에 의해 그 의무로부터의 해제를 구매(purchase)한 것으로, 여기서 "accord"는 그러한 의무가 면제된다는 합의이고, "satisfaction"은 그러한 합의를 유효하게 하는 약인을 말한다.

이것은 미이행계약 또는 이행계약이든 간에 그리고 날인증서에 의한 것이라 할지라도 계약의 소멸을 유효하게 한다. 그러나 이 경우 약인이 없는 합의(accord without satisfaction)는 계약을 소멸시키지 못한다.

### 3) 상호해제

양 당사자의 의무가 여전히 이행될 수 있는 계약, 즉 미이행계약인 경우 당사자 간의 합의에 의해 계약을 해제할 수 있다. 이러한 합의는 소위 상호해제(mutual rescission)를 형성하므로 양 당사자의 의무를 면제시키는 효력을 갖는다. 여기서 그와 같은 합의는 상호약속(mutual promises)으로 이루어지고, 각 당사자의 각각의 약속에 대한 약인이 타방당사자에 의해 포기될 때 성립한다. 이러한 방법에 의한 계약의 해제(rescission of a contract)는 구계약을 새로운 계약으로 대체하는 변경에 의해서도 할 수 있다. 즉 합의에 의해 기존계약의 소멸과 동시에 새로운 계약(new contract)을 성립시키는 대체계약(substituted contract)의 형태로도 계약을 해제시킬 수가 있는 것이다. 대체계약으로 구계약을 소멸시킬 수 있는 방법은 대체계약 또는 새 계약에 명시적으로 구계약이 소멸됨을 규정하거나 또는 새로운 조항(new terms)이나 새로운 당사자(new parties)를 도입함으로써 묵시적으로 할 수 있다.

새로운 당사자 또는 제3자가 개입되어 기존계약이 소멸하는 경우로 갱개계약(novation)이 있다. 갱개계약(更改契約)은 기존계약에 있어서의 채권자 또는 채무자의 지위에 제3자가 개입되어 당초 당사자 간의 계약은 제3자와의 합의에 의해 소멸된다. 그러나 새로운 조항을 대체계약에 삽입함으로써 기존계약을 해제하는 방법은 형태상으로나 효과상으로도 ① 변경(variation)이나 ② 관용(forbearance) 또는 포기(waiver)와 구별해야 할 것이다.

변경이란 단지 원계약의 조건 변경을 양 당사자가 의도하는 것을 말하며, 전적으로 새로운 계약으로 대체하거나 원계약을 무효로 하는 것은 아니다. 일반적으로 변경과 해제 간의 구별은 서면으로 증명되도록 법이 요구하는 계약이 아닌 한 별로 중요치 않다. 즉 여기서 문제가 되는 것은 서면계약이 구두합의에 의해 변경 또는 해제가 가능한가 하는 것인데, 영미의 보통법에서는 서면계약이나 날인계약(contract under seal)도 구두에 의해 변경 또는 해제가 가능하다고 보고 있다. 이러한 취지는 UNCCIS 제29조에도 규정되어 있다.

그러나 법에 의해 서면으로 증명되도록 요구되는 계약은 서면으로만 변경이 되어야 한다. 그 다음 계약상 의무의 변경과는 달리, 어느 한 당사자의 편의나 요청에 의해 타방당사자가 계약상 정확한 의무이행을 관용 또는 보류(forbearance)할 수 있는데, 이것을 그 요청에 따르는 당사자의 포기(waiver)라고 한다. 따라서 포기는 계약 자체에 아무런 영향을 주지 않는다. 포기의 결과는 당사자를 포기상태에 머물게 하는 것이기 때문에 당사자를 계약전의 상태로 되돌아가게 하는 해제와는 다르다.

### 4) 계약 자체의 해제 규정

계약 자체에 계약해제에 대한 규정이 있는 경우 그러한 규정이 적용되는 상황이 발생하면 계약이 소멸될 수 있다. 이러한 경우는 당사자의 특약에 의하여 발생하는 약정해제권에 의한 것이므로 법률의 규정에 의하여 당연히 해제할 수 있는 권리를 발생시키는 법정해제권과 대립하는 개념이다.

## 2. 이행에 의한 해제

계약 당사자가 계약상 명시된 의무를 완전히 이행하면 계약은 해제된다. 즉 계약은 이행에 의해 해제된다. 그러나 그러한 이행이 계약상 어떻게 달성되었는지의 여부는 다음과 같이 몇 가지 경우로 나누어 볼 수 있다.

### 1) 불가분 계약

불가분의 계약 또는 완전계약(entire contract)인 경우 그 이행은 완전하고 정확해야 하다. 불가분의 계약이 아니더라도 계약이행의 일반 원칙은 그 이행이 정확(precise and exact)해야 한다는 것이지만 특히 불가분의 계약은 그 이행 방법이 완전히 적합하고 정확해야 한다. 만일 어느 당사자가 계약조건과 조금이라도 차이가 있는 이행을 한 경우, 타방당사자는 그 위반으로 인한 손해배상을 청구할 권리나 계약을 해제할 권리가 있다. 불가분의 계약에서 부분적인 이행(partial performance of an entire contract)을 한 당사자는 어떤 것도 보상받을 수 없으며 타방당사자에 대하여 어떠한 클레임도 제기할 수 없는 것이 일반원리이다. 그러나 그러한 부분적인 이행을 타방당사자가 용인할 수 있으며, 그러한 경우 부분적 이행에 대한 보상을 받을 수 있다.

즉 SGA, 제30조 제1항에도 규정되어 있듯이 매도인이 약정된 수량보다 적은 수량을 인도한 경우 매수인은 그들을 거절할 수 있지만, 만일 인수하기로 했다면 인도된 수량만큼의 비율로 계약가격을 지불해야만 한다. 즉 부분적 이행에 의해 제공받은 이익에 대해서는 합당한 금액만큼을 지불해야 한다는 이행상당금액의 청구(quantum meruit)의 원리가 적용되다. 그러나 이 원리는 채무를 불이행하지 않은 당사자, 예를 들어 아직 대금을 지급하지 않은 매수인이 그러한 부분적 이행을 인수할 것인지 거절할 것인지의 자유재량권을 가질 때만 적용된다. 따라서 부분적인 이행을 인수한 경우 당사자들은 원계약을 포기하고 새로운 계약을 합의한 것으로 묵시적으로 간주되는 것이 일반 원리이다.

#### 2) 가분계약

가분계약(divisible or severable contract)이란 계약이행을 여러 번에 나누어서 할 수 있는 계약으로 분할계약이라고도 한다. 이 경우의 계약은 계약상 분명히 분할인도나 분할대금지급 등을 규정하고 있지만 그 시기나 방법이 불분명할 때에는 분쟁이 발생되기 쉽다.

#### 3) 실체적 이행

계약이 완전히 정확하게 이행되지는 않았지만 실질적으로 이행이 된 경우 탕방당사자는 계약위반자의 불완전한 이행으로 인해 자신이 입은 손해에 대해 클레임이나 보상을 청구할 수는 있지만 대금을 지급할 의무가 소멸되지는 않는다. 현실적으로 이행된 것(actual performance)이 계약에서 요구되는 이행과 별 차이가 없다면 법정은 계약이 실질적으로 이행되었다(substantially performed)고 판정하는 것이 일반적이며, 또한 약간의 하자부분에 대한 구제 또는 수선비용(the cost of remedying the defects)이 계약금액과 비교하여 그렇게 대단치 않는 경우도 여기에 해당된다. 이러한 원리를 실질적 이행의 원리(Doctrine of Substantial performance)라 하는데, 계약이 완전히 정확하게 이행되어야 하는지 또는 실질적 이행으로 가능한지의 여부는 계약조건을 해석해 보아야 알 수 있는 문제지만 일반적으로 그 기준은 계약조항(terms of contract)이 조건(conditions)인 경우는 완전이행이 요구되며, 담부책임(warranties)인 경우는 실질적 이행으로 족하다고 볼 수 있다.

### 3. 계약위반에 의한 해제

계약의 어느 한 당사자가 자신의 의무를 이행하지 않거나 이를 위반한 경우 타방당사자는 계약을 소멸시킬 수 있으며 계약위반으로 인해 발생한 손해를 보상받기 위하여 손해배상청구의 소를 제기할 수 있다.

계약위반의 형태 및 분류는 학설 및 입법례에 따라 다소 차이가 있기는 하지만 우리나라 민법에 의하면 ① 이행지체, ② 이행불능, ③ 불완전이행의 세 가지로 분류하고 있다.

여기서 이행지체는 이행기가 도래했음에도 불구하고 이행을 해태한 경우로 지연선적, 선적불이행, 대금지급지연 등이 있다. 이행불능은 어느 한 당사자의 귀책사유로 인한 이행이 불가능해진 경우와 어느 당사자의 귀책사유도 아닌 이행불능이 있는데, 계약위반으로 간주하는 것은 전자의 경우에 해당된다. 마지막으로 불완전이행은 계약은 이행했으나 그것에 하자가 있는 경우로 품질불량, 수량부족, 대금일부의 불지급 등이 여기에 해당된다.

이에 비해 영미법에서는 대체로 계약위반의 유형을 이행기 도래 전의 이행거절(repudiation of contract)과 이행기 도래 후의 이행해태(failure to perform), 그리고 이행불능(impossibility to perform)으로 분류하고 있는데 우리나라 경우와 대동소이하다. 여기서 특이할 만한 사항은 계약위반이 있다고 해서 모두 계약을 소멸할 수 있는 것은 아니라는 것이다. 즉 불완전이행의 경우 그 위반의 경중에 따라 계약을 해제할 수도 있고 못할 수도 있으며 영국법의 담보책임의 위반이 있는 경우에는 계약을 해제할 수는 없고 다만 그로 인한 손해배상청구권만 발생한다. 따라서 요즈음 대두되고 있는 계약위반의 형태 중 중대한 계약위반(fundamental breach)이 있는 경우에는 계약을 소멸시킬 수 있지만 사소한 계약위반(immaterial breach or partial breach)이 있는 경우에는 계약을 소멸시킬 수 없는 것이 일반적 법리이다.

## 4. 계약의 목적달성불능에 의한 해제(소멸)

계약이 체결된 뒤 예상외의 사태변화로 인하여 계약의 목적달성이 불가능하게 되면 즉시 당사자의 의무가 면책되고, 계약은 자동 소멸하게 된다. 이러한 원리를 계약의 목적달성불능(frustration of contract)이라고 하며, 계약을 이행불능하게 만든 일련의 후발적 사태가 어느 당사자의 귀책사유도 없이 계약을 해제(소멸)시키는 것이다.

# 제3절 무역클레임

무역거래는 언어·관습·문화·법률제도 등을 달리하는 당사자 간에 이루어진다는 점에서 국내거래에서는 볼 수 없었던 복잡한 요소가 포함되어 국내거래에 비하여 분쟁(dispute)이 발생할 소지가 많이 있다.

## 1. 무역클레임의 의의

여기서 무역클레임(trade claim)이란 무역거래 당사자 중 일방이 무역계약을 이행하는 과정에서 고의나 과실로 계약의 일부 또는 전부를 불이행함에 따라 발생된 손해를 구제(remedy)받기 위하여 손해를 당한 당사자가 손해배상 등을 청구하는 것을 말한다. 따라서 무역클레임은 우선 양 당사자가 무역계약을 체결하였다는 것을 전제로 계약당사자 중 일방이 무역계약을 이행하지 않거나, 이행을 지체함에 따라 발생하게 된다. 통상 기본계약상 상품 자체에 대한 약정인 품질조건, 수량조건 또는 포장조건 등이 무역계약 당사자 간에 제기하는 클레임의 대상이 된다.

그리고 무역계약의 이행을 위한 약정인 선적조건, 보험조건 및 결제조건은 부수 계약인 운송계약, 보험계약 및 환거래계약에 따라 클레임이 제기된다.

"클레임의 예방은 중재나 조정보다 낫다."는 말이 있듯이 무역클레임은 실제로 클레임이 발생한 뒤에 그것을 어떻게 해결할 것인가의 문제보다도 클레임의 발생을 사전에 예방하는 것이 무엇보다도 중요하다. 따라서 클레임이 발생할 가능성을 최대한으로 방지하는 노력, 즉 클레임의 예방대책이 주요 과제가 될 것이다. 클레임을 예방하려면 우선은 거래상대방을 정확하게 파악하여야 한다. 그리고 무역업무에 대하여 명확하고 풍부한 실무지식을 습득하여 정확하게 무역계약을 체결하여야 한다. 특히, 계약체결 시에는 만약의 사태에 대비하여 반드시 클레임조항과 중재조항(arbitration clause)을 삽입해야 한다.

## 2. 무역클레임의 종류

무역클레임의 종류는 금전을 내용으로 하는 클레임과 금전 이외의 청구를 내용으로 하는 클레임으로 나누어 볼 수 있다. 먼저, 금전을 내용으로 하는 경우는 손해배상청구, 대금감액요구와 대금지급거절 등이 있으며, 금전 이외의 청구를 내용으로 하는 화물인수거절, 계약이행청구와 계약해제요구 등이 있다. 이와 함께 무역클레임은 무역계약의 불이행이나 이행지체에 따라 발생되는데, 통상 기본계약상 상품 자체에 대한 약정인 품질조건, 수량조건 또는 포장조건 등이 클레임대상이 된다. 그리고 계약의 이행에 대한 약정인 선적조건, 보험조건 및 결제조건은 부수적인 운송계약, 보험계약 및 환거래계약에 따른 클레임으로 구분하여 파악할 수 있다.

### 1) 기본계약에 의한 클레임

무역계약의 당사자인 매도인이나 매수인이 제기하는 클레임으로서, 매도인은 주로 매수인이 대금결제의무를 이행하지 않음에 따라 클레임을 제기하며, 매수인은 매도인이 거래물품의 품질, 수량, 선적시기 등 계약상의 물품 자체에 대한 조건을 위반함에 따라 클레임을 제기한다. 그리고 매도인이 인도하는 물품이 계약적합성 의무를 위반함에 따라 매수인이 제기하는 클레임의 내용은 주로 해당 분야의 전문가인 공인검정인의 surveyor's report에 의하여 입증하여야 한다.

기본계약에 따라 클레임을 제기할 경우에는 무역계약의 당사자가 본인(principal)인가 아니면 대리인(agent)인가에 따라 문제가 달라질 수 있다. 본인(principal)만이 무역계약의 당사자로서 계약 이행에 대하여 책임을 지게 되므로, 만약 대리인(agent)이 본인을 대신하여 계약을 체결한 경우에 대리인은 본인의 이름으로 계약을 체결하는 것이므로 대리인의 행위는 본인에게 전가된다. 그런데 실제 무역 거래시 대리인과 계약을 체결한 수출입거래에 대하여 클레임이 발생한 경우 본인이 구체적인 계약내용에 대하여 발뺌을 하는 경우가 있을 수 있다. 이 경우 대리인은 주로 본인의 이름으로 오퍼를 발행한다.

이와 같이 불가피하게 대리인과 계약을 체결해야 하는 경우에는 본인과 별도로 수출입계약을 체결하여야 할 것이다. 그리고 만약 대리인이 오퍼를 발행하는 정도가 아니라, 정식의 계약서에 서명하는 방법으로 계약을 체결하는 경우에는 계약서에 대리인의 서명과 함께 반드시 본인의 counter sign을 추가하여야 한다.

### 2) 종속계약에 의한 클레임

무역거래에서 종속계약은 무역거래 당사자 간의 기본계약을 구체적으로 이행하기 위한 계약으로서 운송계약, 보험계약 및 환거래계약을 말한다. 각 종속계약의 체결의무자는 기본계약에서 채택하고 있는 정형거래조건(trade terms)에 따라 결정된다.

먼저, 종속계약에 따른 클레임 중 운송계약과 보험계약에 따른 클레임은 인도위험, 즉 운송위험에 따라 손해발생 시 제기되는 클레임으로 이는 대체로 무역거래가 국경을 달리하는 격지자 간의 거래 여부에 따라 발생하는데, 통상 수입자가 운송위험을 부담하므로, 손해발생 시 수입자가 클레임을 제기하게 된다. 이때 운송인과의 관계는 일반적으로 선하증권의 이면약관에 의해 권리·의무관계가 입증되는데, 이는 주로 운송인의 면책약관임에 따라 손해발생 시 운송인은 극히 제한적인 범위에서만 책임을 부담하는 경우가 많다. 더구나 선하증권에는 운송물품의 가격과 금액을 표시하지 않으므로 운송인에게 책임이 있는 손해라 하더라도 운송인은 금액단위가 아니라 포장(package)단위로 책임을 부담한다.

따라서 수출입거래에서 보험의 필요성은 더욱 강조된다. 보험계약 체결시에는 구약관 또는 신약관상의 보험조건을 채택한다. 그리고 손해 발생시 보상의 최고한도액인 보험금액은 통상적으로 물품가액에 10%의 예상이익을 추가한 금액으로 부보하고 있다. 이에 따라 운송손해 발생시 피보험자는 보험금액의 범위 내에서 보험금을 지급받으며, 대위(subrogation)절차에 따라 운송물품과 관련한 제반권리를 보험자에게 양도하여야 한다. 이후 보험자가 사고를 유발한 운송인으로부터 보험금의 일정 부분을 구상받은 후 운송사고에 따른 클레임은 종결된다.

다음은 환거래계약과 관련한 클레임으로 물품대금의 결제위험에 따른 클레임이다. 이는 주로 수입자가 대금지급을 거절(unpaid)하거나 또는 대금감액을 요구하는 형태로 나타난다. 무역거래는 일반적으로 수출자가 물품대금을 결제받기 전에 물품을 인도하게 되며, 물품을 인도한 때부터 대금을 결제받기까지는 상당한 기간이 소요되는 거래이므로 수출자의 입장에서는 결제위험을 감수하여야 한다. 이와 같은 결제위험은 수입자가 물품대금의 지급을 거절하는 것과 같은 클레임을 제기함에 따라 구체화된다.

## 3. 무역클레임의 예방

클레임은 미리 발생하지 않도록 예방하는 것이 최선이다. 클레임을 예방하기 위해서는 우선 무역클레임이 발생하게 되는 원인을 정확하게 파악하여야 한다. 그리고 유형별로 원인을 분석하여 클레임을 예방하는 방안을 강구하여야 할 것이다.

### 1) 간접적인 원인 및 대책

무역클레임의 발생원인 중 사용언어의 차이, 국내 상관습과 국제 상관습의 차이, 준거법의 차이, 도량형의 차이, 격지 간 거래에 따른 운송상의 위험, 국제시장 환경의 변동 등 많은 요인들이 무역클레임의 간접적인 원인으로 작용하고 있다. 이와 함께 무역클레임의 간접적인 원인으로 가장 중요한 사항은 거래상대방에 대한 신용조사의 불완전을 들 수 있다. 수출입거래를 포함한 모든 상거래에서 가장 기본적으로 요구되는 사항은 결국 거래당사자 간의 신용을 확인하는 일이다.

거래상대방의 신용을 확인하기 위한 신용조사 방법은 거래은행을 통한 은행조회(bank reference)와 거래처 등을 통한 무역조회(trade reference) 등의 방법을 이용할 수도 있다.

### 2) 직접적인 원인 및 대책

무역클레임의 직접적 원인은 크게 두 가지로 분류할 수 있는데, 하나는 무역거래 당사자 간에 이루어지는 무역계약서의 계약내용이 불완전하여 발생하는 것과, 다른 하나는 계약이행의 불완전 또는 의도적인 계약불이행으로 발생하는 것이다.

특히 계약의 이행과정에서 품질불량, 수량부족, 포장불량 등 수출자가 인도하는 물품의 상태에 따른 문제 그리고 계약의 이행과 관련하여 선적불이행, 불완전한 보험계약 체결, 신용장의 개설지연, 물품대금의 지불지연이나 지불거절 그리고 기타 사항으로 거래알선에 따른 수수료 미지급 등이 무역클레임의 직접적인 원인으로 작용하고 있다. 따라서 무역클레임의 방지를 위해서는 계약서상의 필수기재사항에 대하여 정확히 합의된 내용을 기재하고 서명을 날인해야 한다는 것을 잊지 말아야 한다.

거래금액의 규모가 크거나 익숙하지 않은 분야에 대하여 무역계약을 체결할 경우에는 거래물품 및 해당 분야의 전문가 또는 변호사 등의 자문을 받는 것이 좋다.

## 4. 무역클레임의 제기

무역클레임의 사유가 발생하여 클레임을 제기할 때에는, 클레임의 제기방법에 대하여 당사자 간에 약정이 있는 경우는 약정한 바에 따라야 하며, 약정이 없는 경우는 대체로 클레임의 당사자가 확정이 되고, 클레임을 통지하여야 하는 다음과 같은 요건을 갖추어야 한다.

### 1) 무역클레임의 제기절차

클레임 사유가 발생하면 먼저 클레임 당사자를 확정한 후, 가장 빠른 방법으로 신속하게 클레임이 발생한 사실을 상대방에게 통지하여야 한다. 그리고 무역계약 체결 시 당사자 간에 클레임을 제기하는 방법을 약정한 경우에는 약정한 바에 따라 즉시 서면으로 정식의 클레임을 제기해야 한다. 그러나 클레임에 대한 약정이 없는 경우는 국제상거래관습이나 규칙 또는 국내법상의 규정을 따르는 것이 좋다.

일반적으로 무역클레임을 제기할 때에는 다음과 같은 절차에 따른다.

첫째, 클레임이 발생하면 먼저 누구에게 클레임을 제기해야 할 것인가를 결정해야 한다.

클레임의 당사자는 일반적으로 계약당사자이지만, 예외적으로 계약당사자에게 책임이 없는 사유에 따라 발생된 손해에 대해서는 제3자에게 클레임을 청구하는 경우도 있다.

둘째, 클레임이 발생하면 물품을 검사한 후 신속하게 클레임을 통지해야 한다.

클레임을 제기할 때에는 가장 빠른 방법으로 신속하게 상대방에게 클레임이 발생한 사실을 통지한 후 즉시 서면에 의한 정식 클레임을 제기하여야 한다. 통상 클레임 통지란 모든 증빙자료를 갖추기 전에 먼저 클레임의 발생사실을 통보하는 것을 말한다.

물품검사는 일반적으로 선적전 검사(pre-shipment inspection : PSI)를 의미하며, 수입자의 비용으로 선적 전에 실시하게 된다. 그리고 선적 후 검사, 즉 수입자가 도착지에서 수입물품을 인도받은 후에 물품이 계약상품과 일치하는지 여부를 검사하여 물품에 하자를 발견하거나 수량이 부족함을 발견할 경우, 이는 곧 무역클레임이 발생하였음을 의미한다. 도착지에서 물품을 검사한 후 클레임사항이 확인되면 수입자는 지체 없이 수출자에게 그 내용을 통지하여야 한다. 이와 같은 물품검사와 클레임통지는 수입자의 필수적인 권리이자 의무이다. 이를 지연하면 수입자는 법률적인 청구권을 상실하게 되므로 무역클레임은 가장 빠른 방법으로 당사자 간에 약정한 제기기간이 있으면 그 기간 안에 신속하게 통지해야 한다.

셋째, 클레임을 입증하는 상세한 증빙자료를 갖추어 정식으로 클레임을 제기한다.

무역클레임을 청구할 때에는 클레임사실 진술서에 클레임 제기내용과 사실관계를 입증할 수 있는 모든 자료와 서류를 제출하여야 한다. 그리고 손해액과 운송료, 관세, 창고료, 은행이자, 검사료 등 제 비용을 포함하여 청구액에 대한 명세서, 품질불량이나 수량부족일 경우에는 검사보고서(surveyor's report), 그리고 거래사실을 입증할 수 있는 계약서, 신용장(L/C) 및 선하증권(B/L) 등을 제출하여야 한다. 클레임사실 진술서는 법적인 문서이므로 육하원칙에 따라 명확하고 구체적으로 작성하여야 한다. 여기에는 양 당사자, 거래사실관계, 분쟁발생의 경위, 청구내용 등을 기재하며, 특히 수출입관련 클레임의 경우는 계약서의 번호, 계약일자, 품명, 수량, 선적항, 도착항, 운송서류 및 신용장(L/C) 번호 등도 포함시켜야 한다.

### 2) 무역클레임의 제기기간

클레임 제기기간은 통상 클레임을 제기하는 당사자의 입장에서 보면 권리기간이자 제척기간(exclusion period)이라 할 수 있다. 통상 클레임 제기기간에 대한 약정은 클레임의 포기조항을 수반하고 있으므로 클레임을 제기받은 당사자의 입장에서 보면 일종의 면책조항이라 할 수 있다. 이와 같은 클레임 제기기간은 당해 물품의 성질상 하자를 발견하는 데 합리적으로 요구되는 기간이나 통지기간보다 더 짧지 않게 설정하여야 한다. 참고로 클레임 제기기간을 너무 짧게 정하면 그 효력을 부인당하는 경우도 있을 수 있다. 이처럼 무역계약 체결 시 당사자 간에 클레임 제기기간을 약정한 경우에는 그 기간 안에 클레임을 제기하여야 한다. 그러나 계약상에 이를 약정하지 않은 경우 클레임 제기기간에 관해 나라마다 그 기간을 달리 보고 있다.

먼저 우리나라 상법에서는 하자사항을 즉시 통지하는 것을 원칙으로 한다. 그러나 즉시 발견할 수 없는 하자에 대해서는 6개월의 기간을 인정하고 있다. 그리고 일본 상법에서도 인도물품을 즉시 검사하고 하자사항을 곧 통지하도록 하고 있으며, 영국의 물품매매법(Sales of Goods Act : SGA)에서는 합리적인 검사기회와 합리적인 기간이 경과하기 전에 인도물품을 검사할 권리와 통지할 의무를 규정하고 있다. 이와 함께 미국의 통일상법전(Uniform Commercial Code : UCC)에서도 합리적인 기간 내에(within reasonable time) 인도물품을 검사하고 하자사항 등을 통지할 의무를 규정하고 있다. 그리고 Warsaw Oxford Rules for CIF Contract(1932)에서는 합리적인 검사를 실시하고, 인도물품이 도착 후 3일 이내에 검사결과를 통보하도록 하고 있다. 마지막으로 국제물품계약에 관한 UN협약에서는 단기간 내에 검사결과를 통지하도록 하고 있으며, 어떠한 경우에도 제척기간은 2년 이내로 하도록 정하고 있다.

## 5. 무역클레임에 대한 대응

클레임을 제기받으면 제일 먼저 클레임 제기내용을 검토하고, 상대방에게 클레임 제기내용에 대한 입장과 해결방안에 대하여 신속하고 설득력 있는 답변을 전달하여야 한다. 여기에서 상대방의 의도가 불분명하거나, 마켓클레임(market claim), 기타 부당한 클레임이 아닌가 하는 의문을 가질 경우에는 클레임 내용의 정당성 여부와 증거서류 등을 면밀히 검토하여야 한다.

이 단계에서 클레임을 제기받은 당사자는 최우선적으로 상대방과 지속적으로 거래를 진행할 의사가 있는지, 아니면 거래관계를 종결할 것인지를 결정하여야 한다. 이에 대한 검토 결과에 따라 클레임을 해결하는 핵심적인 방향이 결정된다. 특히 주의하여야 할 사항은 무역클레임을 처리하는 데 있어서 첫 응답이 매우 중요하다는 점이다. 지속적인 거래관계를 유지하고자 한다면 원칙적으로 당사자 간의 합의에 따라 클레임을 해결한다는 자세를 견지하여야 할 것이다.

클레임을 제기받은 경우에 우선적으로 검토해야 하는 사항은 다음과 같다.

첫째, 클레임사항이 계약조건의 미비에 의한 것이 아닌가?

둘째, 클레임이 인도 후 합리적인 기간 내에 제기된 것인가?

셋째, 하자사항을 입증할 객관적인 입증자료가 있는가?

넷째, 물품의 검사는 공인검정기관에 의하여 합리적인 기간 내에 행하여졌는가?

다섯째, 손해청구금액은 합리적인 산출근거에 따라 타당하게 산출된 것인가?

여섯째, 당해 계약의 특성을 충분히 감안한 것인가?

## 제4절 무역클레임의 해결방법

무역클레임의 해결방법에는 당사자 간에 해결하는 방법과 제3자를 통한 해결방법으로 나누어 살펴볼 수 있다. 당사자 간에 해결하는 방법에는 청구권의 포기(waiver of claim)와 화해(amicable settlement)가 있으며, 제3자를 통한 해결방법에는 알선(intermediation), 조정(conciliation), 중재(arbitration) 그리고 소송(litigation)이 있다.

재난이 바뀌어 복(福)이 될 수도 있다. 분쟁을 성의를 갖고 해결했기 때문에 한층 더 상대방으로부터 신용을 얻어 거래 확대에 성공한 사례도 있기 때문이다. 그러므로 분쟁이 발생한 경우 감정적인 대립과 현실적 손해만 집착하는 대응보다는 장기적인 안목과 이성적 판단을 가지고 무역클레임을 해결해야 할 것이다.

## 1. 거래당사자 간의 해결

클레임을 거래당사자 간에 해결하는 방법은 당사자 간에 직접 교섭하고, 협상하는 과정을 거쳐 우호적으로 해결하는 방법을 말한다. 이는 무역클레임의 특성상 그리고 향후 지속적인 거래관계를 유지하기 위해서는 가장 바람직한 해결방법이다. 왜냐하면 무역거래 당사자는 무역클레임의 내용은 물론 클레임 발생원인과 상황에 대하여 누구보다도 잘 알고 있으며, 앞으로의 거래관계까지도 충분히 고려할 수 있기 때문에 비록 각자가 자기의 입장에서 충분하게 항변할 이유가 있다고 생각하더라도 서로 타협하기가 용이하기 때문이다. 그리고 향후 거래관계를 유지하려고 한다면 어느 정도는 양보할 수 있는 여지도 있기 때문이다.

당사자 간에 클레임을 해결하는 방법에는, 먼저 클레임을 제기한 상대방에게 어떤 다른 조건을 충족시켜 주는 방법이 있다. 그리고 클레임 청구액이 크지 않을 경우는 정식으로 클레임을 제기하지 않고 거래관계를 지속시킴으로써 오히려 이익을 가져올 수 있다고 보아 청구권을 포기하는 방법도 있다.

### 1) 청구권의 포기(Waiver of Claim)

피해자가 상대방에게 클레임청구권을 행사하지 않는 경우로, 이는 주로 클레임 발생과 동시에 상대방이 즉각적으로 손해배상을 제의하여 온 경우에 이루어진다. 청구권의 포기는 분쟁해결을 위한 가장 바람직한 방법으로 향후 양 당사자 간의 지속적이고 안정적인 거래관계유지에 대하여 보장받을 수 있다.

### 2) 화해(Amicable Settlement)

당사자 간의 자주적인 교섭과 양보를 통하여 분쟁을 해결하는 방법이다. 이는 당사자가 직접적인 협의를 통하여 상호평등의 원칙에 따라 서로가 납득할 수 있는 타협점을 찾는 것으로 이 경우에는 대체적으로 화해계약을 체결함으로써 클레임을 종결한다. 우리나라 민법에서는 화해의 요건으로, 첫째 당사자가 서로 양보할 것, 둘째 분쟁을 종결할 것, 셋째 그 뜻을 약정하여야 할 것 등 3가지 사항을 요건으로 하고 있다.

## 2. 제3자를 통한 해결

양 당사자의 주장이 대립되는 상황에 이르면 당사자 간에 원만하게 클레임을 해결할 수 없게 된다. 이 경우 양 당사자 또는 일방의 감정이 크게 악화되게 됨에 따라 불가피하게 제3자에 의한 냉정한 판단이 필요하게 된다. 이러한 경우에는 해당 품목이나 분야에 경험이 풍부한 제3자를 개입시켜 클레임을 해결하게 된다. 이와 같이 제3자를 통하여 클레임을 해결하는 방법으로는 알선, 조정, 중재 그리고 소송이 있다.

### 1) 알선(Intermediation)

알선이란 상사중재원과 같은 공정한 제3자적인 기관이 당사자의 일방 또는 쌍방의 의뢰에 의하여 클레임에 개입하여 원만한 타협이 이루어지도록 협조하는 해결방법이다. 이는 당사자 간에 비밀이 보장되고 거래관계가 지속을 유지할 수 있다는 장점이 있다. 알선은 쌍방이 협력하지 않으면 실패로 돌아갈 가능성이 많으며, 강제력은 없으나, 알선수임기관의 역량에 따라 그 실효성이 나타난다. 참고로 대한상사중재원에 의뢰된 클레임은 90% 이상이 알선단계에서 해결되고 있다.

### 2) 조정(Conciliation)

조정은 당사자 중 일방이나 쌍방의 요청에 따라, 양 당사자가 공정한 제3자를 조정자로 선임하여 분쟁해결방안을 제시해 줄 것을 부탁하고, 조정인이 제시하는 조정안에 양 당사자가 합의함으로써 분쟁을 해결하는 방법이다. 우리나라는 중재규칙상 중재신청 후 양 당사자가 요청할 경우 상호 협의하에 조정인을 선정하여 조정을 시도할 수 있도록 되어 있다. 이에 따라 조정안이 성립되면 조정결정은 중재판결과 동일한 효력을 갖는다. 그러나 조정이 실패하면 30일 내에 조정절차는 자동적으로 폐기되며, 중재인을 선정하여 중재절차를 진행해야 하며, 당사자의 약정에 따라 조정기간을 30일까지 더 연장할 수도 있다.

### 3) 중재(Arbitration)

중재란 분쟁당사자 간의 합의, 즉 중재합의에 따라 사법상의 법률관계를 법원의 소송절차에 의하지 않고 사인(私人)인 제3자를 중재인(arbitrator)으로 선정하고 최종적으로 중재인의 중재판정에 맡겨 그 판정에 복종함으로써 분쟁을 해결하는 방법이다.

조정은 당사자 중 일방이 요청한 때에도 가능하나, 중재는 반드시 양 당사자의 합의가 있어야 한다. 그리고 조정은 양 당사자의 자유의사에 따른 클레임 해결방법이지만, 중재는 중재인의 중재판정에 절대 복종해야 하는 강제성을 가질 뿐 아니라, 그 효력은 법원의 확정판결과 동일하며, 외국에서도 집행이 보장되어 소송보다 효력의 범위가 더 넓다.

### 4) 소송(Litigation)

소송은 개인 간의 클레임을 국가기관인 재판소의 판결에 의하여 강제적으로 해결하는 방법이다. 그런데 국제 간의 거래에 있어선 거래상대방은 각각 법역(法域)을 달리한다. 즉, 우리나라의 재판권이 상대국까지 미치지 못한다는 장애가 있으므로 소송에 의한 판결은 외국에서의 승인 및 집행이 보장되지 않는다.

국제무역계약
*International Trade Contract*

# Appendix
# 부 록

- 부록 1 INCOTERMS 2020
- 부록 2 국제물품매매계약에 관한 UN협약

# APPENDIX 01 INCOTERMS 2020

## Introduction to *Incoterms®* *2020*

1. The purpose of the text of this Introduction is fourfold:
   - ▶ to explain what the Incoterms® 2020 rules do and do NOT do and how they are best incorporated;
   - ▶ to set out the important fundamentals of the Incoterms® rules: the basic roles and responsibilities of seller and buyer, delivery, risk, and the relationship between the Incoterms® rules and the contracts surrounding a typical contract of sale for export/import and also, where appropriate, for domestic sales;
   - ▶ to explain how best to choose the right Incoterms rule for the particular sale contract; and
   - ▶ to set out the cental changes between *Incoterms® 2010* and *Incoterms® 2020.*

2. The Introduction follows this structure:
   - Ⅰ. What the Incoterms® rules do
   - Ⅱ. What the Incoterms® rules do NOT do
   - Ⅲ. How best to incorporate the Incoterms® rules
   - Ⅳ. Delivery, risk and costs in the Incoterms® 2020 rules
   - Ⅴ. Incoterms® 2020 rules and the carrier
   - Ⅵ. Rules for the contract of sale and their relationship to other contracts
   - Ⅶ. The eleven Incoterms® 2020 rules-"sea and inland waterway" and "any mode(s) of transport":getting it right
   - Ⅷ. Order within the Incoterms® 2020 rules
   - Ⅸ. Differences between *Incoterms® 2010* and *Incoterms® 2020.*
   - Ⅹ. Caution with variants of Incoterms® rules.

# 부록 01 인코텀즈 2020

## 인코텀즈 2020 소개문

1. 본 소개문의 목적은 다음 네 가지이다.
   - ▶ 인코텀즈 2020 규칙이 무슨 역할을 하고 또 하지 않는지 그리고 어떻게 인코텀즈 규칙을 가장 잘 편입시킬 수 있는지를 설명하는 것
   - ▶ 다음과 같은 인코텀즈규칙의 중요한 기초들을 기술하는 것: 매도인과 매수인의 기본적 역할과 책임, 인도, 위험 및 인코텀즈규칙과 계약들(전형적인 수출/수입매매계약 및 해당되는 경우 국내매매계약을 둘러싼 계약들) 사이의 관계
   - ▶ 어떻게 당해 매매계약에 올바른 인코텀즈규칙을 가장 잘 선택할지를 설명하는 것
   - ▶ 인코텀즈 2010과 인코텀즈 2020의 주요한 변경사항들을 기술하는 것

2. 본 소개문의 구조는 다음과 같다.
   Ⅰ. 인코텀즈규칙은 무슨 역할을 하는가
   Ⅱ. 인코텀즈규칙이 하지 않는 역할은 무엇인가
   Ⅲ. 어떻게 인코텀즈규칙을 가장 잘 편입시킬 수 있는가
   Ⅳ. 인코텀즈 2020 규칙상 인도, 위험 및 비용
   Ⅴ. 인코텀즈 2020 규칙과 운송인
   Ⅵ. 매매계약규칙 및 이것과 다른 계약들과의 관계
   Ⅶ. 11개 인코텀즈 2020 규칙 – "해상운송과 내수로운송"에 적용되는 규칙 및 "모든 운송방식"에 적용되는 규칙: 올바른 사용법
   Ⅷ. 인코텀즈 2020 규칙 내 조항의 순서
   Ⅸ. 인코텀즈 2010과 인코텀즈 2020의 차이점
   Ⅹ. 인코텀즈규칙 변용(變用)시 유의점

3. This Introduction gives guidance on the use of, and about the fundamental principles behind, the Incoterms® 2020 rules.

## Ⅰ. WHAT THE INCOTERMS® RULES DO

4. The Incoterms rules explain a set of eleven of the most commonly-used three-letter trade terms, e.g. CIF, DAP, etc., reflecting business-to-business practice in contracts for the sale and purchase of goods.

5. The Incoterms® rules describe

▶ Obligations: Who does what as between seller and buyer, e.g. who organises carriage or insurance of the goods of who obtains shipping documents and export or import licences;

▶ Risk: Where and when the seller "delivers" the goods, in other words where risk transfers from seller to buyer; and

▶ Costs: Which party is responsible for which costs, for example transport, packaging, loading or unloading costs, and checking of security-related costs.

The Incoterms rules cover these areas in a set of ten articles, numbered A1/B1 etc., the A articles representing the seller's obligations and the B articles representing the buyer's obligations. See paragraph 53 below.

## Ⅱ. WHAT THE INCOTERMS® RULES DO NOT DO

6. The Incoterms rules are NOT in themselves-and are therefore no substitute for-a contract of sale. They are devised to reflect trade practice for no particular *type* of goods-and for *any*. They can be used as much for the trading of a bulk cargo of iron ore as for five containers of electronic equipment of ten pallets of airfreighted fresh flowers.

3. 본 소개문은 인코텀즈 2020 규칙의 사용과 그 기본원칙에 관한 지침을 제공한다.

## Ⅰ. 인코텀즈규칙은 무슨 역할을 하는가

4. 인코텀즈규칙은 예컨대 CIF, DAP 등과 같이 가장 일반적으로 사용되는 세 글자로 이루어지고 물품매매계약상 기업 간 거래관행(business-to-business practice)을 반영하는 11개의 거래조건(trade term)을 설명한다.

5. 인코텀즈규칙은 다음 사항을 규정한다.
▶ 의무: 매도인과 매수인 사이에 누가 무엇을 하는지. 즉 누가 물품의 운송이나 보험을 마련하는지 또는 누가 선적서류와 수출 또는 수입허가를 취득하는지
▶ 위험: 매도인은 어디서 그리고 언제 물품을 "인도"하는지, 다시 말해 위험은 어디서 매도인으로부터 매수인에게 이전하는지
▶ 비용: 예컨대 운송비용, 포장비용, 적재 또는 양하비용 및 점거 또는 보안관련 비용에 관하여 어느 당사자가 어떤 비용을 부담하는지
인코텀즈규칙은 A1/B1 등의 번호가 붙은 일련의 10개의 조항에서 위와 같은 사항들을 다루는데, 여기서 A 조항은 매도인의 의무를, 그리고 B 조항은 매수인의 의무를 지칭한다. 아래 53번 단락을 보라.

## Ⅱ. 인코텀즈규칙이 하지 않는 역할은 무엇인가

6. 인코텀즈규칙 그 자체는 매매계약이 아니며, 따라서 매매계약을 대체하지도 않는다. 인코텀즈규칙은 어떤 특정한 종류의 물품이 아니라 모든 종류의 물품에 관한 거래관행을 반영하도록 고안되어 있다. 인코텀즈규칙은 산적화물(散積貨物, bulk cargo) 형태의 철광석 거래에도 적용될 수 있고 5개의 전자장비 컨테이너 또는 항공운송되는 5개의 생화 팔레트의 거래에도 적용될 수 있다.

7. The Incoterms® rules do NOT deal with the following matters:

- ▶ whether there is a contract of sale at all;
- ▶ the specifications of the goods sold;
- ▶ the time, place, method of currency of payment of the price;
- ▶ the remedies which can be sought for breach of the contract of sale;
- ▶ most consequences of delay and other breaches in the performance of contractual obligations;
- ▶ the effect of sanctions;
- ▶ the imposition of tariffs;
- ▶ export or import prohibitions;
- ▶ force majeure or hardship;
- ▶ intellectual property rights; or
- ▶ the method, venue, or law of dispute resolution in case of such breach.

Perhaps most importantly, it must be stressed that the Incoterms rules do NOT deal with the transfer of property/title/ownership of the goods sold.

8. these are matters for which the parties need to make specific provision in their contract of sale. Failure to do so is likely to cause problems later if disputes arise about performance and breach. In essence, the Incoterms®2020 rules are not themselves a contract of sale: they only become *part* of that contract when they are incorporated into a contract which already exists. Neither do the Incoterms rules provide the law applicable to the contract. there may be legal regimes which apply to the contract, whether international, like the Convention on the International Sale of Goods (CISG); of domestic mandatory law relating, for example, to health and safety or the environment.

7. 인코텀즈규칙은 다음의 사항을 다루지 않는다.
   - ▶ 매매계약의 존부
   - ▶ 매매물품의 성상(性狀)
   - ▶ 대금지급의 시기, 장소, 방법 또는 통화
   - ▶ 매매계약 위반에 대하여 구할 수 있는 구제수단
   - ▶ 계약상 의무이행의 지체 및 그 밖의 위반의 효과
   - ▶ 제재의 효력
   - ▶ 관세부과
   - ▶ 수출 또는 수입의 금지
   - ▶ 불가항력 또는 이행가혹
   - ▶ 지식재산권 또는
   - ▶ 의무위반의 경우 분쟁해결의 방법, 장소 또는 준거법

   아마도 가장 중요한 것으로, 인코텀즈규칙은 매매물품의 소유권/물권의 이전을 다루지 않는다는 점도 강조되어야 한다.

8. 위와 같은 사항들은 당사자들이 매매계약에서 구체적으로 규정할 필요가 있다. 그렇게 하지 않는다면 의무의 이행이나 위반에 관하여 분쟁이 발생하는 경우에 문제가 생길 수 있다. 요컨대 인코텀즈 2020 규칙 자체는 매매계약이 아니다. 즉 인코텀즈규칙은 이미 존재하는 매매계약에 편입되는 때 그 매매계약의 일부가 될 뿐이다. 인코텀즈규칙은 매매계약의 준거법을 정하지도 않는다. 매매계약에 적용되는 법률체계(legal regimes)가 있으며, 이는 국제물품매매협약(CISG)과 같은 국제적인 것이거나 예컨대 건강과 안전 또는 환경에 관한 국내의 강행법률일 수 있다.

## Ⅲ. HOW BEST TO INCORPORATE THE INCOTERMS® RULES

9. If parties want the Incoterms® 2020 rules to apply to their contract, the safest way to ensure this is to make that intention clear in their contract, through words such as **"[the chosen Incoterms® rule] [named port, place of point] Incoterms® 2020".**

10. Thus for example, CIF Shanghai Incoterms® 2020, or DAP No 123, ABC Street, Importland Incoterms® 2020.

11. Leaving the year out could cause problems that may be difficult to resolve. The parties, a judge or an arbitrator need to be able to determine which version of the Incoterms® rules applies to the contract.

12. The place named next to the chosen Incoterms® rule is even more important:
    - ▶ in all Incoterms® rules except the C rule, the named place indicates where the goods are "delivered". i.e. where risk transfers from seller to buyer;
    - ▶ in the D rules, the named place is the place of delivery and also the place of destination and the seller must organise carriage to that point;
    - ▶ in the C rules, the named place indicates the destination to which the seller must organise and pay for the carriage of the goods, which is not, however, the place or port of delivery.

13. Thus, an FOB sale raising doubt the port of shipment leaves both parties uncertain as to where the buyer must present the ship to the seller for the shipment and the transport of the goods-and as to where the seller must deliver the goods on board so as to transfer risk in the goods from seller to buyer. Again, a CPT contract with an unclear named destination will leave both parties in doubt as to the point to which the seller must contract and pay for the transport of the goods.

## Ⅲ. 어떻게 인코텀즈규칙을 가장 잘 편입시킬 수 있는가

9. 당사자들이 인코텀즈 2020 규칙이 계약에 적용되도록 하고자 하는 경우에 가장 안전한 방법은 계약에서 다음과 같은 문구를 통하여 그러한 의사를 명백하게 표시하는 것이다.
(**"[선택된 인코텀즈규칙] [지정항구, 장소 또는 지점]**
**Incoterms® 2020"**.)

10. 따라서 예컨대, CIF Shanghai Incoterms® 2020 또는 DAP No 123, ABC Street, Importland Incoterms® 2020.

11. 연도를 빠트리면 해결하기 어려운 문제가 발생할 수 있다. 당사자, 판사 또는 중재인이 어떤 버전의 인코텀즈규칙이 계약에 적용되는지 결정할 수 있어야 한다.

12. 선택된 인코텀즈규칙 바로 다음에 기명되는 장소는 더 중요하다.
▶ C 규칙을 제외한 모든 인코텀즈규칙에서 그러한 지정장소는 물품이 어디서 "인도"되는지, 즉 위험이 어디서 매도인으로부터 매수인에게 이전하는지를 표시한다.
▶ D 규칙에서 지정장소는 인도장소이자 목적지이고 매도인은 그 지점까지 운송을 마련하여야 한다.
▶ C 규칙에서 지정장소는 매도인이 그 운송을 마련하고 그 비용도 부담하여야 하는 물품운송의 목적지이지만 인도장소나 인도항구는 아니다.

13. 따라서 선적항에 관하여 의문을 야기하는 FOB 매매는 매수인이 물품의 선적과 운송을 위하여 어디서 매도인에게 선박을 제공하여야 하는지에 관하여 - 또한 매도인은 위험이 매수인에게 이전되도록 하기 위하여 어디서 물품을 선적하여야 하는지에 관하여 - 양당사자에게 불확실한 점을 남긴다. 마찬가지로 지정목적지가 불명확한 CPT 계약은 매도인이 체결하여야 하고 그 비용을 부담하여야 하는 물품 운송계약의 목적지점에 관하여 양 당사자에게 의문을 남긴다.

14. It is best to avoid these types of issues by being as geographically specific as possible in naming the port, place or point, as the case may be, in the chosen Incoterms® rule.

15. When incorporating a particular Incoterms® 2020 rule into a sale contract, it is not necessary to use the trademark symbol.
For futher guidance on trademark and copyright, please refer to http://iccwbo.org/incoterms-copyright/.

## Ⅳ. DELIVERY, RISK AND COSTS IN THE INCOTERMS® 2020 RULES

16. A named place or port attached to the three letters, e.g. CIP Las Vegas or CIF Los Angeles, then, is critical in the workings of the Incoterms® 2020 rules. Depending on which Incoterms® rule is chosen, that place will identify either the place or port at which the goods are considered to have been "delivered" by the seller to the buyer, the place "delivery", or the place or port to which the seller must organize the carriage of the goods, i.e. their destination; or, in the case of the D rules, both.

17. in all Incoterms® 2020 rules, A2 will define the place or port of "delivery"- and that place or port is closest to the seller in EXW and FCA (seller's premises)and closet to the buyer in DAP, DPU and DDP.

18. The place or port of delivery identified by A2 is critical both for risk and for costs.

14. 이러한 종류의 문제를 피하는 최상의 방법은 선택된 인코텀즈규칙에서 해당되는 항구나 장소 또는 지점의 지리적 위치를 가급적 구체적으로 지정하는 것이다.

15. 특정한 인코텀즈 2020 규칙을 매매계약에 편입할 때, 상표표지(trademark symbol)까지 표기할 필요는 없다.
상표와 저작권에 관한 상세한 안내는 〈http://iccwbo.org/incoterms-copyright/〉를 참조하라.

## Ⅳ. 인코텀즈 2020 규칙상 인도, 위험 및 비용

16. 따라서 예컨대 CIP Las Vegas 또는 CIF Los Angeles와 같이 세 글자 다음에 부가되는 지정장소나 지정항구는 인코텀즈 2020 규칙의 작동과정에서 매우 중요하다. 어떤 인코텀즈 2020 규칙이 선택되는지에 따라 그러한 장소는 물품이 매도인에 의하여 매수인에게 "인도된" 것으로 다루어지는 장소나 항구 또는 "인도"장소가 되거나 매도인이 마련하여야 하는 물품운송의 목적지나 목적항이 되고, D 규칙의 경우에는 양자 모두가 된다.

17. 모든 인코텀즈 2020 규칙에서 A2는 "인도"의 장소나 항구를 정한다 - 그리고 그러한 장소나 항구는 EXW나 FCA에서는 매도인에게 가장 가깝고 (매도인의 영업구내) DAP와 DPU, DDP에서는 매수인에게 가장 가깝다.

18. A2에서 정해지는 인도장소나 인도항구는 위험과 비용 모두에 관하여 매우 중요하다.

19. The place or port of delivery under A2 marks the place at which risk transfers from seller to buyer under A3. It is at that place or port that the seller performs its obligation to provide the goods under the contract as reflected in A1 such that the buyer cannot recover against the seller for the loss of or damage to the goods occurring after that point has passed.

20. The place or port of delivery under A2 also marks the central point under A9 which allocates costs to seller and buyer. In broad terms, A9 allocates costs before the point of delivery to the seller and costs after that point to the buyer.

### Delivery points
### Extremes and in-betweens: the four traditional Incoterms® rules groups

21. Versions of the Incoterms® rules before 2010 traditionally grouped the rules into four, namely E, F, C and D, with E and D Lying at extreme poles from each other in terms of the point of delivery and the F and C rules lying in between. While the Incoterms® rules have, since 2010, been grouped according to the means of transport used, the old groupings are still helpful in understanding the point of delivery. Thus, the delivery point in EXW is an agreed point for collection of the goods by the buyer, whatever the destination to which the buyer will take them. At the other extreme in DAP, DPU and DDP, the delivery point is the same as the destination point to which the seller or its carrier will carry the goods. In the first, EXW, risk transfers before the transport cycle even starts; in the second, the D rules, risk transfers very late in that cycle. Again, in the first, EXW and, for that matter, FCA (seller's premises), the seller performs its obligation to deliver the goods whether or not they actually arrive at their destination. In the second, the seller performs its obligation to deliver the goods only if they actually arrive at their destination.

19. A2의 인도장소나 인도항구는 A3 하에서 위험이 매도인으로부터 매수인에게 이전하는 장소를 확정한다. 매도인은 이러한 장소와 항구에서 A1에 반영되어 있는 계약에 따른 물품인도의무를 이행하며 그에 따라 매수인은 그 지점을 지난 뒤에 발생하는 물품의 멸실 또는 훼손에 대하여 매도인에게 책임을 묻지 못한다.

20. A2의 인도장소나 인도항구는 또한 A9 하에서 매도인과 매수인 사이에 비용을 할당하는 기준점을 확정한다. 대략 말하자면 A9에서 그러한 인도지점 전의 비용은 매도인이 분담하고 그러한 지점 후의 비용은 매수인이 분담한다.

### 인도지점
### 극단적 그룹과 중간적 그룹: 4가지의 전통적 인코텀즈규칙 그룹

21. 2010 전의 인코텀즈규칙 버전들에서는 전통적으로 개별 규칙들을 4개 그룹, 즉 E 그룹, F 그룹, C 그룹 및 D 그룹으로 분류하였는데, 인도지점의 측면에서 E 그룹과 D 그룹은 양극단에 있고 F 그룹과 C 그룹은 그 중간에 있다. 2010 버전부터 인코텀즈규칙은 사용된 운송수단에 따라 그룹을 분류하고 있으나 과거의 분류방법은 아직도 인도지점을 이해하는 데 유익하다. 따라서 EXW에서 인도지점은 매수인이 물품을 수취하기로 합의된 지점이며, 매수인이 그 물품을 가져갈 목적지는 어느 곳이든 무방하다. 반대편 극단에 있는 DAP, DPU 및 DDP의 경우에 인도지점은 매도인이나 그의 운송인이 운송할 물품의 목적지와 동일하다. 전자 즉 EXW의 경우에는 운송과정이 시작되기도 전에 위험이 이전한다. 후자 즉 D 규칙의 경우에는 운송과정의 막바지에 이르러 위험의 이전한다. 또 전자 즉 EXW의 경우 및 같은 문제로 FCA(매도인의 영업구내)의 경우에 매도인의 물품인도의무는 물품이 실제로 목적지에 도착하는지와 무관하다. 후자의 경우에 매도인은 물품이 실제로 목적지에 도착한 경우에만 물품인도의무를 이행한 것으로 된다.

22. The two rules at the extreme ends of the Incoterms® rules are EXW and DDP. However, traders should consider alternative rules to these two for their international contracts. Thus, with EXW the seller has to merely put the goods at the buyer's disposal. This may cause problems for the seller and the buyer, respectively, with loading and export clearance. The seller would be better advised to sell under the FCA rule. Likewise, with DDP, the seller owes some obligations to the buyer which can only be performed within the buyer's country, for example obtaining import clearance. It may be physically or legally difficult for the seller to carry out those obligations within the buyer's country and a seller would therefore be better advised to consider selling goods in such circumstances under the DAP or DPU rules.

23. Between the two extremes of E and D rules, there lie the three F rules (FCA, FAS and FOB), and the four C rules (CPT, CIP, CFR and CIF).

24. With all seven F and C rules, the place of delivery is on the seller's side of the anticipated carriage: consequently sales using these Incoterms® rules are often called "shipment" sales. Delivery occurs, for example,

a) When the goods are placed on board the vessel at the port of loading in CFR, CIF and FOB; or

b) By handing the goods over to the carrier in CPT and CIP; or

c) By loading them on the means of transport provided by the buyer or placing them at the disposal of the buyer's carrier in FCA

In the F and C groups, risk transfers at the seller's end of the main carriage such that the seller will have performed its obligation to deliver the goods whether or not the goods actually arrive at their destination. This feature, of being shipment sales delivery happening at the seller's end early in the transit cycle, is common to the F and the C rules, whether they are the maritime Incoterms® rules or the Incoterms® rules intended for any modes[s] of transport.

22. 인코텀즈규칙들 중 양극단에 있는 두 규칙 즉 EXW와 DDP 규칙은 국제거래에서 전형적으로 사용되는 총 11개 규칙 중에 포함된다. 그러나 거래당사자들은 국제계약에서는 이러한 두 가지를 대체하는 규칙을 고려하여야 한다. EXW의 경우에 매도인은 물품을 단지 매수인의 처분 하에 두기만 하면 된다. 이는 적재와 수출통관에 관하여 매도인과 매수인에게 각각 문제를 야기할 수 있다. 따라서 매도인은 FCA규칙으로 매매하는 것이 더 좋다. 마찬가지로 DDP의 경우에 매도인은 매수인 국가에서만 이행될 수 있는 의무들 예컨대 수입통관을 할 의무를 부담한다. 매도인이 그러한 의무들을 매수인 국가에서 이행하기는 물리적으로나 법적으로 어려울 수 있고 따라서 매도인은 그러한 경우에 DAP나 DPU 규칙으로 물품을 매매하는 것을 고려하는 것이 더 좋다

23. 양극단의 E규칙과 D 규칙 사이에 3개의 F 규칙(FCA, FAS 및FOB)과 4개의 C규칙(CPT, CIP, CFR 및 CIF)이 있다.

24. 모두 7개의 F 규칙 및 C 규칙에서 인도장소는 예정된 운송[구간상] 매도인 쪽에 있다. 따라서 이러한 인코텀즈규칙을 사용하는 매매를 흔히 “선적”매매(“shipment” sales)라 한다. 인도는 예컨대 다음과 같이 일어난다.

a) CFR, CIF 및 FOB에서는 물품이 선적항에서 선박에 적재된 때, 또는

b) CPT 및 CIP에서는 물품을 운송인에게 교부함으로써 또는

c) FCA에서는 물품을 매수인이 제공하는 운송수단에 적재하거나 매수인의 운송인의 처분 하에 둠으로써,

F 그룹과 C 그룹에서 위험은 주된 운송을 위한 매도인의 끝단에서 이전하며 그에 따라 매도인은 물품이 실제로 목적지에 도착하는지 여부와 무관하게 그의 물품인도의무를 이행하는 것으로 된다. 이러한 특징, 즉 선적매매의 경우에 인도는 운송과정의 초반에 매도인의 끝단에서 일어난다는 특징은 그것이 해상운송을 위한 인코텀즈규칙인지 또는 모든 운송방식을 위한 인코텀즈규칙인지에 관계없이 F 규칙과 C 규칙에 공통된다.

25. The F and the C rules do, however, differ as to whether it is the seller or buyer who contracts for or arranges the carriage of the goods beyond the place or port of delivery. In the F rules, it is the buyer who makes such arrangements, unless the parties agree otherwise. In the C rules, this obligation falls to the seller.

26. Given that a seller on any of the C rules contracts for arranges the carriage of the goods beyond delivery, the parties need to know what the destination is to which it must arrange carriage-and that is the place attached to the name of the Incoterms® rules, e.g. "CIF the port of Dalian" or "CIP the inland city of Shenyang". Whatever that named destination is, that place is not and never becomes the place of delivery. Risk will have transferred on shipment or on handing over the goods at the place of delivery, but the contract of carriage must have been made by the seller for the named destination. Delivery and destination, then, in the C rules, are necessarily not the same place.

## V. Incoterms® 2020 RULES AND THE CARRIER

27. In the F and the C rules, placing the goods, for example, on board the vessel or handing them over to, or placing them at the disposal of the carrier marks the point at which the goods are "delivered" by the seller to the buyer. Therefore this is the point at which risk transfers from the seller to the buyer.

28. Given those two important consequences, it becomes essential to identify who the carrier is where there is more than one carrier, each carrying out a separate leg of transport, for instance by road, rail, air or sea. Of course, where the seller has taken the far more prudent course of making one contract of carriage with one carrier taking responsibility for the entire carriage chain, in a so-called "through" contract of carriage, the problem does not arise. However, where there is no such "through" carriage contract, the goods could be handed over (where

25. 그러나 F 규칙과 C 규칙은 인도장소나 인도항구 이후의 물품운송계약을 체결하거나 운송을 마련하는 당사자가 매도인인지 아니면 매수인인지에 관하여 다르다. F 규칙에서는 당사자들이 달리 합의하지 않는 한 매수인이 그렇게 하여야 한다. C 규칙에서는 이러한 의무를 매도인이 부담한다.

26. 모든 C 규칙에서는 매도인이 인도 이후의 물품운송계약을 체결하거나 운송을 마련하도록 하므로 당사자들은 그 운송의 목적지가 어디인지를 알아야 할 필요가 있는데, 당해 인코텀즈규칙의 명칭 뒤에 부가되는 지명 예컨대 "CIF the port of Dalian" 또는 "CIP the inland city of Shenyang"이 곧 그러한 목적지이다. 그러한 지정목적지가 어디든지 간에 그러한 장소는 결코 인도장소가 아니며 인도장소로 되지도 않는다. 위험은 인도장소에서 물품의 선적과 동시에 또는 교부와 동시에 이미 이전하나, 그 전에 지정목적지로 향하는 운송계약은 매도인이 체결하였어야 한다. 따라서 C 규칙에서는 인도지와 목적지가 반드시 동일한 곳이 아니다.

## V. 인코텀즈 2020 규칙과 운송인

27. F 규칙과 C 규칙에서는 예컨대 물품을 선박에 적재하거나 운송인에게 교부하거나 운송인의 처분 하에 둠으로써 물품이 매도인에 의하여 매수인에게 "인도된" 지점이 확정된다. 따라서 이 지점에서 위험이 매도인으로부터 매수인에게 이전한다.

28. 위와 같은 두 가지의 중요한 효과 때문에 개별 운송구간 예컨대 도로, 철도, 항공 또는 해상운송구간을 각각 따로 담당하는 복수의 운송인이 있는 경우에 누가 운송인인지를 확정하는 것은 매우 중요하다. 물론 매도인이 매우 신중을 기하여 단일운송인이 운송의 모든 운송구간을 책임지는 하나의 운송계약을 체결하는 이른바 "통"운송계약(through" carriage contract)을 체결한 경우에는 문제가 발생하지 않는다. 그러나 그러한 "통"운송계약이 없는 경우에 물품은(CIP나 CPT 규칙이 사용되는 경우) 후속하는 해상운송인에게 전달하기 위하여 먼저 도로운송회사나 철도회사에게 교부

the CIP or CPT rules are used) to a road-haulier or rail company for onward transmission to a sea carrier. The same situation may arise with exclusively maritime transport where, for example, the goods are first handed over to a river or feeder short-sea carrier for onward transmission to an ocean carrier.

29. In these situations, when does the seller "deliver" the goods to the buyer: When it hands the goods over to the first, second or third carrier?

30. Before we answer that question, a preliminary point. While in most cases the carrier will be an independent third party engaged under a contract of carriage by either seller or the buyer (depending on whether the parties have chosen a C Incoterms® rule or an F Incoterms® rule). There are situations where no such independent third party is engaged at all because the seller or the buyer itself will carry the goods sold. This is more likely to happen in the D rules (DAP, DPU and DDP), where the seller may use its own means of transport to carry the goods to the buyer at the delivery destination. Provision has therefore been made in the Incoterms® 2020 rules for a seller under the D rules either to contract for carriage or to arrange for carriage, that is to say through its own means of transport: see A4.

31. The question asked at paragraph 29 above is not simply a "carriage" question: it is an important "sale" question. The question is not which carrier a seller or buyer of goods damaged in transit can sue under the contract of carriage. The "sale" question is: where there is more than one carrier involved in the carriage of the goods from seller to buyer, at which point in the carriage string dose the handing over of the goods mark the point of delivery and the transfer of risk as between seller and buyer?

32. There needs to be a simple answer to this question because the relations between the multiple carriers used, and between the seller and/or the buyer with those

될 수 있다. 해상운송만이 단독으로 사용되는 경우에도 예컨대 물품이 후속하는 해양운송인에게 전달하기 위하여 먼저 강호(江湖)운송인이나 연안의 피더운송인에게 교부되는 때에는 같은 상황이 발생할 수 있다.

29. 이러한 경우에 매도인은 물품을 언제 매수인에게 "인도"한 것이 되는가? 최초운송인에게 교부한 때인가 아니면 둘째 또는 셋째 운송인에게 교부한 때인가?

30. 그 질문에 대답하기 전에 선결문제가 있다. 대부분의 경우에 운송인은 (당사자들이 인코텀즈 C 규칙 또는 F 규칙을 선택하였는지에 따라) 매도인 또는 매수인이 운송계약에 따라 사용하는 독립된 제3자일 것이지만, 매도인 또는 매수인이 매매물품을 직접 운송함으로 인하여 그러한 독립된 제3자가 전혀 존재하지 않는 경우가 있을 수 있다. 이러한 일은 매도인이 자신의 운송수단을 사용하여 인도장소인 목적지까지 물품을 운송할 수도 있는 D 규칙(DAP, DPU 및 DDP)에서 더 일어날 수 있다. 따라서 인코텀즈2020 규칙에서는 D 규칙상 매도인이 운송계약을 체결하거나 아니면 운송을 마련하도록 즉 자신의 운송수단으로 운송하도록 규정한다. A4를 보라.

31. 위의 29번 단락에서 제기된 질문은 단순히 "운송"문제가 아니다. 이는 중요한 "매매"문제이다 이 문제는 운송 중 훼손된 물품에 관하여 매도인이나 매수인이 어느 운송인에게 운송계약상 책임을 물을 수 있는지의 문제가 아니다. 이는 "매매"문제이며, 물품을 매도인으로부터 매수인에게까지 운송하는 데 복수의 운송인이 참여한 경우에 운송과정 중 어느 지점에서 일어난 물품교부가 인도지점을 확정하는지 그리고 매도인과 매수인 사이에 위험이전을 초래하는지의 문제이다.

32. 이 문제에 대해서는 간단한 대답이 필요하다. 수개의 개별 운송계약들의 계약조건여하에 따라 복수의 운송인들 사이의 관계와 매도인 및/또는 매수인과 그러한 복수의

several carriers, will be complex, depending as they do on the terms of a number of separate contracts of carriage. Thus, for example, in any such chain of contracts of carriage, one carrier, such as a carrier actually performing a leg of the transit by road, may well act as the seller's agent in concluding a contract of carriage with a carrier by sea.

33. The Incoterms® 2020 rules give a clear answer to this question where the parties contract on FCA. In FCA, THE relevant carrier is the carrier nominated by the buyer to whom the seller hands over the goods at the place or point agreed in the contract of sale. Thus even if a seller engages a road haulier to take the goods to the agreed delivery point, risk would transfer not at the place and time where the seller hands the goods over to the hauleir engaged by the seller, but at the place and time where the goods are placed at the disposal of the carrier engaged by the buyer. This is why the naming of place or point of delivery as precisely as possible is so important in FCA sales. The same situation can arise in FOB if a seller engages a feeder vessel or barge to takes the goods to the vessel engaged by the buyer. A similar answer is provided by Incoterms® 2020: delivery occurs when the goods are placed on board the buyer's carrier.

34. With the C rules, the position is more complex and may well attract different solutions under different legal systems. In CPT and CIP, the relevant carrier is likely to be regarded, at any rate in some jurisdictions, as the first carrier to whom the seller hands over the goods under A2 (unless the parties have agreed on the point of delivery). The buyer knows nothing of the contractual arrangements made between the seller and the first or subsequent carriers, or indeed between that first carrier and subsequent carriers. What the buyer does know, however, is that the goods are "in transit" to him or her—and that "transit" starts as far as the buyer knows, when the goods are put by the seller into the hands of the first carrier. The consequence is that risk transfers from seller to buyer at that early stage of "delivery" to the first carrier. The same

운송인 사이의 관계는 복잡할 것이기 때문이다. 따라서 예컨대 그러한 일련의 운송계약(chain of contracts of carriage)에서 도로운송구간을 실제로 담당한 운송인과 같은 어떤 운송인은 해상운송인과 운송계약을 체결함에 있어서 매도인의 대리인(seller's agent)으로 행동할 수 있다.

33. 인코텀즈 2020 규칙은 당사자들이 FCA로 계약한 경우에 이 문제에 대하여 분명한 답을 제공한다. FCA에서 관련된(relevant carrier)은 매수인이 지정한 운송인이며 매도인은 매매계약상 합의된 장소 또는 지점에서 그 운송인에게 물품을 교부한다. 따라서 매도인이 도로운송인을 사용하여 물품을 합의된 인도지점까지 운송하더라도 위험은 매도인이 사용한 도로운송인에게 물품을 교부한 장소와 시점이 아니라 물품이 매수인이 사용한 운송인의 처분 하에 놓인 장소와 시점에 이전한다.
이 때문에 FCA 매매에서는 인도장소나 인도지점을 가급적 정확하게 지정하는 것이 매우 중요하다. FOB에서도 매도인이 피더선이나 바지선을 사용하여 물품을 매수인이 사용한 선박에 넘기도록 한 경우에는 동일한 상황이 발생할 수 있다. 이에 대하여 인코텀즈 2020은 유사한 답을 제공한다. 즉 인도는 물품이 매수인의 운송인에게 적재된 때 일어난다.

34. C 규칙에서는 상황이 더 복잡하며, 법제에 따라 다른 해법들을 도출할 것이다. CPT와 CIP의 경우에 어쨌든 어떤 법역에서는 (당사자들이 인도지점에 관하여 합의하지 않았다면) 매도인이 A2 하에서 물품을 교부한 최초운송인(first carrier)이 관련운송인으로 간주될 가능성이 있다. 매수인은 매도인과 최초운송인 또는 후속운송인 사이에 또는 사실 최초운송인과 후속운송인 사이에 체결된 운송계약에 관하여 아는 것이 없다. 단지 매수인이 아는 것은 물품이 자신에게로 "운송 중"에 있다는 점 - 그리고 매수인이 아는 한 "운송"은 매도인이 물품을 최초운송인의 수중에 넘긴 때 시작한다는 점이다. 그 결과, 위험은 그러한 "인도(delivery)의 초기단계 즉 최초운송인에게 인도된 때 매도인으로부터 매수인에게 이전한다. CFR과 CIF에서도 매도인이 물품을 합의된 선적항이 있다면 그러한 선적항으로 가져가기 위하여 피더선이나 바지선을 사용한 경우에는 동일한 상황이 발생할 수 있다. 이에 대하여 인코텀즈 2000은 유사한

situation can arise in CFR and CIF if a seller engages a feeder vessel or barge to take the good to the agreed port of shipment, if any. A similar answer might be suggested in some legal systems: delivery occurs when the goods are placed on board the vessel at the agreed port of shipment, if any

35. Such a conclusion, if adopted, may seem harsh on the buyer. Risk would transfer from seller to buyer. Risk would transfer from seller to buyer in CPT and CIP sales when the goods are handed over to the first carrier. The buyer does not know at that stage whether or not that first carrier is responsible for loss of or damage to the goods under the relevant carriage contract. The buyer is not a party to that contract, has no control over it and will not know its terms. Yet, despite this. The buyer would end up bearing the risk in the goods from the very earliest moment of handing over, possibly without recovery against that first carrier.

36. While the buyer would end up bearing the risk of loss or damage to the goods at an early stage of the transport chain, it would, on this view however, have a remedy against the seller. "A2/A3 do not operate in a vacuum: under A4, the seller must contract for the carriage of the goods "from the agreed point of delivery, if any, at the place of delivery to the named place of destination or, if agreed, any point at the place." Even if risk has transferred to the buyer at the time the goods were handed over to the first carrier under A2/A3, if that first carrier does not undertake responsibility under its contract of carriage for the through carriage of the goods to the named destination, the seller, on this view, would remain liable to the buyer under A4. In essence, the seller should make a contract of carriage to the destination named under the contract of sale.

답을 제공한다. 즉 인도는 물품이 합의된 선적항이 있다면 그러한 선적항에서 선박에 적재된 때 일어난다.

35. 이러한 결론을 채택된다면 매수인에게 가혹하게 보일 수 있다. CPT와 CIP 매매에서 위험은 물품이 최초운송인에게 교부된 때 매도인으로부터 매수인에게 이전한다. 이러한 단계에서 매수인은 최초운송인이 관련운송계약(relevant carriage contract)상 물품의 멸실 또는 훼손에 대하여 책임을 지는지 여부를 알지 못한다. 매수인은 그러한 계약의 당사자가 아니고, 그에 대하여 어떠한 통제를 할 수도 없고, 그 계약조건을 알지도 못할 것이다. 그럼에도 불구하고 매수인은 아마도 최초운송인에 대한 구상권을 갖지 못한 채 바로 그 물품교부의 최초시점부터 물품의 위험을 부담한 것으로 종결한다.

36. 매수인은 결국 운송과정의 초기단계에서 물품의 멸실 또는 훼손의 위험을 부담하는 것으로 종결될 것이지만 그럼에도 매수인은 매도인에 대하여 구제수단을 갖기도 한다. A2/A3는 진공상태에서 작동하는 것이 아니기 때문이다. 즉 A4 하에서 매도인은 "인도장소에 합의된 인도지점이 있는 때에는 그 인도지점으로부터 지정목적지까지 또는 합의가 있는 때에는 그 지정목적지의 어느 지점까지" 물품을 운송하는 계약을 체결하여야 한다. 비록 물품이 A2/A3에 따라 최초운송인에게 교부된 때 위험이 매수인에게 이전하였더라도 만약 그 최초운송인이 자신의 운송계약상 물품을 지정목적지까지 통운송(through carriage)을 하는 책임을 부담하지 않는다면, 매도인은 이러한 견해에서는 A4 하에서 매수인에 대하여 책임이 있다. 요컨대, 매도인은 매매계약에서 지정된 목적지까지 운송하는 운송계약을 체결하여야 한다.

## VI. RULES FOR THE CONTRACT OF SALE AND THEIR RELATIONSHIP TO OTHER CONTRACTS

37. This discussion of the role of the carrier in the delivery of the goods as between the seller and the buyer in the C and F Incoterms® rules raises the question: what role do the Incoterms® rules play in the contract of carriage, or, indeed, in any of the other contracts typically surrounding an export contract, for example an insurance contract or a letter of credit?

38. The short answer is that the Incoterms® rules do not form part of those other contracts: where incorporated, the incoterms® rules apply to and govern only certain aspects of the contract of sale.

39. This is not the same as saying, however, that the Incoterms® rules have no impact on those other contracts. Goods are exported and imported thorough a network of contracts that, in an ideal world, should match the one with the other. Thus, the sale contract, for example, will require the tender of a transport document issued by the carrier to the seller/shipper under a contract of carriage and against which the seller/shipper/beneficiary might wish to be paid under a letter of credit. Where the three contracts match, things go well: where they do not, problems rapidly arise.

40. What the Incoterms® rules say, for example, about carriage or transport documents(in A4/B4 and A6/B6), or what they say about insurance cover(A5/B5), does not bind the carrier or the insurer or any of the banks involved. Thus, a carrier is only bound to issue a transport document as required by the contract of carriage it makes with the other party to that contract: it is not bound to issue a transport document complying with the Incoterms® rules. Likewise, an insurer is bound to issue a policy to the level and in th terms agreed with the party purchasing the insurance, not a policy which complies with the Incoterms® rules. Finally, a bank will look only at the documentary requirements in the letter of credit, if any, not at the requirements of the sales contract.

## Ⅵ. 매매계약규칙 및 이것과 다른 계약들과의 관계

37. 인코텀즈 C 규칙과 F 규칙에서 운송인이 매도인과 매수인 사이에서 물품인도에 관하여 어떤 역할을 하는지의 논의는 의문을 야기한다. 즉 인코텀즈규칙은 과연 운송계약에서 또는 사실 전통적으로 예컨대 보험계약이나 신용장과 같은 수출계약을 둘러싼 다른 계약들에서 어떤 역할을 하는가?

38. 짧은 대답은 인코텀즈규칙은 그러한 다른 계약들의 일부를 이루지 않는다는 것이다. 즉 인코텀즈규칙은 편입되는 경우에 매매계약의 단지 일정한 국면에 적용되고 이를 규율한다.

39. 그러나 이는 인코텀즈규칙이 그러한 다른 계약들에 어떠한 영향도 주지 않는다는 말은 아니다. 물품은 이상적인 세계에서라면 서로 일치하는 계약들의 네트워크를 통하여 수출되고 수입된다. 따라서 매매계약은 예컨대 운송인이 운송계약상 매도인/송하인(seller/shipper)에게 발행하는 운송서류의 제공을 요구하고 매도인/송하인/수익자(seller/shipper/beneficiary)는 신용장상 그러한 운송서류와 상환으로 대금을 지급받고자 할 수 있다. 이러한 세 계약이 일치할 때 일이 잘 굴러간다. 그렇지 않을 때 문제가 속히 발생한다.

40. 예컨대 운송과 운송서류에 관한 인코텀즈규칙의 규정(A4/B4 및 A6/B6) 또는 부보에 관한 규정(A5/B5)은 관련된 해당 운송인이나 보험자 또는 어떤 은행도 구속하지 않는다. 따라서 운송인은 자신이 그의 상대방과 체결하는 운송계약에서 요구되는 바에 따라 운송서류를 발행할 의무가 없다. 마찬가지로 보험자는 인코텀즈규칙과 일치하는 보험증권이 아니라 그의 보험을 구매한 자와 합의한 수준과 조건을 갖춘 보험증권을 발행할 의무가 있다. 끝으로 은행은 매매계약조건이 아니라 오직 신용장상의 서류적 조건을 주목한다.

41. However, it is very much in the interests of all the parties to the different contracts in the network to ensure that the carriage or insurance terms they have agreed with the carrier or insurer, or the terms of a letter of credit, comply with what the sale contract says about ancillary contracts that need to be made or document that need to obtained and tendered. That task does not fall on the carrier, the insurer of the bank, none of whom are party to the contract of sale and none of whim are. therefore, party to or bound by the Incoterms® 2020 rules. It is, however, in the seller's and buyer's interest to try to ensure that the different parts of the network of contracts match-and the starting point is the sale contract-and therefore, where they apply, the Incoterms® 2020 rules.

## Ⅶ. THE ELEVEN INCOTERMS® 2020 RULES–"SEA AND INLAND WATERWAY" AND "ANY MODE(S) OF TRANSPORT": GETTING IT RIGHT

42. The main distinction introduced in the Incoterms® 2010 rules, that between **Rules for any Mode or Modes of Transport** (comprising EXW, FCA, CPT, CIP, DAP, the newly named DPU-the old DAT-and DDP), and **Rules for sea and Inland Waterway Transport,** (comprising FAS, FOB, CFR and CIF) has been retained.

43. The four so - called "maritime" Incoterms® rules are intended for use where the seller places the goods on board (or in FAS alongside) a vessel at a sea or river port. It is at this point that the seller delivers the goods to the buyer. When these rules are used, the risk of loss of or damage to those goods is on the buyer's shoulders from that port.

41. 그러나 그 네트워크 안에 드는 다른 계약들의 모든 당사자들은 그들이 운송인이나 보험자와 한 운송조건이나 보험조건 또는 신용장조건이 매매계약의 내용 즉 장차 체결되어야 하는 부수적 계약들이나 장차 구비되어 제공되어야 하는 서류들에 관한 매매계약의 내용과 일치되도록 하는 데 매우 많은 이해관계를 갖는다. 이러한 작업은 매매계약의 당사자도 아니고 따라서 인코텀즈 2020 규칙의 당사자도 아니고 이에 구속되지도 않는 운송인이나 보험자 또는 은행이 하는 일이 아니다. 그러나 매도인과 매수인은 자신의 이익을 위하여 위 계약네트워크상의 다른 부분들이 - 먼저 매매계약과 일치하도록 하고 - 그에 따라 해당되는 경우에는 인코텀즈 2020 규칙과 일치하도록 노력하게 된다.

## Ⅶ. 11개 인코텀즈 2020 규칙-"해상운송과 내수로운송"에 적용되는 규칙 및 "모든 운송방식"에 적용되는 규칙: 올바른 사용법

42. 인코텀즈 2010 규칙에 도입된 기본분류법 즉 **"모든 운송방식에 적용되는 규칙"**(EXW, FCA, CPT, CIP, DAP, 신설 DPU(구 DAT) 및 DDP) **"해상운송과 내수로운송에 적용되는 규칙"**(즉 FAS, FOB, CFR 및 CIF)으로 구분하는 방법은 유지되었다.

43. 4개의 이른바 "해상"인코텀즈규칙("maritime" Incoterms rule)은 매도인이 물품을 바다나 강의 항구에서 선박이 적재하는 (FAS에서는 선측에는 두는) 경우에 사용하도록 고안되었다. 이러한 지점에서 매도인은 매수인에게 물품을 인도한다. 이러한 규칙이 사용되는 경우에 물품의 멸실 또는 훼손의 위험은 그러한 항구로부터 매수인이 부담한다.

44. The seven Incoterms® rules for any mode or modes of transport (so=called "multi-modal"), on the other hand, are intended for use where
   a) the point at which the seller hands the foods over to, or places them at the disposal of, a carrier, or
   b) the point at which the carrier hands the goods over to the buyer, or the point at which they are placed at the disposal of the buyer, or c) both points (a) and (b) are not on board (or in FAS alongside) a vessel.

45. Where delivery happens and risk transfers in each of these seven Incoterms® rules will depend on which particular rule is used. For example, in CPT, delivery happens at the seller's end when the goods are handed over to the carrier contracted by the seller. In DAP, on the other hand, delivery happens when the goods are placed at the buyer's disposal at the named place or point of destination.

46. The order in which the Incoterms® 2010 rules were presented has, as we have said, been largely retained in Incoterms® 2020 and it is important to underline the distinction between the two families of Incoterms® rules so that the right rule is used for the contract of sale depending on th means of transport used.

47. One of the most frequent problems in the use of the Incoterms® rules is the choice of the wrong rule for the particular type of contract.

48. Thus, for example, an FOB inland point(for example an airport or a warehouse) sale contract makes little sense: what type of contract of carriage must the buyer make? Does the buyer owe the seller an obligation to make a contract of carriage under which the carrier is bound to take over the goods at the named inland point or at the nearest port to that point?

44. 한편 모든 운송방식에 적용되는 7개의 인코텀즈규칙(이른바 "복합운송" 인코텀즈규칙("multi-modal" Incoterms rule)은 다음과 같은 지점이 선상(船上)(또는 FAS에서는 선측)이 아닌 경우에 사용되도록 고안되었다.
a) 매도인이 물품을 운송인에게 교부하거나 운송인의 처분하에 두는 지점 또는
b) 운송인이 물품을 매수인에게 교부하는 지점 또는 물품이 매수인의 처분하에 놓이는 지점 또는 c) 위의 (a) 지점과 (b) 지점 모두

45. 이러한 각각의 7개 인코텀즈규칙에서 어디서 인도가 일어나고 위험이 이전하는지는 사용된 당해 규칙이 무엇인지에 달려있다. 예컨대 CPT의 경우에 인도는 물품이 매도인과 계약을 체결한 운송인에게 교부되는 때 즉 매도인의 끝단에서 일어난다. 반면에 DAP의 경우에 인도는 물품이 지정목적지 또는 지정목적지점에서 매수인의 처분하에 놓인 때 일어난다.

46. 언급하였듯이 인코텀즈 2010 규칙의 배열순서는 인코텀즈 2020에서도 대체로 유지되었고, 이렇게 인코텀즈규칙을 2개의 묶음으로 분류한 것은 당해 매매계약에 사용된 운송수단에 맞는 올바른 규칙을 사용하도록 하기 위함이라는 것을 중요하게 강조한다.

47. 인코텀즈규칙을 사용할 대 가장 자주 발생하는 문제 중의 하나는 당해 계약의 종류에 맞지 않는 규칙이 선택되는 것이다.

48. 따라서 예컨대 내륙의 어떤 지점을 지정하는 FOB 매매계약(예컨대 FOB airport 또는 FOB warehouse)은 옳지 않다. 이때 매수인은 어떤 종류의 운송계약을 체결하여야 하는가? 매수인은 매도인에 대하여 운송인이 물품을 그에 지정된 내륙의 지점에서 아니면 그러한 지점과 가까운 항구에서 수령하도록 하는 운송계약을 체결할 의무를 부담하는가?

49. Again, a CIF named sea port sale contract where the buyer expects the goods to be brought to an inland point in the buyer's country makes little sense. Must the seller procure a contract of carriage and insurance cover to the eventual inland destination intended by the parties or to the seaport named in the sale contract?

50. Gaps, overlaps and unnecessary costs are likely to arise-and all this because the wrong Incoterms® rule has been chosen for the particular contract. What makes the mismatch "wrong" is that insufficient regard has been given to the two most important features of the Incoterms® rules, features which are mirrors of each other, namely the port, place or point of delivery and the transfer of risks.

51. The reason for the frequent misuse of the wrong Incoterms® rule is that Incoterms® rules are frequently regarded exclusively as price indicators:
this or that is the EXW, FOB, or DAP price. The initials used in the Incoterms® rules are doubtless handy abbreviations for the formula used in the calculation of the price. Incoterms® rules are not, however, exclusively, or even primarily, price indicators. They are a list of general obligations that sellers and buyers owe each other under well-recognised forms of sale contract-and one of their main tasks is to indicate the port, place or point of delivery where the risk is transferred.

## Ⅷ. ORDER WITHIN THE INCOTERMS® 2020 RULES

52. All the ten A/B articles in each of the Incoterms rules are important-but some are more important than others.

53. There has, indeed, been a radical shake-up in the internal order in which the ten articles within each Incoterms® rule have been organised. In Incoterms® 2020, the internal order within each Incoterms® rule now follows this sequence:

49. 또한 매수인이 매수인 국가의 내륙에 있는 어떤 지점까지 물품이 운송되도록 기대하는 경우에 어떤 해양항구(sea port)를 지정하는 CIF 매매계약은 옳지 않다. 매도인은 당사자들이 의도하는 내륙의 최종목적지까지 아니면 매매계약에서 지정된 해양항구까지 커버하는 운송계약과 보험을 마련하여야 하는가?

50. 공백부분, 중복부분과 불필요한 비용이 발생할 수 있고 - 이러한 모든 것은 당해 계약에서 잘못된 인코텀즈규칙이 선택되었기 때문이다. 그러한 불일치가 "잘못된 것"이 되는 이유는 인코텀즈규칙의 가장 중요한 두 가지 특징적 사항, 즉 인도항구, 인도장소 또는 인도지점이라는 사항과 위험이전이라는 사항이 상호간에 거울이라는 점을 충분히 고려하지 않았기 때문이다.

51. 잘못된 인코텀즈규칙을 종종 오용하게 되는 이유는 인코텀즈규칙이 종종 전적으로 가격지표라고 오해되기 때문이다. 즉 이것 또는 저것이 EXW 가격, FOB 가격 또는 DAP 가격이라고 말이다. 인코텀즈규칙에 사용되는 머리글자들은 가격산정에 사용되는 의심의 여지없는 편리한 약어들이다. 그러나 인코텀즈규칙은 전적인 가격지표가 아니며 주요한 가격지표도 아니다. 인코텀즈규칙은 널리 인정되는 정형적인 매매계약하에서 매도인과 매수인이 서로에 대하여 부담하는 일반적 의무들의 목록이고 인코텀즈규칙의 주요한 역할 중의 하나가 위험이 이전하는 인도항구나 인도장소 또는 인도지점을 표시하는 것이다.

## Ⅷ. 인코텀즈 2020 규칙 내 조항의 순서

52. 각 인코텀즈규칙에 규정된 10개의 모든 A/B 조항이 다 중요하나 - 어떤 것은 다른 것보다 더 중요하다.

53. 사실 개별 인코텀즈규칙 내에서 조직적으로 짜여 있는 그러한 10개 조항의 내부적 순서는 철저하게 변경되었다. 인코텀즈 2020에서 개별 인코텀즈규칙의 내부적 순서는 다음과 같다.

A1/B1 General obligations
A2/B2 Delivery/Taking delivery
A3/B3 Transfer of risks
A4/B4 Carriage
A5/B5 Insurance
A6/B6 Delivery/transport document
A7/B7 Export/import clearance
A8/B8 Checking/packaging/marking
A9/B9 Allocation of costs
A10/B10 Notices

54. It will be noticed that concerning the Incoterms® 2020 rules, after recording in A1/B1 the basic goods/payment obligations of the parties, Delivery and the Transfer of risks are moved to a more prominent location, namely to A2 and A3 respectively.

55. The broad sequence thereafter goes:
ancillary contracts (A4/B4 and A5/B5, carriage and insurance):
transport documents (A6/B6):
export/import clearance (A7/B7):
packaging (A8/B8):
costs (A9/B9); and
notices (A10/B10).

56. It is appreciated that this change in the order of the A/B articles will take some time-and cost-to become familiar. It is hoped that with delivery and risk now made more prominent, traders will find it easier to identify the differences among the various Incoterms® rules, I.e. the different points in time and place at which the seller "delivers" the goods to the buyer with risk transferring to the buyer from that time and point.

A1/B1 일반의무
A2/B2 인도/인도의 수령
A3/B3 위험이전
A4/B4 운송
A5/B5 보험
A6/B6 인도/운송서류
A7/B7 수출/수입통관
A8/B8 점검/포장/하인표시
A9/B9 비용분담
A10/B10 통지

54. 인코텀즈 2020 규칙에서는 A1/B1에서 당사자의 기본적인 물품제공/대금지급의무를 규정하고 이어 인도조항과 위험이전조항을 보다 두드러진 위치인 A2와 A3으로 각각 옮겼다는 것을 발견할 것이다.

55. 그 이후 항목의 대략적 순서는 다음과 같다.
부수적 계약들(A4/B4 및 A5/B5, 운송 및 보험)
운송서류(A6/B6)
수출/수입통관(A7/B7)
포장(A8/B8)
비용(A9/B9) 및
통지(A10/B10)

56. 이러한 A/B 조항들 순서의 변경은 그에 익숙해질 때까지 다소의 시간과 비용이 든다는 것을 알고 있다. 인도와 위험이 보다 두드러지게 됨으로써 거래당사자들이 다양한 인코텀즈규칙들 사이의 차이점들, 즉 매도인이 물품을 매도인에게 "인도"하는 시간과 장소, 그에 따라 위험이 매수인에게 이전하는 시간과 장소 측면에서 차이점들을 보다 쉽게 인지하기를 희망한다.

57. For the first time, the Incoterms® rules are published both in the traditional format setting out the eleven Incoterms® rules and in a new "horizontal" format setting out the ten articles within each Incoterms® rule under each of the headings listed above in paragraph 53, first for the seller and then for example, between the place of the buyer. Traders can therefore now far more easily see the difference. for example, between the place of delivery in FCA and the place of delivery in DAP; or the items of cost which fall on a buyer in CIF when compared with the items of cost which fall on a buyer in CFR. It is hopes that this "horizontal" representation of the Incoterms® 2020 rules will further assist traders in choosing the Incoterms® rule most appropriate to their commercial requirements.

## Ⅸ. DIFFERENCES BETWEEN INCOTERMS® 2010 AND 2020

58. The most important initiative behind the Incoterms® 2020 rules has been to focus on how the presentation could be enhanced to steer users towards the right Incoterms® rule for their sale contract. Thus:

a) a greater emphasis in this introduction on making the right choice;

b) a clearer explanation of the demarcation and connection between the sale contract and its ancillary contracts;

c) upgraded Guidance Notes presented now as Explanatory Notes to each Incoterms® rule; and

d) a re-ordering within the Incoterms® rules giving delivery and risk more prominence.

All these changes, though cosmetic in appearance, are in reality substantial attempts on the part of ICC to assist the international trading community towards smoother export/import transactions.

57. 처음으로 인코텀즈 (2020)에서는 11개의 인코텀즈규칙들을 배열하는 전통적 체제(traditional format)와 개별 인코텀즈규칙상의 10개의 조항들을 위의 53번 단락에 열거된 조항제목별로 그리고 선(先)매도인조항-후(後)매수인조항 순으로 편제하는 새로운 수평적 체제(horizontal format)를 함께 출간한다. 따라서 거래당사자들은 이제는 예컨대 FCA상의 인도장소와 DAP상의 인도장소의 차이점을 훨씬 더 쉽게 볼 수 있고, CIF상 매수인이 부담하는 비용항목을 CFR상의 매수인의 비용항목과 비교하여 볼 수 있다. 이러한 인코텀즈 2020 규칙의 "수평적" 편제방법은 거래당사자들이 상거래상의 여건에 가장 적절한 규칙을 선택하는 데 도움이 될 것이다.

## Ⅸ. 인코텀즈 2010과 인코텀즈 2020의 차이점

58. 인코텀즈 2020 규칙의 가장 중요한 동기는 사용자들로 하여금 매매계약에서 올바른 인코텀즈규칙을 사용하도록 유도하기 위하여 어떻게 하면 인코텀즈의 제시방식을 개선할 수 있을 것인지에 주력하는 데 있었다. 그에 따라 다음과 같은 점에 주력하였다.

a) 본 소개문(introduction)에서 올바른 [인코텀즈규칙의] 선택을 더욱 강조하는 것
b) 매매계약과 부수계약 사이의 구분과 연결을 더 명확하게 설명하는 것
c) 각 인코텀즈규칙에 대한 기존의 사용지침(Guidance Note)을 개선하여 현재의 설명문(Explanatory Note)을 제시하는 것
d) 개별 인코텀즈규칙 내에서 조항의 순서를 변경하여 인도와 위험을 더욱 두드러지게 하는 것

이러한 모든 변경은 비록 외견적인 포장이긴 하나 실제로 국제거래업계로 하여금 수출 수입거래를 더욱 순조롭게 하도록 돕고자 하는 ICC측의 실질적 시도이다.

59. Apart form these general changes, there are more substantive changes in the Incoterms® 2020 rules when compared with Incoterms® 2010. Before looking at those changes, mention must be made of a particular development in trade practice which occurred since 2010 and which ICC has decided should not lead to a change in the Incoterms® 2020 rules, namely Verified Gross Mass(VGM).

60. Note on Verified Gross Mass (VGM)-Since 1 July 2016, Regulation 2 under the international Convention for the Safety of Life at Sea (5OLAS) imposed on shippers in the case of the shipment of containers the obligation either to weigh the packed container using calibrated and certified equipment, or to weigh the contents of the container and add the weight of the container when empty. In either case, the VGM is to be recorded with the carrier. A failure to comply bears the sanction under the SOLAS Convention that the container "should not be loaded onto a ship" see paragraph 4.2, MSC1/Circ.1475, 9 June 2014.

These weighing operations obviously incur expense and failure may lead to delay in loading. As this happened after 2010, it is unsurprising that there was some pressure in the consultations leading to Incoterms® 2020 for a clear indication to be given as to who, as between seller and buyer, should bear such obligations.

61. It was felt by the Drafting Group that obligations and costs relating to VGM were too specific and complex to warrant explicit mention in the Incoterms® 2020 rules.

62. Returning to the changes made by ICC to the Incoterms® 2010 rules in the Incoterms® 2020 rules, these are:

[a] Bills of lading with an on-board notation and the FCA Incoterms® rule

[b] Costs, where they are listed

[c] Different levels of insurance cover in CIF and CIP

[d] Arranging for carriage with seller`s or buyer`s own means of transport in FCA,

59. 이러한 일반적 변경 외에도 인코텀즈 2010와 비교할 때 인코텀즈 2020 규칙에는 더 실질적인 변화가 있다. 이러한 변화를 보기 전에 먼저 꼭 언급할 것이 있는데 2010년 이후 거래관행의 특정한 발전이 있었지만 ICC는 이것 때문에 인코텀즈 2020 규칙을 계정하여야 하는 것은 아니라고 결정하였다. 검증총중량(Verified Gross Mass, VGM)(혹은 총중량검증제)이 그것이다.

60. 검증총중량(VGM)에 관한 노트-2016. 7. 1. 이후 국제해사인명안전협약(International Convention for the Safety of Life at Sea: SOLAS) 하의 규정 2(Regulation 2)에서는 컨테이너 선적의 경우에 송하인에게 [적입완료]된 컨테이너의 중량을 수치로 측정되는 검증된 장비를 사용하여 측정하거나 아니면 컨테이너 내용물의 중량을 측정하고 그에 빈 컨테이너의 중량을 합할 의무를 부과한다. 각각의 경우에 VGM은 운송에게 기록되어야 한다. 그 위반이 있으면 SOLAS 협약에 따른 제재가 부과되어 해당 컨테이너는 "선박에 적재 될 수 없다"(para 4.2, MSC1/Circ.1475, 9 June 2014 참조)

이러한 측량작업은 분명히 비용을 발생시키고 그 불이행은 적재를 지연시킬 수 있다. 이러한 일이 2010년 후에 발생함에 따라 의견수렴과정에서 인코텀즈 2020에서는 매도인과 매수인 사이에서 누가 그러한 의무를 부담하는지에 관하여 분명한 표시가 있어야 한다는 약간의 압력이 있었다는 것은 놀랄 일이 아니다.

61. 초안그룹(Drafting Group)은 VGM에 관한 의무와 비용이 너무 구체적이고 복잡하여 이를 인코텀즈 2020 규칙에 명시하는 것은 적절하지 않다고 느꼈다.

62. 이에 ICC가 인코텀즈 2010 규칙을 이번 인코텀즈 2020규칙에서 변경한 사항들은 다음과 같다.

[a] 본선적재표기가 있는 선하증권과 인코텀즈 FCA 규칙
[b] 비용 – 어디에 규정할 것인가
[c] CIF와 CIP 간 부보수준의 차별화
[d] FCA, DAP, DPU 및 DDP에서 매도인 또는 매수인 자신의 운송수단에 의한 운송

DAP, DPU, and DDP

[e] Change in the three-letter initials for DAT to DPU

[f] inclusion of security-related requirements within carriage obligations and costs

[g] Explanatory Notes for Users

## [a] Bills of lading with an on-board notation and the FCA Incoterms® rule

63. Where goods are sold FCA for carriage by sea, sellers or buyers (or more likely their banks where a letter of credit is in place) might want a bill of lading with an on-board notation

64. However, delivery under the FCA rule is completed before the loading of the goods in board the vessel. it is by no means certain that the seller can obtain an on-board bill of lading from the carrier. That carrier is likely, under its contract of carriage, to be bound and entitled to issue an on-board bill of lading only once the goods are actually on board.

65. To cater for this situation, FCA A6/B6 of Incoterms® 2020 now provides for and additional option. The buyer and the seller can agree that the buyer will instruct its carrier to issue on-board bill of lading to the seller after the loading of the goods, the seller then being obliged to tender that bill of lading to the buyer, typically through the banks. ICC recognises that, despite this somewhay unhappy union between an on-board bill of lading and FCA delivery, this caters for a demonstrated need in the marketplace. Finally, it should be emphasised that even where this optional mechanism is adopted, the seller is under no obligation to the buyer as to the terms of the contract of carriage.

허용
[e] DAT에서 DPU로의 명칭변경
[f] 운송의무 및 비용 조항에 보안관련요건 삽입
[g] 사용자를 위한 설명문

## [a] 본선적재표기가 있는 선하증권과 인코텀즈 FCA 규칙

63. 물품이 FCA 규칙으로 매매되고 해상운송 되는 경우에 매도인 또는 매수인(또는 신용장이 개설된 경우에는 그들의 은행이 그럴 가능성이 더 크다)은 본선적재표기가 있는 선하증권을 원할 수 있다.

64. 그러나 FCA 규칙에서 인도는 물품의 본선적재 전에 완료된다. 매도인이 운송인으로부터 선적선하증권(on-board bill of lading)을 취득할 수 있는지는 결코 확실하지 않다. 운송인은 자신의 운송계약상 물품이 실제로 선적된 후에야 비로소 선적선하증권을 발행할 의무와 권리가 있다.

65. 이러한 상황에 대비하여 이제 인코텀즈 2020 FCA A6/B6에서는 추가적인 옵션을 규정한다. 매수인과 매도인은 매수인이 선적 후에 선적선하증권을 매도인에게 발행하도록 그의 운송인에게 지시할 것을 합의할 수 있고, 그렇다면 매도인은 전형적으로 은행들을 통하여 매수인에게 선적선하증권을 제공할 의무가 있다. ICC는 이러한 선적선하증권과 FCA 인도 사이의 약간의 불편한 결합에도 불구하고 이러한 규정이 시장의 증명된 필요에 부응한다고 인정한다. 끝으로 이러한 선택적 기제가 채택되더라도 매도인은 운송계약조건에 관하여 매수인에 대하여 어떠한 의무도 없다는 것을 강조한다.

66. Does it remain true to say that where containerised goods are delivered by seller to buyer by handing over to a carrier before loading onto a ship, the seller is well advised to sell on FCA terms rather than on FOB terms?
The answer to that question is YES. Where Incoterms® 2020 have made a difference, however, is that where such a seller still wants or needs a bill of lading with an on-board notation, the new additional option in the FCA term A6/B6 makes provision for such a document

## [b] Costs, where they are listed

67. In the new ordering or the articles within the Incoterms® 2020 rules, costs now appear at A9/B9 of each Incoterms rule. Apart from that re-location, however ,there is another change that will become obvious to users early on. The various costs which fall to be allocated by various articles within the Incoterms rules have traditionally appeared in different parts of each Incoterms® rule. Thus, for example, costs related to the obtaining of a delivery document in FOB 2010 where mentioned in A8, the article under the heading "Delivery Document" , but not in A6, the article under the heading "Allocation of Costs".

68. In the Incoterms® 2020 rules, however, the equivalent of A6/B6, namely A9/B9, now lists all the costs allocated by each particular incoterms rule. A9/B9 in the Incoterms® rules are consequently longer than A6/B6 in the Incoterms® 2010 rules.

69. The purpose is to provide users with a one-stop list of costs, so that the seller or buyer can now find in one place all the costs for which it would be responsible under that particular Incoterms® rule. Items of costs are also mentioned in their home article: thus, for example, the costs involved in obtaining documents in FOB still also appear at A6/B6 as well as at A9/B9. The thinking here was that users interested in discovering the specific allocation of

66. 매도인이 컨테이너화물을 선적 전에 운송인에게 교부함으로써 매수인에게 인도하는 경우에 매도인은 FOB 조건 대신에 FCA 조건으로 매매하는 것이 좋다는 말은 여전히 진실인가? 이 질문에 대한 대답은 '그렇다'이다. 다만 인코텀즈 2020 규칙에서 달라진 것이 있다면 그러한 매도인이 본선적재표기가 있는 선하증권을 여전히 원하거나 필요로 하는 경우에 위와 같은 FCA 조건 A6/B6상의 새로운 추가적 옵션이 곧 그러한 서류에 관한 규정으로 작용한다는 것이다.

## [b] 비용 – 어디에 규정할 것인가

67. 인코텀즈 2020 규칙들 내의 새로운 조항순서에 따라 이제 비용은 각 인코텀즈규칙의 A9/B9에 나타난다. 그러나 이러한 위치변경 외에도 사용자들이 금방 알 수 있는 다른 변경이 있다. 인코텀즈규칙의 여러 조항에 의하여 각 당사자에게 할당되는 다양한 비용은 전통적으로 개별 인코텀즈규칙의 여러 부분에 나뉘어 규정되었다. 예컨대 FOB 2010에서 인도서류의 취득에 관한 비용은 "비용분담"("Allocation of Costs")이라는 제목의 A6이 아니라 "인도서류"(Delivery Document")라는 제목의 A8에서 언급되었다.

68. 그러나 이제 인코텀즈 2020 규칙에서는 그러한 A6/B6에 상당하는 조항 즉 A9/B9에서 당해 인코텀즈 규칙상의 분담비용을 모두 열거한다. 따라서 인코텀즈 2020규칙의 A9/B9은 인코텀즈 2010 규칙의 A6/B6보다 더 길다.

69. 그 목적은 사용자들에게 비용에 관한 일람표(one-stop list)를 제공하는 데 있으며, 그에 따라 이제 매도인과 매수인은 당해 인코텀즈규칙상 자신이 부담하는 모든 비용을 한 곳에서 찾아 볼 수 있다. 비용항목은 또한 그 항목의 본래조항(home article)에도 언급되어 있고, 따라서 예컨대 FOB에서 서류를 취득하는 데 드는 비용은 A9/B9 뿐만 아니라 A6/B6에도 여전히 나타난다. 이렇게 하기로 한 이유는 특정한 서류에 관한 비용분담을 알고자 하는 사용자는 모든 비용을 열거하는 일반조항보다는 인도서

documentary costs might be more inclined to go to the specific article dealing with delivery documents rather than to the general article listing all the costs.

### [c] Different levels of insurance cover in CIF and CIP

70. In the Incoterms® 2010 rules, A3 of both CIF and CIP imposed on the seller the obligation to "obtain at its own expense cargo insurance complying at least with the minimum cover as provided by Clauses (C) of the Institute Cargo Clauses (Lloyd's Market Association/International Underwriting Association 'LMA/IUA') or any similar clauses." Institute Cargo Clauses (C) provide cover for a number of listed risks, subject to itemised exclusions; Institute Cargo Clauses (A), on the other hand, cover "all risks", again subject to itemised exclusions. During the consultations leading to the Incoterms® 2020 rules, the case was made for moving from institute cargo Clauses (C) to Institute Cargo Clauses (A), thus increasing the cover obtained by the seller for the benefit of the buyer. This could, of course, also involve an additional cost in premium. The contrary case, namely to stay with institute Cargo Clauses (C), was equally strongly put, particularly by those involved in the maritime trade of commodities. After considerable discussion within and beyond the Drafting Group, the decision was made to provide for different minimum cover in the CIF Incoterms® rule and in the CIP Incoterms® rule. In the first, which is much more likely to be used in the maritime commodity trades, the status quo has been retained, with institute Cargo Clauses (C) as the default position , although it is , of course, open to the parties to agree to higher cover. In the second, namely the CIP Incoterms® rule, the seller must now obtain insurance cover complying with institute Cargo Clauses (A), although it is, of course, again open to the parties to agree on a lower level of cover.

류를 다루는 특별조항을 보는 경향이 더 클 것이라는 생각 때문이었다.

### [c] CIF와 CIP 간 부보수준의 차별화

70. 인코텀즈 2010 규칙에서는 CIF 및 CIP의 A3에서 매도인에게 "자신의 비용으로 (로이즈시장협회/국제보험업협의회) 협회적하약관이나 그와 유사한 약관의 C-약관에서 제공하는 최소담보조건에 따른 적하보험을 취득"할 의무를 부과하였다.
협회적하약관의 C-약관은 항목별 면책위험의 제한을 받는 다수의 담보위험을 열거한다. 한편 협회적하약관의 A-약관은 항목별 면책위험의 제한 하에 "모든 위험"("all risks")을 담보한다. 인코텀즈 2020 규칙의 초안을 위한 의견수렴과정에서 협회적하약관의 C-약관에서 협회적하약관의 A-약관으로 변경함으로써 매도인이 취득하는 부보의 범위를 확대하여 매수인에게 이익이 되도록 하자는 의견이 제기되었다. 당연히 이는 보험료 면에서 비용증가를 수반할 수 있다. 특히 일차산품 해상무역에 종사하는 사람들은 반대의견 즉 협회적하약관의 C-약관의 원칙을 유지하여야 한다는 의견을 동등하게 강력히 제기하였다. 초안그룹 내외에서 상당한 논의를 거친 후 CIF 인코텀즈규칙과 CIP 인코텀즈규칙에서 최소부보에 관하여 다르게 규정하기로 결정되었다. 전자 즉 CIF 규칙은 일차산품의 해상무역에서 사용될 가능성이 매우 높으므로 CIF 규칙에서는 현상유지 즉 협회적하약관 C-약관의 원칙을 계속 유지하되 다만 당사자들이 보다 높은 수준의 부보를 하기로 달리 합의할 수 있도록 길을 열어 두었다. 후자 즉 CIP 규칙의 경우에 이제 매도인은 협회적하약관의 A-약관에 따른 부보를 취득하여야 한다. 물론 또한 당사자들은 원한다면 보다 낮은 수준의 부보를 하기로 합의할 수 있다.

## [d] arranging for carriage with seller's or buyer's own means if trasprot in FCA, DAP, DPU and DDP

71. In the Incoterms® 2010 rules, it was assumed throughout that where the goods were to be carried from the seller to the buyer, they would be carried by a third-party carrier engaged for the purpose either by the seller or the buyer, depending on which Incoterms rule was used.

72. It became clear in the deliberations leading to Incoterms® 2020, however that there were some situations where, although the goods were to be carried from the seller to the buyer, they could be so carried without any third-party carrier being engaged at all. Thus, for example, there was nothing stopping a seller on a D rule from arranging for such carriage without outsourcing that function to a third party, namely by using its own means of transportation. Likewise, with an FCA purchase, there was nothing to stop the buyer from using its own vehicle for the collection of the goods and for their transport to the buyer's premises.

73. The rules appeared not to take account of these eventualities. The Incoterms® 2020 rules now do, by expressly allowing not only for the making of a contract of carriage, but also for simply arranging for the necessary carriage.

## [e] Change in the three-letter initials for DAT to DPU

74. The only difference between DAT and DDP in the Incoterms® 2010 rules was that in DAT the seller delivered the goods once unloaded from the arriving means of transport into a "terminal". whereas in DAP, the seller delivered the goods when the goods were placed at the disposal of the buyer on the arriving means of transport for unloading. It will also be recalled that the Guidance Note for DAT in Incoterms® 2010 defined the word "terminal" broadly to include "any place, whether covered or not..".

### [d] FCA, DAP, DPU 및 DDP에서 매도인 또는 매수인 자신의 운송수단에 의한 운송 허용

71. 인코텀즈 2010 규칙에서는 물품이 매도인으로부터 매수인에게 운송되어야 하는 경우에 사용도니 당해 인코텀즈규칙에 따라 매도인 또는 매수인이 운송을 위하여 사용하는 제3자 운송인(third-party carrier)이 물품을 운송하는 것으로 전반적으로 가정되었다.

72. 그러나 인코텀즈 2020 초안의 논의과정에서 물품이 매도인으로부터 매수인에게 운송될 때 상황에 따라서는 제3자 운송인의 개입이 전혀 없이 운송될 수도 있는 경우가 있다는 것이 명백해졌다. 따라서 예컨대 D 규칙에서 매도인이 운송을 제3자에게 아웃소싱하지 않고 즉 자신의 운송수단을 사용하여 운송하는 것을 못하도록 하는 그 어떤 것도 없다. 마찬가지로 FCA 매매에서 매수인이 물품을 수취하기 위하여 나아가 자신의 영업구내까지 운송하기 위하여 자신의 차량을 사용하는 것을 금지하는 그 어떤 것도 없다.

73. 인코텀즈 2010 규칙은 그러한 경우를 고려하지 않은 것 같았다. 이제 인코텀즈 2020 규칙에서는 운송계약을 체결하도록 허용하는 것 외에도 단순히 필요한 운송을 마련하는 것을 허용함으로써 그러한 경우를 고려한다.

### [e] DAT에서 DPU로의 명칭변경

74. 인코텀즈 2010 규칙에서 DAT와 DAP의 유일한 차이점은, DAT의 경우에 매도인은 물품을 도착운송수단으로부터 양하한 후 "터미널"에 두어 인도하여야 하였고 DAP에 경우에 매도인은 물품을 도착운송수단에 실어둔 채 양하를 위하여 매수인의 처분하에 두었을 때 인도를 한 것으로 되었다는 점이다. 인코텀즈 2010의 DAT 사용지침(Guidance Note)에서는 "터미널"이라는 용어를 넓게 정의하여 "... 지붕의 유무를 불문하고 모든 장소"가 포함되도록 하였다는 점도 기억할 것이다.

75. ICC decided to make two changes to DAT, and DAP. First, the order in which the two Incoterms® 2020 rules are presented has been inverted, and DAP, where delivery happens before unloading, now appears before DAT. Secondly, the name of the rule DAT has been changed to DPU(Delivered at Place Unloaded), emphasising the reality that the place of destination could be any place and not only a "terminal". However, if that place is not in a terminal, the seller should make sure that the place where it intends to deliver the goods is a place where it is able to unload the goods.

## [f] Inclusion of security-related reqirements within carriage obligations and costs

76. It will be recalled that security-related requirements made a rather subdued entry into the Incoterms® 20120 rules, through A2/B2 and A10/B10 in each rule. The Incoterms® 2010 rules were the first revision of the Incoterms® rules to come into force after security-related concerns became so prevalent in the early part of the century. Those concerns, and the associated shipping practices which they have created in their wake, are now much more established. Connected as they are to carriage requirements, and express allocation of security-related obligations has now been added to A4 and A7 of each Incoterms® rule. The costs incurred by these requirements are also now given a more prominent position in the costs article, namely A9/B9

## [g] Explanatory Notes for users

77. The guidance Notes appearing at the start of each Incoterms® rule in the 2010 version now appear as "Explanatory Notes for Users". These Notes explain the fundamentals of each Incoterms® 2020 rule, such as when it should be used, when risk transfers and how costs are allocated between seller and buyer. The Explanatory Notes are intended (a) to help the user accurately and efficiently

75. ICC는 DAT와 DAP에서 두 가지를 변경하기로 결정하였다. 첫째, 이러한 두 인코텀즈 2020 규칙의 등장순서가 서로 바뀌었고, 양하 전에 인도가 일어나는 DAP가 이제는 DAT 앞에 온다. 둘째, DAT 규칙의 명칭이 DPU(Delivered at Place Unloaded)로 변경되었고, 이는 "터미널"뿐만 아니라 어떤 장소든지 목적지가 될 수 있는 현실을 강조하기 위함이다. 그러나 그러한 목적지가 터미널에 있지 않은 경우에 매도인은 자신이 물품을 인도하고자 하는 장소가 물품의 양하가 가능한 장소인지 꼭 확인하여야 한다.

### [f] 운송의무 및 비용 조항에 보안관련 요건 삽입

76. 되돌아보면 인코텀즈 2010 규칙에서는 보안관련 요건이 개별 규칙의 A2/B2 내지 A10/B10에 걸쳐 다소 얌전하게 들어가 있었다. 인코텀즈 2010 규칙은 21세기 초반에 들어 보안관련 우려가 널리 확산된 후 시행된 인코텀즈규칙의 최초 개정이었다. 그러한 우려 및 그에 관하여 초기에 그러한 우려 때문에 성립된 선적관행은 이제 상당히 정립되었다. 그러한 우려는 운송요건과 관련되기 때문에 이제 보안관련 의무의 명시적 할당이 개별 인코텀즈규칙의 A4와 A7에 추가되었다. 그러한 요건 때문에 발생하는 비용도 또한 이제는 더 현저한 위치 즉 비용조항인 A9/B9에 규정된다.

### [g] 사용자를 위한 설명문

77. 2010 버전에서 개별 인코텀즈규칙의 첫머리에 있던 사용지침(Guidance Note)은 이제는 "사용자를 위한 설명문"("Explanatory Notes for Users")이 되었다. 이러한 설명문은 각 규칙이 어떤 경우에 사용되어야 하는지, 위험은 언제 이전하는지 그리고 매도인과 매수인 사이에 비용분담은 어떠한지와 같은 개별 인코텀즈 2020 규칙의 기초를 설명한다. 설명문의 목적은 (a) 사용자들이 당해 거래에 적합한 인코텀즈규칙

steer towards the appropriate Incoterms® rule for a particular transaction; and(b) to provide those deciding or advising on disputes or contracts governed by Incoterms® 2020 with guidance on matters which might require interpretation. For guidance on more fundamental issues that cut across the Incoterms® 2020 rules more generally, reference may, of course, also be made to the text of this introduction.

## X. CAUTION WITH VARIANTS OF INCOTERMS® RULES

78. Sometimes the parties want to alter an Incoterms® rule. The Incoterms® 2020 rules do not prohibit such alteration, but there are dangers in so doing. In order to avoid any unwelcome surprises, the parties would need to make the intended effect of such alterations extremely clear in their contract. Thus, for example, if the allocation of costs in the Incoterms® 2020 rules is altered in the contract, the parties should aslo clearly state whether they intend to vary the point at which delivery is made and the risk transfers to the buyer.

Charles Debattista

Special ICC Advisor

Incoterms® 2020 Drafting Group

36 Stone

Gray's Inn

London

을 정확하고 효율적으로 찾도록 돕는 것과 (b) 인코텀즈 2020이 적용되는 분쟁이나 계약에 관하여 결정을 내리거나 조언하는 사람들에게 해석이 필요한 사항에 관하여 지침을 제공하는 것이다. 또한 물론 인코텀즈 2020 규칙 전반을 관통하는 보다 기초적인 쟁점들에 관한 지침에 관하여 보다 일반적으로는 본 소개문(Introduction)을 참조할 수 있다.

## X. 인코텀즈규칙 변용(變用)시 유의점

78. 때때로 당사자들은 인코텀즈규칙을 조금 고쳐서 사용하길 원한다. 인코텀즈 2020 규칙은 그러한 변경을 금지하지 않으나 그렇게 하는 데에는 위험이 따른다. 의외의 결과를 피하기 위하여 당사자들은 그러한 변경으로 의도하는 효과를 계약에서 매우 분명하게 표시하여야 한다. 따라서 예컨대 인코텀즈 2020 규칙상의 비용분담을 계약에서 변경하는 경우에 당사자들은 또한 인도가 이루어지고 위험이 매수인에게 이전하는 지점(point)까지도 바꾸기로 의도하는 것인지 여부를 명백하게 기술하여야 한다.

Charles Debattista
ICC 특별고문
인코텀즈 2020 초안그룹
36 Stone
Gray's Inn
London

APPENDIX 02

# UNITED NATIONS CONVENTION ON CONTRACTS FOR THE INTERNATIONAL SALE OF GOODS, 1980

THE STATES PARTIES TO THIS CONVENTION,

BEARING IN MIND the broad objectives in the resolutions adopted by the sixth special session of the General Assembly of the United Nations on the establishment of a New International Economic Order,

CONSIDERING that the development of international trade on the basis of equality and mutual benefit is an important element in promoting friendly relations among States,

BEING OF THE OPINION that the adoption of uniform rules which govern contracts for the international sale of goods and take into account the different social, economic and legal systems would contribute to the removal of legal barriers in international trade and promote the development of international trade,

HAVE DECREED as follows:

## PART I. SPHERE OF APPLICATION AND GENERAL PROVISIONS

### Chapter I. SPHERE OF APPLICATION

#### Article 1

(1) This Convention applies to contracts of sale of goods between parties whose places of business are in different States:

(a) when the States are Contracting States; or

(b) when the rules of private international law lead to the application of the law of a Contracting State.

(2) The fact that the parties have their places of business in different States is to be disregarded whenever this fact does not appear either from the contract or from any dealings between, or from information disclosed by, the parties at any time before

# 부록 02 국제물품맴매계약에 관한 UN협약, 1980

이 협약의 당사국은,

신국제경제질서의 확립에 관하여 국제연합총회 제6차 특별회의에서 채택된 결의의 광범한 목적을 유념하고, 평등과 상호의 이익을 기초로 한 국제무역의 발전은 국가 간의 우호관계를 증진시키는데 중요한 요소임을 고려하며, 국제물품매매의 계약을 규율하고, 상이한 사회적, 경제적 및 법률적 제도를 고려하는 통일규칙의 채택이 국제무역에서의 법률적인 장벽을 제거하는데 공헌하며 또 국제무역의 발전을 증진시킬 것이라는 견해하에서, 다음과 같이 합의하였다.

## 제1부 적용범위 및 통칙

### 제1장 적용범위

#### 제1조(적용의 기본원칙)

(1) 이 협약은 다음과 같은 경우에 영업소가 상이한 국가에 있는 당사자 간의 물품매매계약에 적용된다.

(a) 당해 국가가 모두 체약국인 경우, 또는

(b) 국제사법의 규칙에 따라 어느 체약국의 법률을 적용하게 되는 경우.

(2) 당사자가 상이한 국가에 그 영업소를 갖고 있다는 사실이 계약의 체결 전 또는 그 당시에 당사자 간에 행한 계약이나 모든 거래에서, 또는 당사자가 밝힌 정보로부터 나타나지 아니한 경우에는 이를 무시할 수 있다.

or at the conclusion of the contract.

(3) Neither the nationality of the parties nor the civil or commercial character of the parties or of the contract is to be taken into consideration in determining the application of this Convention.

### Article 2

This Convention does not apply to sales:

(a) of goods bought for personal, family or household use, unless the seller, at any time before or at the conclusion of the contract, neither knew nor ought to have known that the goods were bought for any such use;

(b) by auction;

(c) on execution or otherwise by authority of law;

(d) of stocks, shares, investment securities, negotiable instruments or of ships, vessels, hovercraft or aircraft;

(f) of electricity.

### Article 3

(1) Contracts for the supply of goods to be manufactured or produced are to be considered sales unless the party who orders the goods undertakes to supply a substantial part of the materials necessary for such manufacture or production.

(2) This Convention does not apply to contracts in which the preponderant part of the obligations of the party who furnishes the goods consists in the supply of labour or other services.

### Article 4

This Convention governs only the formation of the contract of sale and the rights and obligations of the seller and the buyer arising from such a contract. In particular, except as otherwise expressly provided in this Convention, it is not concerned with:

(a) the validity of the contract or of any of its provisions or of any usage;

(b) the effect which the contract may have on the property in the good sold.

(3) 당사자의 국적이나, 또는 당사자 또는 계약의 민사상 또는 상사상의 성격은 이 협약의 적용을 결정함에 있어서 고려되지 아니한다.

제2조(협약의 적용제외)

이 협약은 다음과 같은 매매에는 적용되지 아니 한다.

(a) 개인용, 가족용 또는 가사용으로 구입되는 물품의 매매. 다만 매도인이 계약의 체결 전 또는 그 당시에 물품이 그러한 용도로 구입된 사실을 알지 못하였거나 또는 알았어야 할 것도 아닌 경우에는 제외한다.

(b) 경매에 의한 매매,

(c) 강제집행 또는 기타 법률상의 권한에 의한 매매,

(d) 주식, 지분, 투자증권, 유통증권 또는 통화의 매매,

(e) 선박, 부선, 수상익선(水上翼船), 또는 항공기의 매매,

(f) 전기의 매매 등.

제3조(서비스계약 등의 제외)

(1) 물품을 제조하거나 또는 생산하여 공급하는 계약은 이를 매매로 본다. 다만 물품을 주문한 당사자가 그 제조 또는 생산에 필요한 재료의 중요한 부분을 공급하기로 약정한 경우에는 그러하지 아니하다.

(2) 이 협약은 물품을 공급하는 당사자의 의무 중에서 대부분이 노동 또는 기타 서비스의 공급으로 구성되어 있는 계약의 경우에는 적용되지 아니한다.

제4조(적용대상과 대상 외의 문제)

이 협약은 단지 매매계약의 성립과 그러한 계약으로부터 발생하는 매도인과 매수인을 규율한다. 특히 이 협약에서 별도의 명시적인 규정이 있는 경우를 제외하고, 이 협약은 다음과 같은 사항에는 관계되지 아니한다.

(a) 계약 또는 그 어떠한 조항이나 어떠한 관행의 유효성,

(b) 매각된 물품의 소유권에 관하여 계약이 미칠 수 있는 효과.

### Article 5

This Convention does not apply to the liability of the seller for death or personal injury caused by the goods to any person.

### Article 6

The parties may exclude the application of this Convention or, subject to article 12, derogate from or vary the effect of any of its provisions.

## Chapter II. GENERAL PROVISIONS

### Article 7

(1) In the interpretation of this Convention, regard is to be had to its international character and to the need to promote uniformity in its application and the observance of good faith in international trade.

(2) Questions concerning matters governed by this Convention which are not expressly settled in it are to be settled in conformity with the general principles on which it is based or, in the absence of such principles, in conformity with the law applicable by virtue of the rules of private international law.

### Article 8

(1) For the purposes of this Convention statements made by and other conduct of a party are to be interpreted according to his intent where the other party knew or could not have been unaware what that intent was.

(2) If the preceding paragraph is not applicable, statements made by and other conduct of a party are to be interpreted according to the understanding that a reasonable person of the same kind as the other party would have had in the same circumstances.

(3) In determining the intent of a party or the understanding a reasonable person would have had, due consideration is to be given to all relevant circumstances of

제5조(사망 등의 적용제외)
이 협약은 물품에 의하여 야기된 어떠한 자의 사망 또는 신체적인 상해에 대한 매도인의 책임에 대해서는 적용되지 아니한다.

제6조(계약에 의한 적용배제)
당사자는 이 협약의 적용을 배제하거나, 또는 제12조에 따라 이 협약의 어느 규정에 관해서는 그 효력을 감퇴키거나 변경시킬 수 있다.

제2장 총칙

제7조(협약의 해석원칙)
(1) 이 협약의 해석에 있어서는, 협약의 국제적인 성격과 그 적용상의 통일성의 증진을 위한 필요성 및 국제무역상의 신의성실의 준수에 대한 고려가 있어야 한다.

(2) 이 협약에 의하여 규율되는 사항으로서 이 협약에서 명시적으로 해결되지 아니한 문제는 이 협약이 기초하고 있는 일반원칙에 따라 해결되어야 하며, 또는 그러한 원칙이 없는 경우에는 국제사법의 원칙에 의하여 적용되는 법률에 따라 해결되어야 한다.

제8조(당사자 진술이나 행위의 해석)
(1) 이 협약의 적용에 있어서 당사자의 진술 또는 기타의 행위는 상대방이 그 의도를 알았거나 또는 알 수 있었던 경우에는 당사자의 의도에 따라 해석되어야 한다.

(2) 전항의 규정이 적용될 수 없는 경우에는, 당사자의 진술 또는 기타의 행위는 상대방과 같은 종류의 합리적인 자가 동일한 사정에서 가질 수 있는 이해력에 따라 해석되어야 한다.

(3) 당사자의 의도 또는 합리적인 자가 가질 수 있는 이해력을 결정함에 있어서는, 당사자 간의 교섭, 당사자 간에 확립되어 있는 관습, 관행 및 당사자의 후속되는 어떠한 행위를 포함하

the case including the negotiations, any practices which the parties have established between themselves, usages and any subsequent conduct of the parties.

### Article 9

(1) The parties are bound by any usage to which they have agreed and by any practices which they have established between themselves.
(2) The parties are considered, unless otherwise agreed, to have impliedly made applicable to their contract or its formation a usage of which the parties knew or ought to have known and which in international trade is widely known to, and regularly observed by, parties to contracts of the type involved in the particular trade concerned.

### Article 10

For the purposes of this Convention:

(a) if a party has more than one place of business, the place of business is that which has the closest relationship to the contract and its performance, having regard to the circumstances known to or contemplated by the parties at any time before or at the conclusion of the contract;

(b) if a party does not have a place of business, reference is to be made to his habitual residence.

### Article 11

A contract of sale need not be concluded in or evidenced by writing and is not subject to any other requirement as to form. It may be proved by any means, including witnesses.

### Article 12

Any provision of article 11, article 29 or Part II of this Convention that allows a contract of sale or its modification or termination by agreement or any offer, acceptance or other indication of intention to be made in any form other than in

여 일체의 관련된 사정에 대한 상당한 고려가 있어야 한다.

제9조(관습과 관행의 구속력)

(1) 당사자는 그들이 합의한 모든 관행과 당사자 간에서 확립되어 있는 모든 관습에 구속된다.

(2) 별도의 합의가 없는 한, 당사자가 알았거나 또는 당연히 알았어야 하는 관행으로서 국제무역에서 해당되는 특정무역에 관련된 종류의 계약당사자에게 널리 알려져 있고 통상적으로 준수되고 있는 관행은 당사자가 이를 그들의 계약 또는 계약성립에 묵시적으로 적용하는 것으로 본다.

제10조(영업소의 정의)

이 협약의 적용에 있어서,

(a) 어느 당사자가 둘 이상의 영업소를 갖고 있는 경우에는, 영업소라 함은 계약의 체결 전 또는 그 당시에 당사자들에게 알려졌거나 또는 예기되었던 사정을 고려하여 계약 및 그 이행과 가장 밀접한 관계가 있는 영업소를 말한다.

(b) 당사자가 영업소를 갖고 있지 아니한 경우에는, 당사자의 일상적인 거주지를 영업소로 참조하여야 한다.

제11조(계약의 형식)

매매계약은 서면에 의하여 체결되거나 또는 입증되어야 할 필요가 없으며, 또 형식에 관해서도 어떠한 다른 요건에 따라야 하지 아니한다. 매매계약은 증인을 포함하여 여하한 수단에 의해서도 입증될 수 있다.

제12조(계약형식의 국내요건)

매매계약 또는 합의에 의한 계약의 변경이나 해제, 또는 모든 청약, 승낙 또는 기타의 의사표시를 서면 이외의 형식으로 행하는 것을 허용하고 있는 이 협약의 제11조, 제29조 또는 제2부의 모든 규정은 어느 당사자가 이 협약의 제96조에 의거한 선언을 행한 체약국에 그 영업소를

writing does not apply where any party has his place of business in a Contracting State which has made a declaration under article 96 of this Convention. The parties may not derogate from or vary the effect or this article.

### Article 13

For the purposes of this Convention "writing" includes telegram and telex.

## PART II. FORMATION OF THE CONTRACT

### Article 14

(1) A proposal for concluding a contract addressed to one or more specific persons constitutes an offer if it is sufficiently definite and indicates the intention of the offeror to be bound in case of acceptance. A proposal is sufficiently definite if it indicates the goods and expressly or implicitly fixes or makes provision for determining the quantity and the price.

(2) A proposal other than one addressed to one or more specific persons is to be considered merely as an invitation to make offers, unless the contrary is clearly indicated by the person making the proposal.

### Article 15

(1) An offer becomes effective when it reaches the offeree.

(2) An offer, even if it is irrevocable, may be withdrawn if the withdrawal reaches the offeree before or at the same time as the offer.

### Article 16

(1) Until a contract is concluded an offer may be revoked if the revocation reaches the offeree before he has dispatched an acceptance.

(2) However, an offer cannot be revoked:

(a) if it indicates, whether by stating a fixed time for acceptance or otherwise, that it is irrevocable; or

갖고 있는 경우에는 적용되지 아니한다. 당사자는 본조의 효력을 감퇴시키거나 또는 변경하여서는 아니된다.

제13조(서면의 정의)
이 협약의 적용에 있어서 "서면"이란 전보와 텔렉스를 포함한다.

## 제2부 계약의 성립

제14조(청약의 기준)
(1) 1인 이상의 특정한 자에게 통지된 계약체결의 제의는 그것이 충분히 확정적이고 또한 승낙이 있을 경우에 구속된다고 하는 청약자의 의사를 표시하고 있는 경우에는 청약으로 된다. 어떠한 제의가 물품을 표시하고, 또한 그 수량과 대금을 명시적 또는 묵시적으로 지정하거나 또는 이를 결정하는 규정을 두고 있는 경우에는 이 제의는 충분히 확정적인 것으로 한다.
(2) 1인 이상의 특정한 자에게 통지된 것 이외의 어떠한 제의는 그 제의를 행한 자가 반대의 의사를 명확히 표시하지 아니하는 한, 이는 단순히 청약을 행하기 위한 유인으로만 본다.

제15조(청약의 효력발생)
(1) 청약은 피청약자에게 도달한 때 효력이 발생한다.
(2) 청약은 그것이 취소불능한 것이라도 그 철회가 청약의 도달 전 또는 그와 동시에 피청약자에게 도달하는 경우에는 이를 철회할 수 있다.

제16조(청약의 취소)
(1) 계약이 체결되기까지는 청약은 취소될 수 있다. 다만 이 경우에 취소의 통지는 피청약자가 승낙을 발송하기 전에 피청약자에게 도달하여야 한다.
(2) 그러나 다음과 같은 경우에는 청약은 취소될 수 없다.
  (a) 청약이 승낙을 위한 지정된 기간을 명시하거나 또는 기타의 방법으로 그것이 철회불능임을 표시하고 있는 경우, 또는

(b) if it was reasonable for the offeree to rely on the offer as being irrevocable and the offeree has acted in reliance on the offer.

## Article 17

An offer, even if it is irrevocable, is terminated when a rejection reaches the offeror.

## Article 18

(1) A statement made by or other conduct of the offeree indicating assent to an offer is an acceptance. Silence or inactivity does not in itself amount to acceptance.

(2) An acceptance of an offer becomes effective at the moment the indication of assent reaches the offeror. An acceptance is not effective if the indication of assent does not reach the offeror within the time he has fixed or, if no time is fixed, within a reasonable time, due account being taken of the circumstances of the transaction, including the rapidity of the means of communication employed by the offeror. An oral offer must be accepted immediately unless the circumstances indicate otherwise.

(3) However, if, by virtue of the offer or as a result of practices which the parties have established between themselves or of usage, the offeree may indicate assent by performing an act, such as one relating to the dispatch of the goods or payment of the price, without notice to the offeror, the acceptance is effective at the moment the act is performed, provided that the act is performed within the period of time laid down in the preceding paragraph.

## Article 19

(1) A reply to an offer which purports to be an acceptance but contains additions, limitations or other modifications is a rejection of the offer and constitutes a counter-offer.

(2) However, a reply to an offer which purports to be an acceptance but contains additional or different terms which do not materially alter the terms of the offer

(b) 피청약자가 청약을 취소불능이라고 신뢰하는 것이 합리적이고, 또 피청약자가 그 청약을 신뢰하여 행동한 경우.

제17조(청약의 거절)
청약은 그것이 취소불능한 것이라도 어떠한 거절의 통지가 청약자에게 도달한 때에는 그 효력이 상실된다.

제18조(승낙의 시기 및 방법)
(1) 청약에 대한 동의를 표시하는 피청약자의 진술 또는 기타의 행위는 이를 승낙으로 한다. 침묵 또는 부작위 그 자체는 승낙으로 되지 아니한다.
(2) 청약에 대한 승낙은 동의의 의사표시가 청약자에게 도달한 때에 그 효력이 발생한다. 승낙은 동의의 의사표시가 청약자가 지정한 기간 내에 도달하지 아니하거나, 또는 어떠한 기간도 지정되지 아니한 때에는 청약자가 사용한 통신수단의 신속성을 포함하여 거래의 사정을 충분히 고려한 상당한 기간 내에 도달하지 아니한 경우에는 그 효력이 발생하지 아니한다. 구두의 청약은 별도의 사정이 없는 한 즉시 승낙되어야 한다.

(3) 그러나 청약의 규정에 의하거나 또는 당사자간에 확립된 관습 또는 관행의 결과에 따라, 피청약자가 청약자에게 아무런 통지없이 물품의발송이나 대금의 지급에 관한 행위를 이행함으로써 동의의 의사표시를 할 수 있는 경우에는, 승낙은 그 행위가 이행되어진 때에 그 효력이 발생한다. 다만 그 행위는 전항에 규정된 기간 내에 이행되어진 경우에 한한다.

제19조(변경된 승낙의 효력)
(1) 승낙을 의도하고는 있으나 이에 추가, 제한 또는 기타의 변경을 포함하고 있는 청약에 대한 회답은 청약의 거절이면서 또한 반대청약을 구성한다.

(2) 그러나 승낙을 의도하고 있으나 청약의 조건을 실질적으로 변경하지 아니하는 추가적 또는 상이한 조건을 포함하고 있는 청약에 대한 회답은 승낙을 구성한다. 다만 청약자가 부당한

constitutes an acceptance, unless the offeror, without undue delay, objects orally to the discrepancy or dispatches a notice to that effect. If he does not so object, the terms of the contract are the terms of the offer with the modifications contained in the acceptance.

(3) Additional or different terms relating, among other things, to the price, payment, quality and quantity of the goods, place and time of delivery, extent of one party's liability to the other or the settlement of disputes are considered to alter the terms of the offer materially.

### Article 20

(1) A period of time for acceptance fixed by the offeror in a telegram or a letter begins to run from the moment the telegram is handed in for dispatch or from the date shown on the letter or, if no such date is shown, from the date shown on the envelope. A period of time for acceptance fixed by the offeror by telephone, telex or other means of instantaneous communication, begins to run from the moment that the offer reaches the offeree.

(2) Official holidays or non-business days occurring during the period for acceptance are included in calculating the period. However, if a notice of acceptance cannot be delivered at the address of the offeror on the last day of the period because that day falls on an official holiday or a non-business day at the place of business of the offeror, the period is extended until the first business day which follows.

### Article 21

(1) A late acceptance is nevertheless effective as an acceptance if without delay the offeror orally so informs the offeree or dispatches a notice to that effect.

(2) If a letter or other writing containing a late acceptance shows that it has been sent in such circumstances that if its transmission had been normal it would have reached the offeror in due time, the late acceptance is effective as an acceptance unless, without delay, the offeror orally informs the offeree that he considers his

지체없이 그 상위를 구두로 반대하거나 또는 그러한 취지의 통지를 발송하지 아니하여야 한다. 청약자가 그러한 반대를 하지 아니하는 경우에는, 승낙에 포함된 변경사항을 추가한 청약의 조건이 계약의 조건으로 된다.

(3) 특히, 대금, 지급, 물품의 품질 및 수량, 인도의 장소 및 시기, 상대방에 대한 당사자 일방의 책임의 범위 또는 분쟁의 해결에 관한 추가적 또는 상이한 조건은 청약의 조건을 실질적으로 변경하는 것으로 본다.

제20조(승낙기간의 해석)

(1) 전보 또는 서신에서 청약자가 지정한 승낙의 기간은 전보가 발신을 위하여 교부된 때로부터, 또는 서신에 표시된 일자로부터, 또는 그러한 일자가 표시되지 아니한 경우에는 봉투에 표시된 일자로부터 기산된다. 전화, 텔렉스 또는 기타의 동시적 통신수단에 의하여 청약자가 지정한 승낙의 기간은 청약이 피청약자에게 도달한 때로부터 기산된다.

(2) 승낙의 기간 중에 들어 있는 공휴일 또는 비영업일은 그 기간의 계산에 산입된다. 그러나 기간의 말일이 청약자의 영업소에서의 공휴일 또는 비영업일에 해당하는 이유로 승낙의 통지가 기간의 말일에 청약자의 주소에 전달될 수 없는 경우에는, 승낙의 기간은 이에 이어지는 최초의 영업일까지 연장된다.

제21조(지연된 승낙)

(1) 지연된 승낙은 그럼에도 불구하고 청약자가 지체없이 구두로 피청약자에게 유효하다는 취지를 통지하거나 또는 그러한 취지의 통지를 발송한 경우에는, 이는 승낙으로서의 효력을 갖는다.

(2) 지연된 승낙이 포함되어 있는 서신 또는 기타의 서면상으로, 이것이 통상적으로 전달된 경우라면 적시에 청약자에게 도달할 수 있었던 사정에서 발송되었다는 사실을 나타내고 있는 경우에는, 그 지연된 승낙은 승낙으로서의 효력을 갖는다. 다만 청약자가 지체없이 피청약

offer as having lapsed or dispatches a notice to that effect.

### Article 22

An acceptance may be withdrawn if the withdrawal reaches the offeror before or at the same time as the acceptance would have become effective.

### Article 23

A contract is concluded at the moment when an acceptance of an offer becomes effective in accordance with the provisions of this Convention.

### Article 24

For the purposes of this Part of the Convention, an offer, declaration of acceptance or any other indication of intention "reaches" the addressee when it is made orally to him or delivered by any other means to him personally, to his place of business or mailing address or, if he does not have a place of business or mailing address, to his habitual residence.

# PART III. SALE OF GOODS

## Chapter I. GENERAL PROVISIONS

### Article 25

A breach of contract committed by one of the parties is fundamental if it results in such detriment to the other party as substantially to deprive him of what he is entitled to expect under the contract, unless the party in breach did not foresee and a reasonable person of the same kind in the same circumstances would not have foreseen such a result.

자에게 청약이 효력을 상실한 것으로 본다는 취지를 구두로 통지하거나 또는 그러한 취지의 통지를 발송하지 아니하여야 한다.

제22조(승낙의 철회)
승낙은 그 승낙의 효력이 발생하기 이전 또는 그와 동시에 철회가 청약자에게 도달하는 경우에는 이를 철회할 수 있다.

제23조(계약의 성립시기)
계약은 청약에 대한 승낙이 이 협약의 규정에 따라 효력을 발생한 때에 성립된다.

제24조(도달의 정의)
이 협약의 제2부의 적용에 있어서, 청약, 승낙의 선언 또는 기타의 모든 의사표시는 그것이 상대방에게 구두로 통지되거나, 또는 기타 모든 수단에 의하여 상대방 자신에게, 상대방의 영업소 또는 우편송부처에, 또는 상대방이 영업소나 우편송부처가 없는 경우에는 그 일상적인 거주지에 전달되었을 때에 상대방에게 "도달"한 것으로 한다.

## 제3부 물품의 매매

제1장 총칙

제25조(본질적 위반의 정의)
당사자의 일방이 범한 계약위반이 그 계약하에서 상대방이 기대할 권리가 있는 것을 실질적으로 박탈할 정도의 손해를 상대방에게 주는 경우에는, 이는 본질적 위반으로 한다. 다만 위반한 당사자가 그러한 결과를 예견하지 못하였으며, 또한 동일한 종류의 합리적인 자도 동일한 사정에서 그러한 결과를 예견할 수가 없었던 경우에는 그러하지 아니하다.

### Article 26

A declaration of avoidance of the contract is effective only if made by notice to the other party.

### Article 27

Unless otherwise expressly provided in this Part of the Convention, if any notice, request or other communication is given or made by a party in accordance with this Part and by means appropriate in the circumstances, a delay or error in the transmission of the communication or its failure to arrive does not deprive that party of the right to rely on the communication.

### Article 28

If, in accordance with the provisions of this Convention, one party is entitled to require performance of any obligation by the other party, a court is not bound to enter a judgement for specific performance unless the court would do so under its own law in respect of similar contracts of sale not governed by this Convention.

### Article 29

(1) A contract may be modified or terminated by the mere agreement of the parties.

(2) A contract in writing which contains a provision requiring any modification or termination by agreement to be in writing may not be otherwise modified or terminated by agreement. However, a party may be precluded by his conduct from asserting such a provision to the extent that the other party has relied on that conduct.

## Chapter II. OBLIGATIONS OF THE SELLER

### Article 30

The seller must deliver the goods, hand over any documents relating to them and

제26조(계약해제의 통지)

계약해제의 선언은 상대방에 대한 통지로써 이를 행한 경우에 한하여 효력을 갖는다.

제27조(통신상의 지연과 오류)

이 협약 제3부에서 별도의 명시적인 규정이 없는 한, 어떠한 통지, 요청 또는 기타의 통신이 이 협약 제3부에 따라 그 사정에 적절한 수단으로 당사자에 의하여 행하여진 경우에는, 통신의 전달에 있어서의 지연 또는 오류, 또는 불착이 발생하더라도 당사자가 그 통신에 의존할 권리를 박탈당하지 아니한다.

제28조(특정이행과 국내법)

이 협약의 규정에 따라 당사자의 일방이 상대방에 의한 의무의 이행을 요구할 권리가 있는 경우라 하더라도, 법원은 이 협약에 의하여 규율되지 아니하는 유사한 매매계약에 관하여 국내법에 따라 특정이행을 명하는 판결을 하게 될 경우를 제외하고는 특정이행을 명하는 판결을 하여야 할 의무가 없다.

제29조(계약변경 또는 합의종료)

(1) 계약은 당사자 쌍방의 단순한 합의만으로 변경되거나 또는 종료될 수 있다.

(2) 어떠한 변경 또는 합의에 의한 종료를 서면으로 할 것을 요구하는 규정이 있는 서면에 의한 계약은 그 이외의 방법으로 변경되거나 합의에 의하여 종료될 수 없다. 그러나 당사자 일방은 자신의 행위에 의하여 상대방이 그러한 행위를 신뢰한 범위에까지 위의 규정을 원용하는 것으로부터 배제될 수 있다.

제2장 매도인의 의무

제30조(매도인의 의무요약)

매도인은 계약과 이 협약에 의하여 요구된 바에 따라 물품을 인도하고, 이에 관련된 모든 서

transfer the property in the goods, as required by the contract and this Convention.

## Section I. Delivery of the goods and handing over of documents

### Article 31

If the seller is not bound to deliver the goods at any other particular place, his obligation to deliver consists:

(a) if the contract of sale involves carriage of the goods - in handing the goods over to the first carrier for transmission to the buyer;

(b) if, in cases not within the preceding subparagraph, the contract related to specific goods, or unidentified goods to be drawn from a specific stock or to be manufactured or produced, and at the time of the conclusion of the contract the parties knew that the goods were at, or were to be manufactured or produced at, a particular place - in placing the goods at the buyer's disposal at that place;

(c) in other cases - in placing the goods at the buyer's disposal at the place where the seller had his place of business at the time of the conclusion of the contract.

### Article 32

(1) If the seller, in accordance with the contract or this Convention, hands the goods over to a carrier and if the goods are not clearly identified to the contract by markings on the goods, by shipping documents or otherwise, the seller must give the buyer notice of the consignment specifying the goods.

(2) If the seller is bound to arrange for carriage of the goods, he must make such contracts as are necessary for carriage to the place fixed by means of transportation appropriate in the circumstances and according to the usual terms for such transportation.

(3) If the seller is not bound to effect insurance in respect of the carriage of the goods, he must, at the buyer's request, provide him with all available information

류를 교부하며, 또 물품에 대한 소유권을 이전하여야 한다.

제1절 물품의 인도와 서류의 교부

제31조(인도의 장소)
매도인이 물품을 다른 특정한 장소에서 인도할 의무가 없는 경우에는, 매도인의 인도의 의무는 다음과 같이 구성된다.

(a) 매매계약이 물품의 운송을 포함하는 경우 - 매수인에게 전달하기 위하여 물품을 최초의 운송인에게 인도하는 것.

(b) 전항의 규정에 해당되지 아니하는 경우로서 계약이 특정물, 또는 특정한 재고품으로부터 인출되어야 하거나 또는 제조되거나 생산되어야 하는 불특정물에 관련되어 있으며, 또한 당사자 쌍방이 계약체결시에 물품이 특정한 장소에 존재하거나 또는 그 장소에서 제조되거나 생산된다는 것을 알고 있었던 경우 - 그 장소에서 물품을 매수인의 임의처분하에 두는 것.

(c) 기타의 경우 - 매도인이 계약 체결시에 영업소를 가지고 있던 장소에서 물품을 매수인의 임의처분하에 두는 것.

제32조(선적수배의 의무)
(1) 매도인이 계약 또는 이 협약에 따라 물품을 운송인에게 인도하는 경우에 있어서, 물품이 하인에 의하거나 선적서류 또는 기타의 방법에 의하여 그 계약의 목적물로서 명확히 특정되어 있지 아니한 경우에는, 매도인은 물품을 특정하는 탁송통지서를 매수인에게 송부하여야 한다.
(2) 매도인이 물품의 운송을 수배하여야 할 의무가 있는 경우에는, 매도인은 사정에 따라 적절한 운송수단에 의하여 그러한 운송의 통상적인 조건으로 지정된 장소까지의 운송에 필요한 계약을 체결하여야 한다.

(3) 매도인이 물품의 운송에 관련한 보험에 부보하여야 할 의무가 없는 경우에는, 매도인은 매수인의 요구에 따라 매수인이 그러한 보험에 부보하는데 필요한 모든 입수가능한 정보를

necessary to enable him to effect such insurance.

### Article 33

The seller must deliver the goods:

(a) if a date is fixed by or determinable from the contract, on that date;

(b) if a period of time is fixed by or determinable from the contract, at any time within that period unless circumstances indicate that the buyer is to choose a date; or

(c) in any other case, within a reasonable time after the conclusion of the contract.

### Article 34

If the seller is bound to hand over documents relating to the goods, he must hand them over at the time and place and in the form required by the contract. If the seller has handed over documents before that time, he may, up to that time, cure any lack of conformity in the documents, if the exercise of this right does not cause the buyer unreasonable inconvenience or unreasonable expense. However, the buyer retains any right to claim damages as provided for in this Convention.

## Section II. Conformity of the goods and third party claims

### Article 35

(1) The seller must deliver goods which are of the quantity, quality and description required by the contract and which are contained or packaged in the manner required by the contract.

(2) Except where the parties have agreed otherwise, the goods do not conform with the contract unless they:

(a) are fit for the purposes for which goods of the same description would ordinarily be used;

(b) are fit for any particular purpose expressly or impliedly made known to the

매수인에게 제공하여야 한다.

제33조(인도의 시기)

매도인은 다음과 같은 시기에 물품을 인도하여야 한다.

(a) 어느 기일이 계약에 의하여 지정되어 있거나 또는 결정될 수 있는 경우에 그 기일,

(b) 어느 기간이 계약에 의하여 지정되어 있거나 또는 결정될 수 있는 경우에는, 매수인이 기일을 선택하여야 하는 사정이 명시되어 있지 않는 한 그 기간 내의 어떠한 시기, 또는

(c) 기타의 모든 경우에는 계약체결 후의 상당한 기간 내,

제34조(물품에 관한 서류)

매도인이 물품에 관련된 서류를 교부하여야 할 의무가 있는 경우에는, 매도인은 계약에서 요구되는 시기와 장소와 방법에 따라 서류를 교부하여야 한다. 매도인이 당해 시기 이전에 서류를 교부한 경우에는, 매도인은 당해 시기까지는 서류상의 모든 결함을 보완할 수 있다. 다만 이 권리의 행사가 매수인에게 불합리한 불편이나 또는 불합리한 비용을 발생하게 하여서는 아니된다. 그러나 매수인은 이 협약에서 규정된 바의 손해배상을 청구하는 모든 권리를 보유한다.

제2절 물품의 일치성 및 제3자의 청구권

제35조(물품의 일치성)

(1) 매도인은 계약에서 요구되는 수량, 품질 및 상품명세에 일치하고, 또한 계약에서 요구되는 방법으로 용기에 담거나 또는 포장된 물품을 인도하여야 한다.

(2) 당사자가 별도로 합의한 경우를 제외하고, 물품은 다음과 같지 아니하는 한 계약과 일치하지 아니한 것으로 한다.

(a) 물품은 그 동일한 명세의 물품이 통상적으로 사용되는 목적에 적합할 것.

(b) 물품은 계약 체결시에 명시적 또는 묵시적으로 매도인에게 알려져 있는 어떠한 특정의

seller at the time of the conclusion of the contract, except where the circumstances show that the buyer did not rely, or that it was unreasonable for him to rely, on the seller's skill and judgement;

(c) possess the qualities of goods which the seller has held out to the buyer as a sample or model;

(d) are contained or packaged in the manner usual for such goods or, where there is no such manner, in a manner adequate to preserve and protect the goods.

(3) The seller is not liable under subparagraphs (a) to (d) of the preceding paragraph for any lack of conformity of the goods if at the time of the conclusion of the contract the buyer knew or could not have been unaware of such lack of conformity.

### Article 36

(1) The seller is liable in accordance with the contract and this Convention for any lack of conformity which exists at the time when the risk passes to the buyer, even though the lack of conformity becomes apparent only after that time.

(2) The seller is also liable for any lack of conformity which occurs after the time indicated in the preceding paragraph and which is due to a breach of any of his obligations, including a breach of any guarantee that for a period of time the goods will remain fit for their ordinary purpose or for some particular purpose or will retain specified qualities or characteristics.

### Article 37

If the seller has delivered goods before the date for delivery, he may, up to that date, deliver any missing part or make up any deficiency in the quantity of the goods delivered, or deliver goods in replacement of any non-conforming goods delivered or remedy any lack of conformity in the goods delivered, provided that the exercise of this right does not cause the buyer unreasonable inconvenience or unreasonable expense. However, the buyer retains any right to claim damages as provided for in this Convention.

목적에 적합할 것. 다만 사정으로 보아 매수인이 매도인의 기량과 판단에 신뢰하지 않았거나 또는 신뢰하는 것이 불합리한 경우에는 제외한다.

(c) 물품은 매도인이 매수인에게 견본 또는 모형으로서 제시한 물품의 품질을 보유할 것.

(d) 물품은 그러한 물품에 통상적인 방법으로, 또는 그러한 방법이 없는 경우에는 그 물품을 보존하고 보호하는데 적절한 방법으로 용기에 담거나 또는 포장되어 있을 것.

(3) 매수인이 계약 체결시에 물품의 어떠한 불일치를 알고 있었거나 또는 알지 못하였을 수가 없는 경우에는, 매도인은 물품의 어떠한 불일치에 대하여 전항의 제a호 내지 제d호에 따른 책임을 지지 아니한다.

제36조(일치성의 결정시점)

(1) 매도인은 위험이 매수인에게 이전하는 때에 존재한 어떠한 불일치에 대하여 계약 및 이 협약에 따른 책임을 진다. 이는 물품의 불일치가 그 이후에 드러난 경우에도 동일하다.

(2) 매도인은 전항에서 규정된 때보다 이후에 발생하는 어떠한 불일치에 대해서도 그것이 매도인의 어떠한 의무위반에 기인하고 있는 경우에는 이에 책임을 진다. 그러한 의무위반에는 일정한 기간 동안 물품이 통상적인 목적 또는 어떠한 특정의 목적에 적합성을 유지할 것이라는 보증, 또는 특정된 품질이나 특질을 보유할 것이라는 보증의 위반도 포함된다.

제37조(인도만기 전의 보완권)

매도인이 인도기일 이전에 물품을 인도한 경우에는, 매수인에게 불합리한 불편이나 또는 불합리한 비용을 발생시키지 아니하는 한, 매도인은 그 기일까지는 인도된 물품의 모든 부족분을 인도하거나, 또는 수량의 모든 결함을 보충하거나, 또는 인도된 모든 불일치한 물품에 갈음하는 물품을 인도하거나, 또는 인도된 물품의 모든 불일치를 보완할 수 있다. 그러나 매수인은 이 협약에서 규정된 바의 손해배상을 청구하는 모든 권리를 보유한다.

### Article 38

(1) The buyer must examine the goods, or cause them to be examined, within as short a period as is practicable in the circumstances.

(2) If the contract involves carriage of the goods, examination may be deferred until after the goods have arrived at their destination.

(3) If the goods are redirected in transit or redispatched by the buyer without a reasonable opportunity for examination by him and at the time of the conclusion of the contract the seller knew or ought to have known of the possibility of such redirection or redispatch, examination may be deferred until after the goods have arrived at the new destination.

### Article 39

(1) The buyer loses the right to rely on a lack of conformity of the goods if he does not give notice to the seller specifying the nature of the lack of conformity within a reasonable time after he has discovered it or ought to have discovered it.

(2) In any event, the buyer loses the right to rely on a lack of conformity of the goods if he does not give the seller notice thereof at the latest within a period of two years from the date on which the goods were actually handed over to the buyer, unless this time-limit is inconsistent with a contractual period of guarantee.

### Article 40

The seller is not entitled to rely on the provisions of articles 38 and 39 if the lack of conformity relates to facts of which he knew or could not have been unaware and which he did not disclose to the buyer.

### Article 41

The seller must deliver goods which are free from any right or claim of a third party, unless the buyer agreed to take the goods subject to that right or claim. However, if such right or claim is based on industrial property or other intellectual property, the seller's obligation is governed by article 42.

제38조(물품의 검사기간)

(1) 매수인은 그 사정에 따라 실행 가능한 짧은 기간 내에 물품을 검사하거나 또는 물품이 검사되어 지도록 하여야 한다.

(2) 계약이 물품의 운송을 포함하고 있는 경우에는, 검사는 물품이 목적지에 도착한 이후까지 연기될 수 있다.

(3) 물품이 매수인에 의한 검사의 상당한 기회도 없이 매수인에 의하여 운송 중에 목적지가 변경되거나 또는 전송(轉送)되고, 또한 계약 체결시에 매도인이 그러한 변경이나 전송의 가능성을 알았거나 또는 알았어야 하는 경우에는, 검사는 물품이 새로운 목적지에 도착한 이후까지 연기될 수 있다.

제39조(불일치의 통지시기)

(1) 매수인이 물품의 불일치를 발견하였거나 또는 발견하였어야 한 때부터 상당한 기간 내에 매도인에게 불일치의 성질을 기재한 통지를 하지 아니한 경우에는, 매수인은 물품의 불일치에 의존하는 권리를 상실한다.

(2) 어떠한 경우에도, 물품이 매수인에게 현실적으로 인도된 날로부터 늦어도 2주 이내에 매수인이 매도인에게 불일치의 통지를 하지 아니한 경우에는, 매수인은 물품의 불일치에 의존하는 권리를 상실한다. 다란 이러한 기간의 제한이 계약상의 보증기간과 모순된 경우에는 그러하지 아니하다.

제40조(매도인의 악의)

물품의 불일치가 매도인이 알았거나 또는 알지 못하였을 수가 없는 사실에 관련되고 또 매도인이 이를 매수인에게 고지하지 아니한 사실에도 관련되어 있는 경우에는, 매도인은 제38조 및 제39조의 규정을 원용할 권리가 없다.

제41조(제3자의 청구권)

매도인은 매수인이 제3자의 권리 또는 청구권을 전제로 물품을 수령하는 것에 동의한 경우가 아닌 한, 제3자의 권리 또는 청구권으로부터 자유로운 물품을 인도하여야 한다. 그러나 그러한 제3자의 권리 또는 청구권이 공업소유권 또는 기타 지적소유권에 기초를 두고 있는 경우에는, 매도인의 의무는 제42조에 의하여 규율된다.

Article 42

(1) The seller must deliver goods which are free from any right or claim of a third party based on industrial property or other intellectual property, of which at the time of the conclusion of the contract the seller knew or could not have been unaware, provided that the right or claim is based on industrial property or other intellectual property:

(a) under the law of the State where the goods will be resold or otherwise used, if it was contemplated by the parties at the time of the conclusion of the contract that the goods would be resold or otherwise used in that State; or

(b) in any other case, under the law of the State where the buyer has his place of business.

(2) The obligation of the seller under the preceding paragraph does not extend to cases where:

(a) at the time of the conclusion of the contract the buyer knew or could not have been unaware of the right or claim; or

(b) the right or claim results from the seller's compliance with technical drawings, designs, formulae or other such specifications furnished by the buyer.

Article 43

(1) The buyer loses the right to rely on the provisions of article 41 or article 42 if he does not give notice to the seller specifying the nature of the right or claim of the third party within a reasonable time after he has become aware or ought to have become aware of the right or claim.

(2) The seller is not entitled to rely on the provisions of the preceding paragraph if he knew of the right or claim of the third party and the nature of it.

Article 44

Notwithstanding the provisions of paragraph (1) of article 39 and paragraph (1) of article 43, the buyer may reduce the price in accordance with article 50 or claim damages, except for loss of profit, if he has a reasonable excuse for his failure to

제42조(제3자의 지적소유권)

(1) 매도인은 계약 체결시에 매도인이 알았거나 또는 알지 못하였을 수가 없는 공업소유권 또는 지적소유권에 기초를 두고 있는 제3자의 권리 또는 청구권으로부터 자유로운 물품을 인도하여야 한다. 다만 그 권리 또는 청구권은 다음과 같은 국가의 법률에 의한 공업소유권 또는 기타 지적소유권에 기초를 두고 있는 경우에 한한다.

(a) 물품이 어느 국가에서 전매되거나 또는 기타의 방법으로 사용될 것이라는 것을 당사자 쌍방이 계약 체결시에 예상한 경우에는, 그 물품이 전매되거나 또는 기타의 방법으로 사용되는 국가의 법률, 또는
(b) 기타의 모든 경우에는, 매수인이 영업소를 갖고 있는 국가의 법률,

(2) 전항에 따른 매도인의 의무는 다음과 같은 경우에는 이를 적용하지 아니한다.

(a) 계약 체결시에 매수인이 그 권리 또는 청구권을 알았거나 또는 알지 못하였을 수가 없는 경우, 또는
(b) 그 권리 또는 청구권이 매수인에 의하여 제공된 기술적 설계, 디자인, 공식 또는 기타의 명세서에 매도인이 따른 결과로 발생한 경우.

제43조(제3자의 권리에 대한 통지)

(1) 매수인이 제3자의 권리 또는 청구권을 알았거나 또는 알았어야 하는 때로부터 상당한 기간 내에 매도인에게 그 제3자의 권리 또는 청구권의 성질을 기재한 통지를 하지 아니한 경우에는, 매수인은 제41조 또는 제42조의 규정을 원용할 권리를 상실한다.

(2) 매도인이 제3자의 권리 또는 청구권 및 그 성질을 알고 있었던 경우에 매도인은 전항의 규정을 원용할 권리가 없다.

제44조(통지불이행의 정당한 이유)

제39조 제1항 및 제43조 제1항의 규정에도 불구하고, 매수인은 요구된 통지의 불이행에 대한 정당한 이유가 있는 경우에는 제50조에 따라 대금을 감액하거나 또는 이익의 손실을 제외한 손해배상을 청구할 수 있다.

give the required notice.

## Section III. Remedies for breach of contract by the seller

### Article 45

(1) If the seller fails to perform any of his obligations under the contract or this Convention, the buyer may:

(a) exercise the rights provided in articles 46 to 52;

(b) claim damages as provided in articles 74 to 77.

(2) The buyer is not deprived of any right he may have to claim damages by exercising his right to other remedies.

(3) No period of grace may be granted to the seller by a court or arbitral tribunal when the buyer resorts to a remedy for breach of contract.

### Article 46

(1) The buyer may require performance by the seller of his obligations unless the buyer has resorted to a remedy which is inconsistent with this requirement.

(2) If the goods do not conform with the contract, the buyer may require delivery of substitute goods only if the lack of conformity constitutes a fundamental breach of contract and a request for substitute goods is made either in conjunction with notice given under article 39 or within a reasonable time thereafter.

(3) If the goods do not conform with the contract, the buyer may require the seller to remedy the lack of conformity by repair, unless this is unreasonable having regard to all the circumstances. A request for repair must be made either in conjunction with notice given under article 39 or within a reasonable time thereafter.

### Article 47

(1) The buyer may fix an additional period of time of reasonable length for performance by the seller of his obligations.

## 제3절 매도인의 계약위반에 대한 구제

### 제45조(매수인의 구제방법)

(1) 매도인이 계약 또는 이 협약에 따른 어떠한 의무를 이행하지 아니하는 경우에는, 매수인은 다음과 같은 것을 행할 수 있다.

(a) 제46조 내지 제52조에서 규정된 권리를 행사하는 것,

(b) 제74조 내지 제77조에서 규정된 바의 손해배상을 청구하는 것 등.

(2) 매수인은 손해배상 이외의 구제를 구하는 권리의 행사로 인하여 손해배상을 청구할 수 있는 권리를 박탈당하지 아니한다.

(3) 매수인이 계약위반에 대한 구제를 구할 때에는, 법원 또는 중재판정부는 매도인에게 어떠한 유예기간도 적용하여서는 아니된다.

### 제46조(매수인의 이행청구권)

(1) 매수인은 매도인에게 그 의무의 이행을 청구할 수 있다. 다만 매수인이 이러한 청구와 모순되는 구제를 구한 경우에는 그러하지 아니하다.

(2) 물품이 계약과 일치하지 아니한 경우에는, 매수인은 대체품의 인도를 청구할 수 있다. 다만 이러한 청구는 불일치가 계약의 본질적인 위반을 구성하고 또 대체품의 청구가 제39조에 따라 지정된 통지와 함께 또는 그 후 상당한 기간 내에 행하여지는 경우에 한한다.

(3) 물품이 계약과 일치하지 아니한 경우에는, 매수인은 모든 사정으로 보아 불합리하지 아니하는 한 매도인에 대하여 수리에 의한 불일치의 보완을 청구할 수 있다. 수리의 청구는 제39조에 따라 지정된 통지와 함께 또는 그 후 상당한 기간 내에 행하여져야 한다.

### 제47조(이행추가기간의 통지)

(1) 매수인은 매도인에 의한 의무의 이행을 위한 상당한 기간만큼의 추가기간을 지정할 수 있다.

(2) Unless the buyer has received notice from the seller that he will not perform within the period so fixed, the buyer may not, during that period, resort to any remedy for breach of contract. However, the buyer is not deprived thereby of any right he may have to claim damages for delay in performance.

### Article 48

(1) Subject to article 49, the seller may, even after the date for delivery, remedy at his own expense any failure to perform his obligations, if he can do so without unreasonable delay and without causing the buyer unreasonable inconvenience or uncertainty of reimbursement by the seller of expenses advanced by the buyer. However, the buyer retains any right to claim damages as provided for in this Convention.

(2) If the seller requests the buyer to make known whether he will accept performance and the buyer does not comply with the request within a reasonable time, the seller may perform within the time indicated in his request. The buyer may not, during that period of time, resort to any remedy which is inconsistent with performance by the seller.

(3) A notice by the seller that he will perform within a specified period of time is assumed to include a request, under the preceding paragraph, that the buyer make known his decision.

(4) A request or notice by the seller under paragraph (2) or (3) of this article is not effective unless received by the buyer.

### Article 49

(1) The buyer may declare the contract avoided:

(a) if the failure by the seller to perform any of his obligations under the contract or this Convention amounts to a fundamental breach of contract; or

(b) in case of non-delivery, if the seller does not deliver the goods within the additional period of time fixed by the buyer in accordance with paragraph (1) of article 47 or declares that he will not deliver within the period so fixed.

(2) 매수인이 매도인으로부터 그 지정된 추가기간 내에 이행하지 아니하겠다는 뜻의 통지를 수령하지 않은 한, 매수인은 그 기간 중에는 계약위반에 대한 어떠한 구제도 구할 수 없다. 그러나 매수인은 이로 인하여 이행의 지연에 대한 손해배상을 청구할 수 있는 어떠한 권리를 박탈당하지 아니한다.

제48조(인도기일 후의 보완)

(1) 제49조의 규정에 따라, 매도인은 인도기일 후에도 불합리한 지체없이 그리고 매수인에게 불합리한 불편을 주거나 또는 매수인이 선지급한 비용을 매도인으로부터 보상받는데 대한 불확실성이 없는 경우에는 자신의 비용부담으로 그 의무의 어떠한 불이행을 보완할 수 있다. 그러나 매수인은 이 협약에 규정된 바의 손해배상을 청구하는 모든 권리를 보유한다.

(2) 매도인이 매수인에 대하여 그 이행을 승낙할 것인지의 여부를 알려 주도록 요구하였으나 매수인시 상당한 기간 내에 그 요구에 응하지 아니한 경우에는 매도인은 그 요구에서 제시한 기간 내에 이행할 수 있다. 매수인은 그 기간 중에는 매도인의 이행과 모순되는 구제를 구하여서는 아니된다.

(3) 특정한 기간 내에 이행하겠다는 매도인의 통지는 매수인이 승낙 여부의 결정을 알려주어야 한다는 내용의 전항에 규정하고 있는 요구를 포함하는 것으로 추정한다.

(4) 본조 제2항 또는 제3항에 따른 매도인의 요구 또는 통지는 매수인에 의하여 수령되지 아니한 경우에는 그 효력이 발생하지 아니한다.

제49조(매수인의 계약해제권)

(1) 매수인은 다음과 같은 경우에 계약의 해제를 선언할 수 있다.

(a) 계약 또는 이 협약에 따른 매도인의 어떠한 의무의 불이행키 계약의 본질적인 위반에 상당하는 경우, 또는

(b) 인도불이행의 경우에는, 매도인이 제47조 제1항에 따라 매수인에 의하여 지정된 추가기간 내에 물품을 인도하지 아니하거나, 또는 매도인이 그 지정된 기간 내에 인도하지 아니하겠다는 뜻을 선언한 경우.

(2) However, in cases where the seller has delivered the goods, the buyer loses the right to declare the contract avoided unless he does so:

(a) in respect of late delivery, within a reasonable time after he has become aware that delivery has been made;

(b) in respect of any breach other than late delivery, within a reasonable time:

(i) after he knew or ought to have known of the breach;

(ii) after the expiration of any additional period of time fixed by the buyer in accordance with paragraph (1) of article 47, or after the seller has declared that he will not perform his obligations within such an additional period; or

(iii) after the expiration of any additional period of time indicated by the seller in accordance with paragraph (2) of article 48, or after the buyer has declared that he will not accept performance.

### Article 50

If the goods do not conform with the contract and whether or not the price has already been paid, the buyer may reduce the price in the same proportion as the value that the goods actually delivered had at the time of the delivery bears to the value that conforming goods would have had at that time. However, if the seller remedies any failure to perform his obligations in accordance with article 37 or article 48 or if the buyer refuses to accept performance by the seller in accordance with those articles, the buyer may not reduce the price.

### Article 51

(1) If the seller delivers only a part of the goods or if only a part of the goods delivered is in conformity with the contract, articles 46 to 50 apply in respect of the part which is missing or which does not conform.

(2) The buyer may declare the contract avoided in its entirety only if the failure to make delivery completely or in conformity with the contract amounts to a fundamental breach of the contract.

(2) 그러나 매도인이 물품을 이미 인도한 경우에는, 매수인은 다음과 같은 시기에 계약의 해제를 선언하지 않는 한 그 해제의 권리를 상실한다.

(a) 인도의 지연에 관해서는, 매수인이 인도가 이루어진 사실을 알게 된 때로부터 상당한 기간 내,

(b) 인도의 지연 이외의 모든 위반에 관해서는, 다음과 같은 때로부터 상당한 기간 내.

(i) 매수인이 그 위반을 알았거나 또는 알았어야 하는 때,

(ii) 제47조 제1항에 따라 매수인에 의하여 지정된 어떠한 추가기간이 경과한 때, 또는 매도인이 그러한 추가기간 내에 의무를 이행하지 아니하겠다는 뜻을 선언한 때, 또는

(iii) 제48조 제2항에 따라 매도인에 의하여 제시된 어떠한 추가기간이 경과한 때, 또는 매수인이 이행을 승낙하지 아니하겠다는 뜻을 선언한 때.

제50조(대금의 감액)

물품이 계약과 일치하지 아니하는 경우에는 대금이 이미 지급된 여부에 관계없이, 매수인은 실제로 인도된 물품이 인도시에 가지고 있던 가액이 계약에 일치하는 물품이 그 당시에 가지고 있었을 가액에 대한 동일한 비율로 대금을 감액할 수 있다. 그러나 매도인이 제37조 또는 제48조에 따른 그 의무의 어떠한 불이행을 보완하거나, 또는 매수인이 그러한 조항에 따른 매도인의 이행의 승낙을 거절하는 경우에는, 매수인은 대금을 감액할 수 없다.

제51조(물품일부의 불일치)

(1) 매도인이 물품의 일부만을 인도하거나, 또는 인도된 물품의 일부만이 계약과 일치하는 경우에는, 제46조 내지 제50조의 규정은 부족 또는 불일치한 부분에 관하여 적용한다.

(2) 인도가 완전하게 또는 계약에 일치하게 이행되지 아니한 것이 계약의 본질적인 위반에 해당하는 경우에 한하여, 매수인은 계약 그 전체의 해제를 선언할 수 있다.

### Article 52

(1) If the seller delivers the goods before the date fixed, the buyer may take delivery or refuse to take delivery.

(2) If the seller delivers a quantity of goods greater than that provided for in the contract, the buyer may take delivery or refuse to take delivery of the excess quantity. If the buyer takes delivery of all or part of the excess quantity, he must pay for it at the contract rate.

## Chapter III. OBLIGATIONS OF THE BUYER

### Article 53

The buyer must pay the price for the goods and take delivery of them as required by the contract and this Convention.

## Section I. Payment of the price

### Article 54

The buyer's obligation to pay the price includes taking such steps and complying with such formalities as may be required under the contract or any laws and regulations to enable payment to be made.

### Article 55

Where a contract has been validly concluded but does not expressly or implicitly fix or make provision for determining the price, the parties are considered, in the absence of any indication to the contrary, to have impliedly made reference to the price generally charged at the time of the conclusion of the contract for such goods sold under comparable circumstances in the trade concerned.

제52조(기일 전의 인도 및 초과수량)

(1) 매도인이 지정된 기일 전에 물품을 인도하는 경우에는, 매수인은 인도를 수령하거나 또는 이를 거절할 수 있다.

(2) 매도인이 계약에서 약정된 것보다도 많은 수량의 물품을 인도하는 경우에는, 매수인은 초과수량의 인도를 수령하거나 또는 이를 거절할 수 있다. 매수인이 초과수량의 전부 또는 일부의 인도를 수령하는 경우에는, 매수인은 계약비율에 따라 그 대금을 지급하여야 한다.

## 제3장 매수인의 의무

제53조(매수인의 의무요약)

매수인은 계약 및 이 협약에 의하여 요구된 바에 따라 물품의 대금을 지급하고 물품의 인도를 수령하여야 한다.

### 제1절 대금의 지급

제54조(대금지급을 위한 조치)

매수인의 대금지급의 의무는 지급을 가능하게 하기 위한 계약 또는 어떠한 법률 및 규정에 따라 요구되는 그러한 조치를 취하고 또 그러한 절차를 준수하는 것을 포함한다.

제55조(대금이 불확정된 계약)

계약이 유효하게 성립되었으나, 그 대금을 명시적 또는 묵시적으로 지정하지 아니하거나 또는 이를 결정하기 위한 조항을 두지 아니한 경우에는, 당사자는 반대의 어떠한 의사표시가 없는 한 계약 체결시에 관련거래와 유사한 사정하에서 매각되는 동종의 물품에 대하여 일반적으로 청구되는 대금을 묵시적으로 참조한 것으로 본다.

### Article 56

If the price is fixed according to the weight of the goods, in case of doubt it is to be determined by the net weight.

### Article 57

(1) If the buyer is not bound to pay the price at any other particular place, he must pay it to the seller:

(a) at the seller's place of business; or

(b) if the payment is to be made against the handing over of the goods or of documents, at the place where the handing over takes place.

(2) The seller must bear any increases in the expenses incidental to payment which is caused by a change in his place of business subsequent to the conclusion of the contract.

### Article 58

(1) If the buyer is not bound to pay the price at any other specific time, he must pay it when the seller places either the goods or documents controlling their disposition at the buyer's disposal in accordance with the contract and this Convention. The seller may make such payment a condition for handing over the goods or documents.

(2) If the contract involves carriage of the goods, the seller may dispatch the goods on terms whereby the goods, or documents controlling their disposition, will not be handed over to the buyer except against payment of the price.

(3) The buyer is not bound to pay the price until he has had an opportunity to examine the goods, unless the procedures for delivery or payment agreed upon by the parties are inconsistent with his having such an opportunity.

### Article 59

The buyer must pay the price on the date fixed by or determinable from the contract and this Convention without the need for any request or compliance with any

제56조(순중량에 의한 결정)
대금이 물품의 중량에 따라 지정되는 경우에 이에 의혹이 있을 때에는, 그 대금은 순중량에 의하여 결정되어야 한다.

제57조(대금지급의 장소)
(1) 매수인이 기타 어느 특정한 장소에서 대금을 지급하여야 할 의무가 없는 경우에는, 매수인은 다음과 같은 장소에서 매도인에게 이를 지급하여야 한다.
 (a) 매도인의 영업소, 또는
 (b) 지급이 물품 또는 서류의 교부와 상환으로 이루어져야 하는 경우에는, 그 교부가 행하여지는 장소.
(2) 매도인은 계약 체결 후에 그 영업소를 변경함으로 인하여 야기된 지급의 부수적인 비용의 모든 증가액을 부담하여야 한다.

제58조(대금지급의 시기)
(1) 매수인이 기타 어느 특정한 대금을 지급하여야 할 의무가 없는 경우에는, 매수인은 매도인이 계약 및 이 협정에 따라 물품 또는 그 처분을 지배하는 서류 중에 어느 것을 매수인의 임의처분하에 인도한 때에 대금을 지급하여야 한다. 매도인은 그러한 지급을 물품 또는 서류의 교부를 위한 조건으로 정할 수 있다.

(2) 계약이 물품의 운송을 포함하는 경우에는, 매도인은 대금의 지급과 상환하지 아니하면 물품 또는 그 처분을 지배하는 서류를 매수인에게 교부하지 아니한다는 조건으로 물품을 발송할 수 있다.
(3) 매수인은 물품을 검사할 기회를 가질 때까지는 대금을 지급하여야 할 의무가 없다. 다만 당사자 간에 합의된 인도 또는 지급의 절차가 매수인이 그러한 기회를 가지는 것과 모순되는 경우에는 그러하지 아니하다.

제59조(지급청구에 앞선 지급)
매수인은 매도인측의 어떠한 요구나 그에 따른 어떠한 절차를 준수할 필요없이 계약 및 이 협약에 의하여 지정되었거나 또는 이로부터 결정될 수 있는 기일에 대금을 지급하여야 한다.

formality on the part of the seller.

## Section II. Taking delivery

### Article 60

The buyer's obligation to take delivery consists:

(a) in doing all the acts which could reasonably be expected of him in order to enable the seller to make delivery; and

(b) in taking over the goods.

## Section III. Remedies for breach of contract by the buyer

### Article 61

(1) If the buyer fails to perform any of his obligations under the contract or this Convention, the seller may:

(a) exercise the rights provided in articles 62 to 65;

(b) claim damages as provided in articles 74 to 77.

(2) The seller is not deprived of any right he may have to claim damages by exercising his right to other remedies.

(3) No period of grace may be granted to the buyer by a court or arbitral tribunal when the seller resorts to a remedy for breach of contract.

### Article 62

The seller may require the buyer to pay the price, take delivery or perform his other obligations, unless the seller has resorted to a remedy which is inconsistent with this requirement.

### Article 63

(1) The seller may fix an additional period of time of reasonable length for

## 제2절 인도의 수령

### 제60조(인도수령의 의무)

매수인의 인도수령의 의무는 다음과 같은 것으로 구성된다.

(a) 매도인에 의한 인도를 가능케 하기 위하여 매수인에게 합리적으로 기대될 수 있었던 모든 행위를 하는 것, 그리고

(b) 물품을 수령하는 것.

## 제3절 매수인의 계약위반에 대한 구제

### 제61조(매도인의 구제방법)

(1) 매수인이 계약 또는 이 협약에 따른 어떠한 의무를 이행하지 아니하는 경우에는, 매도인은 다음과 같은 것을 행할 수 있다.

(a) 제62조 내지 제65도에 규정된 권리를 행사하는 것,

(b) 제74조 내지 제77조에 규정된 바의 손해배상을 청구하는 것 등.

(2) 매도인은 손해배상 이외의 구제를 구하는 권리의 행사로 인하여 손해배상을 청구할 수 있는 권리를 박탈당하지 아니한다.

(3) 매도인이 계약위반에 대한 구제를 구할 때에는, 법원 또는 중재판정부는 매수인에게 어떠한 유예기간도 허용하여서는 아니된다.

### 제62조(매도인의 이행청구권)

매도인은 매수인에 대하여 대금의 지급, 인도의 수령 또는 기타 매수인의 의무를 이행하도록 청구할 수 있다. 다만 매도인이 이러한 청구와 모순되는 구제를 구한 경우에는 그러하지 아니하다.

### 제63조(이행추가기간의 통지)

(1) 매도인은 매수인에 의한 의무의 이행을 위한 상당한 기간만큼의 추가기간을 지정할 수

performance by the buyer of his obligations.

(2) Unless the seller has received notice from the buyer that he will not perform within the period so fixed, the seller may not, during that period, resort to any remedy for breach of contract. However, the seller is not deprived thereby of any right he may have to claim damages for delay in performance.

### Article 64

(1) The seller may declare the contract avoided:

(a) if the failure by the buyer to perform any of his obligations under the contract or this Convention amounts to a fundamental breach of contract; or

(b) if the buyer does not, within the additional period of time fixed by the seller in accordance with paragraph (1) of article 63, perform his obligation to pay the price or take delivery of the goods, or if he declares that he will not do so within the period so fixed.

(2) However, in cases where the buyer has paid the price, the seller loses the right to declare the contract avoided unless he does so:

(a) in respect of late performance by the buyer, before the seller has become aware that performance has been rendered; or

(b) in respect of any breach other than late performance by the buyer, within a reasonable time:

(i) after the seller knew or ought to have known of the breach; or

(ii) after the expiration of any additional period of time fixed by the seller in accordance with paragraph (1) or article 63, or after the buyer has declared that he will not perform his obligations within such an additional period.

### Article 65

(1) If under the contract the buyer is to specify the form, measurement or other features of the goods and he fails to make such specification either on the date agreed upon or within a reasonable time after receipt of a request from the seller, the seller may, without prejudice to any other rights he may have, make the

있다.

(2) 매도인이 매수인으로부터 그 지정된 추가기간 내에 이행하지 아니하겠다는 뜻의 통지를 수령하지 않은 한, 매도인은 그 기간 중에는 계약위반에 대한 어떠한 구제도 구할 수 없다. 그러나 매도인은 이로 인하여 이행의 지연에 대한 손해배상을 청구할 수 있은 어떠한 권리를 박탈당하지 아니한다.

제64조(매도인의 계약해제권)

(1) 매도인은 다음과 같은 경우에 계약의 해제를 선언할 수 있다.

(a) 계약 또는 이 협약에 따른 매수인의 어떠한 의무의 불이행이 계약의 본질적인 위반에 상당하는 경우, 또는

(b) 매수인이 제63조 제1항에 따라 매도인에 의하여 지정된 추가기간 내에 대금의 지급 또는 물품의 인도수령의 의무를 이행하지 아니하거나, 또는 매수인이 그 지정된 기간 내에 이를 이행하지 아니하겠다는 뜻을 선언한 경우.

(2) 그러나 매수인이 대금을 이미 지급한 경우에는, 매도인은 다음과 같은 시기에 계약의 해제를 선언하지 않는 한 그 해제의 권리를 상실한다.

(a) 매수인에 의한 이행의 지연에 관해서는, 매도인이 그 이행이 이루어진 사실을 알기 전, 또는

(b) 매수인에 의한 이행의 지연 이외의 모든 위반에 관해서는, 다음과 같은 때로부터 상당한 기간 내.

(i) 매도인이 그 위반을 알았거나 또는 알았어야 하는 때, 또는

(ii) 제63조 제1항에 따라 매도인에 의하여 지정된 어떠한 추가기간이 경과한 때, 또는 매수인이 그러한 추가기간 내에 의무를 이행하지 아니하겠다는 뜻을 선언한 때.

제65조(물품명세의 확정권)

(1) 계약상 매수인이 물품의 형태, 용적 또는 기타의 특징을 지정하기로 되어 있을 경우에 만약 매수인이 합의된 기일 또는 매도인으로부터의 요구를 수령한 후 상당한 기간 내에 그 물품명세를 작성하지 아니한 때에는, 매도인은 그가 보유하고 있는 다른 모든 권리의 침해없이 매도인에게 알려진 매수인의 요구조건에 따라 스스로 물품명세를 작성할 수 있다.

specification himself in accordance with the requirements of the buyer that may be known to him.

(2) If the seller makes the specification himself, he must inform the buyer of the details thereof and must fix a reasonable time within which the buyer may make a different specification. If, after receipt of such a communication, the buyer fails to do so within the time so fixed, the specification made by the seller is binding.

## Chapter IV. PASSING OF RISK

### Article 66

Loss of or damage to the goods after the risk has passed to the buyer does not discharge him from his obligation to pay the price, unless the loss or damage is due to an act or omission of the seller.

### Article 67

(1) If the contract of sale involves carriage of the goods and the seller is not bound to hand them over at a particular place, the risk passes to the buyer when the goods are handed over to the first carrier for transmission to the buyer in accordance with the contract of sale. If the seller is bound to hand the goods over to a carrier at a particular place, the risk does not pass to the buyer until the goods are handed over to the carrier at that place. The fact that the seller is authorized to retain documents controlling the disposition of the goods does not affect the passage of the risk.

(2) Nevertheless, the risk does not pass to the buyer until the goods are clearly identified to the contract, whether by markings on the goods, by shipping documents, by notice given to the buyer or otherwise.

### Article 68

The risk in respect of goods sold in transit passes to the buyer from the time of the conclusion of the contract. However, if the circumstances so indicate, the risk is

(2) 매도인이 스스로 물품명세를 작성하는 경우에는, 매도인은 매수인에게 이에 관한 세부사항을 통지하여야 하고, 또 매수인이 이와 상이한 물품명세를 작성할 수 있도록 상당한 기간을 지정하여야 한다. 매수인이 그러한 통지를 수령한 후 지정된 기간 내에 이와 상이한 물품명세를 작성하지 아니하는 경우에는, 매도인이 작성한 물품명세가 구속력을 갖는다.

## 제4장 위험의 이전

### 제66조(위험부담의 일반원칙)

위험이 매수인에게 이전된 이후에 물품의 멸실 또는 손상은 매수인을 대금지급의 의무로부터 면제시키지 아니한다. 다만 그 멸실 또는 손상이 매도인의 작위 또는 부작위에 기인한 경우에는 그러하지 아니하다.

### 제67조(운송조건부 계약품의 위험)

(1) 매매계약이 물품의 운송을 포함하고 있는 경우에 매도인이 특정한 장소에서 이를 인도하여야 할 의무가 없는 때에는, 위험은 물품이 매매계약에 따라 매수인에게 송부하도록 최초의 운송인에게 인도된 때에 매수인에게 이전한다. 매도인이 특정한 장소에서 물품을 운송인에게 인도하여야 할 의무가 있는 경우에는, 위험은 물품이 그러한 장소에서 운송인에게 인도되기까지는 매수인에게 이전하지 아니한다. 매도인이 물품의 처분을 지배하는 서류를 보유하는 권한이 있다는 사실은 위험의 이전에 영향을 미치지 아니 한다.

(2) 그럼에도 불구하고, 위험은 물품이 하인, 선적서류, 매수인에 대한 통지 또는 기타의 방법에 의하여 계약에 명확히 특정되기까지는 매수인에게 이전하지 아니 한다.

### 제68조(운송중매매물품의 위험)

운송 중에 매각된 물품에 관한 위험은 계약 체결시로부터 매수인에게 이전한다. 그러나 사정에 따라서는 위험은 운송계약을 구현하고 있는 서류를 발행한 운송인에게 물품이 인도된 때

assumed by the buyer from the time the goods were handed over to the carrier who issued the documents embodying the contract of carriage. Nevertheless, if at the time of the conclusion of the contract of sale the seller knew or ought to have known that the goods had been lost or damaged and did not disclose this to the buyer, the loss or damage is at the risk of the seller.

### Article 69

(1) In cases not within articles 67 and 68, the risk passes to the buyer when he takes over the goods or, if he does not do so in due time, from the time when the goods are placed at his disposal and he commits a breach of contract by failing to take delivery.

(2) However, if the buyer is bound to take over the goods at a place other than a place of business of the seller, the risk passes when delivery is due and the buyer is aware of the fact that the goods are placed at his disposal at that place.

(3) If the contract relates to goods not then identified, the goods are considered not to be placed at the disposal of the buyer until they are clearly identified to the contract.

### Article 70

If the seller has committed a fundamental breach of contract, articles 67, 68 and 69 do not impair the remedies available to the buyer on account of the breach.

## Chapter V

PROVISIONS COMMON TO THE OBLIGATIONS OF THE SELLER AND OF THE BUYER

### Section I. Anticipatory breach and instalment contracts

로부터 매수인이 부담한다. 그럼에도 불구하고, 매도인이 매매계약의 체결시에 물품이 이미 멸실 또는 손상되었다는 사실을 알았거나 또는 알았어야 하는 경우에 이를 매수인에게 밝히지 아니한 때에는, 그 멸실 또는 손상은 매도인의 위험부담에 속한다.

제69조(기타 경우의 위험)

(1) 제67조 및 제68조에 해당되지 아니하는 경우에는, 위험은 매수인이 물품을 인수한 때, 또는 매수인이 적시에 이를 인수하지 아니한 경우에는 물품이 매수인의 임의처분하에 적치되고 매수인이 이를 수령하지 아니하여 계약위반을 범하게 된 때로부터 매수인에게 이전한다.

(2) 그러나 매수인이 매도인의 영업소 이외의 장소에서 물품을 인수하여야 하는 경우에는, 위험은 인도의 기일이 도래하고 또 물품이 그러한 장소에서 매수인의 임의처분하에 적치된 사실을 매수인이 안 때에 이전한다.

(3) 계약이 아직 특정되지 아니한 물품에 관한 것인 경우에는, 물품은 계약의 목적물로서 명확히 특정되기까지는 매수인의 임의처분하에 적치되지 아니한 것으로 본다.

제70조(매도인의 계약위반시의 위험)

매도인이 계약의 본질적인 위반을 범한 경우에는, 제67조, 제68조 및 제69조의 규정은 그 본질적인 위반을 이유로 매수인이 원용할 수 있는 구제를 침해하지 아니한다.

## 제5장 매도인과 매수인의 의무에 공통되는 규정

### 제1절 이행기일 전의 계약위반과 분할이행계약

Article 71

(1) A party may suspend the performance of his obligations if, after the conclusion of the contract, it becomes apparent that the other party will not perform a substantial part of his obligations as a result of:

(a) a serious deficiency in his ability to perform or in his creditworthiness; or

(b) his conduct in preparing to perform or in performing the contract.

(2) If the seller has already dispatched the goods before the grounds described in the preceding paragraph become evident, he may prevent the handing over of the goods to the buyer even though the buyer holds a document which entitles him to obtain them. The present paragraph relates only to the rights in the goods as between the buyer and the seller.

(3) A party suspending performance, whether before or after dispatch of the goods, must immediately give notice of the suspension to the other party and must continue with performance if the other party provides adequate assurance of his performance.

Article 72

(1) If prior to the date for performance of the contract it is clear that one of the parties will commit a fundamental breach of contract, the other party may declare the contract avoided.

(2) If time allows, the party intending to declare the contract avoided must give reasonable notice to the other party in order to permit him to provide adequate assurance of his performance.

(3) The requirements of the preceding paragraph do not apply if the other party has declared that he will not perform his obligations.

Article 73

(1) In the case of a contract for delivery of goods by instalments, if the failure of one party to perform any of his obligations in respect of any instalment constitutes a fundamental breach of contract with respect to that instalment, the other party may

제71조(이행의 정지)
(1) 당사자 일방은 계약체결 후에 상대방이 다음과 같은 사유의 결과로 그 의무의 어떤 실질적인 부분을 이행하지 아니할 것이 명백하게 된 경우에는, 자기의 의무의 이행을 정지할 수 있다.
(a) 상대방의 이행능력 또는 그 신뢰성의 중대한 결함, 또는
(b) 상대방의 계약이행의 준비 또는 계약이행의 행위.
(2) 매도인이 전항에 기술된 사유가 명백하게 되기 전에 이미 물품을 발송한 경우에는, 비록 매수인이 물품을 취득할 권한을 주는 서류를 소지하고 있더라도, 매도인은 물품이 매수인에게 인도되는 것을 중지시킬 수 있다. 본 항의 규정은 매도인과 매수인 간에서의 물품에 대한 권리에만 적용한다.

(3) 이행을 정지한 당사자는 물품의 발송 전후에 관계없이 상대방에게 그 정지의 통지를 즉시 발송하여야 하고, 또 상대방이 그 이행에 관하여 적절한 확약을 제공하는 경우에는 이행을 계속하여야 한다.

제72조(이행기일 전의 계약해제)
(1) 계약의 이행기일 이전에 당사자의 일방이 계약의 본질적인 위반을 범할 것이 명백한 경우에는, 상대방은 계약의 해제를 선언할 수 있다.

(2) 시간이 허용하는 경우에는, 계약의 해제를 선언하고자 하는 당사자는 상대방이 그 이행에 관하여 적절한 확약을 제공할 수 있도록 하기 위하여 상대방에게 상당한 통지를 발송하여야 한다.
(3) 전항의 요건은 상대방이 그 의무를 이행하지 아니할 것을 선언한 경우에는 이를 적용하지 아니한다.

제73조(분할이행계약의 해제)
(1) 물품의 분할인도를 위한 계약의 경우에 있어서, 어느 분할부분에 관한 당사자 일방의 어떠한 의무의 불이행이 그 분할부분에 관하여 계약의 본질적인 위반을 구성하는 경우에는, 상대방은 그 분할부분에 관하여 계약의 해제를 선언할 수 있다.

declare the contract avoided with respect to that instalment.

(2) If one party's failure to perform any of his obligations in respect of any instalment gives the other party good grounds to conclude that a fundamental breach of contract will occur with respect to future instalments, he may declare the contract avoided for the future, provided that he does so within a reasonable time.

(3) A buyer who declares the contract avoided in respect of any delivery may, at the same time, declare it avoided in respect of deliveries already made or of future deliveries if, by reason of their interdependence, those deliveries could not be used for the purpose contemplated by the parties at the time of the conclusion of the contract.

## Section II. Damages

### Article 74

Damages for breach of contract by one party consist of a sum equal to the loss, including loss of profit, suffered by the other party as a consequence of the breach. Such damages may not exceed the loss which the party in breach foresaw or ought to have foreseen at the time of the conclusion of the contract, in the light of the facts and matters of which he then knew or ought to have known, as a possible consequence of the breach of contract.

### Article 75

If the contract is avoided and if, in a reasonable manner and within a reasonable time after avoidance, the buyer has bought goods in replacement or the seller has resold the goods, the party claiming damages may recover the difference between the contract price and the price in the substitute transaction as well as any further damages recoverable under article 74.

### Article 76

(1) If the contract is avoided and there is a current price for the goods, the party

(2) 어느 분할부분에 관한 당사자 일방의 어떠한 의무의 불이행이 상대방으로 하여금 장래의 분할부분에 관하여 계약의 본질적인 위반이 발생할 것이라는 결론을 내리게 하는 충분한 근거가 되는 경우에는, 상대방은 장래의 분할부분에 관하여 계약의 해제를 선언할 수 있다. 다만 상대방은 상당한 기간 내에 이를 행하여야 한다.
(3) 어느 인도부분에 관하여 계약의 해제를 선언하는 매수인은 이미 행하여진 인도 또는 장래의 인도에 관해서도 동시에 계약의 해제를 선언할 수 있다. 다만 그러한 인도부분들이 상호 의존관계로 인하여 계약 체결시에 당사자 쌍방이 의도한 목적으로 사용될 수 없을 경우에 한한다.

제2절 손해배상액

제74조(손해배상액산정의 원칙)
당사자 일방의 계약위반에 대한 손해배상액은 이익의 손실을 포함하여 그 위반의 결과로 상대방이 입은 손실과 동등한 금액으로 한다. 그러한 손해배상액은 계약 체결시에 위반의 당사자가 알았거나 또는 알았어야 할 사실 및 사정에 비추어서 그 위반의 당사자가 계약 체결시에 계약위반의 가능한 결과로서 예상하였거나 또는 예상하였어야 하는 손실을 초과할 수 없다.

제75조(대체거래시의 손해배상액)
계약이 해제되고 또한 해제 후에 상당한 방법과 상당한 기간 내에 매수인이 대체품을 구매하거나 또는 매도인이 물품을 재매각한 경우에는, 손해배상을 청구하는 당사자는 계약대금과 대체거래의 대금과의 차액뿐만 아니라 제74조에 따라 회수가능한 기타의 모든 손해배상액을 회수할 수 있다.

제76조(시가에 기초한 손해배상액)
(1) 계약이 해제되고 또한 물품에 시가가 있는 경우에는, 손해배상을 청구하는 당사자는 제75

claiming damages may, if he has not made a purchase or resale under article 75, recover the difference between the price fixed by the contract and the current price at the time of avoidance as well as any further damages recoverable under article 74. If, however, the party claiming damages has avoided the contract after taking over the goods, the current price at the time of such taking over shall be applied instead of the current price at the time of avoidance.
(2) For the purposes of the preceding paragraph, the current price is the price prevailing at the place where delivery of the goods should have been made or, if there is no current price at that place, the price at such other place as serves as a reasonable substitute, making due allowance for differences in the cost of transporting the goods.

### Article 77

A party who relies on a breach of contract must take such measures as are reasonable in the circumstances to mitigate the loss, including loss of profit, resulting from the breach. If he fails to take such measures, the party in breach may claim a reduction in the damages in the amount by which the loss should have been mitigated.

## Section III. Interest

### Article 78

If a party fails to pay the price or any other sum that is in arrears, the other party is entitled to interest on it, without prejudice to any claim for damages recoverable under article 74.

## Section IV. Exemptions

### Article 79

(1) A party is not liable for a failure to perform any of his obligations if he proves

조에 따라 구매 또는 재매각을 행하지 아니한 때에는 계약대금과 계약 해제시의 시가와의 차액뿐만 아니라 제74조에 따라 회수가능한 기타의 모든 손해배상액을 회수할 수 있다. 그러나 손해배상을 청구하는 당사자가 물품을 인수한 후에 계약을 해제한 경우에는, 계약 해제시의 시가에 대신하여 물품 인수시의 시가를 적용한다.

(2) 전항의 적용에 있어서, 시가라 함은 물품의 인도가 행하여졌어야 할 장소에서 지배적 신가격을 말하고, 그 장소에서 아무런 시가가 없는 경우에는 물품의 운송비용의 차이를 적절히 감안하여 상당한 대체가격으로 할 수 있는 다른 장소에서의 가격을 말한다.

제77조(손해경감의 의무)
계약위반을 주장하는 당사자는 이익의 손실을 포함하여 그 위반으로부터 야기된 손실을 경감하기 위하여 그 사정에 따라 상당한 조치를 취하여야 한다. 그러한 조치를 취하지 아니하는 경우에는, 위반의 당사자는 경감되었어야 하는 손실의 금액을 손해배상액에서 감액하도록 청구할 수 있다.

제3절 이자

제78조(연체금액의 이자)
당사자 일방이 대금 또는 기타 모든 연체된 금액을 지급하지 아니한 경우에는, 상대방은 제74조에 따라 회수가능한 손해배상액의 청구에 침해받지 아니하고 그 금액에 대한 이자를 청구할 권리를 갖는다.

제4절 면책

제79조(손해배상책임의 면제)
(1) 당사자 일방은 그 의무의 불이행이 자신의 통제를 벗어난 장해에 기인하였다는 점과 계약

that the failure was due to an impediment beyond his control and that he could not reasonably be expected to have taken the impediment into account at the time of the conclusion of the contract or to have avoided or overcome it or its consequences.

(2) If the party's failure is due to the failure by a third person whom he has engaged to perform the whole or a part of the contract, that party is exempt from liability only if:

(a) he is exempt under the preceding paragraph; and

(b) the person whom he has so engaged would be so exempt if the provisions of that paragraph were applied to him.

(3) The exemption provided by this article has effect for the period during which the impediment exists.

(4) The party who fails to perform must give notice to the other party of the impediment and its effect on his ability to perform. If the notice is not received by the other party within a reasonable time after the party who fails to perform knew or ought to have known of the impediment, he is liable for damages resulting from such non-receipt.

(5) Nothing in this article prevents either party from exercising any right other than to claim damages under this Convention.

### Article 80

A party may not rely on a failure of the other party to perform, to the extent that such failure was caused by the first party's act or omission.

## Section V. Effects of avoidance

### Article 81

(1) Avoidance of the contract releases both parties from their obligations under it, subject to any damages which may be due. Avoidance does not affect any provision of the contract for the settlement of disputes or any other provision of the contract

체결시에 그 장해를 고려하거나 또는 그 장해나 장해의 결과를 회피하거나 극복하는 것이 합리적으로 기대될 수 없었다는 점을 입증하는 경우에는 자신의 어떠한 의무의 불이행에 대하여 책임을 지지 아니한다.

(2) 당사자의 불이행이 계약의 전부 또는 일부를 이행하기 위하여 고용된 제3자의 불이행에 기인한 경우에는, 그 당사자는 다음과 같은 경우에 한하여 그 책임이 면제된다.

(a) 당사자가 전항의 규정에 따라 면책되고, 또
(b) 당사자가 고용한 제3자가 전항의 규정이 그에게 적용된다면 역시 면책되는 경우.

(3) 본조에 규정된 면책은 장해가 존재하는 동안의 기간에만 효력을 갖는다.

(4) 불이행의 당사자는 장해와 그것이 자신의 이행능력에 미치는 영향에 관하여 상대방에게 통지하여야 한다. 불이행의 당사자가 장해를 알았거나 또는 알았어야 하는 때로부터 상당한 기간 내에 그 통지가 상대방에게 도착하지 아니한 경우에는, 당사자는 그러한 불착으로 인하여 발생하는 손해배상액에 대한 책임이 있다.

(5) 본조의 규정은 어느 당사자에 대해서도 이 협약에 따른 손해배상액의 청구 이외의 모든 권리를 행사하는 것을 방해하지 아니한다.

제80조(자신의 귀책사유와 불이행)
당사자 일방은 상대방의 불이행이 자신의 작위 또는 부작위에 기인하여 발생한 한도 내에서는 상대방의 불이행을 원용할 수 없다.

제5절 해제의 효과

제81조(계약의무의 소멸과 반환청구)
(1) 계약의 해제는 이미 발생한 모든 손해배상의 의무를 제외하고 양당사자를 계약상의 의무로부터 면하게 한다. 해제는 분쟁해결을 위한 어떠한 계약조항이나 계약의 해제에 따라 발생하는 당사자의 권리와 의무를 규율하는 기타 모든 계약조항에 영향을 미치지 아니한다.

governing the rights and obligations of the parties consequent upon the avoidance of the contract.

(2) A party who has performed the contract either wholly or in part may claim restitution from the other party of whatever the first party has supplied or paid under the contract. If both parties are bound to make restitution, they must do so concurrently.

### Article 82

(1) The buyer loses the right to declare the contract avoided or to require the seller to deliver substitute goods if it is impossible for him to make restitution of the goods substantially in the condition in which he received them.

(2) The preceding paragraph does not apply:

(a) if the impossibility of making restitution of the goods or of making restitution of the goods substantially in the condition in which the buyer received them is not due to his act or omission;

(b) if the goods or part of the goods have perished or deteriorated as a result of the examination provided for in article 38; or

(c) if the goods or part of the goods have been sold in the normal course of business or have been consumed or transformed by the buyer in the course normal use before he discovered or ought to have discovered the lack of conformity.

### Article 83

A buyer who has lost the right to declare the contract avoided or to require the seller to deliver substitute goods in accordance with article 82 retains all other remedies under the contract and this Convention.

### Article 84

(1) If the seller is bound to refund the price, he must also pay interest on it, from the date on which the price was paid.

(2) 계약의 전부 또는 일부를 이행한 당사자 일방은 상대방에 대하여 그 계약하에서 자신이 이미 공급하였거나 또는 지급한 것에 대한 반환을 청구할 수 있다. 당사자 쌍방이 반환하여야 할 의무가 있는 경우에는, 양 당사자는 동시에 이를 이행하여야 한다.

제82조(물품반환이 불가능한 경우)

(1) 매수인이 물품을 수령한 상태와 실질적으로 동등한 물품을 반환하는 것이 불가능한 경우에는, 매수인은 계약의 해제를 선언하거나 또는 매도인에게 대체품의 인도를 요구하는 권리를 상실한다.

(2) 전항의 규정은 다음과 같은 경우에는 이를 적용하지 아니한다.

(a) 물품을 반환하거나 또는 매수인이 물품을 수령한 상태와 실질적으로 동등한 물품을 반환하는 것이 불가능한 사유가 매수인의 작위 또는 부작위에 기인하지 아니한 경우,

(b) 제38조에 규정된 검사의 결과로 물품의 전부 또는 일부가 이미 멸실되었거나 또는 변질된 경우, 또는

(c) 매수인이 불일치를 발견하였거나 또는 발견하였어야 하는 때 이전에 물품의 전부 또는 일부가 이미 매수인에 의하여 정상적인 영업과정에서 매각되었거나, 또는 정상적인 사용과정에서 소비되었거나 또는 변형된 경우.

제83조(기타의 구제방법)

매수인은 제82조에 가라 계약의 해제를 선언하는 권리 또는 매도인에게 대체품의 인도를 요구하는 권리를 상실한 경우에도, 계약 및 이 협약에 따른 기타 모든 구제방법을 보유한다.

제84조(이익의 반환)

(1) 매도인이 대금을 반환하여야 할 의무가 있는 경우에는, 매도인은 대금이 지급된 날로부터의 그것에 대한 이자도 지급하여야 한다.

(2) The buyer must account to the seller for all benefits which he has derived from the goods or part of them:

(a) if he must make restitution of the goods or part of them; or

(b) if it is impossible for him to make restitution of all or part of the goods or to make restitution of all or part of the goods substantially in the condition in which he received them, but he has nevertheless declared the contract avoided or required the seller to deliver substitute goods.

## Section VI. Preservation of the goods

### Article 85

If the buyer is in delay in taking delivery of the goods or, where payment of the price and delivery of the goods are to be made concurrently, if he fails to pay the price, and the seller is either in possession of the goods or otherwise able to control their disposition, the seller must take such steps as are reasonable in the circumstances to preserve them. He is entitled to retain them until he has been reimbursed his reasonable expenses by the buyer.

### Article 86

(1) If the buyer has received the goods and intends to exercise any right under the contract or this Convention to reject them, he must take such steps to preserve them as are reasonable in the circumstances. He is entitled to retain them until he has been reimbursed his reasonable expenses by the seller.

(2) If goods dispatched to the buyer have been placed at his disposal at their destination and he exercises the right to reject them, he must take possession of them on behalf of the seller, provided that this can be done without payment of the price and without unreasonable inconvenience or unreasonable expense. This provision does not apply if the seller or a person authorized to take charge of the goods on his behalf is present at the destination. If the buyer takes possession of the goods under this paragraph, his rights and obligations are governed by the

(2) 매수인은 다음과 같은 경우에는 물품의 전부 또는 일부로부터 취득한 이익을 매도인에게 반환하여야 한다.

(a) 매수인이 물품의 전부 또는 일부를 반환하여야 하는 경우, 또는

(b) 매수인이 물품의 전부 또는 일부를 반환하거나 또는 그가 물품을 수령한 상태와 실질적으로 동등하게 물품의 전부 또는 일부를 반환하는 것이 불가능함에도 불구하고, 매수인이 계약의 해제를 선언하였거나 또는 매도인에게 대체품의 인도를 요구한 경우.

## 제6절 물품의 보존

### 第85조(매도인의 보존의무)

매수인이 물품의 인도수령을 지체한 경우에, 또는 대금의 지급과 물품의 인도가 동시에 이행되어야 하는 때에 매수인이 그 대금을 지급하지 아니하고 매도인이 물품을 점유하고 있거나 또는 기타의 방법으로 그 처분을 지배할 수 있는 경우에는, 매도인은 물품을 보존하기 위하여 그 사정에 합리적인 조치를 취하여야 한다. 매도인은 자신의 합리적인 비용을 매수인으로부터 보상받을 때까지 물품을 유치할 권리가 있다.

### 第86조(매수인의 보존의무)

(1) 매수인이 물품을 수령한 경우에 있어서 그 물품을 거절하기 위하여 계약 또는 이 협약에 따른 어떠한 권리를 행사하고자 할 때에는, 매수인은 물품을 보존하기 위하여 그 사정에 합리적인 조치를 취하여야 한다. 매수인은 자신의 합리적인 비용을 매도인으로부터 보상받을 때까지 물품을 유치할 권리가 있다.

(2) 매수인 앞으로 발송된 물품이 목적지에서 매수인의 임의처분하에 적치된 경우에 있어서 매수인이 물품을 거절하는 권리를 행사할 때에는, 매수인은 매도인을 위하여 물품을 점유하여야 한다. 다만 이것은 대금의 지급이 없이 그리고 불합리한 불편이나 불합리한 비용이 없이 행하여질 수 있는 경우에 한한다. 이 규정은 매도인이나 또는 매도인을 위하여 물품을 관리하도록 수권된 자가 목적지에 있는 경우에는 이를 적용하지 아니한다. 매수인이 본항의 규정에 따라 물품을 점유하는 경우에는, 매수인의 권리와 의무에 대해서는 전항의 규정을 적용한다.

preceding paragraph.

Article 87

A party who is bound to take steps to preserve the goods may deposit them in a warehouse of a third person at the expense of the other party provided that the expense incurred is not unreasonable.

Article 88

(1) A party who is bound to preserve the goods in accordance with article 85 or 86 may sell them by any appropriate means if there has been an unreasonable delay by the other party in taking possession of the goods or in taking them back or in paying the price or the cost of preservation, provided that reasonable notice of the intention to sell has been given to the other party.

(2) If the goods are subject to rapid deterioration or their preservation would involve unreasonable expense, a party who is bound to preserve the goods in accordance with article 85 or 86 must take reasonable measures to sell them. To the extent possible he must give notice to the other party of his intention to sell.

(3) A party selling the goods has the right to retain out of the proceeds of sale an amount equal to the reasonable expenses of preserving the goods and of selling them. He must account to the other party for the balance.

## PART IV. FINAL PROVISIONS

Article 89

The Secretary-General of the United Nations is hereby designated as the depositary for this Convention.

제87조(제3자 창고에의 기탁)
물품을 보존하기 위한 조치를 취하여야 할 의무가 있는 당사자는 그 발생한 비용이 불합리한 것이 아닌 한, 상대방의 비용으로 물품을 제3자의 창고에 기탁할 수 있다.

제88조(물품의 매각)
(1) 제85조 또는 제86조에 따라 물품을 보존하여야 할 의무가 있는 당사자는 상대방이 물품의 점유 또는 반송에 있어서, 또는 대금이나 보존비용의 지급에 있어서 불합리하게 지연한 경우에는, 적절한 방법으로 물품을 매각할 수 있다. 다만 상대방에 대하여 그 매각의 의도에 관한 합리적인 통지가 있어야 한다.

(2) 물품이 급속히 변질되기 쉬운 것이거나 또는 그 보존에 불합리한 비용이 요구되는 경우에는, 제85조 또는 제86조에 따라 물품을 보존하여야 할 의무가 있는 당사자는 이를 매각하기 위한 합리적인 조치를 취하여야 안다. 보존의 의무가 있는 당사자는 가능한 한, 상대방에게 매각의 의도에 관하여 통지를 하여야 한다.
(3) 물품을 매각하는 당사자는 매각의 대금으로부터 물품의 보존과 그 매각에 소요된 합리적인 비용과 동등한 금액을 유보할 권리를 갖는다. 그러나 그 당사자는 상대방에게 잔액을 반환하여야 한다.

## 제4부 최종규정

제89조(협약의 수탁자)
국제연합의 사무총장은 이 협약의 수탁자로서 이에 임명된다.

### Article 90

This Convention does not prevail over any international agreement which has already been or may be entered into and which contains provisions concerning the matters governed by this Convention, provided that the parties have their places of business in States parties to such agreement.

### Article 91

(1) This Convention is open for signature at the concluding meeting of the United Nations Conference on Contracts for the International Sale of Goods and will remain open for signature by all States at the Headquarters of the United Nations, New York until 30 September 1981.

(2) This Convention is subject to ratification, acceptance or approval by the signatory States.

(3) This Convention is open for accession by all States which are not signatory States as from the date it is open for signature.

(4) Instruments of ratification, acceptance, approval and accession are to be deposited with the Secretary-General of the United Nations.

### Article 92

(1) A Contracting State may declare at the time of signature, ratification, acceptance, approval or accession that it will not be bound by Part II of this Convention or that it will not be bound by Part III of this Convention.

(2) A Contracting State which makes a declaration in accordance with the preceding paragraph in respect of Part II or Part III of this Convention is not to be considered a Contracting State within paragraph (1) of article 1 of this Convention in respect of matters governed by the Part to which the declaration applies.

### Article 93

(1) If a Contracting State has two or more territorial units in which, according to its constitution, different systems of law are applicable in relation to the matters dealt

제90조(타협정자의 관계)
이 협약은 이미 발효되었거나 또는 앞으로 발효되는 어떠한 국제적인 협정이 이 협약에 의하여 규율되는 사항에 관한 규정을 포함하고 있는 경우에는 이에 우선하지 아니한다. 다만 당사자 쌍방이 그러한 협정의 당사국에 영업소를 갖고 있는 경우에 한한다.

제91조(서명과 협약의 채택)
(1) 이 협약은 국제물품매매계약에 관한 국제연합회의의 최종일에 서명을 위하여 개방되며, 또 1981년 9월 30일까지 뉴욕의 국제연합본부에서 모든 국가에 의한 서명을 위하여 개방해 둔다.

(2) 이 협약은 서명국에 의하여 비준, 승낙 또는 승인되는 것을 전제로 한다.

(3) 이 협약은 서명을 위하여 개방된 날로부터 서명국이 아닌 모든 국가에 의한 가입을 위하여 개방된다.
(4) 비준서, 승낙서, 승인서 및 가입서는 국제연합의 사무총장에게 기탁하는 것으로 한다.

제92조(일부규정의 채택)
(1) 체약국은 서명, 비준, 승낙, 승인 또는 가입의 당시에 그 국가가 이 협약의 제2부에 구속되지 아니한다거나 또는 이 협약의 제3부에 구속되지 아니한다는 것을 선언할 수 있다.

(2) 이 협약의 제2부 또는 제3부에 관하여 전항의 규정에 따른 선언을 하는 체약국은 그 선언이 적용되는 각부에 의하여 규율되는 사항에 관해서는 이 협약의 제1조 제1항에서 규정하는 체약국으로 보지 아니한다.

제93조(연방국가의 채택)
(1) 체약국이 그 헌법에 의하여 이 협약에서 취급되는 사항에 관하여 상이한 법체계가 적용되는 둘 이상의 영역을 보유하고 있는 경우에는, 체약국은 서명, 비준, 승낙, 승인 또는 가입의

with in this Convention, it may, at the time of signature, ratification, acceptance, approval or accession, declare that this Convention is to extend to all its territorial units or only to one or more of them, and may amend its declaration by submitting another declaration at any time.

(2) These declarations are to be notified to the depositary and are to state expressly the territorial units to which the Convention extends.

(3) If, by virtue of a declaration under this article, this Convention extends to one or more but not all of the territorial units of a Contracting State, and if the place of business of a party is located in that State, this place of business, for the purposes of this Convention, is considered not to be in a Contracting State, unless it is in a territorial unit to which the Convention extends.

(4) If a Contracting State makes no declaration under paragraph (1) of this article, the Convention is to extend to all territorial units of that State.

Article 94

(1) Two or more Contracting States which have the same or closely related legal rules on matters governed by this Convention may at any time declare that the Convention is not to apply to contracts of sale or to their formation where the parties have their places of business in those States. Such declarations may be made jointly or by reciprocal unilateral declarations.

(2) A Contracting State which has the same or closely related legal rules on matters governed by this Convention as one or more non-Contracting States may at any time declare that the Convention is not to apply to contracts of sale or to their formation where the parties have their places of business in those States.

(3) If a State which is the object of a declaration under the preceding paragraph subsequently becomes a Contracting State, the declaration made will, as from the date on which the Convention enters into force in respect of the new Contracting State, have the effect of a declaration made under paragraph (1), provided that the new Contracting State joins in such declaration or makes a reciprocal unilateral declaration.

당시에 이 협약을 전부의 영역 또는 그 중의 하나 이상의 일부의 영역에만 적용한다는 것을 선언할 수 있으며, 또 언제든지 다른 선언을 제출함으로써 앞의 선언을 변경할 수 있다.

(2) 전항의 선언은 수탁자에게 통고되어야 하며, 또 이 협약이 적용되는 영역을 명시적으로 기재하여야 한다.
(3) 본조에 따른 선언에 의하여, 이 협약이 체약국의 하나 이상의 일부의 영역에 적용되고 그 전부의 영역에는 적용되지 아니한 경우에 당사자 일방의 영업소가 그 체약국에 있는 때에는, 그 영업소는 이 협약의 적용에 있어서 체약국에 있지 아니한 것으로 본다. 다만 그 영업소가 이 협약이 적용되는 영역에 있는 경우에는 그러하지 아니하다.

(4) 체약국이 본조 제1항에 따른 선언을 하지 아니하는 경우에는, 이 협약은 그 체약국의 전부의 영역에 적용되는 것으로 한다.

제94조(관련법이 있는 국가의 채택)
(1) 이 협약이 규율하는 사항에 관하여 이와 동일하거나 또는 밀접한 관계가 있는 법령을 두고 있는 둘 이상의 체약국은 당사자 쌍방이 이들 체약국에 영업소를 갖고 있는 경우의 매매계약 및 그 성립에 대하여 이 협약을 적용하지 아니한다는 것을 언제라도 선언할 수 있다. 그러한 선언은 체약국이 공동으로 또는 호혜주의를 조건으로 하여 일방적으로 행할 수 있다.

(2) 이 협약이 규율하는 사항에 관하여 하나 이상의 비체약국과 동일하거나 또는 밀접한 관계가 있는 법령을 두고 있는 체약국은 당사자 쌍방이 이들 해당 국가에 영업소를 갖고 있는 경우의 매매계약 및 그 성립에 대하여 이 조약을 적재하지 아니한다는 것을 언제라도 선언할 수 있다.
(3) 전항에 따른 선언의 대상이 된 국가가 그 후 체약국이 된 경우에는, 그 선언은 이 협약이 그 새로운 체약국에 대하여 효력을 발생한 날로부터 본조 제1항에 따른 선언으로서의 효력을 갖는다. 다만 새로운 체약국이 그러한 선언에 참가하거나 또는 호혜주의를 조건으로 하는 일방적인 선언을 행하는 경우에 한한다.

### Article 95

Any State may declare at the time of the deposit of its instrument of ratification, acceptance, approval or accession that it will not be bound by subparagraph (1)(b) of article 1 of this Convention.

### Article 96

A Contracting State whose legislation requires contracts of sale to be concluded in or evidenced by writing may at any time make a declaration in accordance with article 12 that any provision of article 11, article 29, or Part II of this Convention, that allows a contract of sale or its modification or termination by agreement or any offer, acceptance, or other indication of intention to be made in any form other than in writing, does not apply where any party has his place of business in that State.

### Article 97

(1) Declarations made under this Convention at the time of signature are subject to confirmation upon ratification, acceptance or approval.

(2) Declarations and confirmations of declarations are to be in writing and be formally notified to the depositary.

(3) A declaration takes effect simultaneously with the entry into force of this Convention in respect of the State concerned. However, a declaration of which the depositary receives formal notification after such entry into force takes effect on the first day of the month following the expiration of six months after the date of its receipt by the depositary. Reciprocal unilateral declarations under article 94 take effect on the first day of the month following the expiration of six months after the receipt of the latest declaration by the depositary.

(4) Any State which makes a declaration under this Convention may withdraw it at any time by a formal notification in writing addressed to the depositary. Such withdrawal is to take effect on the first day of the month following the expiration of six months after the date of the receipt of the notification by the depositary.

(5) A withdrawal of a declaration made under article 94 renders inoperative, as from

제95조(제1조 제1항 b호의 배제)
어느 국가의 경우에도 이 협약의 비준서, 승낙서, 승인서 또는 가입서를 기탁할 당시에 이 협약의 제1조 제1항 b호의 규정에 구속되지 아니한다는 것을 선언할 수 있다.

제96조(계약형식요건의 유보)
체약국의 법률상 매매계약을 서면으로 체결하거나 또는 입증하도록 요구하고 있는 체약국은 제12조의 규정에 따라, 어떠한 매매계약이나 그 변경 또는 합의에 의한 해지 또는 모든 청약, 승낙 또는 기타의 의사표시를 서면 이외의 어느 방법으로 행하는 것을 인정하고 있는 이 협약의 제11조, 제29조 또는 제2부의 어떠한 규정도 당사자의 어느 일방이 그 체약국에 영업소를 갖고 있는 경우에는 이를 적용하지 아니한다는 것을 선언할 수 있다.

제97조(협약에 관한 선언절차)
(1) 서명시에 이 협약에 따라 행한 선언은 비준, 승낙 또는 승인에 즈음하여 이를 확인하여야 하는 것으로 한다.
(2) 선언 및 선언의 확인은 서면으로 이를 행하여야 하며, 또 정식으로 수탁자에게 통고하여야 한다.
(3) 선언은 관련된 국가에 대하여 이 협약이 효력을 발생함과 동시에 그 효력을 발생한다. 그러나 이 협약이 그 국가에 대하여 효력을 발생한 이후에 수탁자가 정식의 통고를 수령한 선언은 수탁자가 이를 수령한 날로부터 6개월을 경과한 후 이어지는 월의 최초일에 그 효력을 발생한다. 제94조에 따른 호혜주의를 조건으로 하는 일방적인 선언은 수탁자가 최후의 선언을 수령한 날로부터 6개월을 경과한 후 이어지는 월의 최초일에 그 효력을 발생한다.

(4) 이 협약에 따른 선언을 행한 모든 국가는 수탁자 앞으로 서면에 의한 정식의 통고를 함으로써 언제든지 이를 철회할 수 있다. 그러한 철회는 수탁자가 통고를 수령한 날로부터 6개월을 경과한 후 이어지는 월의 최초일에 그 효력을 발생한다.
(5) 제94조에 따른 선언의 철회는 그 철회가 효력을 갖는 날로부터 동조에 따른 다른 국가의 모든 호혜적인 선언의 효력을 상실하게 한다.

the date on which the withdrawal takes effect, any reciprocal declaration made by another State under that article.

Article 98

No reservations are permitted except those expressly authorized in this Convention.

Article 99

(1) This Convention enters into force, subject to the provisions of paragraph (6) of this article, on the first day of the month following the expiration of twelve months after the date of deposit of the tenth instrument of ratification, acceptance, approval or accession, including an instrument which contains a declaration made under article 92.

(2) When a State ratifies, accepts, approves or accedes to this Convention after the deposit of the tenth instrument of ratification, acceptance, approval or accession, this Convention, with the exception of the Part excluded, enters into force in respect of that State, subject to the provisions of paragraph (6) of this article, on the first day of the month following the expiration of twelve months after the date of the deposit of its instrument of ratification, acceptance, approval or accession.

(3) A State which ratifies, accepts, approves or accedes to this Convention and is a party to either or both the Convention relating to a Uniform Law on the Formation of Contracts for the International Sale of Goods done at The Hague on 1 July 1964 (1964 Hague Formation Convention) and the Convention relating to a Uniform Law on the International Sale of Goods done at The Hague on 1 July 1964 (1964 Hague Sales Convention) shall at the same time denounce, as the case may be, either or both the 1964 Hague Sales Convention and the 1964 Hague Formation Convention by notifying the Government of the Netherlands to that effect.

(4) A State party to the 1964 Hague Sales Convention which ratifies, accepts, approves or accedes to the present Convention and declares or has declared under article 52 that it will not be bound by Part II of this Convention shall at the time of ratification, acceptance, approval or accession denounce the 1964 Hague Sales

제98조(유보의 금지)

어떠한 유보도 이 협약에서 명시적으로 인정된 경우를 제외하고는 이를 허용하지 아니한다.

제99조(협약의 발효)

(1) 이 협약은 본조 제6항의 규정에 따라 제92조에 의한 선언에 기재되어 있는 문서를 포함하여 제10번째의 비준서, 승낙서, 승인서 또는 가입서가 기탁된 날로부터 12개월을 경과한 후 이어지는 월의 최초일에 그 효력을 발생한다.

(2) 어느 국가가 제10번째의 비준서, 승낙서, 승인서 또는 가입서를 기탁한 후에 이 협약을 비준, 승낙, 승인 또는 가입하는 경우에는, 이 협약은 그 적용이 배제되는 부분을 제외하고 본조 제6항의 규정에 따라 그 국가의 비준서, 승낙서, 승인서 또는 가입서가 기탁된 날로부터 12개월을 경과한 후 이어지는 월의 최초일에 그 국가에 대하여 효력을 발생한다.

(3) 이 협약을 비준, 승낙, 승인 또는 가입하는 국가가 1964년 7월 1일 헤이그에서 작성된 국제물품매매계약의 성립에 관한 통일법에 관련한 협약(1964년 헤이그 성립협약) 및 1964년 7월 1일 헤이그에서 작성된 국제물품매매에 관한 통일법에 관련한 협약(1964년 헤이그 매매협약)의 일방 또는 쌍방의 당사국인 경우에는, 그 국가는 이와 동시에 네덜란드 정부에 폐기의 취지를 통고함으로써 경우에 따라서는 1964년 헤이그 매매협약과 1964년 헤이그 성립협약의 일방 또는 쌍방을 폐기하여야 한다.

(4) 1964년 헤이그 매매협약의 당사국으로서 이 협약을 비준, 승낙, 승인 또는 가입하는 국가가 제92조에 따라 이 협약의 제2부에 구속되지 아니한다는 것을 선언하거나 또는 선언한 경우에는, 그 국가는 이 협약의 비준, 승낙, 승인 또는 가입시에 네덜란드 정부에 폐기의 취지를 통고함으로써 1964년 헤이그 매매협약을 폐기하여야 한다.

Convention by notifying the Government of the Netherlands to that effect.

(5) A State party to the 1964 Hague Formation Convention which ratifies, accepts, approves or accedes to the present Convention and declares or has declared under article 92 that it will not be bound by Part III of this Convention shall at the time of ratification, acceptance, approval or accession denounce the 1964 Hague Formation Convention by notifying the Government of the Netherlands to that effect.

(6) For the purpose of this article, ratifications, acceptances, approvals and accessions in respect of this Convention by States parties to the 1964 Hague Formation Convention or to the 1964 Hague Sales Convention shall not be effective until such denunciations as may be required on the part of those States in respect of the latter two Conventions have themselves become effective. The depositary of this Convention shall consult with the Government of the Netherlands, as the depositary of the 1964 Conventions, so as to ensure necessary co-ordination in this respect.

### Article 100

(1) This Convention applies to the formation of a contract only when the proposal for concluding the contract is made on or after the date when the Convention enters into force in respect of the Contracting States referred to in subparagraph (1)(a) or the Contracting State referred to in subparagraph (1)(b) of article 1.

(2) This Convention applies only to contracts concluded on or after the date when the Convention enters into force in respect of the Contracting States referred to in subparagraph (1)(a) or the Contracting State referred to in subparagraph (1)(b) of article 1.

### Article 101

(1) A Contracting State may denounce this Convention, or Part II or Part III of the Convention, by a formal notification in writing addressed to the depositary.

(2) The denunciation takes effect on the first day of the month following the expiration of twelve months after the notification is received by the depositary. Where a longer period for the denunciation to take effect is specified in the

(5) 1964년 헤이그 성립협약의 당사국으로서 이 협약을 비준, 승낙, 승인 또는 가입하는 국가가 제92조에 따라 이 협약의 제3부에 구속되지 아니한다는 것을 선언하거나 또는 선언한 경우에는, 그 국가는 이 협약의 비준, 승낙, 승인 또는 가입시에 네덜란드 정부에 폐기의 취지를 통고함으로써 1964년 헤이그 성립협약을 폐기하여야 한다.

(6) 본조의 적용에 있어서, 1964년 헤이그 성립협약 또는 1964년 헤이그 매매협약의 당사국에 의한 이 협약의 비준, 승낙, 승인 또는 가입은 당사국측의 이 두 가지 협약에 대한 폐기의 통고가 스스로 효력을 발생하기까지는 그 효력을 발생하지 아니한다. 이 협약의 수탁자는 이러한 점에 대한 필요한 상호조정을 확실히 하기 위하여 1964년 협약의 수탁자인 네덜란드 정부와 협의하여야 한다.

제100조(계약에 대한 적용일)

(1) 이 협약은 제1조 제1항 a호에 언급된 체약국이나 또는 동조 제1항 b호에 언급된 체약국에 대하여 그 효력을 발생하는 날 또는 그 이후에 계약의 체결을 위한 제의가 행하여진 경우에만 계약의 성립에 적용한다.

(2) 이 협약은 제1조 제1항 a호에 언급된 체약국이나 또는 동조 제1항 b호에 언급된 체약국에 대하여 그 효력을 발생하는 날 또는 그 이후에 체결되는 계약에만 적용한다.

제101조(협약의 폐기)

(1) 체약국은 수탁자 앞으로 서면에 의한 정식의 통고를 함으로써 이 협약 또는 이 협약의 제2부 또는 제3부를 폐기할 수 있다.

(2) 폐기는 수탁자가 그 통고를 수령한 날로부터 12개월을 경과한 후의 최초월의 초일에 그 효력을 발생한다. 폐기가 효력을 발생하기 위한 보다 긴 기간이 그 통고에 명시되어 있는 경우에는, 폐기는 수탁자가 그 통고를 수령한 날로부터 그러한 기간이 경과한 때에 그 효력을

notification, the denunciation takes effect upon the expiration of such longer period after the notification is received by the depositary.

DONE at Vienna, this day of eleventh day of April, one thousand nine hundred and eighty, in a single original, of which the Arabic, Chinese, English, French, Russian and Spanish texts are equally authentic.

IN WITNESS WHEREOF the undersigned plenipotentiaries, being duly authorized by their respective Governments, have signed this Convention.

발생한다.

이 협약은 1980년 4월 11일 당일에 비엔나에서 국제연합이 동등하게 인증한 아랍어, 중국어, 영어, 불어, 러시아어 및 스페인어를 정본으로 한 1통의 원본으로 작성되었다.

이상의 증거로서 아래에 명기된 전권위원들은 그 각각의 정부로부터 정당하게 위임을 받아 이 협약에 서명하였다.

# 참고문헌

## 1. 국내문헌


강병창, 「국제통일매매법」, 형설출판사, 2003.

강원진, 「무역실무」, 박영사, 2004.

_____, 「무역계약론」, 박영사, 2005.

_____, 「무역실무 문답식 해설」, 도서출판 두남, 2011.

강이수, 「국제무역관습론」, 삼영사, 1997.

_____, 「국제거래분쟁론」, 삼영사, 2002.

고범준, 「국제물품매매계약에 대한 UN협약」, 대한상상중재원, 1982.

_____, 「국제상사중재법해의」, 대한상상중재원, 1991.

곽윤직, 「채권총론」, 박영사, 2001.

권영구, 「인코텀즈 2020 무역실무 정석」, 중앙경제평론사, 2020.

김석철, 「무역계약론」, 도서출판 두남, 2005.

김영락, 「인터넷무역실무」, 21세기북스, 2000.

김영락 · 박세운, 「신용장통일규칙(UCP 600)해설」, 한국금융연수원, 2010.

김준호, 「민법강의」, 법문사, 2003.

남풍우, 「무역실무」, 도서출판 두남, 2008.

대한상공회의소, 「인코텀즈 2000」, 1999.

대한상공회의소, 「인코텀즈 2010」, 2010.

대한상공회의소, 「인코텀즈(2020), 국내 · 국제거래조건의 사용에 관한 ICC규칙」, 2019.

박대위, 「국제무역법규」, 박영사, 1995.

서정두, 「국제무역계약」, 삼영사, 2001.

_____, 「인코텀즈 2010 해설」, 청목출판사, 2011.

서헌제, 「국제거래법」, 법문사, 2003.

서희원, 「국제사법강의」, 일조각, 1994.

손태빈 · 조병중, 「무역계약론」, 도서출판 두남, 2002.

신동수 · 강용찬, 「국제무역규범」, 도서출판 두남, 2006.

양명조, 「미국계약법」, 법문사, 1996.

양승규, 「보험법」, 삼지원, 1999.

양영환 · 서정두, 「국제무역법규」, 삼영사, 2003.
양영환 · 오원석, 「최신무역상무론」, 법문사, 2003.
양영환 · 최명국, 「무역매매론」, 박영사, 1994.
오세창, 「국제상관습론」, 계명대학교출판부, 2002.
오세창 외, 「인코텀즈 2010의 해설」, 도서출판 두남, 2011.
오시학, 「무역실무 300문 300답: 인코텀즈(2020)」, 중앙경제평론사, 2020.
오원석, 「국제비지니스계약」, 삼영사, 2003.
오원석 · 하강헌, 「국제물품매매법」, 박영사, 2004.
옥선종 외 2인, 「최신 무역계약론」, 도서출판 두남, 2008.
이기수 · 신창섭, 「국제거래법」, 세창출판사, 2005.
이시환, · 「무역계약론」, 대왕사, 1997.
이시환 외, 「인코텀즈 2010」, 도서출판 두남, 2010.
이용근, 「무역계약론」, 법문사, 2003.
이춘삼, 「국제계약론」, 대왕사, 2003.
이태희, 「국제계약법」, 법문사, 2002.
임홍근 역, 「수출무역계약의 법리」, 삼영사, 1978.
장영준, 「무역계약론」, 학문사, 1992.
채진익, 「국제무역계약」, 도서출판 두남, 2004.
최두수, 「무역계약의 원리와 실무」, 도서출판 두남, 2001.
최준선, 「국제거래법」, 삼영사, 2004.
한국무역협회 무역아카데미, 「무역계약」, 2007.
한주섭 외, 「국제상사중재론」, 동성사, 1990.
한주섭 · 이용근, 「무역관습론」, 동성사, 1993.

## 2. 국내논문

강병창, "국제물품매매계약에 있어서 당사자의 권리와 의무", 박사학위논문, 부산대학교, 1986.
강원진, "국제물품매매계약에서의 승낙의 효력", 「무역학회지」 제19권, 1994.
김상호, "외국상사중재판정에 관한 연구", 박사학위논문, 중앙대학교, 1988.
김선광, "CIF거래조건에 있어서 Frustration원리의 적용에 관한 연구", 박사학위논문, 중앙대학교, 1989.
박남규, "국제물품매매계약에 관한 UN 협약상의 매도인의 의무에 관한 연구", 「무역학회지」 제11권, 한국무역학회, 1986
______, "국제물품매매계약의 주요조항에 관한 연구", 「무역상무연구」 제18권, 한국무역상무학회, 2002.
배정한, "국제계약에 있어서 준거법결정에 관한 연구", 「무역상무연구」 제11권, 한국무역상무학회, 1998.

사동천, “국제물품매매에 대한 UN협약상의 매도인의 의무에 관한 고찰”, 「법정논총」, 중앙대학교 법과대학원, 1994.

서경무, “국제상거래에 있어서 매도인의 하자담보책임에 관한 연구”, 박사학위논문, 대전대학교 대학원, 1996.

석광현, “국제물품매매협약 가입과 한국법에의 수용”, 「상사법연구」 제21권 제2호, 2002.

송명복, “국제물품매매계약상 물품일치성의 기준에 관한 법리적 고찰”, 「무역상사연구」 제12권, 한국무역상무학회, 1999.

오세창, “국제물품매매에 필요한 일반거래협정서와 계약서 내용에 관한 연구”, 「무역학회 지」 제26권 제3호, 한국무역학회, 2001.

오원석, “국제물품매매계약에서 물품에 대한 매도인의 계약적합 의무”, 「무역학회지」 제27권 제3호, 한국무역학회, 2002.

이균성, “국제매매계약의 성립”, 「국제물품매매계약에 관한 UN협약상의 제문제」, 삼지원, 1991.

이재홍, “국제계약에 관한 일반적인 문제”, 「섭외사건의 제문제(上)」, 법원행정처, 1986.

이천수, “국제물품매매계약에 관한 유엔 협약상 매도인의 의무에 관한 연구”, 「산업경제 연구」 제15권 제2호, 한국산업경제학회, 2002.

이해일, “국제물품매매상 당사자의 계약위반 및 그 구제에 관한 연구”, 연세대학교 대학원 박사학위논문, 1996.

최준선 “우리나라의 비엔나 협약 비준의 타당성”, 「무역상무연구」 제10권, 한국무역상무학회, 1997.

허광욱 “국제물품매매계약에서 물품에 대한 매도인의 계약적합성의무에 관한 소고”, 「무역통상학회지」 제3권 제2호, 한국무역통상학회, 2003.

## 3. 외국문헌

A. G. Guest, *Anson's Law of Contract*, Clarendon Press, 1984.

A. G. Guest and Others, *Benjamin's Sale of Goods*, Sweet & Maxwell, 2002.

Albert. H. Kritzer, *Guide to Practical Applications of the United Nations Convention on Contracts for the International Sale of Goods*, Supplement 10, Kluwer Law and Taxation Publishers, 1994.

Anderson. Kunmpt and Kendrick, *Business Law Principles and Case*, 5th ed., Cincirnati, 1971.

Atiyarh, P.S., *The Law of Contract*, Fourth ed. Clarendon Press, 1989.

Atiyarh, The Sale of Goods, 7th ed., Pitman Publishing Ltd., 1985.

Carole Murray · David Holloway and Daren Timson-Hunt, *Schmitthoef's Export Trade* 11th ed., Sweet & Maxwell, 2007.

Cheshire, Fifoot and Furmston, *Law of Contract*, 20th ed., 1991.

Debattista, Charles, *Sale of Goods Carried by Sea*, Butterworths, 1981.

Geoffrey Whitehead, *Elements of Export Law*, Woodhead-Faulker, 1983.

Hans van Houtte, *The Law of International Trade*, Sweet & Maxwell, 2002.

ICC, *Guide to Documentary Credit Operations*, ICC Publishing S.A., 1985.

ICC, *Guide to Incoterms 2000*, Publication No. 560, 1999.

ICC, Incoterms 2010: ICC Official Rules for the Interpretation of Trade Terms,

ICC, Incoterms 2020 (English), 2019.

ICC, Incoterms 2020: Obligations, Cost & Risks, 2019.

__ , ICC Chamber of Commerce, 2010.

J. Beatson, QC, *Anson's Law of Contract*, Oxford University Press, 1998.

J. H. C. Morris, *The Conflict of Law*, 3rd ed., Stevens & Sons, 1984.

John. O. Honnold, *Documentary History of the Uniform Law for International* Sales, Deventer/Boston: Kluwer, 1989.

John. O. Honnold, *Uniform Law for International Sales under the 1980 United Nations Convention*, 3rd. ed., Kluwer Law International, 1999.

Leo D' Arcy, M. A., *Schmitthoef's Export Trade*, Sweet & Maxwell, 2000.

M. C. Bianca & M. J., Bonell, et.al., *Commentary on the International Sales Law ; 1980 Vienna Convention,* Milan : Guiffre, 1987.

M. J. Bonell, *An International Restatement of Contract Law*, 2nd enlarged ed., Transnational Pub., Co., 2004.

M. P. Furmston, Cheshire and Fifoot's *Law of Contract*, 10th ed.(London), 1981.

Piet Roos, Incoterminology 2010: Manual for the practical use of Incoterms, NT Publishers, 2011.

R. H. Folsom, M. W. Golden, & J. A. Spanogle, I*nternational Business Transaction in a Nutchshell*, 3rd. ed., West, 1988.

UNIDROIT, UNIDROIT *Principles of International Commercial Contracts* 2004, Rome, 2004.

White James J. and Summer Robert S., *Uniform Commercial Code*, 3rd ed, West Publishing Books, 1988.

## 4. 관련 법규

관세법

대외무역법, 시행령, 관리규정

민법

중재법

Institute Cargo Clause(A), (B), (C)

International Rules for the Interpretation of Trade Terms, 2000

Revised American Foreign Trade Definitions, 1990.

Sale of Goods, 1979.

UNCITRAL, Arbitration Rules, 1976.

UNCITRAL Model Law on International Commercial Arbitration, 1985.

Uniform Commercial Code, 1952, 1988.

Uniform Customs and Practice for Documentary Credits, 2007.

Uniform Law on the Formation of Contract for the International Sale of Goods, 1964.

Uniform Law on the International Sale of Goods, 1964.

United Nations Convention on Contracts for the International Sale of Goods, 1980.

United Nations Convention on the Recognition and Enforcement of Foreign Arbitral Awards, 1958.

Warsaw-Oxford Rules for CIF Contract, 1932.

# 찾아보기

## ❙ 저자약력 ❙

### 김영락(金泳洛)

현) 배화여자대학교 국제무역학과 교수 / 경제학박사
서강대학교 대학원 국제경제전공 / 경제학석사
경기대학교 무역학과 졸업
삼성SDI(주) 수출부 수출관리팀장(전)
IBK기업은행 국제부 외환딜러(FX Dealer)(전)
사단법인 대한상사중재원 국제중재인
국가공인 국제무역사 자격시험 출제위원 및 심의위원
국가공인 물류관리사 및 외환전문역 자격시험 출제위원
국제물류사 자격시험 출제위원 및 선정위원
사단법인 한국물류학회 부회장

[주요 저서 및 논문]
인터넷무역실무 / 21세기북스
최신무역실무, 무역학개론, 문화무역론 / 도서출판 두남
전자상거래개론, e-비즈니스개론 / 도서출판 두남
신용장통일규칙(UCP 600) 해설 / 한국금융연수원 외 다수

### 전동한(全東漢)

현) 배화여자대학교 국제무역학과 교수 / 경영학박사
경기대학교 대학원 무역학과 / 경영학석사
경기대학교 무역학과 졸업
중앙대학교 한국전자무역연구소 전임연구원(전)
사단법인 한국물류학회 상임이사

[주요 저서 및 논문]
AIIB 확장과 한국의 역할 : 지속가능성과 포용성의 관점, 전자무역연구
대중국 역직구를 위한 수도권역 전장상거래 특구화 방안연구, 전자무역연구
한국의 아세안과의 FTA 효용성 연구, 유통경영학회지
녹색물류 효율화를 위한 한국물류정책의 고찰, 물류학회지
전자거래에서의 개인정보유출 사례 분석 및 시사점, 전자무역연구 외 다수


**국제무역계약**

2020년 8월 25일 1판 1쇄 인쇄
2020년 8월 30일 1판 1쇄 발행

저　　자 | 김영락 · 전동한
발 행 인 | 이수영
발 행 처 | 도서출판 청람
서울시 마포구 독막로 288(대흥동, 세양상가 109호)
전　　화 | 02) 3272-2601~2
팩　　스 | 02) 3272-2603
이 메 일 | crbooks@daum.net
홈페이지 | http://www.crbooks.co.kr
등　　록 | 2000년 8월 26일 제6-0509호

ISBN 978-89-5972-774-2 93320 [정가 26,000원]